W0052934

Oldenbourg

Lehrbücher Wirtschaftsinformatik

Herausgegeben von
Prof. Dr. Karl Kurbel
Europa-Universität Frankfurt/Oder

Wissensmanagement

Konzepte der Künstlichen Intelligenz
und des Softcomputing

von
Prof. Dr. Dimitris Karagiannis,
Dr. Rainer Telesko
Universität Wien

Oldenbourg Verlag München Wien

Die Deutsche Bibliothek - CIP-Einheitsaufnahme

Karagiannis, Dimitris:
Wissensmanagement : Konzepte der künstlichen Intelligenz und des
Softcomputing / von Dimitris Karagiannis ; Rainer Telesko. – München ;
Wien : Oldenbourg, 2001
   (Lehrbücher Wirtschaftsinformatik)
   ISBN 3-486-25566-5

© 2001 Oldenbourg Wissenschaftsverlag GmbH
Rosenheimer Straße 145, D-81671 München
Telefon: (089) 45051-0
www.oldenbourg-verlag.de

Lektorat: Irmela Wedler
Herstellung: Rainer Hartl
Umschlagkonzeption: Kraxenberger Kommunikationshaus, München
Gedruckt auf säure- und chlorfreiem Papier
Gesamtherstellung: WB-Druck, Rieden

Vorwort

Das vorliegende Lehrbuch „Wissensmanagement: Konzepte der Künstlichen Intelligenz und des Softcomputing" hat Konzepte und Systeme zum Inhalt, die den Computer „intelligent" machen. Wenn wir die Entwicklung der EDV von den Anfängen bis zu den heutigen modernen Wissensbasierten Systemen verfolgen, so kann man folgende Entwicklungsstufen unterscheiden.

In den 60er Jahren wurden in der EDV vorwiegend isolierte Anwendungsprogramme eingesetzt. Derartige Programme zeichneten sich dadurch aus, daß alles Wissen über eine Anwendung in Programmen und Dateien eingebettet und aufeinander optimiert wurde. Ein großes Problem derartiger Systeme bestand darin, daß bei kleinen Änderungen im Anwendungswissen große Teile des Programmcodes durchgesehen werden mußten.

In den 70er Jahren kam es mit den Datenbanksystemen zu einer Weiterentwicklung, wo das Faktenwissen explizit in den Datenbanken abgespeichert wurde. Diese Vorgangsweise gewährleistete die Datenunabhängigkeit der Anwendungsprogramme. Die „Regeln" für die Bearbeitung der Daten waren aber immer noch in den Anwendungsprogrammen gespeichert.

Anfang der 80er Jahre begann der kommerzielle Einsatz einer neuen Art von Systemen, der Wissensbasierten Systeme. Bei derartigen Systemen ist die Trennung zwischen Fakten- und Regelwissen vollständig durchgezogen. Die Fakten sind in einer eigenen Datenbank abgebildet, während das Regelwissen in einer Wissensbank steht. Das Verarbeitungsprogramm, das die Antwort auf eine Anfrage erzeugt, ist völlig anwendungsunabhängig.

Die klassischen Wissensbasierten Systeme – wie oben skizziert – „errechnen" eine Antwort aus einer Anfrage durch die Abarbeitung von Kausalketten. Immer bedeutender in der Wissensverarbeitung werden Softcomputing-Systeme sein, das sind Systeme zur Verarbeitung unvollständiger und unscharfer Daten, wo mit numerischen Verfahren Näherungslösungen errechnet werden. Im Rahmen dieses Lehrbuches werden die Softcomputing-Paradigmen Fuzzy Logic und Künstliche Neuronale Netze behandelt.

Es gibt eine Vielzahl von Lehrbüchern im Bereich Künstliche Intelligenz, Fuzzy Logic und Künstliche Neuronale Netze. Wir verfolgen mit dem vorliegenden Lehrbuch das Ziel, den Bereich Wissensverarbeitung den Studenten auf eine neuartige Art und Weise vorzustellen. Nach einer Einführung in die Wissensverarbeitung in Kapitel 1 werden in den Kapiteln 2, 3 und 4 die Bereiche klassische Wissensverarbeitung, Fuzzy Logic und Fuzzy-Systeme sowie Künstliche Neuronale Netze auf jeweils drei unterschiedlichen Ebenen vorgestellt:

- Modellierungsebene: Hier lernt der Student die wichtigsten Modelle im Bereich der Wissensverarbeitung auf einer formalen Ebene kennen.
- Entwicklungs- und Implementierungsebene: Diese Ebene dient der Präsentation einiger Implementierungsmöglichkeiten obiger Modelle.
- Einsatzebene: Der Leser erfährt hier, für welche Problemstellungen welche Paradigmen am besten eingesetzt werden und erhält einen Überblick über aktuelle Einsatzgebiete.

Wir haben diese Dreiteilung mit dem Ziel geschaffen, die nicht immer leicht verständliche Materie speziell der Gruppe der Wirtschaftsinformatik-Studenten näherzubringen. Diese Gliederung bringt auch den Vorteil mit sich, daß Leser mit unterschiedlichen mathematischen Vorkenntnissen das Buch benutzen können. Leser mit wenig Interesse an Mathematik und Logik können so vorrangig die Implementierungs- und Einsatzebenen studieren.

Wissen ist in der heutigen Informationsgesellschaft der wichtigste Produktionsfaktor. Das Kapitel 5 rundet die Einführung in die Wissensverarbeitung ab, indem einführend das Gebiet Wissensmanagement vorgestellt wird. Wissensmanagement ist jenes interdisziplinäre Forschungsgebiet, das sich mit der Entwicklung von Ideen, Konzepten und Technologien beschäftigt, die richtigen Mitarbeiter zum richtigen Zeitpunkt mit relevantem Wissen zu „versorgen". Kapitel 5 gibt einen Überblick über aktuelle Konzepte und Technologien und wirft einen Ausblick auf die zukünftige Entwicklung dieses Gebietes.

Den obligaten Dankesreigen am Ende jedes Vorworts möchten wir mit Prof. Karl Kurbel beginnen, für dessen konstruktive Kritik bei der Entstehung des Lehrbuches wir herzlich danken. Weiterhin möchten wir Hrn. Dimitrios Boulioudis für die Erstellung vieler Graphiken und Hrn. Hannes Lischka für viele Korrekturen – beide von der Abteilung Knowledge Engineering – Dank aussprechen. Bei Hrn. Dr. Botz möchten wir uns herzlich für das Engagement beim Zustandekommen des Buches von Seiten des Oldenbourg-Verlages bedanken.

Wir hoffen, daß wir mit diesem Lehrbuch Studenten unterschiedlicher Disziplinen interessante Einblicke in das Gebiet der Wissensverarbeitung vermitteln können und die Bedeutung des Zitats von F. Bacon „Knowledge is power" bewußter gemacht haben.

Wien, im Oktober 2000

Dimitris Karagiannis   Rainer Telesko

Musterlösungen zu den Übungsaufgaben finden Sie unter:

http://www.dke.univie.ac.at

Inhalt

1 Einführung in die Wissensverarbeitung

Das vorliegende Lehrbuch über Konzepte des Wissensmanagements ist als anwendungsorientierte Einführung für Studenten der Wirtschaftsinformatik, Informatik und Ökonomie konzipiert. Der Titel eröffnet ein so weites Gebiet, daß es natürlich unmöglich ist, alle Bereiche eingehend zu betrachten.

Um dem Leser trotzdem einen adäquaten Überblick über dieses interessante, für die Zukunft immer bedeutsamere Gebiet zu verschaffen, haben die Autoren folgende Strategie eingeschlagen: Dem Leser werden in jedem der drei Teilbereiche

- Klassische, symbolische Künstliche Intelligenz (KI)(Kapitel 2),
- Fuzzy Logic und Fuzzy-Systeme (Kapitel 3),
- Künstliche Neuronale Netze (KNN) (Kapitel 4)

die elementaren Inhalte vermittelt. Im letzten Kapitel wird der Leser mit den Grundlagen des

- Wissensmanagements (Kapitel 5)

vertraut gemacht.

Dieses Lehrbuch ist im Detail folgendermaßen aufgebaut: Im ersten Kapitel wird der Leser allgemein in das Gebiet der Wissensverarbeitung eingeführt. Zu Beginn des Kapitels werden die Begriffe „Intelligenz", „Künstliche Intelligenz" erläutert und das Konzept des berühmten Turing-Tests vorgestellt. Anschließend werden die Begriffe „Wissen" und „Inferenz", die für das Verständnis der weiteren Kapitel unerläßlich sind, erklärt. Für Leser, die ausschließlich mit den Konzepten der herkömmlichen Datenverarbeitung vertraut sind, wird der Unterschied zwischen den Denkphilosophien „Datenverarbeitung" und „Wissensverarbeitung" aufgezeigt. Abgeschlossen wird das Kapitel 1 mit einem Überblick über die geschichtliche Entwicklung der Wissensverarbeitung. An dieser Stelle sei angemerkt, daß die geschichtliche Entwicklung fuzzybasierter Systeme – diese werden in Kapitel 3 behandelt – hier nicht enthalten ist. Der Grund liegt darin, daß die Entwicklung von Fuzzy-Systemen eigenständig ist und losgelöst von der Geschichte wissensverarbeitender Systeme betrachtet werden kann. Ein Überblick über die historische Entwicklung von Fuzzy-Systemen findet sich am Ende von Kapitel 3.

Lehrbücher im Bereich Wissensverarbeitung – wie in anderen wissenschaftlichen Gebieten auch – sind entweder sehr theoretisch ausgerichtet oder sehr stark auf einzelne Anwendungen bezogen. Das vorliegende Lehrbuch versucht im Gegensatz dazu, die Paradigmen symbolische Wissensverarbeitung, KNN und Fuzzy-Systeme auf verschiedenen Betrachtungsebenen vorzustellen. Um dem Leser den Gebrauch des Buches zu erleichtern und gleichzeitig die Vergleichbarkeit der Paradigmen zu ermöglichen, wird zunächst der grundsätzliche Lösungsansatz, also das grundsätzliche Konzept jedes Paradigmas zur Bewältigung wissensbasierter Probleme vorgestellt. Anschließend werden die einzelnen Paradigmen auf der sog. Modellierungs-, Entwicklungs- und Implementierungs- und Einsatzebene beschrieben. Was unter diesen Ebenen im einzelnen zu verstehen ist, wird im folgenden kurz umrissen:

- Modellierungsebene
  Auf der Modellierungsebene werden für jedes der Konzepte symbolische Wissensverarbeitung, KNN und Fuzzy-Systeme die wichtigsten Modelle zur Repräsentation von Wissen in formalisierter Weise dargestellt.
- Entwicklungs- und Implementierungsebene
  Auf der Modellierungsebene wird noch nicht beschrieben, wie die formalisierten Konzepte im Computer abgebildet werden. Dies geschieht nun hier in der Entwicklungs- und Implementierungsebene. Auf dieser Ebene wird erläutert, welche verschiedenen Phasen bei der Entwicklung eines Systems durchlaufen werden und welche Implementierungsvarianten es im einzelnen gibt.
- Einsatzebene
  Auf der Einsatzebene werden wichtige Einsatzaspekte wissensbasierter Paradigmen im Unternehmen dargestellt. Hierzu zählen u.a. die Beschreibung wichtiger Anwendungsgebiete des jeweiligen Paradigmas.

Am Ende eines jeden Kapitels werden die wichtigsten Aussagen zusammengefaßt. Übungsbeispiele sollen der Kontrolle des erlernten Stoffes dienen. Lösungen zu den Übungsaufgaben sind nach Erscheinen des Buches unter der WWW-Seite http://www.dke.univie.ac.at zu finden. Im folgenden werden die einzelnen Kapitelinhalte kurz vorgestellt.

Das Kapitel 2 ist dem symbolischen Ansatz in der KI gewidmet. Dieser Ansatz wird häufig auch als traditionelle oder klassische KI bezeichnet. Wesentliches Kennzeichen dieses Ansatzes ist, daß wissensbasierte Probleme auf der Grundlage formalisierter Wissensdarstellungen (z.B. Prädikatenlogik) und vorwiegend logikbasierter Techniken zur Ableitung von Wissen gelöst werden. Diese Art der Wissensverarbeitung, die auf Begriffen wie Genauigkeit, Gewißheit und Stringenz fußt, gehört zum Bereich des Hardcomputing [PAT96a], S. 458. Es ist im Rahmen dieses Lehrbuches unmöglich, alle Konzepte der symbolischen Wissensverarbeitung zu erläutern. Aus diesem Grund wird auf die wichtigen Bereiche Suchverfahren, Wissensrepräsentation und Expertensysteme fokussiert.

Wissensbasierte Systeme, wie oben skizziert, zählen zum Hardcomputing, weil es dabei um harte Fakten und die Abarbeitung von Kausalketten geht. Das vorliegende Lehrbuch stellt mit dem Bereich Softcomputing auch Modelle vor, wo Wissensbasierte Systeme sehr schlechte Lösungen liefern oder überhaupt scheitern, der Mensch aber herausragende Fähigkeiten aufweist. Man denke da an Probleme in den Bereichen Mustererkennung und Signalverarbeitung.

Für die Simulation derartiger Aufgaben auf einem Computer eignen sich Softcomputing-Systeme. Softcomputing ist ein sehr umfangreiches Gebiet, das neben den Fuzzy-Systemen und KNN auch das probabilistische Schließen umfaßt. Unter dem Oberbegriff Softcomputing subsumiert man alle jene Techniken, die numerische Verfahren zur Ermittlung von Näherungslösungen verwenden [WIL96], S. 5. Um den Umfang dieses Lehrbuches nicht zu sprengen, wird nur auf die Konzepte Fuzzy-Systeme (Kapitel 3) und KNN (Kapitel 4) eingegangen.

Fuzzy-Systeme (Kapitel 3) wurden ursprünglich entwickelt, um Probleme im Bereich Regelung zu lösen (Fuzzy Control), wo häufig nichtlineare Beziehungen zwischen den Parametern bestehen, was den Einsatz eines mathematischen Modells bedeutend erschwert. In einem Fuzzy-System werden nun sog. „linguistische Variablen" eingesetzt (bei der Regelung etwa Temperatur oder Druck), bei denen Abstufungen möglich sind (etwa: „gering", „mittel", „hoch"). Darauf aufbauend ist es möglich, eine Fuzzy-Wissensbasis zu erstellen. Der Inferenzprozeß eines solchen Fuzzy-Expertensystems hat aber anders als bei einem herkömmlichen Wissensbasierten System zu erfolgen. Alle aktiven Regeln tragen bei der Entscheidungsfindung bei (ähnlich wie in einem Komitee), und als Ergebnis wird quasi ein Kompromiß ermittelt.

Es gibt eine Reihe von Problemstellungen, wo der Wissensstand für eine explizite Modellierung unzureichend ist, weil Problemwissen häufig nur in Beispielform vorhanden ist. Es ist zwar bekannt, daß es beim Problem einen Zusammenhang zwischen Ursache und Wirkung gibt, doch es ist nicht klar, wie der aussieht. Ein gutes Beispiel ist die kurzfristige Prognose von Devisenkursen. Es ist klar, daß zwischen betriebswirtschaftlichen und politischen Einflußfaktoren einerseits und dem entsprechenden Devisenkurs eine wie auch immer geartete (nichtlineare) Beziehung besteht. Da aber lediglich vergangene Kursdaten (Beispieldaten) und sonst kein Wissen vorliegt, scheidet eine explizite, symbolische Realisierung mit einem Wissensbasierten System daher aus.

Was zur zufriedenstellenden Lösung von Problemen dieser Problemklasse erforderlich ist, ist ein System, das lernfähig ist (Wissensbasierte Systeme und Fuzzy Systeme sind von sich aus nicht lernfähig), sich an geänderte Umweltbedingungen anpaßt und auch in der Lage ist, unbekannte Eingaben sinnvoll zu verarbeiten. Das einzige „System", das in der Lage ist, Probleme dieser Art zu meistern, ist das menschliche Gehirn. Beginnend in den vierziger Jahren dieses Jahrhunderts wurde daher mit den KNN begonnen, mathematische Modelle zu entwickeln, die auf den Funktions- und Organisationsprinzipien des menschlichen Gehirns beruhen. Die entsprechende Forschungsdisziplin wird Konnektionismus genannt und in Kapitel 4 näher beleuchtet.

Wissen ist in der heutigen Informationsgesellschaft der wichtigste Produktionsfaktor. Wissensmanagement ist jenes Gebiet, das sich mit der Entwicklung von Ideen, Konzepten und Technologien beschäftigt, die richtigen Mitarbeiter zum richtigen Zeitpunkt mit relevantem Wissen zu „versorgen". Kapitel 5 gibt einen Überblick über aktuelle Konzepte und Technologien und wirft einen Ausblick auf die zukünftige Entwicklung dieses Gebietes.

Das Forschungsgebiet der KI hat sich mittlerweile in der Informatik eine feste Position erkämpft, obwohl es seit seinem Entstehen sehr umstritten ist. Häufige Kritikpunkte an der KI sind, daß das wissenschaftliche Fundament nicht ausreichend abgesichert sei und die erzielten Leistungen oft nicht mit den Ankündigungen mithalten können. Die KI ist ein Forschungsgebiet des 20. Jahrhunderts, das auch einer breiten Öffentlichkeit bekanntgeworden ist. Häufig sind allerdings damit negative Emotionen verbunden, die sich am besten mit den

Schlagwörtern „Homunculus", „künstliche Menschen" und „Ersetzen des Menschen durch Siliziumintelligenz" umschreiben lassen.

Das Ziel der KI ist die Simulation menschlicher Intelligenz durch intelligente Computerprogramme. Prinzipiell lassen sich zwei Paradigmen unterscheiden: Bei der symbolischen KI – deren Grundprinzipien in Kapitel 2 vorgestellt werden – wird das Wissen über den Problembereich durch eine Menge von Symbolen repräsentiert. Die Problemlösung erfolgt dann durch einen wohldefinierten Abarbeitungsmechanismus, den sog. Inferenzmechanismus. Das zweite Paradigma wird subsymbolische KI oder auch Konnektionismus genannt und in Kapitel 4 behandelt. Hier orientiert man sich an grundlegenden Prinzipien der Informationsverarbeitung, wie sie z.B. im menschlichen Gehirn vorkommen.

1.1   Zum Begriff „Künstliche Intelligenz"

Ausgangspunkt der folgenden Überlegungen ist der Begriff „menschliche Intelligenz". Trotz verschiedener Versuche gibt es bis heute für den Begriff „Intelligenz" keine umfassende Definition und auch kein Schema, wie diese gemessen werden kann. Anhand der Problematik von Intelligenztests sieht man sehr gut, daß die menschliche Intelligenz derartig vielschichtig und komplex ist und sich nicht einfach in ein vordefiniertes Korsett von Normen zwängen läßt.

Trotz einer fehlenden einheitlichen Definition von Intelligenz läßt sich eine Liste grundlegender Eigenschaften definieren, die Intelligenz voraussetzen [DEN94], S. 13:

* geistige Grundhaltungen (Glauben, Wünsche, Absichten)
* Fähigkeit zur Zerlegung komplexer Probleme in überschaubare Teilaufgaben
* Erkennen von Zusammenhängen und Ableiten neuer Fakten aus existierenden Tatsachen
* Verstehen von mehrdeutigen oder unvollständigen Sachverhalten
* Fähigkeit zur Vorhersage
* Bewerten von Alternativen in Hinblick auf die Handlungsauswahl
* Fähigkeit zur Selbstreflexion
* Fähigkeit zur Generalisierung und Abstraktion
* Weiterverarbeitung visueller Sinneseindrücke
* Wissensaufnahme und -bereicherung (Lernen)
* Fähigkeit zur Kommunikation

Allerdings wird intelligentes Verhalten nicht alleine durch das Vorhandensein dieser Eigenschaften erreicht. Zusätzlich muß auch noch ein fundierter Wissensstand über das jeweilige Problem vorhanden sein, das eine gezielte Interpretation der Eindrücke erlaubt [DEN94], S. 13.

Vor diesem Hintergrund tritt nun das Forschungsgebiet „Künstliche Intelligenz" mit dem Anspruch an, menschliche Intelligenz durch geeignete intelligente Computerprogramme zu simulieren. KI (engl. artificial intelligence) kann mit Barr/Feigenbaum [BAR82], S. 3 folgendermaßen definiert werden:

Artificial Intelligence (AI) is the part of computer science concerned with designing intelligent computer systems, that is, systems that exhibit the characteristics we associate with intelligence in human behavior – understanding language, learning, reasoning, solving problems, and so on.

Der Begriff „artificial intelligence" wurde 1956 von J. McCarthy geprägt. Damals wurde eine Sommer-Konferenz mit namhaften Computerwissenschaftlern als Teilnehmern wie eben J. McCarthy, M. Minsky, C. Shannon, N. Rochester, A. Newell und H.A. Simon am Dartmouth-College in New Hampshire mit dem Ziel durchgeführt, Überlegungen anzustellen, wie intelligent denkende Maschinen programmiert werden können. Dabei wurde ein Forschungsprogramm ausgearbeitet, das auf der Idee basierte, die dem intelligenten Verhalten zugrundeliegenden geistigen Prozesse formal zu beschreiben und durch geeignete Programmiersprachen auf Computern zu simulieren. Die Formalisierung erfolgte dabei auf Basis von symbolischen Ausdrücken. A. Newell und H.A. Simon stellten nämlich die These auf, daß jedes zu allgemeiner Intelligenz fähige System notwendigerweise symbolische Ausdrücke interpretieren kann und das symbolverarbeitende Prinzip derart mächtig ist, daß damit alle Arten dieser allgemeinen Intelligenz künstlich simulierbar sind [LUF94], S. 169. Die auf den Computern durchgeführten Simulationen sollen wiederum helfen, die im menschlichen Gehirn ablaufenden geistigen Prozesse besser verstehen zu können.

Ein solcherart definiertes Forschungsprogramm zur Entwicklung intelligenter Computersysteme ist nicht unproblematisch. Der Anspruch, menschliche Intelligenz auf Maschinen zu simulieren, ohne die geistigen Prozesse zu verstehen und zu spezifizieren, hat nämlich zur Folge, daß in der KI nur das realisiert werden kann, was technisch machbar ist, und damit der Grad der Intelligenz auf den Rechnern vom jeweiligen technischen Standard abhängig ist [LUF94], S. 169.

1.2   Der Turing-Test

Zur Beantwortung der Frage, ob ein Computer denken kann, wurde vom Computerpionier A. Turing ein wissenschaftlich fundierter Test entwickelt [TUR50]. Folgendes kleine Gedankenexperiment aus [PEN91], S. 5ff. soll gedanklich zum Turing-Test hinführen:

Angenommen, es ist ein neues Computermodell auf den Markt gekommen, das alle bisherigen Modelle in puncto Leistungsfähigkeit bei weitem übertrifft. Der Hersteller ist natürlich stolz auf sein Produkt und behauptet nun, die Maschinen könnten denken, sie seien also wirklich intelligent. Vielleicht geht er auch noch weiter und sagt, die Maschinen können fühlen wie Menschen – also Schmerz, Glück, Mitleid und Stolz empfinden – und auch verstehen, was sie tun, also Bewußtsein besitzen.

Soll man dem Hersteller nun Glauben schenken oder nicht? Im täglichen Leben würde man einen pragmatischen Standpunkt wählen, das bedeutet, man würde das Gerät ausschließlich nach dem Dienst beurteilen, den es leistet. Wie es intern konfiguriert oder implementiert ist, sei dabei unerheblich. Wir würden die Behauptung des Herstellers, das Gerät besitze tatsächlich die angegebenen menschlichen Fähigkeiten, einfach nach dem Kriterium testen, ob es sich hinsichtlich der Erfüllung der gestellten Aufgabe genauso wie ein Mensch verhält. Dann gäbe es auch keinen Grund, sich beim Hersteller zu beschweren und das Gerät zurückzusenden. Dieser pragmatisch, operationale Standpunkt liegt genau dem Turing-Test zugrunde und läßt sich am besten mit dem Satz [PEN91], S. 6

Der Computer denkt, sofern er ununterscheidbar von einer denkenden Person handelt.

zusammenfassen.

Der Turing-Test ist folgendermaßen aufgebaut (siehe Abbildung 1.1): In einem Raum befinden sich der Computer, von dem der Hersteller behauptet, er könne denken wie ein Mensch und eine andere Person. Davon getrennt ist in einem anderen Raum ein intelligenter Fragesteller, der sog. Interviewer untergebracht. Die räumliche Trennung ist deswegen notwendig, damit es keine Beeinflußung des Interviewers durch die spezifischen Eigenschaften des Computers geben kann.

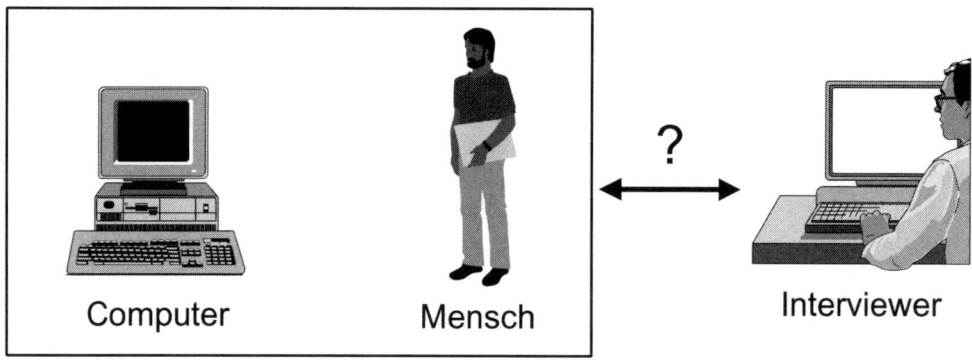

Abbildung 1.1: Der Turing-Test

Der Interviewer stellt nun Fragen aus beliebigen Fachgebieten seiner Wahl sowohl an den Computer als auch an den Menschen mit dem Ziel herauszufinden, welcher von beiden eine entsprechende Antwort gegeben hat. Die Fragen und auch die Antworten werden zwischen den beiden Räumen dabei auf unpersönliche Art übertragen, z.B. unter Benützung von Tastatur und Bildschirm. Der Interviewer darf im Verlauf einer solchen Testserie lediglich Informationen verwenden, die er aus dem Frage-Antwort-Spiel gewonnen hat. Die Strategien, die der Computer und Mensch im Verlauf der Testserie einschlagen, sind völlig unterschiedlich. Der Mensch wird auf die Fragen immer wahrheitsgemäß antworten und den Interviewer davon zu überzeugen versuchen, daß er der Mensch und der andere der Computer sei.

Beim Computer verhält es sich anders. Dieser ist darauf programmiert, unwahre Antworten zu geben, indem er versucht, einen Menschen zu imitieren („imitation game") und bemüht ist, dies dem Interviewer einzureden. Man kann sich z.B. vorstellen [LUG93], S. 10f. daß der Interviewer sowohl dem Computer als auch dem Menschen aufträgt, eine ziemlich komplexe mathematische Berechnung durchzuführen. Damit hofft er den Computer entlarven zu können, weil er ja weiß, daß dessen Stärke darin besteht, komplexe Berechnungen ganz schnell und fehlerfrei obendrein durchführen zu können. Der Mensch wird sich ganz normal verhalten und sich vielleicht verrechnen. Der Computer hingegen, will er den Turing-Test bestehen, muß wissen, bei welcher Komplexität von arithmetischen Problemen es notwendig ist, eine falsche Antwort zu geben, um sich nicht zu verraten.

Der Interviewer kann auch an den Computer und den Menschen Fragen stellen, die sich auf Emotionen beziehen, z.B. was beide von einem Gedicht halten, das der Interviewer vorgetragen hat. Dann werden beim Computer Kenntnisse über das Gefühlsleben der Menschen gefordert sein, etwa was ein Mensch empfindet, wenn er ein Liebesgedicht hört und vor kurzem verliebt war. Der Computer hat den Turing-Test dann bestanden, wenn für den Interviewer im Verlauf der Testserie nicht erkennbar war, ob die Antwortleistung vom Menschen oder vom Computer erbracht wurde.

Der Turing-Test zeichnet sich durch folgende Eigenschaften aus [LUG93], S. 11:

- Der Turing-Test ist nicht bloß ein Gedankenexperiment, sondern kann auch z.B. beim Testen von Expertensystemen eingesetzt werden. Dabei wird der Turing-Test geringfügig modifiziert. Einer Gruppe von Personen werden Antworten für spezifische Problemstellungen präsentiert, die einerseits von menschlichen Experten und andererseits von Expertensystemen produziert wurden. Die Testpersonen werden nun gefragt, ob sie feststellen können, welche Ergebnisse vom Experten und welche vom Computer stammen.
- Beim Turing-Test ist der Begriff „Intelligenz" nicht schwammig, sondern objektiv und klar definiert. Intelligenz ist das Verhalten einer bekannten, intelligenten Person in Bezug auf bestimmte Fragestellungen.
- Beim Turing-Test wird auch korrekterweise vermieden, auf so unbeantwortbare Fragen wie „Sind elektronische Bauteile wirklich die geeignete Technologie, um Intelligenz simulieren zu können?" oder „Besitzen Computer Bewußtsein?" Antworten zu geben.
- Menschen werden beim Turing-Test gegenüber Computern nicht begünstigt, da für den Interviewer in seinem Urteil ausschließlich die Qualität der Antworten auf bestimmte Fragen zählt.

Es gibt aber auch einige Kritikpunkte am Turing-Test. Häufig werden dabei genannt [LUG93], S. 11:

- Der Turing-Test sei – dies liegt wohl im Erfinder A. Turing begründet, der selbst Mathematiker war – zu sehr auf mathematisch symbolische Aufgaben ausgerichtet. Kenntnisse im Bereich Erkennung und Handfertigkeit, die genauso zur menschlichen Intelligenz gehören, können nicht getestet werden.
- Umgekehrt wird immer wieder bemängelt, daß der Test nur darauf ausgerichtet sei, einen Menschen zu simulieren. In diesem Zusammenhang stellt sich wirklich die Frage, ob es notwendig ist, daß der Computer z.B. bei komplexen mathematischen Aufgaben eine falsche Antwort gibt, um sich nicht beim Interviewer zu verraten. Vielleicht wäre es sinnvoller, die Ansicht zu vertreten, daß Computer und Mensch jeweils andere Arten von Intelligenz verkörpern. Die nahezu gegebene Unfehlbarkeit des digitalen Speichers würde genauso eine intelligente Leistung darstellen wie menschliche Empfindungen beim Hören eines bestimmten Musikstücks.

In der KI-Forschung gibt es auch, was die Frage betrifft, welche geistigen Qualitäten ein Computer besitzt, eine recht extreme Richtung, die sog. starke KI [PEN91], S. 15f. Forscher, die dieser Richtung anhängen, vertreten die Position, daß jede geistige Aktivität nichts anderes sei als das Ablaufen eines Algorithmus, also einer bestimmten, wohldefinierten Folge von Verarbeitungsschritten. Die Prozesse, die im menschlichen Gehirn ablaufen, also Denken, Fühlen, Verstehen usw., sind nichts anderes als die Erscheinungen beim Durchführen eines ungeheuren komplexen Algorithmus. Würde man die heute existierenden Beschränkungen bei Computern hinsichtlich Speichergröße und Prozessorgeschwindigkeit überwinden können, so wäre es prinzipiell möglich, diesen Algorithmus auf einem Computer ablaufen zu lassen. Die Vertreter der starken KI-These behaupten also, es gäbe eine Äquivalenz zwischen einem geistigen Prozeß im Gehirn und einem Algorithmus.

Einige Forscher, darunter der amerikanische Philosoph J.R. Searle, widersprechen entschieden dieser Meinung, daß menschliches Denken und ein Algorithmus im Computer, der mit formalen Symbolen arbeitet, völlig gleichzusetzen sind. Searle bringt mit seinem Gedankenexperiment „Das chinesische Zimmer" ein Beispiel dafür, wo der Computer zwar den Turing-Test bestanden und damit eine intellektuelle Leistung erbracht hat, er aber darauf hinweist, daß bei der Lösung der Aufgabenstellung das Moment des „Verstehens" völlig gefehlt habe [SEA90].

Searle, der das Gedankenexperiment in der „Ich"-Form erzählt [DEN94], S. 10f., sitzt in einem abgeschlossenem Zimmer. Auf einem Tisch liegen Körbe mit auf Kärtchen aufgedruckten Symbolen, die er nicht versteht. Searle wählt in dem Gedankenexperiment chinesische Symbole, weil er kein Chinesisch versteht. Weiters bekommt er ein Buch in die Hand gedrückt, das in seiner Muttersprache Englisch geschrieben ist, dessen Inhalt er also versteht. In diesem Buch – im folgenden als Regelbuch bezeichnet – steht genau beschrieben, nach welchen Regeln die chinesischen Zeichen miteinander kombiniert werden müssen. Die Zeichen werden dabei ausschließlich anhand ihrer Form identifiziert. Da Searle kein Chinesisch versteht, weiß er auch nicht, was die Zeichen konkret bedeuten. Eine Regel könnte folgendermaßen aussehen: „Nimm ein bestimmtes Zeichen, das aussieht wie ein Krakel aus dem Korb 1, und lege es neben dem Schnörkel-Zeichen aus Korb 2." Leute von außerhalb des Zimmers, die Chinesisch verstehen, reichen nun durch einen Schlitz Stöße von Kärtchen mit Symbolen in das Zimmer („Fragen"). Searle wendet auf diesen Input sein Regelbuch an und reicht seinerseits Kartenstöße aus dem Zimmer hinaus („Antworten").

Wenn man nun die Begriffe, die in diesem Gedankenexperiment verwendet werden, in die Computerterminologie übersetzt, dann wäre das Regelbuch das Computerprogramm, Searle der Computer, die Stöße mit Kärtchen auf dem Tisch die Daten und die hinein- und hinausgereichten Kärtchen Fragen und Antworten. Das Regelbuch muß dabei so verfaßt sein, daß die produzierten Antworten in einem Chinesisch sind, so daß sie nicht von denen eines gebürtigen Chinesen zu unterscheiden sind. Nun könnte ein Chinese einen Stoß durch den Schlitz hereinreichen, der die Frage – ohne daß es Searle weiß – in Chinesisch formuliert: „Welche ist ihre Lieblingsfarbe?" Searle würde das Regelbuch auf diesen Input anwenden und gemäß der ausgewählten Regeln eine Reihenfolge von Symbolen auf Kärtchen als Antwort produzieren. So könnte etwa die Antwort lauten: „Meine Lieblingsfarbe ist blau, aber grün mag ich auch sehr." Searle, der ja den Computer in diesem Gedankenexperiment simuliert, hätte somit den Turing-Test für Chinesisch bestanden, ohne irgendeine Ahnung davon zu haben, was die Fragen und Antworten bedeuten.

Im Bereich der Psychotherapie gibt es eine Reihe ähnlicher Beispiele für Computerprogramme, die Intelligenz simulieren, ohne vom Anwendungsgebiet etwas zu verstehen. Berühmt geworden sind hier die Arbeiten von Colby und Weizenbaum [WEI78], S. 15ff. Beide Programme sind interaktiv (Frage-Antwort-Spiel) und simulieren einen Psychotherapeuten auf so täuschend echte Art und Weise, daß die Patienten beim psychotherapeutischen Dialog den Computer dem Menschen vorziehen und bereit sind, diesem mehr über ihr Seelenleben und ihre Probleme anzuvertrauen als dem ausgebildeten Psychiater.

Das programmtechnische Prinzip, auf dem alle diese Programme beruhen, ist denkbar einfach. Das Computerprogramm verfügt über einen Grundwortschatz und verwendet diesen und die Aussagen der Patienten, um intelligente Fragen oder Kommentare zu simulieren. Folgender Dialog aus der Unterhaltung zwischen dem Computer-"Therapeuten" und dem Patienten, durchgeführt über Fernschreiber, verdeutlicht dies ganz ausgezeichnet [PEN91], S. 11f.:

Therapeut   *„Wie kann ich Ihnen helfen"*
Patient: *„Ich weiß nicht"*
Therapeut: *„Versuchen Sie mir etwas darüber zu erzählen"*
Patient: *„Nein"*
Therapeut: *„Können Sie das erläutern"*
Patient: *„Ich bin heute krank und müde"*
Therapeut: *„Haben Sie eine Vermutung warum"*
Patient: *„Ja, ich bin alt"*
Therapeut: *„Bitte reden Sie weiter"*
Patient: *„Ich habe anscheinend an allem das Interesse verloren"*
Therapeut: *„Erzählen Sie mir mehr über diese Gefühle"*
Patient: *„Ich habe auch eine Vermutung, warum ich mich so fühle"*
Therapeut: *„Tatsächlich"*
Patient: *„Anscheinend fehlt mir eine Familie"*
Therapeut: *„Warum haben Sie das Gefühl, Ihnen fehlt eine Familie"*
Patient: *„Es bedeutet eine Herausforderung"*
Therapeut: *„Warum ist das wichtig für Sie"*

Der Computer erweckt den Eindruck, daß er den Patienten verstehe und auf ihn eingehe. Dies ist aber überhaupt nicht der Fall. Gerade weil ein derart aufgebautes Programm den Turing-Test bestehen würde, ergeben sich in Zusammenhang mit der maschinellen Simulation von Intelligenz auch Fragen, die den ethischen Bereich berühren.

1.3   Grundbegriffe der Wissensverarbeitung: Wissen und Inferenz

Dieser Abschnitt behandelt die Grundprinzipien der Wissensverarbeitung. Dabei wird einerseits der Begriff „Wissen" erläutert und andererseits das Konzept der „Inferenz" näher vorgestellt. Abschließend werden noch die Unterschiede zwischen der „herkömmlichen" Datenverarbeitung und der Wissensverarbeitung herausgearbeitet. Dies ist insbesondere für Leser wichtig, die ausschließlich mit der klassischen Welt der Datenverarbeitung vertraut sind.

Ausgangspunkt unserer Überlegungen ist ein kleines Beispiel, das die Bedeutung des Begriffes „Wissen" klar machen soll. Wir nehmen an, daß ein Autofahrer die Straße entlangfährt. Nun sieht er ein rundes Verkehrszeichen mit rotem Rand und der Zahl „80". Für einen geschulten Autofahrer ist sofort klar, daß es sich um eine Geschwindigkeitsbegrenzung handelt. Er sieht auf den Tachometer und wird – falls er augenblicklich schneller als 80 km/h fährt – entsprechend bremsen. Der Autofahrer wird, sofern er eine Fahrschule besucht hat, nie auf die Idee kommen, daß sich die Zahl „80" vielleicht auf die Entfernung zur nächsten Stadt bezieht. Er weiß, daß die Zahl „80" im Kontext des Verkehrszeichens sich darauf bezieht, wie schnell man ab dann unterwegs sein darf.

In obigem Beispiel ist die Zahl „80" ein Datum. Aus dem Datum alleine geht aber noch nicht hervor, wie dieses verstanden werden soll. Erst durch den Problemzusammenhang und das Umfeld wird klar, wie ein entsprechendes Datum zu interpretieren ist. Man stelle sich vor, daß die Zahl „80" auf einem Wegweiser angebracht ist, und der Name „Wien" daneben steht. Dann wird niemand, der des Autofahrens kundig ist, annehmen, es handle sich um eine Geschwindigkeitsbeschränkung. Er wird aus der Fahrschule und seinen bisherigen Erfahrungen im Straßenverkehr ableiten, daß jetzt die Entfernung in Kilometer bis zur Stadt Wien gemeint ist.

Während also Daten per se keine Aussagen über deren Interpretation machen, ist Wissen die Fähigkeit, Daten richtig zu interpretieren [DEN94], S. 16. Die Tatsache, daß intelligentes Verhalten anwendungsspezifisches Wissen zur Problemlösung erfordert, wurde auch im Verlauf der Geschichte der KI nicht immer so gesehen. So entwickelten A. Newell, J.C. Shaw und H.A. Simon zwischen 1957 und 1969 ein universelles Problemlösungsprogramm, den sog. „General Problem Solver (GPS)". Das Grundprinzip ist ziemlich einfach und besteht in der sog. „Means-End-Analysis". Dabei wird das zu lösende Problem in einen Suchbaum transformiert, dessen Wurzel der Startzustand ist und dessen Blätter mögliche Lösungen repräsentieren. Die „Means-End-Analysis" ermittelt nun die Differenz (anfangs zwischen Start und Ziel) und versucht, diese Differenz unter Anwendung von gewissen Operatoren zu verringern, so daß ein Zwischenzustand erreicht wird. Wenn die Differenz zwischen Start und Ziel gleich Null ist, ist eine Lösung erreicht.

Mit dem GPS wurde u.a. versucht, Probleme aus der Aussagenlogik zu lösen. Dazu wurden die Studenten angehalten, ihre Denkschritte mündlich anzusagen, und diese wurden dann aufgezeichnet. Eine solche mündliche Äußerung könnte etwa sein: „Wenn ich diese Aufgabe lösen will, dann fange ich da an und verwende zuerst Theorem A und dann Theorem B, nein das hat jetzt nicht funktioniert, also verwende ich besser Theorem C, ... usw." Die mündliche

Wiedergabe der Denkschritte wurde aufgezeichnet, systematisiert und anschließend in ein Computerprogramm umgeschrieben. Das Programm wurde mit der Zeit immer komplexer und wegen all der Details kam die Übersicht abhanden. Es gelang auch nicht, die Komplexität des Programms durch Subroutinen in den Griff zu bekommen, und schließlich mußte das ganze Projekt eingestellt werden.

Viele KI-Forscher sind der Meinung, daß GPS und ähnliche Programme deswegen keine schwierigen Probleme lösen konnten, weil das problemspezifische Wissen nicht abgebildet wurde. Aus diesem Grund begann man mit verstärkter Forschung in Richtung der wissensbasierten Problemlöser (Expertensysteme).

Wissen kann auf unterschiedlichen Ebenen existieren [RIC92], S. 8f.:

- Die kognitive Ebene: Auf der kognitiven Ebene formulieren Menschen ihre Gedanken umgangssprachlich. Auf dieser Ebene werden die Gedanken modelliert, aber noch nicht formalisiert.
- Die Repräsentationsebene: Auf dieser Ebene werden die Gedanken in einem Repräsentationsformalismus abgebildet (z.B. Prädikatenlogik, Semantische Netze usw.).
- Die Implementierungsebene: Auf dieser Ebene ist die Formalisierung schon so weit fortgeschritten, daß ein Ablauf auf einem Rechner möglich wird. Dies könnte etwa in der logischen Programmiersprache PROLOG geschehen.

Die Repräsentationsebene ist eher an der kognitiven Ebene orientiert und erleichtert damit die Formalisierung von Problemen, während die Implementierungsebene an den technischen Möglichkeiten der Rechner ausgerichtet ist. Um von der kognitiven Ebene zur Implementierungsebene zu gelangen, sind Übersetzungs- oder Transformationsprozesse nötig [RIC92], S. 8. Aus der Art der Ausrichtung der verschiedenen Ebenen folgt auch, daß gerade die Lücke zwischen der Repräsentations- und Implementierungsebene sehr groß sein kann. Diese Lücke – auch als KI-Lücke bezeichnet – wird umso größer sein, je mehr die Repräsentationsebene an der menschlichen Art der Wissensverarbeitung orientiert ist.

Wir haben anhand des „Autofahrer-Beispiels" gesehen, daß intelligentes Verhalten Wissen voraussetzt. In der Tabelle 1.1 sind einige Wissensquellen für ausgewählte Anwendungen dargestellt.

Tabelle 1.1: Wissensquellen im täglichen Leben

Anwendung	Wissensdarstellung
Behörde	Formulare, Amtsdeutsch
Nachrichten	Schlagzeilen
Werbung	Graphik, Fotos
Mathematik	Formeln
Statistik	Tabellen
Musiker	Noten, Akustik
Sekretärin	Stenographie

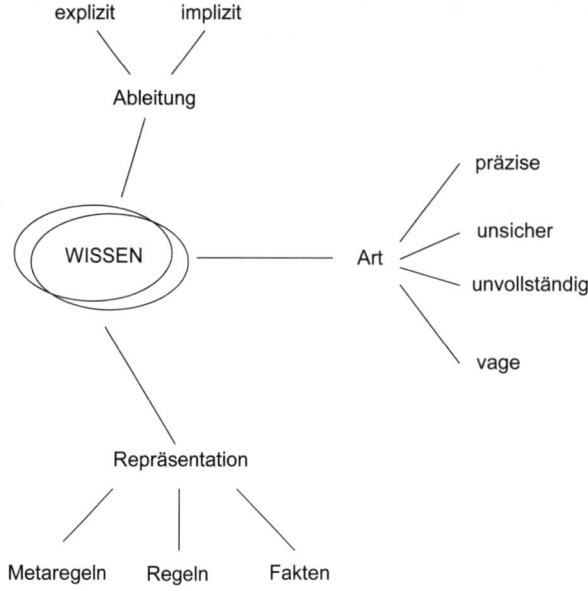

Abbildung 1.2: Klassifikation von Wissen

Wie kann nun Wissen klassifiziert werden? Die Abbildung 1.2 zeigt eine mögliche Klassifikation nach Repräsentation, Art und Ableitung. Die beiden ineinander verschobenen Ellipsen bei „Wissen" sollen aufzeigen, daß Wissen nicht immer präzise und exakt definiert sein muß, sondern auch unsicher, unvollständig oder vage sein kann.

Im folgenden wird im einzelnen auf das Klassifikationsschema von Abbildung 1.2 eingegangen:

- Repräsentation
  - Regeln: Regeln stellen gemeinsam mit Fakten und den Metaregeln das Wissen dar („Wissensbasis"), das einem System zur Verfügung steht. Über Regeln ist es möglich, Zusammenhänge zu definieren. Rufen wir uns dazu wieder obiges „Autofahrer-Beispiel" in Erinnerung. Eine mögliche Regel, die ein Fahrschüler lernt, könnte lauten: „Wenn Du ein rundes Verkehrszeichen mit rotem Rand siehst, dann bestimme ab sofort die Geschwindigkeit so, daß sie nicht größer als die auf dem Verkehrszeichen ist."
  - Fakten: Mittels Fakten können Tatsachen definiert werden. Während Regeln das prozedurale Element in der Wissensbasis darstellen, repräsentieren Fakten statisches Wissen. Die Tatsache, daß ein bestimmtes Auto rot lackiert ist, könnte z.B. als Faktum in die Wissensbasis aufgenommen werden.
  - Metaregeln: Metaregeln beziehen sich auf die Verwendung von anderem Wissen innerhalb der Wissensbasis. Eine Metaregel könnte besagen, daß eine andere Regel – z.B. eine Vorrangregel – dann nicht anzuwenden ist („gültig ist"), wenn der Autofahrer auf einer Vorrangstraße fährt.

- Art
  - präzises Wissen: z.B. Es ist 9:03:54 Uhr.
  - unsicheres Wissen: z.B. „Ich glaube, daß es Viertel vor 10 ist."
  - unvollständiges Wissen: Wissen dieser Art ist nicht vollständig, aber zumindest stark abgegrenzt. Ein mögliches Beispiel wäre: „Es ist zwischen 9 und 10 Uhr."
  - vages Wissen: Hier handelt es sich um Wissen, das interpretationsabhängig ist. Ein Beispiel für vages Wissen wäre: „Er ist ziemlich klug."
- Ableitung
  - explizites Wissen: Explizites Wissen ist jenes Wissen, das in der Datenbank abgelegt ist (Fakten).
  - implizites Wissen: Implizites Wissen wird durch deduktive Regeln bestimmt.

Die Ableitung von Wissen soll nun genauer betrachtet werden. Nehmen wir an, es gibt eine Menge von Regeln, wie sich ein Autofahrer im Straßenverkehr zu verhalten hat, und eine gewisse Anzahl Fakten, die Tatsachen widerspiegeln. Die Regeln selbst sind prozedural formuliert (z.B. in „wenn...dann"-Form). Regeln und Fakten bilden zusammen die Wissensbasis. In solch einer Wissensbasis gibt es keine Kontrollstrukturen wie in einem herkömmlichen Programm, die festlegen, in welcher Reihenfolge und wie die Regeln anzuwenden sind. Damit man aber für ein bestimmtes Problem zu einem Ergebnis kommt, muß ein Mechanismus vorhanden sein, der bestimmt, welche Regeln wie anzuwenden sind. Dieser Mechanismus heißt Inferenzmechanismus. Inferenz oder Schlußfolgern ist ein Denkprozeß, in dem aus vorhandenem Wissen bzw. vorhandenen Annahmen oder Vermutungen neues Wissen bzw. weitere Annahmen oder Vermutungen gewonnen werden. Neues Wissen heißt hier, daß jetzt verfügbar ist, was vorher nicht unmittelbar verfügbar war. Die bei dem Inferenzprozeß benutzten Verfahren müssen wahrheitserhaltend sein, so daß aus etwas Bestätigtem nicht etwas Falsches abgeleitet werden kann.

Anhand eines Beispiels werden die Grundprinzipien von Schlußfolgerungsverfahren verdeutlicht. Das folgende Beispiel zeigt einen sog. deduktiven Schluß (d.h. vom Allgemeinen auf Spezielles):

Wenn alle chemischen Substanzen aus Wasserstoff entstanden sind,
und Eisen eine chemische Substanz ist,
dann ist Eisen auch aus Wasserstoff entstanden.

Dies ist die wohl bekannteste Deduktionsfigur, der Modus ponens (Abtrennungsregel).

Eine weitere Spielart des deduktiven Schließens ist die sog. Resolutionsregel. Dieser Schlußfolgerungsmechanismus ist auch unter dem Namen „Beweis durch Widerspruch" bekannt. Im folgenden ist ein Beispiel für die aussagenlogische Resolution angeführt:

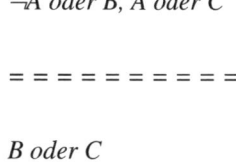

¬A oder B, A oder C

= = = = = = = = = =

B oder C

Als schließlich letzte Deduktionsregel soll hier noch die Substitutionsregel erwähnt werden. Sie kann folgendermaßen formuliert werden: Für das Symbol „X" kann an jeder Stelle seines Auftretens derselbe Ausdruck substituiert werden. Dieses Verfahren bezeichnet man als Unifikation.

Wir haben also mit den Schlußfolgerungsverfahren Möglichkeiten kennengelernt, neues Wissen syntaktisch mit Hilfe von Regeln aus bekanntem Wissen abzuleiten. Diese Verfahren funktionieren unabhängig vom Inhalt des Wissens, wodurch der Ableitungsprozeß automatisierbar wird. Diese Art des Denkens beim deduktiven Schließen und in der KI allgemein ist synthetischer Art (Verknüpfung von Aussagen). In der KI wird aber nicht danach gefragt, warum eine bestimmte Aussage vorliegt (z.B. „Warum ist Sokrates sterblich?"). Diese – analytische – Art des Denkens herrscht bei den Naturwissenschaften und in der Medizin vor (z.B. „Was ist die Ursache für diese Art von Krebs?").

Die deduktive Logik liefert Modelle des mathematischen Schließens, die sich in Kalküle fassen lassen und damit der Algorithmisierung zugänglich sind. Sie ist in der Aussagenlogik und der Prädikatenlogik erster Stufe intensiv erforscht worden.

Die deduktiven Regeln sind dann nicht geeignet, wenn wir vom Speziellen aufs Allgemeine schließen (beim Lernen von Konzepten oder beim induktiven Schließen) oder wenn wir es mit vagem, unsicherem und unvollständigem Wissen zu tun haben (probabilistisches, evidentielles Schließen).

Die oben vorgestellten Inferenzverfahren entstammen alle der klassischen Logik. Eine detaillierte Behandlung der verschiedenen Arten von Inferenzen (Inferenz in der klassischen KI wie eben behandelt, „Inferenz" bei KNN, Fuzzy-Inferenz) erfolgt in den Kapiteln 2, 3 und 4.

Im folgenden werden die grundlegenden Unterschiede zwischen Daten- und Wissensverarbeitung erläutert. Die Konzeption der Wissensverarbeitung wird dabei anhand von Wissensbasierten Systemen deutlich gemacht, wie sie in Kapitel 2 eingehend behandelt werden.

Die grundlegenden Unterschiede sind in der Abbildung 1.3 (aus [ALT92], S. 2) veranschaulicht. In der klassischen DV-Welt existiert eine strikte Trennung zwischen Daten und Programmen. Sowohl die Bereitstellung der geeigneten Daten als auch die algorithmisierte Problembeschreibung und anschließende Programmierung führt der Software-Entwickler durch.

Bei der Entwicklung Wissensbasierter Systeme liegt der Schwerpunkt für den Wissensingenieur (Knowledge Engineer) in der Transformation von Wissen, das ein Experte auf der kognitiven Ebene (s.o.) formuliert hat, in die Repräsentations- und anschließend in die Implementierungsebene. Falls der Experte entsprechende Kenntnisse in Repräsentationsformalismen besitzt, kann er den Knowledge Engineer auf dieser Ebene unterstützen. Die Verarbeitung des Wissens im Rechner braucht hingegen der Knowledge Engineer nicht explizit zu programmieren. Dies ist die Aufgabe der Inferenzmaschine.

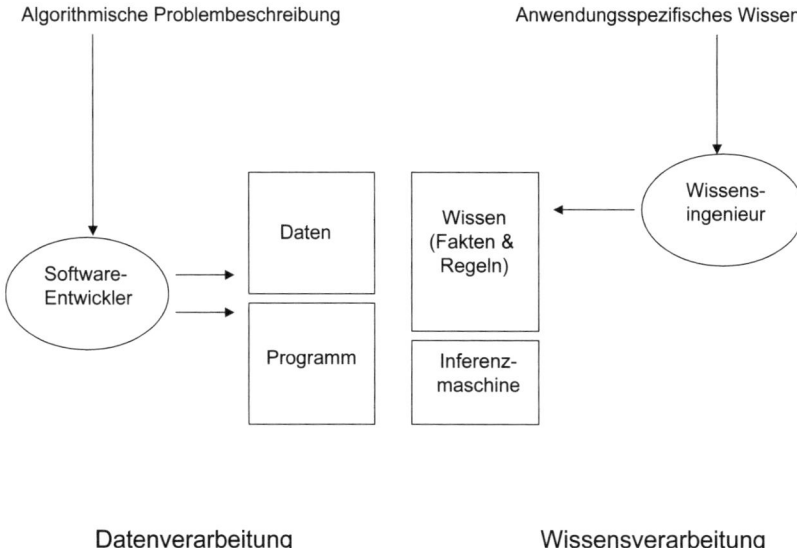

Datenverarbeitung   Wissensverarbeitung

Abbildung 1.3: Herkömmliche Datenverarbeitung vs. Wissensverarbeitung

1.4   Entwicklung der KI

Die KI ist eine verhältnismäßig junge Wissenschaftsdisziplin. Die geistigen Wurzeln reichen aber sehr weit zurück [HEL91], S. 16. Aristoteles hat im 4. Jhdt. v. Chr. Schemata für das logische Schließen entwickelt – die sog. Syllogismen –, die auch heute noch am Beginn jeder Vorlesung über Logik stehen. Die KI, wie wir sie heute verstehen und definieren, wurde zum ersten Mal in bescheidenem Ausmaß von Pascal und Leibnitz (17. Jhdt.) und von Babbage (19. Jhdt.) betrieben. Das Ziel der Forscher bestand darin, geistige Prozesse über Automaten durchführen zu lassen.

Einen besonderen Stellenwert innerhalb der KI nimmt die Logik ein. Sie ist Ausdruck der Bemühungen, Denkprozesse mit formalen Mitteln zu beschreiben und gilt als der am besten erforschte Formalismus der Wissensrepräsentation. In der Logik gibt es verschiedene Kalküle mit unterschiedlich mächtigen Ausdrucksmitteln. Ganz unten in der Hierarchie steht die Aussagenlogik, die von G. Boole (19. Jhdt.) entwickelt wurde und die Gültigkeit von Aussagen bei Verwendung bestimmter Verknüpfungen untersucht. Wichtige theoretische Grundlagen der mathematischen Logik und hier vor allem der Prädikatenlogik, die eine im Vergleich zur Aussagenlogik viel mächtigere Sprache darstellt, wurden in den zwanziger und dreißiger Jahren dieses Jahrhunderts von K. Gödel, A. Church, E.L. Post und A. Turing entwickelt. So wurden z.B. die Begriffe Berechenbarkeit, Entscheidbarkeit und Algorithmus auf ein exaktes mathematisches Fundament gestellt. Die dabei durchgeführten Arbeiten waren nicht nur für die weitere Entwicklung der KI von größter Bedeutung, sondern wie sich zeigen sollte, auch für die Informatik allgemein.

Die Frage, ob Maschinen denken könnten, wurde von Turing 1950 wieder aufgegriffen und in einem wissenschaftlichen Test formuliert (Turing-Test, vgl. Abschnitt 1.2). Der Beginn der KI als eigenständige Disziplin ist in jener Zeit anzusetzen, als die ersten leistungsfähigen Computer entwickelt wurden. Erst dann war es möglich, die vorher entwickelten Konzepte und Ideen auf den Rechnern auszutesten.

Die Geschichte der KI läßt sich grob in einzelne Phasen gliedern, die sich zum Teil auch überlappen. Die Phasen werden nun in Anlehnung an [RUS95], S. 16ff. dargestellt. Zur genaueren Darstellung der Entwicklung der Neuroinformatik wurden zusätzlich noch [SCH90], S. 68ff. und [PAT96a], S. 22ff. herangezogen.

1.4.1   Phase 1: Die ersten Schritte der KI (1943-1956)

Die ersten Schritte der KI als Wissenschaft fallen in den Zeitraum von 1943 bis 1956. Die ersten Arbeiten wurden von W. McCulloch und W. Pitts im Gebiet der KNN durchgeführt. Die beiden Forscher entwickelten das Modell eines künstlichen Neurons („Schwellwertneuron"), das zwei Zustände annehmen konnte („ein" bzw. „aus"), und zeigten, daß im Prinzip jede aussagenlogische Funktion durch ein Netz solcher Schwellwertneuronen beschreibbar ist.

Die McCulloch/Pitts-Neuronen hatten jedoch einen entscheidenden Nachteil, da sie starr miteinander verbunden und daher nicht lernfähig waren. Das Verdienst von D.O. Hebb [HEB49] war es, diesen Nachteil beseitigt zu haben, indem er als erster gezeigt hat, wie man Lernvorgänge physiologisch erklären kann. Die Hebb'sche Lernregel besagt, daß das Gewicht zwischen zwei verbundenen Neuronen dann verstärkt wird, wenn beide Neuronen aktiv sind, also „feuern". Diese Lernregel wird bei einer Reihe von neuronalen Modellen konkret eingesetzt.

In den fünfziger Jahren wurde das Hebb'sche Modell weiterentwickelt und evaluiert. So wurden die ersten Computersimulationen von KNN vom KI-Forscher N. Rochester und seinen Kollegen auf der Dartmouth-Konferenz (1956) vorgestellt, die heute als Geburtsstunde der KI gilt. Die dort durchgeführten Computersimulationen haben auch gezeigt, daß das Hebb'sche Modell in seiner einfachen Form oft nicht zu den gewünschten Ergebnissen führt. Als Weiterentwicklungen wurden daraufhin u.a. das Konzept der lateralen Umfeldhemmung und die Normalisierung der Gewichte entwickelt. Laterale Umfeldhemmung bedeutet, daß nun auch die Inhibition (Hemmung) berücksichtigt wird, indem aktive Zellen andere daran hindern können, aktiv zu sein. Die Normalisierung der Gewichte hat den Vorteil, daß bei der Anwendung der Hebb'schen Lernregel diese nicht beliebig groß werden können, was nachteilige Auswirkungen auf das Lernverhalten haben kann.

Die Arbeiten von McCulloch und Pitts gelten heute als Vorläufer sowohl der symbolischen (logischen) als auch der konnektionistischen (neuronalen) Richtung innerhalb der KI. C. Shannon und A. Turing schlugen die symbolische Richtung ein, indem sie versuchten, trickreiche Schachprogramme für konventionelle Rechner zu bauen. M. Minsky hingegen war bemüht, die Entwicklung neuronaler Computer voranzutreiben. Ironischerweise war es genau jener Minsky, der 1969 mit seinem berühmt gewordenen Buch „Perceptrons" dafür sorgte,

daß der neuronale Zweig der KI für mehr als eine Dekade entscheidend an Bedeutung ein-
büßte.

Ein entscheidender Meilenstein in dieser frühen Phase der KI war die schon oben erwähnte
zweimonatige Sommerkonferenz am Dartmouth-College. Auf dieser Konferenz wurde der
Begriff „artificial" geprägt, und A. Newell und H.A. Simon präsentierten ein Programm –
den Logic Theorist (LT) -, das imstande war, Schlußfolgerungen durchzuführen. Bald nach
der Konferenz war dieses Programm in der Lage, mathematische Theoreme zu beweisen.
Der Workshop in Dartmouth selber brachte keine durchschlagenden Fortschritte, doch waren
damals die führenden Forscher jener Zeit versammelt, die zusammen mit ihren Kollegen und
Studenten vom Massachusetts Institute of Technology (MIT), von der Stanford- und Carnegie Mellon University und vom Computerhersteller IBM die nächsten 20 Jahre der KI prägen
sollten.

1.4.2 Phase 2: Aufbruch und Begeisterung (1952-1969)

Die zweite Phase von 1952 bis 1969 läßt sich am besten mit dem Schlagwort Enthusiasmus
umschreiben. Da man bis vor wenigen Jahren noch geglaubt hatte, daß Computer nur dazu
verwendet werden können, um arithmetische Operationen durchzuführen, wurde jede neue
Entwicklung auf dem Gebiet der KI mit Begeisterung aufgenommen. Ein wesentlicher Meilenstein war sicherlich die Entwicklung des General Problem Solver (GPS) (vgl. Abschnitt
1.3) durch A. Newell und H. Simon, eines Programms, das die Vorgangsweise wie beim
menschlichen Denken simuliert. J. McCarthy definierte 1958 die Programmiersprache
LISP, die in der weiteren Entwicklung der KI eine dominierende Stellung einnehmen sollte.
McCarthy hatte zwar mit LISP genau jene Sprache, die er brauchte, doch waren dem Experimentieren durch knappe und teure Ressourcen ziemlich enge Grenzen gesetzt. McCarthy
löste das Problem, indem er das „time-sharing-system" erfand, das in der Computerwelt bald
seinen Siegeszug antreten sollte.

Ein wichtiges Forschungsgebiet in jener Zeit waren die sog. Mikrowelten („microworlds").
Mikrowelten sind kleine, abgeschlossene Anwendungsgebiete, wo intelligentes Problemlösen anhand von wohldefinierten Problemstellungen erforscht werden konnte. Das sicherlich
berühmteste Beispiel für eine solche Mikrowelt war die Klötzchenwelt, wo verschiedenför-
mige Klötze auf einer Tischplatte angeordnet sind. Eine Aufgabe in dieser Welt bestand z.B.
darin, die Blöcke in einer bestimmten Art und Weise umzuordnen. Das bekannteste Beispiel
für ein Programm zur Manipulation von Klötzchen war SHRDLU von T. Winograd. Dabei
wies der Benutzer des Programms das System über eine natürlichsprachliche Schnittstelle an,
gewisse Aktionen durchzuführen (z.B. „Lege einen kleinen Würfel auf den grünen Würfel,
welcher die Pyramide trägt."). Bei eventuell auftretenden Unklarheiten konnte SHRDLU
auch Rückfragen stellen.

Auch im Bereich der KNN konnten Fortschritte erzielt werden. B. Widrow entwickelte ein
neues KNN mit dem Namen Adaline und eine neue Lernregel, die sog. Delta-Regel, mit der
man dieses Netz entsprechend trainieren konnte.

Ein weiterer Durchbruch auf dem Gebiet der Neuroinformatik wurde 1958 erzielt, als der
Psychologe F. Rosenblatt [ROS58] ein neuronales Modell – das Perceptron – entwickelte,

das völlig neuartige Eigenschaften besaß. Das Perceptron war teilweise selbstorganisierend, konnte lernen und einfache binäre Klassifikationsaufgaben durchführen. Außerdem war es in der Lage, neuartige Eingaben zu verarbeiten, die zu einem gewissen Grad bekannten Eingaben ähnlich waren (Generalisierungsfähigkeit) sowie Eingaben, die unvollständig oder verrauscht waren. Rosenblatt formulierte mit dem Perceptron quasi sein Modell der Gehirnfunktion. Er glaubte [PAT96a], S. 23, daß das Gehirn – wie eine Lernmaschine – auf Reize Klassifikationen produziert.

1.4.3   Phase 3: Ernüchterung (1966-1974)

Vom Beginn der KI als Wissenschaft waren die meisten Forscher eigentlich sehr optimistisch, daß die auf den Rechnern realisierte künstliche Intelligenz in absehbarer Zeit in puncto Leistungsfähigkeit mit der des Menschen vergleichbar wäre. Eine Aussage von H.A. Simon aus dem Jahre 1957 soll dies verdeutlichen:

> *It is not my aim to surprise or shock you – but the simplest way I can summarize is to say that there are now in the world machines that think, that learn and that create. Moreover, their ability to do these things is going to increase rapidly until – in a visible future – the range of problems they can handle will be coextensive with the range to which human mind has been applied.*

Mitte der sechziger Jahre traten Schwierigkeiten auf, die fundamental waren, sich also nicht auf einzelne Applikationen bezogen. Diese Schwierigkeiten sollten auch zu einer Richtungsänderung in der KI-Forschung führen. Was war geschehen?

Das erste Problem bestand darin, daß die Programme wenig oder gar kein Wissen über das Anwendungsgebiet besaßen. Ein gutes Beispiel hierfür sind Sprachübersetzungsprogramme oder Programme, die einen intelligenten Dialog mit einem Menschen führen. Bei den Sprachübersetzungsprogrammen zeigte sich, daß es eben nicht ausreicht, ein großes Vokabular zu haben und dann einfach syntaktische Transformationen durchzuführen, sondern es ist auch Wissen über den Kontext vonnöten. Bei den Programmen, die einen Dialog führen, tritt die gleiche Problematik auf. Fehlendes Allgemeinwissen (z.B. über seelische Zustände eines Menschen) macht auch ein geringes „Verständnis" über die Problemsituation des Dialogpartners unmöglich.

Der zweite Problemkreis bezog sich auf die Komplexität der wirklichen Welt. Ursprünglich hatte man gemeint, daß ein intelligentes Programm, das in der „Spielzeugwelt" funktioniert, unter Verwendung leistungsstärkerer Rechner auch mit komplexen Situationen in der wirklichen Welt zurechtkommen wird. Nun stellte sich auch durch Ergebnisse der Komplexitätstheorie heraus, daß die „kombinatorische Explosion", die sich aus der Zahl der möglichen Systemzustände in der Realität ergab, jenseits aller Möglichkeiten auch zukünftiger Rechnergenerationen lag. Auch wenn ein Problem prinzipiell lösbar war, z.B. durch Evaluierung aller möglichen Zustände, bedeutete dies eben nicht, daß es in der Praxis durchführbar war, diese Lösung auf einem Computer zu gewinnen.

Auch im Bereich der KNN kam es zu Rückschlägen. M. Minsky zeigte in seinem Buch „Perceptrons" [MIN69], daß das von F. Rosenblatt eingeführte Netz prinzipielle Schwächen besaß, die zur Folge hatten, daß gewisse Klassen von Problemen nicht gelernt werden konnten. Der Schaden für die Neuroinformatik war enorm. Viele Forscher zogen sich aus diesem Gebiet zurück, so daß die Neuroinformatik für mehr als zehn Jahre von der Bildfläche verschwand. Erst zu Beginn der achziger Jahre – begründet durch die Arbeiten von J. Hopfield – wurde innerhalb der Gemeinde der KI-Forscher diesem Gebiet wieder verstärktes Interesse gewidmet.

1.4.4   Phase 4: Aufbruch mit Wissensbasierten Systemen (1969-1979)

Das Muster in der frühen Zeit der KI, Probleme anzugehen bestand darin, mit einem allgemeingültigen Suchmechanismus elementare Schlußfolgerungsschritte miteinander zu kombinieren, bis die fertige Lösung erreicht war (vgl. GPS). Dabei wurde wenig Wissen über das Anwendungsgebiet verwendet. Daher heißen solche Methoden auch „schwache Methoden". Diese Ansätze waren deswegen zum Scheitern verurteilt, weil die „kombinatorische Explosion" der möglichen Zustände im Suchbaum das Auffinden einer vollständigen Lösung bei Problemen der wirklichen Welt unmöglich machte.

Die Alternative bestand nun darin – und diese wurde in den sechziger Jahren verfolgt –, unter Verwendung von geeignetem Wissen über das Problem unnötige Suchschritte zu vermeiden. Das nötige Wissen wird dabei in der Regel gewonnen, indem Experten des Fachbereiches befragt werden. Dieses Wissen wird anschließend in Form von Heuristiken („Faustregeln") in einem System implementiert. Solche Systeme werden auch als wissensbasiert bezeichnet (knowledge-based systems), weil sie die Lösung primär unter Verwendung von Expertenwissen zu erreichen versuchen und nicht bloß unter Anwendung einer allgemeingültigen, problemunabhängigen Suchstrategie.

Das erste Wissensbasierte System (WBS) war DENDRAL. Es wurde entwickelt, um die Molekularstruktur aus Informationen abzuleiten, die ein Massenspektrometer bereitstellte. Die Regeln zur Entwicklung von DENDRAL wurden dabei aus einem theoretischen Modell der Chemie abgeleitet. Auch im Bereich medizinischer Diagnose wurden Erfolge erzielt. Das System MYCIN etwa wurde entwickelt, um Blutinfektionen zu diagnostizieren. Im Gegensatz zu DENDRAL war kein allgemeines theoretisches Modell über den Problembereich vorhanden, so daß medizinische Experten herangezogen werden mußten, um MYCIN mit Wissen zu füllen. Die Fähigkeit des Systems zur richtigen Diagnose war ungefähr vergleichbar mit der von erfahrenen Medizinern und in jedem Fall besser als die von frisch ausgebildeten Ärzten. In MYCIN waren etwa 450 Regeln eingebaut, die noch um sog. Sicherheitsfaktoren („certainty factors") erweitert wurden, um die Tatsache widerzuspiegeln, daß eine medizinische Diagnose nie hundertprozentig sein kann.

Der Einsatz von WBS in verschiedensten Anwendungsgebieten führte zu einer verstärkten Forschung im Bereich Wissensrepräsentation. So kam es in dieser Zeit zur Entwicklung der logischen Programmiersprache PROLOG. M. Minsky erarbeitete sein Frame-Konzept, das wesentliche Ideen und Anregungen für das heute so bedeutende Paradigma der Objektorientierung in der Softwaretechnik lieferte.

1.4.5   Phase 5: Kommerzieller Erfolg der KI (1980-1988)

Zu Beginn der achziger Jahre wurde damit begonnen, Expertensysteme in der Industrie einzusetzen. Das erste kommerziell erfolgreiche Expertensystem war R1, das bei Digital Equipment zur Unterstützung bei der Konfiguration der Hardware von VAX-Anlagen eingesetzt wurde. 1982 hatte das System 772 Regeln und nach einer Erweiterung 1984, die dazu diente, auch andere Anlagen konfigurieren zu können, schon 3.303 Regeln. Der Einsatz von R1 half Digital Equipment eine Menge Geld zu sparen, was dazu führte, daß Expertensysteme bald auch in anderen Bereichen des Unternehmens eingesetzt wurden und so die KI-Abteilung ständig vergrößert wurde. In dieser Zeit hatte beinahe jede größere Firma in den USA eine eigene Abteilung für KI und verwendete entweder schon Expertensysteme oder war dabei zu untersuchen, welche Anwendungsgebiete es dafür im Unternehmen gab.

Ein Kennzeichen der achziger Jahre war auch die Förderung der KI im großen Stil. Das bedeutendste Forschungsprogramm war sicherlich das „Fifth Generation"-Projekt in Japan, das darauf ausgerichtet war, intelligente Maschinen zu bauen, auf denen PROLOG in der Geschwindigkeit laufen konnte, wie herkömmliche Rechner Maschinencode ausführen. Mit derartig leistungsfähigen Maschinen, die sehr schnell auf das Wissen einer riesigen Menge von Regeln zurückgreifen konnten, hoffte man auch, zum ersten Mal ein vollständiges Verstehen der natürlichen Sprache erreichen zu können. Aus Angst vor einer japanischen Dominanz im Bereich der KI – das „Fifth Generation"-Projekt war immerhin für 10 Jahre ausgelegt – wurden in den USA und Großbritannien bald ähnlich großangelegte Programme gestartet.

Der Boom in der KI führte dazu, daß zahlreiche Unternehmen entstanden, die Softwaretools zur Entwicklung von Expertensystemen anboten. Bekannte Firmen sind hier etwa Carnegie Group, Inference oder Intellicorp. Hardwareanbieter wie Texas Instruments oder Xerox wiederum bauten spezielle Hardwareplattformen, die für die Entwicklung von LISP-Programmen optimiert waren.

1.4.6   Phase 6: Rückkehr der KNN (seit 1982)

Das Buch „Perceptron", in dem M. Minsky 1969 die Unzulänglichkeiten perceptronartiger Netze kritisiert hatte, führten zu einer mehr als 10-jährigen Forschungspause im Bereich der Neuroinformatik.

Die Rückkehr der Neuroinformatik zur anerkannten Forschungsdisziplin wurde 1982 begründet. Der Physiker und Nobelpreisträger J. Hopfield präsentierte in diesem Jahr eine Arbeit [HOP82], in der ein neues Netz vorgestellt wurde, das auf Prinzipien der Festkörperphysik beruhte. Hopfield untersuchte bestimmte Systeme – die sogenannten Spingläser – und übertrug grundlegende Konzepte daraus zum Aufbau eines neuartigen, rückgekoppelten Netztyps. Das Hopfield-Modell eignet sich besonders gut für Anwendungen in den Bereichen Mustererkennung und Optimierung und wurde von Hopfield selber und von anderen Forschern in den folgenden Jahren weiterentwickelt. Die wichtigsten Varianten sind dabei das BAM (bidirektionaler Assoziativspeicher) und die Boltzmann-Maschine.

Die Boltzmann-Maschine [HIN86], die von G. Hinton und T. Sejnowski 1985 vorgestellt wurde, ist deswegen interessant, weil hier eine weitere Parallele zur Festkörperphysik deutlich wird. Die Neuronen der Boltzmann-Maschine feuern nicht deterministisch, wie beim Hopfield-Modell, sondern stochastisch. Die Wahrscheinlichkeit, wann ein Neuron feuert, wird dabei über den Parameter „Temperatur" festgelegt. Ist die Temperatur hoch, so sind Zustände mit hohem und niedrigem Energieniveau ungefähr gleich wahrscheinlich. Mit sinkender Temperatur nimmt die Bereitschaft der Neuronen ab, einen Zustand mit höherer Energie einzunehmen. Bei der Temperatur $T = 0$ schließlich wird immer der Zustand mit niedrigerer Energie angenommen. Die Boltzmann-Maschine hat gegenüber den deterministischen Netzen vom Typ Hopfield den Vorteil, daß – sofern die Temperatur genügend groß ist – auch energetisch ungünstigere Zustände eingenommen werden können. Gerade bei Optimierungsproblemen – wo die Energiefunktion als Kostenfunktion zu verstehen ist – entstehen hier interessante Anwendungsgebiete, da die Möglichkeit besteht, aus lokalen Minima zu entweichen.

Auch im Bereich der Feedforward-Netze wurden deutliche Fortschritte erzielt. So entwickelten Rumelhart, Hinton und Williams ebenfalls 1985 [RUM86] den Backpropagation-Lernalgorithmus für mehrschichtige Netzwerke. Die Neuronen in diesen verdeckten Schichten sind alle lernfähig und können viel mehr Information repräsentieren als beim Basismodell von Rosenblatt, so daß mächtige Netzwerkmodelle entstehen.

Ein Netzwerkmodell, das stark an der tatsächlichen Funktionsweise des menschlichen Gehirns orientiert ist, ist das von G. Carpenter und S. Grossberg entwickelte ART-Netzwerk [CAR87]. Die ART-Netzwerke sind rückgekoppelt, imitieren in beachtenswerter Weise menschliches Kurz- und Langzeitgedächtnis und verfügen außerdem über einen Mechanismus, der das Lernen steuert. In ART-Netzen ist auch zumindest ansatzweise ein zentrales Problem der Hirnforschung gelöst, das darin besteht, wie das Gehirn stabile Zustände erreicht, obwohl doch ständig weitergelernt wird und sich bekanntes Wissen mit neuem Wissen überlagert. Es ist heute selbst für den Fachmann beinahe umöglich, das komplette Spektrum neuronaler Modelle zu überblicken. Die Vielfalt entsteht zum einen aus dem Grund, daß Netzmodelle speziell für gewisse Anwendungen entwickelt werden, und zum anderen deswegen, daß aus Gründen der Leistungssteigerung Modifikationen im Lernverfahren vorgenommen werden. Für Backpropagation existieren rund ein Dutzend Varianten.

Was die Expertensysteme von der Art wie MYCIN betraf, so setzte hingegen eine gewisse Desillusionierung ein. Man kam zu der Erkenntnis, daß es für ein erfolgreiches Expertensystem mehr bedurfte, als einfach ein Tool zu kaufen und die Wissensbasis mit Regeln zu füllen. Mancherorts wurde befürchtet, daß die Forschungsförderung bei WBS signifikant gekürzt würde und es zu einem Stillstand in diesem Bereich kommen könnte, ähnlich wie dies bei den KNN in den siebziger Jahren passiert war. Zwischen KNN und der traditionellen symbolischen KI entstanden nun große Rivalitäten, die auch in einem harten Kampf um Forschungstöpfe deutlich wurden. Erst später setzte sich die Erkenntnis durch, daß die traditionelle KI und die KNN eigentlich zwei verschiedene Sichten ein und desselben Problems sind.

1.4.7   Phase 7: Neuere Entwicklungen (seit 1987)

Die letzten Jahre haben, sowohl was den Inhalt als auch die Methodik betrifft, einen Wechsel in der KI-Forschung gebracht. Im Prinzip lassen sich zwei Richtungen unterscheiden. Eine Richtung versucht, einfach Ideen auszuprobieren, herumzuexperimentieren und anschließend zu bewerten, was verwertbar scheint. Die andere Richtung versucht, die KI auf ein festes methodisches Fundament zu stellen, indem sie Theorien entwickelt, die mathematisch abgesichert sind. In den letzten Jahren hat sich immer mehr die zweite Richtung durchgesetzt. Was die Ansprüche der KI betrifft, so ist man heute doch um vieles bescheidener geworden. Einen Ausspruch wie H.A. Simon 1957 (vgl. Phase 3) würde heutzutage wohl kein ernstzunehmender KI-Forscher mehr tätigen. Projekte der heutigen KI befassen sich nicht mehr mit „toy problems", sondern mit aktuellen, anwendungsorientierten Problemstellungen, die genau abgegrenzt sind, etwa im Bereich Robotik, Bild- oder Sprachverarbeitung.

Ein weiterer erkennbarer Trend besteht darin, daß die in den achziger Jahren begonnene Kommerzialisierung und praktische Anwendung der KI immer stärker zunimmt. Alle führenden Hardwarehersteller haben dies erkannt und stellen spezielle Hardware für die Ausführung von Basisprozessen der KI zur Verfügung. Die immer größer werdende Bedeutung des Computers in unserem Leben führt dazu, daß Anwenderkreise erschlossen werden, die sich in kurzer Zeit mit dem Computer vertraut machen müssen, ohne eine professionelle Ausbildung zu besitzen. Hier kann die KI auch wertvolle Unterstützung liefern, indem sie die Intelligenz der Rechner erhöht, z.B. durch eine natürlichsprachliche Schnittstelle.

KI ist jene Disziplin, deren zentraler Untersuchungsgegenstand die Verwaltung von Wissen auf dem Rechner ist. Die zunehmende Bedeutung von Wissen und Information in unserer Gesellschaft hat auch zur Entstehung neuer Berufsgruppen geführt, die relevantes Wissen identifizieren, es in einem System implementieren und verteilt über die Unternehmung entsprechend managen können (Forschungsgebiet Wissensmanagement, vgl. Kapitel 5).

1.5   Zusammenfassung

Die Künstliche Intelligenz (KI, eng. artificial intelligence) ist jene Wissenschaft, die sich damit beschäftigt, intelligente Leistungen, die von Menschen erbracht werden, auf dem Computer zu simulieren.

Unter dem Oberbegriff Softcomputing sind jene Techniken zusammengefaßt, die für gewisse Problemstellungen, die sich einer exakten Lösung entziehen, Näherungslösungen mit numerischen Verfahren ermitteln. In diesem Buch werden die Softcomputing-Paradigmen Künstliche Neuronale Netze und Fuzzy-Systeme behandelt.

Die wesentliche Eigenschaft wissensverarbeitender Systeme ist die Fähigkeit, Schlußfolgerungen (Inferenzen) zu ziehen. Eine derartige Fähigkeit besitzt z.B. ein Datenbanksystem nicht.

Der Computerwissenschaftler A. Turing hat 1950 einen nach ihm benannten Test (Turing-Test) zur Klärung der Frage, ob eine Maschine Fähigkeiten zum Denken besitzt, entwickelt. Ein Computer erbringt dabei eine intelligente Leistung, wenn ein Interviewer nicht herausfinden kann, ob eine bestimmte Antwort auf eine Frage von einer befragten Person oder vom Computer erbracht wurde. Da dieser Test rein auf das erbrachte Ergebnis abstellt und nicht fragt, wie es zustandegekommen ist, spricht man in diesem Zusammenhang auch von sog. Performanzmodellen.

Eine bestimmte Richtung in der KI, die sog. starke KI, geht davon aus, daß geistige Prozesse eines Menschen vollständig durch Algorithmen, die auf einem Computer ablaufen, simuliert werden können. Eine Reihe von Wissenschaftern (z.B. J.R. Searle) lehnt diese Extremposition ab und bringt Beispiele dafür, wo der Turing-Test vom Computer zwar bestanden wurde, bei der Problemlösung aber das Moment des Verstehens völlig gefehlt hat.

Wissenschaftler der frühen KI-Zeit haben den Anspruch erhoben, daß die von ihnen entwickelten „künstlichen" intelligenten Systeme dem Menschen bald ebenbürtig sein werden. Diese hohen Ansprüche haben sich nicht erfüllt. Die KI ist heute bescheidener geworden und konzentriert sich auf die Lösung eng abgegrenzter, wohldefinierter Problemstellungen.

1.6   Übungsaufgaben

1. Charakterisieren Sie die Gebiete KI und Softcomputing.

2. In diesem Lehrbuch werden die Lehrinhalte auf drei Ebenen besprochen, der Modellie-rungs- Implementierungs- und Einsatzebene. Erläutern Sie die Unterschiede zwischen den Ebenen.

3. Geben Sie einige Eigenschaften an, die intelligentes Handeln voraussetzen.

4. Beschreiben Sie das Grundprinzip des Turing-Tests.

5. Welche Kritikpunkte am Turing-Test kennen Sie?

6. Was versteht man unter der Richtung "starke" KI? Was ist Ihre Meinung zu den An-sichten dieser Richtung?

7. Wissen bildet den zentralen Begriff in der Wissensverarbeitung. Erklären Sie den Un-terschied zwischen "Wissen" und "Daten".

8. Zeigen Sie anhand eines selbstgewählten Beispiels, wie Wissen auf der kognitiven Ebene, Repräsentationsebene und Implementierungsebene formuliert wird.

9. Wie kann man Wissen klassifizieren?

10. Geben Sie je ein Beispiel für präzises, unsicheres, unvollständiges und vages Wissen.

11. Definieren Sie den Begriff Inferenz.

12. Was versteht man unter einem deduktiven Schluß? Geben Sie ein Beispiel.

13. Erläutern Sie, worin die spezifische Schwierigkeit besteht, wissensverarbeitende Sys-teme (im Gegensatz zu Datenbanksystemen) zu entwickeln.

14. Worin besteht die Aufgabe des Knowledge Engineers?

15. Skizzieren Sie den Unterschied in der Behandlung von Anwendungswissen zwischen herkömmlicher Datenverarbeitung und Wissensverarbeitung.

16. Durch welche Forschungsarbeiten wurde die Disziplin „Künstliche Intelligenz" be-gründet?

17. Welche Ereignisse fallen in die Phase 2 „Aufbruch und Begeisterung" der KI-Geschichte?

18. Welche drei fundamentalen Schwierigkeiten traten Mitte der sechziger Jahre in der KI-Forschung auf?

19. Erläutern Sie den Unterschied zwischen „starken" und „schwachen" Methoden in der KI.

20. Welche grundlegenden neuronalen Modelle wurden in den achtziger Jahren entwickelt?

2 Klassische, symbolische KI

Dieses Kapitel ist folgendermaßen aufgebaut: Der grundsätzliche Lösungsansatz der klassischen, symbolischen Wissensverarbeitung wird in Abschnitt 2.1 vorgestellt. Dabei werden vor allem der Begriff „Symbol" erklärt und die grundsätzlichen Annahmen bei einer symbolorientierten Repräsentation der Welt erläutert.

In der Modellierungsebene (Abschnitte 2.2 und 2.3) symbolorientierter Systeme werden elementare Grundkonzepte der KI wie Suchverfahren oder Repräsentationsformalismen behandelt. Suchverfahren (Abschnitt 2.2) haben in der KI einen ganz besonderen Stellenwert, da eine große Zahl von Problemstellungen in Suchprobleme transformiert und unter Anwendung von Heuristiken gelöst werden können. Sie können überall dann angewendet werden, wenn man Handlungsalternativen in Hinblick auf ein wohldefiniertes Ziel bewerten kann. Der Bereich „Repräsentation von Wissen" (Abschnitt 2.3) behandelt die Frage, wie Wissenselemente in geeigneter Form im Computer abgebildet und verwaltet werden können. Die bekannteste Möglichkeit, vorliegende Sachverhalte symbolisch abzubilden, besteht über die Logik. Daneben werden auch die Formalismen Produktionsregeln, Frames und Semantische Netze erläutert.

Die Implementationsebene von Kapitel 2 (Abschnitt 2.4) ist zweigeteilt. Zum einen wird die KI-Programmiersprache PROLOG kurz vorgestellt. Zum anderen werden auch die sogenannten Shells behandelt. Eine Shell ist ein bis auf die einzufügende Wissensbasis fertiges Expertensystem. Hier wird die KI-Shell CLIPS überblicksweise vorgestellt.

In der Einsatzebene (Abschnitt 2.5) symbolischer KI-Systeme wird ein Überblick über jenes Anwendungsgebiet gegeben, wo die größten Erfolge erzielt wurden, die Expertensysteme. Zuerst wird dargelegt, wie ein Wissensbasiertes System im allgemeinen und ein Expertensystem im speziellen aufgebaut ist. Anschließend wird erläutert, welche Phasen bei der Erstellung eines Wissensbasierten Systems (Knowledge Engineering) durchlaufen werden und welche Personen bei der Entwicklung beteiligt sind. Diese Phasen im Knowledge Engineering unterscheiden sich dabei nicht nur inhaltlich – d.h. in den einzelnen Stufen –, sondern auch durch die am Entwicklungsprozeß beteiligten Personen wesentlich von der Vorgangsweise im Software Engineering.

An dieser Stelle sei angemerkt, daß in diesem Kapitel nur Grundkenntnisse im Bereich der symbolischen KI vermittelt werden. Für eine weitere Vertiefung, sowohl was Methodiken und Techniken, als auch Anwendungsgebiete betrifft, sei der interessierte Leser auf Standardwerke, wie etwa [GÖR95], [RUS95], [LUG93] oder [GIN93], verwiesen.

Die Intregration von Wissensbasierten Systemen mit Datenbankkonzepten in Form sog. Wissensbasierten Datenbanken ist in [KAR94a] beschrieben.

2.1 Symbolische Wissensverarbeitung als Lösungsansatz

In diesem Abschnitt werden die Grundlagen der symbolischen Wissensverarbeitung näher beleuchtet. Dabei wird nicht konkret auf bestimmte Modelle eingegangen – dies ist Aufgabe der folgenden Abschnitte dieses Kapitels –, sondern grundsätzliche Annahmen dieser Richtung der Wissensverarbeitung diskutiert. Interessante Quellen für diesen Abschnitt sind [DOR91], S. 2ff., [STE95], S. 21ff. und [PET98], S. 129ff.

2.1.1 Annahme 1: Die Physical Symbol Systems Hypothesis

Ausgangspunkt unserer Überlegungen ist der in Abschnitt 1.2 vorgestellte Turing-Test. Der Computer hat den Turing-Test genau dann bestanden, falls seine Leistung von der eines Menschen nicht unterschieden werden kann. Ein derartig konzipiertes Modell bezeichnet man in der KI als sog. Performanzmodell [DOR91], S. 3, d.h. entscheidend ist die Außenwirkung des Modells (= Verhalten wie ein Mensch), nicht aber die interne Beschaffenheit.

Trotzdem wurde in der KI schon sehr früh der Versuch unternommen, Hypothesen über die interne Beschaffenheit intelligenter Systeme aufzustellen [DOR91], S. 3. Am bekanntesten ist zweifellos die Hypothese von A. Newell und H. Simon, die im Jahre 1976 postuliert wurde und Physical Symbol Systems Hypothesis (PSSH) genannt wird.

A. Newell und H. Simon publizierten diese These in ihrem Turing Award Paper 1976 [NEW76]:

The Physical Symbol Systems Hypothesis. A physical symbol system has the necessary and sufficient means for general intelligent action.

Betrachten wir dieses Zitat etwas genauer [STE95], S. 21:

- Unter necessary verstanden Newell und Simon, daß die Analyse jedwedes Systems mit allgemeiner Intelligenz zeigen würde, daß dieses System ein physical symbol system ist.
- Mit sufficient meinten sie, daß jedes physical symbol system genügender Komplexität so organisiert werden kann, daß es allgemeine Intelligenz aufweist.
- Unter general intelligent action verstanden sie die gleichen intelligenten und zielgerichteten Tätigkeiten, die wir auch bei Menschen beobachten können. Das schließt solche intelligente Tätigkeiten ein wie Planungsaufgaben, Sprechen, Lesen von Büchern oder Komponieren von Musik.

Die PSSH besagt also [DOR91], S. 4, sofern ein System Symbole physikalisch realisiert, hat es auch alle Voraussetzungen dafür erfüllt, ein intelligentes System sein zu können. Interessant in dem Zitat von Newell und Simon ist auch die Betonung auf necessary und sufficient, also auf „notwendige und hinreichende" Bedingung [DOR91], S. 4. Damit wird nämlich nicht nur ausgesagt, daß jedes System, das Symbole physikalisch realisiert, ein intelligentes System sein kann, sondern auch umgekehrt jedes intelligente System – und damit auch der Mensch – ein symbolverarbeitendes System ist.

Betrachten wir nun etwas näher die symbol-[DOR91], S. 5f. und physical-[PET98], S. 129f. Aspekte in einem solchen physical symbol system.

- „symbol-Aspekt"
  Ein Physical Symbol System besteht wie jedes formale System aus einem Alphabet von Zeichen (den sog. Elementarsymbolen) und syntaktischen Regeln, mit denen Symbolstrukturen (Ausdrücke) prinzipiell jeder Komplexität gebildet und transformiert werden können [PET98], S.129. Das Symbol ist also die zentrale Grundlage für diese Richtung der KI. Ein Symbol im Sinne dieser Richtung der KI ist eine „eindeutig identifizierbare und lokalisierbare Einheit" [DOR91], S. 5, die etwas repräsentiert. Wie das Symbol konkret aussieht, ist nebensächlich. Im Straßenverkehr z.B. stellen Verkehrszeichen Symbole dar. Symbole können aber auch eine Ansammlung von geometrischen Zeichen (etwa Linien) sein. Im Computer – und dabei sind wir eigentlich schon bei der technischen Realisierung eines physical symbol systems – sind Symbole durch elektrische Zustände gespeichert. Diese werden dann zunächst als Zeichenkette und dann als Symbol interpretiert. Wichtig ist, daß Symbole in kleinere Einheiten (z.B. Buchstaben) zerlegt werden können, diese kleineren Bestandteile selber aber nichts repräsentieren, also bedeutungslos sind. In [DOR91], S. 6 wird als Beispiel für ein Symbol die Zeichenkette „Apfel" genannt. Es ist dabei nicht sinnvoll, diese Zeichenkette in die einzelnen Buchstaben zu zerlegen. Statt der Zeichenkette „Apfel" könnte aber ebensogut eine andere Zeichenkette, etwa „xyz" stehen, ohne daß damit die Funktionalität des Systems beeinträchtigt wäre. Entscheidend ist hier die eindeutige Abbildung des Symbols (Zeichenkette) auf das zu repräsentierende Konzept.
- „physical-Aspekt"
  Ein symbolverarbeitendes System muß – damit das System nicht nur Idee bleibt – auch implementiert werden. Die Implementierung ist beliebig und kann mit Neuronen (!) genauso durchgeführt werden wie mit Transistoren. Die Funktionalität des Systems ist aber von der Implementierung unabhängig und wird allein durch symbolische Ausdrücke und die Syntax festgelegt. Daß das materielle Symbolsystem als universelle Turing-Maschine definiert ist, kommt der Behauptung gleich, Intelligenz sei gleichbedeutend mit Berechnung.

Fassen wir also zusammen: Symbole („alphabet of human thoughts") sind beliebige Zeichen für Objekte oder Prozesse. Die Semantik in einem physical symbol system wird durch die eindeutige Abbildung auf ein bestimmtes Objekt realisiert. In einem derartigen System existiert eine wohldefinierte Menge von syntaktischen Regeln zur Transformation und Bildung von Symbolstrukturen (Ausdrücke) prinzipiell beliebiger Komplexität. Intelligenz im Sinne der PSSH ist nichts anderes als „Rechnen". In einem derartig konzipierten Symbolsystem werden die symbolischen Ausdrücke so lange gespeichert, bis diese explizit gelöscht oder verändert werden [PET98], S. 130.

Die PSSH kann man weder beweisen noch widerlegen [PET98], S. 130. A. Newell und H.A. Simon, die Begründer des symbolorientierten Ansatzes in der KI, versuchten die Plausibilität der PSSH durch empirische Untersuchungen des Problemlösens und dessen Modellierung durch maschinelle Suchverfahren (vgl. GPS) sowie durch Denkprozesse zu untermauern, bei denen offenkundig Symbolverarbeitung stattfindet. Man denke hier z.B. nur an das Kopfrechnen.

2.1.2   Annahme 2: Die Wissensbasiertheit von Systemen

Neben der eben vorgestellten PSSH gibt es noch eine weitere grundlegende Annahme in der KI, die der Wissensbasiertheit [DOR91], S. 4. Dabei wird angenommen, daß die Voraussetzung aller intelligenten Vorgänge in umfangreichem Wissen besteht, das im System gespeichert werden muß und jederzeit abrufbar ist. Diese Erkenntnis war, wie in [DOR91], S. 4 ausgeführt wird, nicht immer vorhanden. Bei der Diskussion der verschiedenen Entwicklungsphasen der KI wurde u.a. festgehalten, daß die sog. schwachen Methoden, wie z.B. der GPS, beginnend mit den siebziger Jahren durch die Wissensbasierten Systeme abgelöst wurden. Ein anderes Beispiel sind Systeme zur Verarbeitung der natürlichen Sprache. Zu Beginn konzentrierte man sich lediglich auf syntaktische Muster, ehe man erkannte, daß eine Analyse von Sätzen nur durch eine frühe Berücksichtigung der Bedeutung der einzelnen Aussagen zu erreichen ist. Um die Bedeutung von Aussagen zu erkennen, ist aber umfangreiches Wissen nötig (sowohl sprachliches als auch Weltwissen). Aus diesem Grund ist die Wissensrepräsentation eines der zentralen Themen der KI. Der Bedeutung der Wissensrepräsentation wird in diesem Lehrbuch durch eine ausführliche Behandlung in Abschnitt 2.3 Rechnung getragen.

2.1.3   Wissensverarbeitung mit dem symbolischen Paradigma

Unter Kognition [DOR91], S. 10 versteht man im allgemeinen die Fähigkeit zum Denken in Symbolen, zur Abstraktion, zur Generalisierung, zur Verwendung der Sprache usw. Die Gliederung und das Schreiben dieses Lehrbuches haben z.B. kognitive Fähigkeiten wie die Klassifikation des Stoffes in disjunkte Kapitel und den Vergleich von Paradigmen anhand diverser Kriterien auf abstraktem Niveau, also typisch symbolische Handlungen erfordert. Es stellt sich nun die Frage, ob es neben dieser Ebene bewußt symbolischer Handlungen auch eine andere Ebene kognitiver Fähigkeiten gibt.

Der Mensch ist z.B. in der Lage, einen Freund, der auf der anderen Straßenseite geht, obwohl sein Gesicht etwas verdeckt ist, zu erkennen. Das Lesen eines handgeschriebenen Textes ist etwa auch dann möglich, wenn gewisse Buchstaben fehlen oder verschmiert sind. Derartige unbewußte, assoziative Vorgänge gehören zum Bereich der Perzeption, weshalb dieses Gebiet von einigen KI-Forschern aus der KI ausgeschlossen wird [DOR91], S. 11.

Die klassische, symbolische KI, die in den folgenden Abschnitten näher erläutert wird, trifft nun die These, daß sich sowohl

- die bewußt symbolischen Handlungen als auch
- die unbewußten Assoziationen

mit einem symbolverarbeitenden System modellieren lassen [DOR91], S. 12. Da die Prozesse auf der höheren, d.h. symbolischen Ebene die zugrundeliegenden sind, wird der symbolische Formalismus auch zur Modellierung assoziativer Prozesse herangezogen.

2.1.4   Der „Werkzeugkasten"

Dieser Abschnitt gibt einen Überblick über die wichtigsten Methoden der symbolischen KI. Methoden in der KI stellen den „Werkzeugkasten" des KI-Forschers dar, mit denen Probleme angegangen werden können, die intelligentes Problemlösen erfordern. Im folgenden werden die Methoden der symbolischen KI im Überblick vorgestellt:

Wichtige Methoden in der KI sind:
- Suchverfahren
  Sie stellen jene Technik dar, mit der intelligentes Problemlösen simuliert wird. Ausgehend von einem Startzustand werden mögliche Handlungsalternativen in einem Suchbaum dargestellt. Will man die optimale Lösung erhalten, müssen in der Regel alle möglichen Kombinationen von Handlungsalternativen evaluiert werden. Da dies bei komplexen Problemen undurchführbar ist, werden Heuristiken eingesetzt, die es erlauben, den Suchbaum effizient zu durchsuchen und trotzdem eine akzeptable Lösung zu erhalten. Wichtige Suchverfahren werden in Abschnitt 2.2 behandelt.
- Wissensrepräsentation
  Bei der Darstellung der Geschichte der KI (Kapitel 1, Abschnitt 1.4) ist deutlich geworden, welchen Stellenwert die Wissensrepräsentation in der KI einnimmt. Die Wissensrepräsentation beschäftigt sich damit, Formalismen zu entwickeln, mit denen Problemwissen hinreichend genau abgebildet und von einem Inferenzmechanismus effizient zur Lösung eines konkreten Problems verwendet werden kann. Wichtige Repräsentationsformalismen werden genauer in Abschnitt 2.3 beschrieben.
- KI-Sprachen
  Die wichtigsten KI-Sprachen sind PROLOG und LISP. Die logische Programmiersprache PROLOG ist die Implementierung des Inferenzmechanismus „Resolutionsverfahren" für eine Teilmenge der Prädikatenlogik 1. Ordnung. Die Beschränkung auf eine Teilmenge ist nötig, um ausreichende Effizienz zu gewährleisten. Die funktionale Programmiersprache LISP hat einen anderen mathematischen Hintergrund. Dabei werden Eigenschaften über das mathematische Input-Output-Verhalten einer Funktion ausgenutzt. Als Ausdrucksmittel stehen in LISP einfache Basisfunktionen zur Verfügung, bei denen das Ein- und Ausgabeverhalten bekannt ist. Die spezielle Syntax von LISP gestattet es, das Ausgabeverhalten komplexerer Funktionen auf jenes einfacherer zurückzuführen. Mit dieser Möglichkeit zur Kombination von Funktionsausdrücken können beliebig komplexe Sachverhalte ausgedrückt werden. Die KI-Programmiersprache PROLOG wird genauer in Abschnitt 2.4 vorgestellt.
- Inferentielle Prozesse
  Hier geht es um die Modellierung und Formalisierung neuer Inferenztechniken, die in Expertensystemen eingesetzt werden können.

- Lernen

  Ein wesentliches Problem bei Expertensystemen besteht darin, daß der Wissenserwerb (Wissensakquisition) äußerst mühsam ist. So muß ein Experte des Fachgebietes eingehend befragt werden, und anschließend hat ein Knowledge Engineer das Expertenwissen in geeignete Repräsentationsformalismen zu transformieren. Eine Möglichkeit, diesen „Flaschenhals" Wissenserwerb bei Expertensystemen zu beseitigen, besteht darin, daß das System selbständig aus Fallbeispielen induktiv Schlüsse zieht und daraus neues Wissen für die Wissensbasis generiert. Voraussetzung ist allerdings, daß das vorhandene Grundwissen entsprechend groß ist. Forschungsanstrengungen, die versuchen, Expertensysteme mit dieser Art Lernfähigkeit auszustatten, werden unter dem Schlagwort „Maschinelles Lernen" zusammengefaßt.

- Planen

  Unter „Planen" werden all jene Verfahren subsumiert, die eine bestimmte Folge von Handlungsschritten definieren, die – werden sie ausgeführt – von einem aktuellen Zustand zu einem Zielzustand führen. Diese Definition klingt sehr verwandt mit dem, was gemeinhin unter „Problemlösen" verstanden wird, so daß Planen sehr oft in der Fachliteratur unter dem Schlagwort „Problemlösen" oder – weil Problemlösen für viele gleichbedeutend mit dem Einsatz eines Suchverfahrens ist –, unter „Suchverfahren" abgehandelt wird [SUN91], S. 156ff.

In den Abschnitten 2.2 bis 2.4 werden aus diesem „Werkzeugkasten" speziell Suchverfahren, Formalismen zur Wissensrepräsentation und KI-Programmiersprachen besprochen.

2.2   Suchverfahren als Methodik zum intelligenten Problemlösen

Die KI ist mit dem Anspruch angetreten, Probleme zu lösen, die von den Menschen sehr leicht bewältigt werden konnten, wo aber Computer jener Zeit gescheitert waren. Es lag daher nahe, mit den Suchverfahren in der KI jene Techniken zu verwenden, von denen man annahm, daß sie der Mensch einsetzte. Suchverfahren lassen sich überall dort anwenden, wo eine Menge von Handlungsalternativen in Hinblick auf ein bestimmtes Ziel definiert ist. Suchen in der KI bedeutet, existierende Lösungswege im Problemlösungsraum (problem space) aufzufinden. Lösungswege sind Pfade vom aktuellen Zustand zu einem Zielzustand. Der Pfad enthält dabei die Schritte, um zur Lösung zu gelangen. Um die Suche effizient durchzuführen, wird beim Suchen selber der Problemlösungsraum auf den Suchraum (solution space) eingeschränkt. Dort findet der eigentliche Prozeß des Suchens nach einer Lösung statt. Der Suchraum wird wie im Operations Research mit einem Graphen (Zustandsgraph) dargestellt. Die Knoten dieses Graphen sind dabei die verschiedenen Problemzustände, und die Kanten sind die Operationen.

Die Methoden, wie der Suchraum zur Auffindung einer Lösung durchsucht wird, lassen sich in zwei Klassen aufteilen, die uninformierten (erschöpfenden) und die heuristischen Suchverfahren. Bei der uninformierten Suche wird der Zustandsraum nach einer bestimmten Methodik sozusagen „blind" abgearbeitet (blind search), bis ein Zielzustand erreicht ist. Da die Suchbäume bei den meisten Problemen sehr groß werden können, sind solche Verfahren nicht effizient. Es empfiehlt sich daher, unter Anwendung von sog. Heuristiken („Faustregeln") nur jene Handlungen im Suchraum auszuführen, die anscheinend am ehesten zu einer Lösung führen werden. Dieser Abschnitt gibt einen kurzen Überblick über Suchverfahren in der KI. Vertiefende Literatur über diese zentrale Technik der KI findet sich in [STE95], S. 146ff., [RUS95], S. 73ff., [GON93], S. 3ff. und [GIN93], S. 47ff.

Die Vorgangsweise bei den einzelnen Suchverfahren dieses Abschnittes werden anhand eines Problems verdeutlicht, das aus dem täglichen Leben bekannt ist. Angenommen, wir möchten mit dem Auto eine Ausflugsreise antreten. Der Ort, wo wir uns gerade befinden, sei der Startort und das gewählte Ziel der Zielort. Unser Bestreben ist es nun, eine bestimmte Route auszuwählen, deren Länge vom Start- zum Zielort möglichst gering ist. Diese Problem ist auch in [DEN94], S.53ff beschrieben.

Nehmen wir eine Straßenkarte für das betrachtete Gebiet zur Hand, kann man obiges Problem in einem Zustandsgraphen abbilden. Dies ist in Abbildung 2.1 gezeigt.

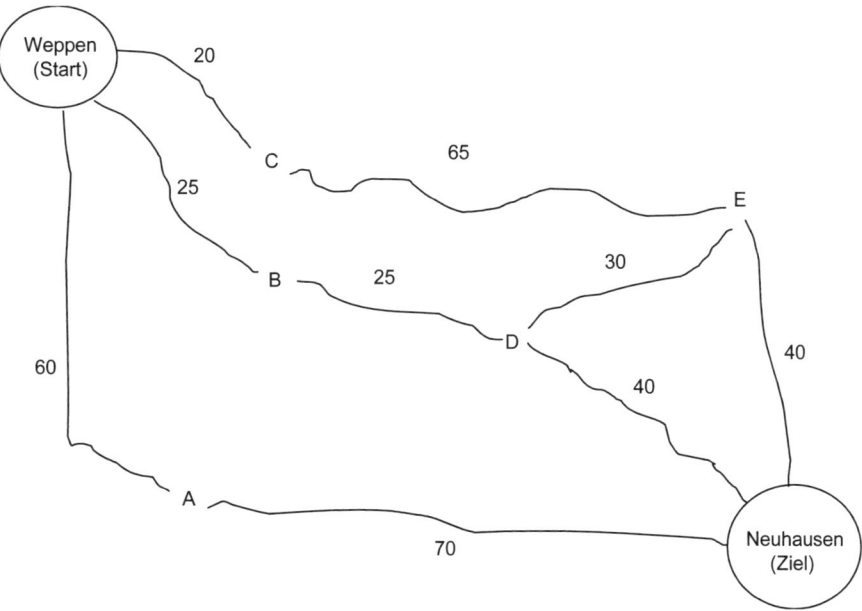

Abbildung 2.1: Darstellung des Reiseproblems als Zustandsgraph

In unserem Beispiel seien die fiktiven Orte Weppen und Neuhausen Start- und Zielorte der Reise. Die dazwischenliegenden Orte, von denen wir einige durchfahren werden, seien der Einfachheit halber mit A-E bezeichnet. Die Entfernungen kann man sich als Kilometerangaben vorstellen.

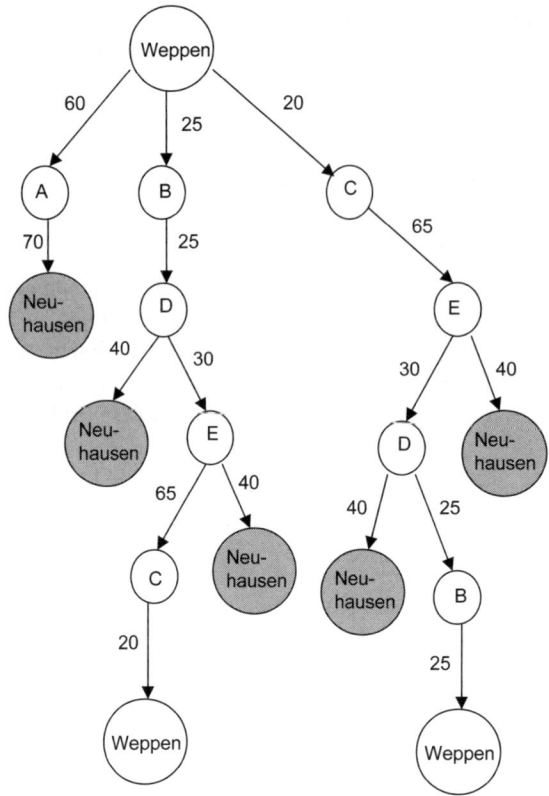

Abbildung 2.2: Suchbaum für die Reise von Weppen nach Neuhausen

Es ist wichtig, sich in Erinnerung zu rufen, daß unser Problem darin besteht, eine möglichst kurze Weglänge zwischen Weppen und Neuhausen zurückzulegen. Der Leser möge sich vor Augen halten, daß dies nicht gleichbedeutend mit der Aufgabe ist, die Distanz in möglichst kurzer Zeit zurückzulegen! Dazu müßte man Informationen über die Art der Straßen und das Verkehrsaufkommen haben und im Zustandsgraphen entsprechend abbilden. Um die Suchverfahren der KI entsprechend anwenden zu können, transformiert man den Zustandsgraphen in einen Suchbaum, der alle möglichen Reiserouten enthält. Dies wurde in Abbildung 2.2 durchgeführt.

Der Suchbaum sieht aus wie ein auf den Kopf gestellter Baum, weil die Verästelung nach unten zunimmt. Die Wurzel des Suchbaumes ist der Startort der Reise und an den Blättern des Baumes ist entweder Weppen oder Neuhausen eingetragen. Ist das Blatt Neuhausen, so wird eine gültige Reise definiert, andernfalls kehrt man zum Ausgangsort zurück, ohne das Ziel besucht zu haben („Sackgasse"). Die verschiedenen Suchverfahren oder -strategien unterscheiden sich nun darin, in welcher Reihenfolge die Knoten besucht werden.

2.2.1 Erschöpfende Suchverfahren

Erschöpfende Suchverfahren zeichnen sich dadurch aus, daß sie den ganzen Suchbaum nach einer bestimmten Systematik „abarbeiten", bis eine Lösung gefunden wird. Diese Verfahren werden oft auch als blind search bezeichnet. Dabei ist zu beachten, daß die Kantenbewertungen – in unserem Fall also die Entfernungen zwischen den Städten – bei der Suchstrategie keinerlei Bedeutung besitzen. Erschöpfende Suchstrategien sind die Tiefen- und Breitensuche.

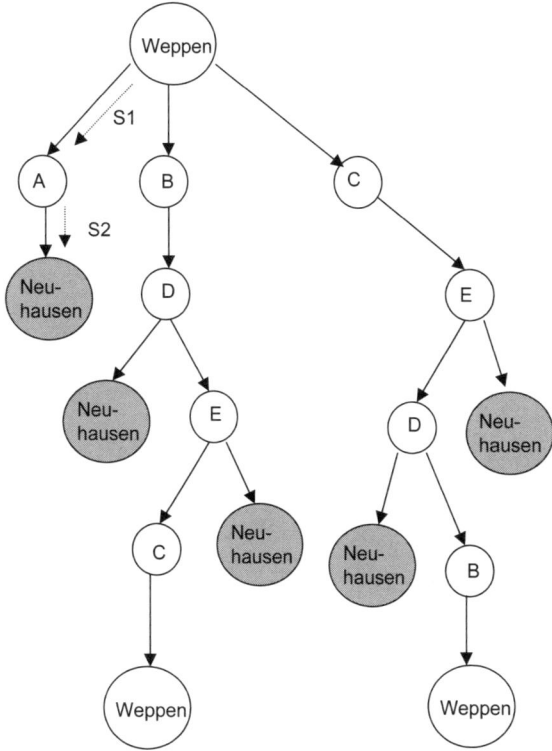

Abbildung 2.3: Finden einer Reiseroute mit Tiefensuche

Tiefensuche (depth-first-search)

Bei der Tiefensuche steigt man schnell in den Suchbaum hinunter, indem von der Wurzel beginnend immer in die Richtung des linken Nachfolgerknotens weitergesucht wird. Stößt man auf ein Blatt, das das Ziel markiert, so ist die Tiefensuche beendet. Andernfalls wird rekursiv zum letzten besuchten Knoten zurückgegangen und es werden andere mögliche Nachfolger dieses Knotens von links beginnend nach dem gleichen Prinzip untersucht. Durch eine solche Vorgangsweise werden alle Knoten des Suchbaums aufgesucht. Das Finden einer Lösung ist somit garantiert. In Abbildung 2.3 ist die Anwendung der Tiefensuche für unser Reiseproblem dargestellt. Die Entfernungen zwischen den Städten sind aus Gründen der Übersichtlichkeit weggelassen. Von Weppen wird zum Ort A verzweigt und anschließend zum Blatt „Neuhausen". Die dadurch bestimmte Reiseroute hat eine Länge von 130 km (Abarbeitungsreihenfolge der Knoten: Weppen - A - Neuhausen).

Breitensuche (breadth-first-search)

Bei der Breitensuche werden von der Wurzel beginnend zuerst alle Knoten der Nachfolgerebene von links nach rechts untersucht. Dieses Prinzip wird genauso für die nächsten Ebenen angewandt, bis die Blätter erreicht sind. In Abbildung 2.4 sind die einzelnen Suchschritte bei der Breitensuche für unser Beispiel dargestellt (Abarbeitungsreihenfolge der Knoten: Weppen - A - B - C - Neuhausen).

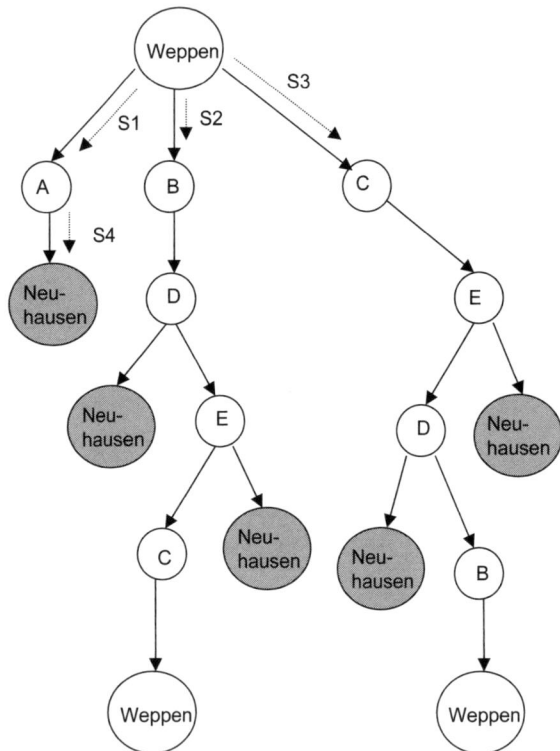

Abbildung 2.4: Finden einer Reiseroute mit Breitensuche

Mit der Tiefensuche werden also zwei und mit der Breitensuche vier Suchschritte durchgeführt. Dies ist vom Aufwand her vertretbar. Man muß sich jedoch vor Augen halten, daß bei der uninformierten Suche im schlimmsten Fall alle Knoten untersucht werden, bevor man zu einer Lösung kommt. Ist der Suchbaum sehr groß, sind Tiefen- und Breitensuche keine effizienten Verfahren mehr.

Was die Qualität („kurze Weglänge") der gefundenen Lösung betrifft, so sind diese Verfahren ausschließlich abhängig vom Aussehen des Suchbaumes, da ja keine Information über die Entfernungen Verwendung findet. Sowohl die Tiefen- als auch die Breitensuche kommen bei der Reise von Weppen nach Neuhausen zu einer Lösung mit einer Weglänge von 130 km. Wir werden sehen, daß unter Anwendung heuristischer Verfahren die zurückgelegte Weglänge deutlich verkürzt werden kann.

2.2.2   Heuristische Suchverfahren

Bei obiger Anwendung der Tiefen- und Breitensuche wurde jeweils immer nur eine Lösung ausgegeben. Ein möglicher Weg, um sicher die kürzeste Weglänge zwischen Weppen und Neuhausen zu bestimmen, wäre, mit der erschöpfenden Suche alle denkbaren Routen auszuwerten. Dies scheitert aber bei sehr großen Suchbäumen und ist daher bei Anwendungen in der Praxis undurchführbar. Man muß sich also Strategien überlegen, die Handlungsalternativen bestimmen, die wahrscheinlich zu einer möglichst guten Lösung führen. Solche Strategien, die zu einer Beschneidung des Suchbaumes führen, werden Heuristiken (vom griechischen Verb heuriskein = finden) genannt. Heuristiken werden überall dort eingesetzt, wo entweder keine exakte Lösung existiert oder der Suchbaum dermaßen groß ist, daß eine erschöpfende Suche ausscheidet. Ein Beispiel für den ersten Fall sind medizinische Diagnosen. Wenn ein Patient über Schmerzen im Brustbereich klagt, wird der untersuchende Arzt als erste Maßnahme wohl ein Lungenröntgen vorschlagen, weil er damit hofft, am schnellsten die Krankheitsursache aufzufinden. Ein Beispiel für den zweiten Fall ist der Einsatz von Heuristiken bei Spielen, wo der Suchbaum schnell unüberschaubar wird.

Der Begriff Heuristik wurde im Laufe der Geschichte der KI in verschiedenen Bedeutungen gebraucht [RUS95], S. 94. G. Polya verstand darunter 1957 in seinem Buch „How to solve it" allgemein Methoden zum Entdecken von Problemlösungstechniken, insbesondere zur Anwendung bei mathematischen Beweisen. A. Newell, J.C. Shaw und H.A. Simon betrachteten 1963 eine Heuristik als das Gegenteil von einem Algorithmus, indem sie feststellten:

> *A process that may solve a given problem, but offers no guarantees of doing so, is*
> *called a heuristic for that problem.*

Diese Aussage ist deswegen irreführend, weil eine Heuristik basierend auf den Prinzipien eines Algorithmus einen Zielzustand aufsucht und daher irgendwann enden muß. Was bei einer Heuristik nicht exakt vorhergesagt werden kann, ist die Suchdauer und die Qualität der Lösung.

Heuristiken spielten auch eine entscheidende Rolle bei der Entwicklung der ersten Expertensysteme zu Beginn der siebziger Jahre dieses Jahrhunderts. Das erste Labor zur Erforschung von Expertensystemen wurde bezeichnenderweise auch „Heuristic Programming Project" (HPP) genannt. Heuristiken („Faustregeln") wurden damals benutzt, um nicht eine erschöpfende Suche durchführen zu müssen. Die Faustregeln wurden zu Beginn des Forschungsprojektes direkt in die Programme integriert, was den Nachteil mit sich brachte, daß diese ziemlich inflexibel wurden. Mit der Zeit begann man, die Heuristiken in Regeln abzubilden und entwickelte damit die ersten regelbasierten Expertensysteme.

Im allgemeinen bezeichnet man heute ein Verfahren als „heuristisch", wenn es die durch-schnittliche Performance einer Aufgabe verbessert, aber nicht notwendigerweise die des schlechtesten Falles. Es ist wichtig, sich vor Augen zu halten, daß Heuristiken auch scheitern können. Beim Schach könnte z.B. eine einfache Heuristik folgendermaßen lauten: „Ent-wickle nur Züge, die nicht sofort zu Verlusten führen". Damit wird zwar die erschöpfende Suche vermieden, doch Ketten von Zügen, die mit einem Opfer eingeleitet werden, können so nicht gefunden werden.

Im folgenden werden einige heuristische Suchverfahren vorgestellt, die das Ziel haben, eine möglichst kurze Weglänge zwischen Weppen und Neuhausen zu finden. Dazu wird eine sog. Kostenfunktion eingesetzt, die für jeden Knoten im Suchbaum seine Kosten definiert. In unserem Beispiel sind die Kosten für einen bestimmten Knoten im Baum die Summe der Distanzen vom Startort Weppen bis zu diesem Knoten. Unsere Suche nach einer möglichst kleinen Weglänge kann auch interpretiert werden als die Minimierung einer Kostenfunktion. Es sei darauf hingewiesen, daß der in diesem Abschnitt verwendete Begriff „Kosten" ein Maß für die Qualität der Lösung darstellt und mit dem Kostenbegriff in der Betriebswirt-schaftslehre, wie er etwa in [GAB97], S. 2258f. definiert ist, in keiner Beziehung steht.

Hill Climbing-Suche

Die Hill Climbing-Suche, im folgenden einfach als „Hill Climbing" bezeichnet, kann als Variante der Tiefensuche interpretiert werden, bei der lokale Messungen durchgeführt wer-den. Die zugrundeliegende Idee besteht darin, bei jedem Schritt die Kosten zu den darauffol-genden Knoten zu vergleichen und den Weg zu jenem Nachfolger einzuschlagen, der mit den geringsten Kosten verbunden ist. Der Vorteil dieser lokalen Heuristik liegt darin, daß nur ein geringer Teil des ganzen Suchbaumes tatsächlich untersucht werden muß. Als Nachteil muß gewertet werden, daß die für den bereits zurückgelegten Weg aufgewendeten Kosten keine Berücksichtigung finden.

Der Name „Hill Climbing" rührt daher, daß dieses Verfahren die gleiche Strategie verfolgt wie ein blinder Bergsteiger, der einen Gipfel erklimmen möchte. Da der Bergsteiger ja blind ist, sieht er den Gipfel nicht und kann daher nicht verschiedene Aufstiegsrouten miteinander vergleichen. Die einzige Strategie, die er anwenden kann, muß darin bestehen, in die Rich-tung des steilsten Anstieges zu gehen. Hill Climbing an sich ist eine exzellente Technik, die aber einige Schwachstellen besitzt, die auch aus der Optimierungstheorie bekannt sind. Dort wird statt dem Namen Hill Climbing oft der Begriff Gradientenverfahren verwendet. Im wesentlichen sind dies drei Schwachstellen [GON93], S.12, [GIN93], S.71ff, die alle in jener Terminologie beschrieben werden, wie sie der blinde Bergsteiger antrifft.

- Vorgipfel
  Wenn der Bergsteiger einen Vorgipfel bestiegen hat, wird das Verfahren terminieren, weil es keinen Anstieg mehr gibt. Er hat aber den eigentlichen Gipfel nicht erreicht, son-dern nur ein lokales Maximum.
- Plateau
  Kommt der Bergsteiger zu einem Plateau, das den Gipfel umgibt, wird das Verfahren auch enden, weil es dann weder An- noch Abstiege gibt. Auch in diesem Fall erreicht er nicht den Gipfel.

• Gebirgskamm
Führt der Weg zum Gipfel über einen Gebirgskamm und ist der Bergsteiger einmal auf
diesem Kamm, so kann mit Hill Climbing nicht mehr die entsprechende Richtung des
Weges zum Gipfel bestimmt werden. Der Grund liegt darin, daß der Kamm sehr steil
nach rechts und links abfällt und die Anzahl der verschiedenen Richtungen, die der Bergsteiger untersuchen kann, nicht ausreichend ist, um einen höheren Punkt auf dem Kamm
zu finden. Die dabei existierenden möglichen Richtungen liegen dabei auf einer Ebene
senkrecht zum Gebirgskamm.

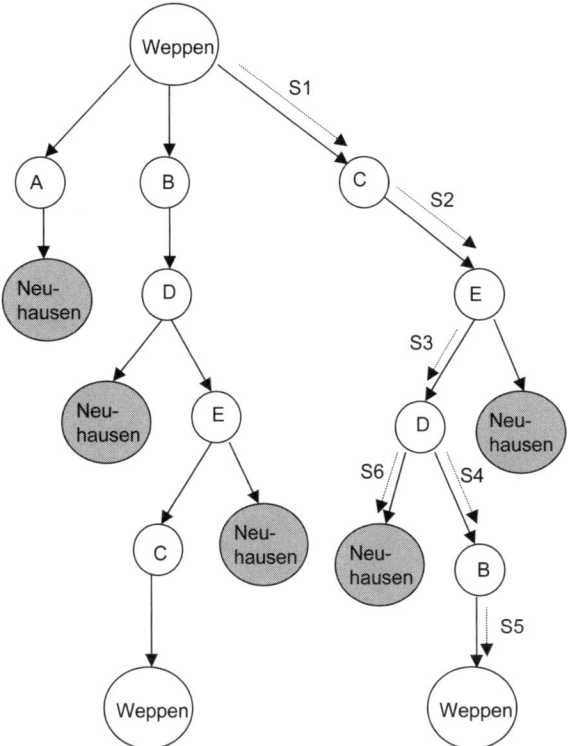

Abbildung 2.5: Finden einer Reiseroute mit Hill Climbing

In Abbildung 2.5 sind die einzelnen Suchschritte für unser Beispiel angeführt. Zu beachten
ist, daß einfaches Hill Climbing hier zu einer Sackgasse führen würde. Daher muß Hill
Climbing um Backtracking-Fähigkeiten (Zurückspringen zu vorher besuchten Knoten) erweitert werden, um eine Lösung auffinden zu können. Hill Climbing benötigt insgesamt
sechs Suchschritte und führt zu einer Weglänge von 155 km (Abarbeitungsreihenfolge der
Knoten: Weppen - C - E - D - B - Weppen - {Backtracking zu B und dann zu D} - Neuhausen).

Branch and Bound-Suche

Das Branch and Bound-Verfahren ist dem Hill Climbing nicht unähnlich. Während aber Hill Climbing den Pfad immer vom letzten untersuchten Knoten aufbaut (lokale Heuristik), wird beim Branch and Bound-Verfahren derjenige Knoten weiterverfolgt, der im ganzen Suchraum der vielversprechendste ist. Dabei ist es völlig ohne Bedeutung, wo sich dieser Knoten im Suchbaum befindet.

Die Vorgehensweise beim Branch and Bound-Verfahren für obiges Beispiel ist schrittweise in den Abbildungen 2.6 bis 2.9 gezeigt. Die Ausgangssituation ist in Abbildung 2.6 oben gezeigt. Wie in Abbildung 2.6 unten dargestellt, wird der Weg zu Knoten C (minimale Kosten bzw. Entfernung) ausgewählt und anschließend zum Nachfolger E verzweigt.

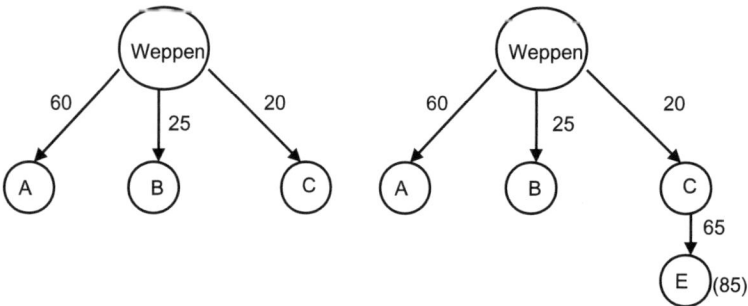

Abbildung 2.6: Aufbau des Suchbaumes beim Branch and Bound-Verfahren (1)

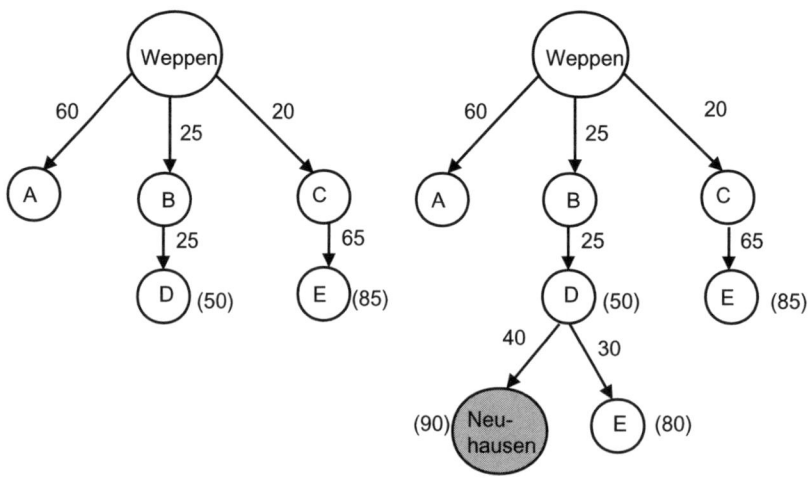

Abbildung 2.7: Aufbau des Suchbaumes beim Branch and Bound-Verfahren (2)

Da die Kosten in E (85) höher sind als bei den noch unverzweigten Knoten A und B, wird bei B (beste Alternative) weitergesucht, das D als Nachfolger enthält (Abbildung 2.7 oben). Da die Kosten dort (50) geringer sind als beim nicht expandierten Knoten A wird eine weitere Verzweigung zu Neuhausen und E durchgeführt (Abbildung 2.7 unten). Damit ist eine erste Lösung gefunden, die Kosten von 90 aufweist.

A mit Kosten von 60 ist jetzt der vielversprechendste Knoten. Die Expansion (Abbildung 2.8) ergibt eine Lösung mit Kosten von 130.

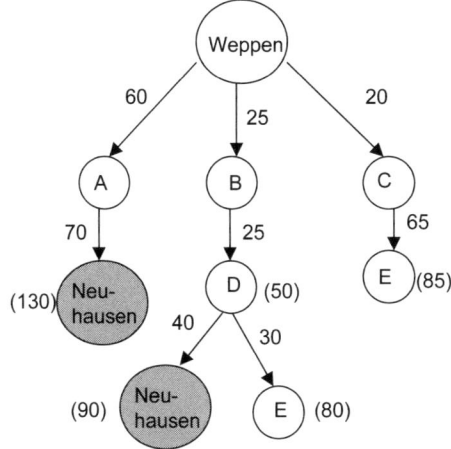

Abbildung 2.8: Aufbau des Suchbaumes beim Branch and Bound-Verfahren (3)

Zum Schluß wird noch der Knoten E expandiert (Abbildung 2.9), was zu einer weiteren Lösung mit Kosten von 120 führt. Insgesamt wurden also drei Lösungen generiert, wovon die mit den Kosten von 90 am besten ist (Knotenreihenfolge: Weppen - B - D - Neuhausen). Diese Lösung entspricht auch der kürzest möglichen Reise. Der Knoten E mit Kosten von 85 braucht nicht mehr weiterverfolgt zu werden, da der E-Knoten mit Kosten von 80 im mittleren Zweig des Suchbaumes ja schon expandiert wurde.

Das Branch and Bound-Verfahren ist viel aufwendiger als Hill Climbing, weil ein größerer Teil des Suchbaums untersucht wird. Es gibt nun Informationen, die bei der Branch and Bound-Suche nicht verwendet wurden und den Suchaufwand reduzieren helfen können. Diese Informationen bestehen in den geschätzten Kosten von jedem Knoten des Suchbaums bis zum Ziel und bilden die Grundlage einer Variante der Heuristik „Best-First-Suche".

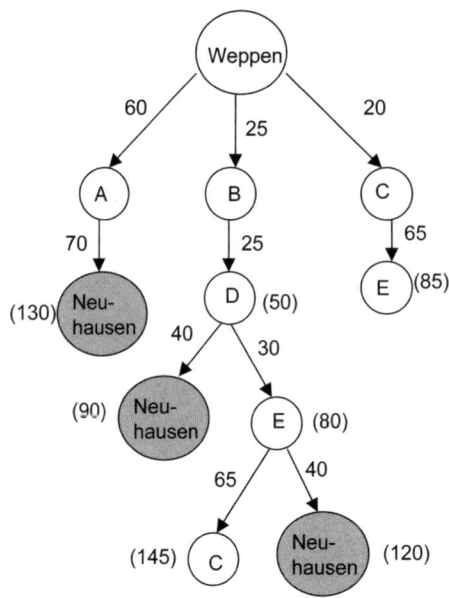

Abbildung 2.9: Aufbau des Suchbaumes beim Branch and Bound-Verfahren (4)

Best-First-Suche

Bei der Best-First-Suche wird der „beste" nichtexpandierte Knoten weiterverfolgt. Je nachdem, was unter dem „best" bei der Best-First-Suche zu verstehen ist, gibt es mit der incurred cost search und der predicted cost search zwei Spielarten der Best-First-Suche [SHI92], S. 430:

- incurred cost search: Bei dieser Variante wird von allen nicht expandierten Knoten jener expandiert, der insgesamt, d.h. über die Betrachtung der Teilstrecken die geringsten Kosten vom Startknoten aufweist.
- predicted cost search: Hier wird in die „Zukunft" geblickt. Es wird jener Knoten expandiert, der die geringsten geschätzten Kosten zum Zielknoten aufweist. Diese Suchstrategie wird auch manchmal als greedy search bezeichnet.

Im folgenden wird nur die predicted cost search betrachtet. Wenn in diesem Abschnitt von Best-First-Suche die Rede ist, ist damit die predicted cost search gemeint.

Das Prinzip der Best-First-Suche kann anhand von folgendem Beispiel erläutert werden [GON93], S. 14. Angenommen, wir befinden uns in einer Stadt mit einem markanten Gebäude, das weithin sichtbar ist. Dieses Gebäude, z.B. ein Turm, ist von jedem Punkt der Stadt aus sichtbar. Wenn wir versuchen, uns von der Position, wo wir uns gerade befinden, immer näher zum Turm hinzubewegen, so führen wir Hill Climbing durch. Wenn wir andererseits die geschätzten Entfernungen von jeder Straßenkreuzung zu diesem Turm z.B. auf der Karte eintragen und von der Straßenkreuzung, wo wir uns gerade befinden, jenen Pfad wählen, der uns am nächsten zum Turm führt, so gehen wir nach der Best-First-Suche vor. Der Unterschied zwischen Hill Climbing und Best-First-Suche besteht also darin, daß beim Hill Climbing immer der aktuelle Knoten weiterverfolgt wird, während bei der Best-First-Suche die nicht expandierten Knoten betrachtet werden und jener expandiert wird, der die geringste geschätzte Distanz zum Ziel aufweist.

Wir nehmen an, daß sich bei unserem Beispiel solche Schätzungen der Entfernungen von jedem Knoten bis zum Ziel Neuhausen finden lassen. Eine mögliche Variante wäre, für diese Schätzungen die direkte Entfernung von jedem Knoten zum Ziel heranzuziehen („Luftlinie"), also wieviele Kilometer mindestens zurückgelegt werden müssen. Diese Werte sind in Tabelle 2.1 zusammengestellt.

Tabelle. 2.1: Direkte Entfernungen zum Ziel Neuhausen

Ort	Direkte Entfernung zum Ziel Neuhausen
Weppen	80 km
A	65 km
B	60 km
C	69 km
D	32 km
E	35 km
Neuhausen	0 km

Der Wert für Neuhausen ist klarerweise 0, weil dies das Ziel darstellt. Weder mit Hill Climbing noch mit der Best-First-Suche ist das Auffinden des Optimums garantiert. Die bessere Performance wird aber in der Regel die Best-First-Suche liefern. Bei der Best-First-Suche wird aber nicht berücksichtigt, wie die aktuelle Position gefunden wird. Dafür läßt sich aber das Branch and-Bound-Verfahren heranziehen. Es liegt also auf der Hand, die Branch and Bound-Suche und die Best-First-Suche miteinander in einer neuen Heuristik zu kombinieren. Dies führt uns zur A*-Suche.

A*-Suche

Bei der A*-Suche wird folgende kombinierte Kostenfunktion verwendet (vgl. [DEN94], S. 66):

$$f^*(X) = g^*(X) + h^*(X)$$

Dabei sind $g^*(X)$ die Kosten des kürzesten Pfades vom Start zum Knoten X im Suchbaum und h^* ist eine Schätzfunktion, deren Wert $h^*(X)$ kleiner oder maximal gleich groß ist wie die Kosten des kürzesten Weges von Knoten X zum Ziel. Die Funktion h^* wird bei unserem Beispiel durch die Funktion luftlinie (X, Ziel) definiert, deren Werte in der Tabelle 2.1 zusammengefaßt sind.

Falls eine derartige Funktion h˙ existiert, ist garantiert, daß immer der kostengünstigste Pfad gefunden wird. Eine derartige Suche wird A˙-Suche genannt. Falls h˙ (X) für alle Knoten gleich Null ist, kann die A˙-Suche auch als blinde Breitensuche aufgefaßt werden.

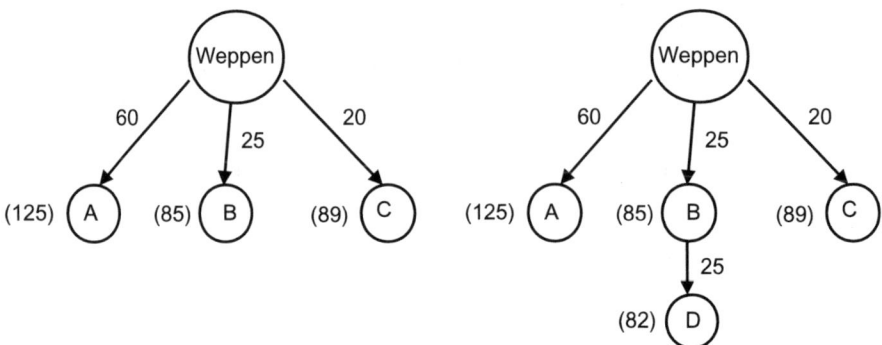

Abbildung 2.10: Aufbau des Suchbaumes bei der A˙-Suche (1)

Im folgenden (Abbildungen 2.10, 2.11 und 2.12) wird nun die A˙-Suche für die Reise von Weppen nach Neuhausen durchgeführt. Zuerst werden für die Knoten A, B und C jeweils die Summen aus der Entfernung vom Start bis dorthin und der geschätzten Distanz von dort bis zum Ziel gebildet. Knoten B erweist sich hier mit einer Schätzung der gesamten Weglänge von 85 am besten und wird daher auch expandiert (Abbildung 2.10 oben). Knoten D weist daraufhin geschätzte Gesamtkosten bis zum Ziel von 82 auf (vgl. Abbildung 2.10 unten).

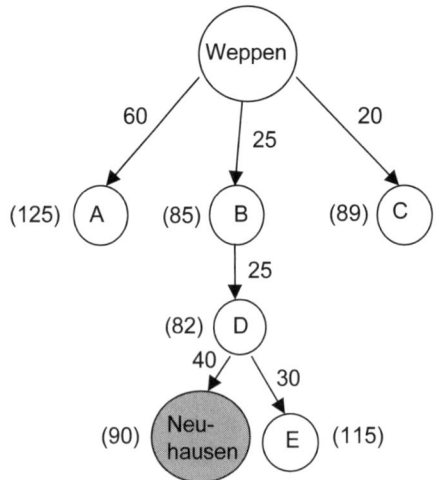

Abbildung 2.11: Aufbau des Suchbaumes bei der A˙-Suche (2)

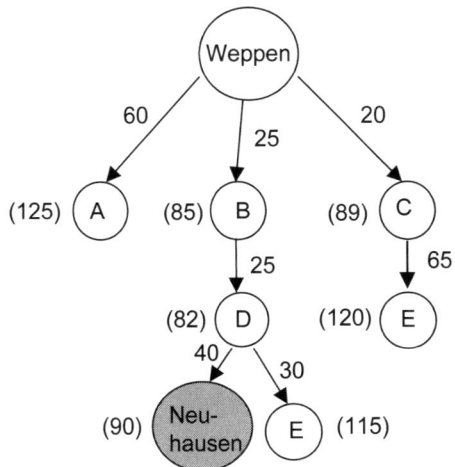

Abbildung 2.12: Aufbau des Suchbaumes bei der A*-Suche (3)

Dies ist wiederum der beste Wert, so daß Knoten D weiterexpandiert wird (vgl. Abbildung 2.11). Dies führt dann zu einer Lösung (optimale Lösung) mit Kosten von insgesamt 90. Nun ist der Knoten C – mit einem Wert von 89 – der vielversprechendste im ganzen Suchbaum. Er wird daher expandiert. Wie aus Abbildung 2.12 ersichtlich, führt er aber nicht zu einer besseren Lösung als die schon erreichte. Im Vergleich zum Branch and Bound-Verfahren sind bei der A*-Suche weniger Knoten des Suchbaumes durchsucht worden. Die Performance der A*-Suche wird dabei umso besser sein, je näher die geschätzten Kosten für die einzelnen Knoten bis zum Ziel bei den tatsächlichen Kosten liegen.

Man möchte meinen, daß die Güte eines Suchverfahrens ausschließlich davon abhängt, wie stark der Suchraum eingeschränkt wird. Allerdings ist zu bedenken, daß mit komplexen Kostenfunktionen auch die Berechnungen aufwendiger werden, so daß ein vernünftiger Ausgleich gesucht werden sollte.

2.3   Repräsentation von Wissen

Bei der Wissensverarbeitung können als Hauptaufgaben die Wissensakquisition, die Wissensrepräsentation und die Mechanismen zur Verarbeitung des Wissens (Inferenzmechanismen) identifiziert werden [KUR92], S. 36.

Die Wissensakquisition beschäftigt sich mit der Frage, wie Wissen von einem Experten gewonnen werden kann. Dieser Themenkreis wird bei den Expertensystemen in Abschnitt 2.5 behandelt. Dieser Abschnitt hier ist der Wissensrepräsentation und den Inferenzmechanismen gewidmet.

In Kapitel 1 (Abschnitt 1.3) wurde schon angesprochen, worin die Kernaufgabe bei der Wissensrepräsentation liegt. Ziel ist es, Wissen von der kognitiven Ebene, also in der Form, wie es der Mensch modelliert und strukturiert, überzuführen in eine formal exakte Repräsentation (Repräsentationsebene), die auch als Ausgangspunkt für Implementierungen dienen kann. Syntax und Semantik der Formalismen zur Wissensrepräsentation orientieren sich dabei an der spezifischen Art und Weise, wie ein Mensch denkt. Das Ziel der Wissensrepräsentation besteht im Aufbau von Wissensbasen für intelligente Systeme. Das dabei repräsentierte Wissen kann durchaus unterschiedlicher Art sein, wie Expertenwissen, Weltwissen (common sense), bereichsspezifisches Wissen, Metawissen usw.

Ein großer Nachteil von Formalismen der Wissensrepräsentation besteht darin, daß keine allgemeine Theorie darüber existiert. Im folgenden sind einige Kriterien angegeben, anhand derer sich die Formalismen vergleichen lassen. Besonders wichtig für die praktische Anwendung sind die Kriterien Detaillierungsgrad und effiziente Verarbeitungsmechanismen.

- Weltausschnitt
  Hier geht es um die Frage, welcher Teil der Welt modelliert wird.
- Detaillierungsgrad
  Wie gut ist der Formalismus geeignet, um die Details der Realität abzubilden?
- semantische Primitive
  Welche Konstrukte bietet der Formalismus, um Semantik darzustellen?
- Änderbarkeit
  Ist das repräsentierte Wissen modular aufgebaut, so können Änderungen in der Wissensbasis leichter durchgeführt werden.
- effiziente und einfache Verarbeitungsmechanismen
  Lassen sich mit den Formalismen leicht Inferenzen durchführen, also neues aus existierendem Wissen generieren?
- Benutzbarkeit
  Ist der Formalismus anwenderfreundlich?

Bei der Wissensrepräsentation ist die Unterscheidung zwischen deklarativer und prozeduraler Darstellungsart von Bedeutung [KUR92], S. 37. Eine Beschreibung ist dann deklarativ, wenn sie sich auf die Beschreibung von Sachverhalten bezieht, aber über die Anwendung des Wissens für ein konkretes Problem nichts aussagt. Bei der prozeduralen Repräsentation hingegen steht im Vordergrund, wie das Wissen anzuwenden ist. Das bedeutet, daß bereits bei der Darstellung des Wissens Informationen verwendet werden, wie dieses konstruiert oder benutzt werden kann.

Der Unterschied zwischen diesen beiden Darstellungsarten ist im folgenden mit Beispielen noch einmal zusammengefaßt:

- deklarative Darstellung
  - Wissen was
  - Im Vordergrund stehen statische Aspekte.
  - Fakten über Objekte und deren Bezeichnungen

Beispiele für eine deklarative Wissensdarstellung sind die Aussagen „Meine Telefonnummer lautet 45645-234" oder „Die Liste (2 4 6 8) ist sortiert".

- prozedurale Darstellung
  - Wissen wie
  - Im Vordergrund stehen dynamische Aspekte.
  - Manipulation und Finden von Daten, Programmen

Beispiele für prozedurales Wissen sind das Nachschlagen einer Telefonnummer im Uni-Telefonregister oder die Angabe eines Sortieralgorithmus.

Deklarative und prozedurale Wissensdarstellungen sind im allgemeinen keine Gegensätze. Bei den meisten Formalismen sind Anteile von beiden Arten mit unterschiedlicher Gewichtung enthalten. Die verschiedenen Formalismen können in folgende Grundtypen kategorisiert werden (vgl. [KUR92], S. 38).

- Regeln
  Regeln sind Formalismen, die definieren, welche Handlungen unter welchen Voraussetzungen zulässig sind.
- Objektorientierte Wissensrepräsentation
  Die Repräsentation erfolgt auf Basis der objektorientierten Modellierung.
- Semantische Netze und Objekt-Attribut-Wert-Tripel
  Wissen wird in Form eines gerichteten Graphen (Netzwerkstruktur) mit Knoten und Kanten repräsentiert, wobei die Knoten für Sachverhalte und die Kanten für Beziehungen zwischen den Sachverhalten stehen.
- Logik
  Die Formalisierung erfolgt durch eine Sprache der formalen Logik (z.B. Prädikatenlogik).

Da bei den Semantischen Netzen auch Elemente der Objektorientierung vorkommen, werden diese auch manchmal der objektorientierten Wissensrepräsentation zugerechnet.

Die Abbildung 2.13 (nach [KUR92], S. 37) zeigt die Einordnung der verschiedenen Grundtypen in das Klassifikationsschema deklarative vs. prozedurale Wissensrepräsentation.

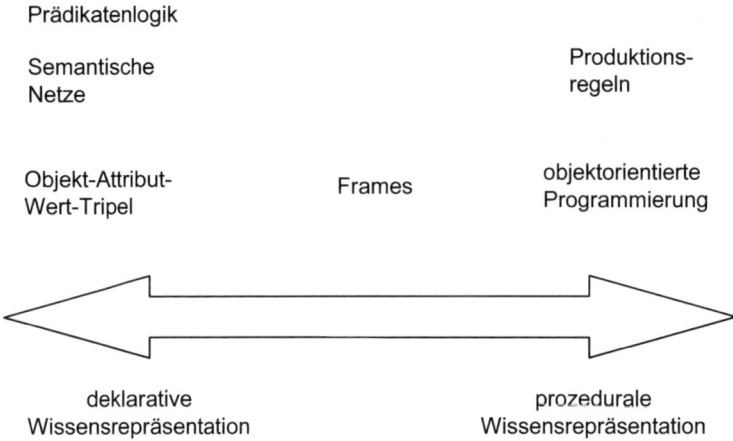

Abbildung 2.13: Deklarative vs. prozedurale Wissensrepräsentation

In diesem Lehrbuch werden folgende Formalismen der Wissensrepräsentation näher behandelt:

- Regeln
- Frames (Rahmen)
- Logik
- Semantische Netze

2.3.1   Regeln

Regeln sind für den Menschen eine vertraute und beliebte Form der Wissensrepräsentation. Er begegnet ihnen z.B. bei Arbeitsanweisungen im Betrieb und bei Gesetzestexten und auch die Erfahrungen des alltäglichen Lebens werden zumeist in Faustregeln abgebildet. Die Beliebtheit dieses Formalismus zeigt sich auch darin, daß u.a. die meisten Expertensysteme regelbasiert sind. Regeln sind u.a. in [KUR92], S. 47ff., [ALT92], S. 145ff. und [GON93], S. 86ff. beschrieben. Die allgemeine Form einer Regel kann wie folgt geschrieben werden:

wenn Prämisse(n) dann Konklusion(en)

Statt Prämisse werden auch oft die Begriffe „Bedingung", „Voraussetzung" oder „Situation" und statt Konklusion „Aktion" oder „Hypothese" verwendet. Obige Form der Regel sagt aus, daß im Falle der Erfüllung der Prämisse(n) die Konklusion(en) zur Ausführung gelangt (gelangen).

Die einfachste Form der Regel besteht darin, daß lediglich eine Prämisse (P) mit einer Konklusion (Q) kombiniert wird:

wenn P dann Q

Diese einfache Form kann verschieden variiert werden [KUR92], S. 48. Eine Möglichkeit besteht darin, sowohl im Prämissen- als auch Konklusionsteil Konjunktionen zuzulassen:

$$\text{wenn } P_1 \text{ und } P_2 \text{ und ... und } P_n \text{ dann } Q_1 \text{ und } Q_2 \text{ und ... und } Q_m$$

Diese Schreibweise kann folgendermaßen interpretiert werden: Falls alle Prämissen erfüllt sind, werden die Konklusionen auf der rechten Seite ausgeführt.

Auf der linken Seite sind auch Disjunktionen zugelassen:

$$\text{wenn } P_1 \text{ oder } P_2 \text{ oder ... oder } P_n \text{ dann } Q$$

Dies bedeutet dann, daß bereits eine erfüllte Prämisse ausreicht, um die Konklusion auf der rechten Seite auszulösen. Die disjunktive Darstellung kann auch folgendermaßen geschrieben werden:

$$\text{wenn } P_1 \text{ dann } Q$$
$$\text{wenn } P_2 \text{ dann } Q$$
$$...$$
$$\text{wenn } P_n \text{ dann } Q$$

Letztere Schreibweise ist jedoch wenig vorteilhaft, da sie zu erhöhtem Schreibaufwand und z.B. im Falle einer Änderung bei Q auch dazu führt, daß Modifikationen bei vielen Regeln durchgeführt werden müssen.

Es gibt eine ganze Reihe von Möglichkeiten, wofür eine Konklusion konkret in einer Regel stehen kann. So können Rechenoperationen oder Programme durchgeführt oder verschiedene Objekte erzeugt, bearbeitet oder gelöscht werden. Die häufigste Variante ist sicherlich das Generieren neuer Fakten (Tatsachen), die der Wissensbasis hinzugefügt werden. Im Prämissenteil stehen dabei existierende Fakten. Regeln, die neue Fakten produzieren, werden Produktionsregeln genannt. Produktionsregeln sind aufgrund ihrer verständlichen Art und der einfachen Handhabbarkeit ein in vielen Expertensystemen genutzter Repräsentationsformalismus. Ein Produktionssystem besteht allgemein aus folgenden Komponenten (Abbildung 2.14).

* Wissensbasis
* Faktenbasis (Datenspeicher)
* Inferenzmechanismus

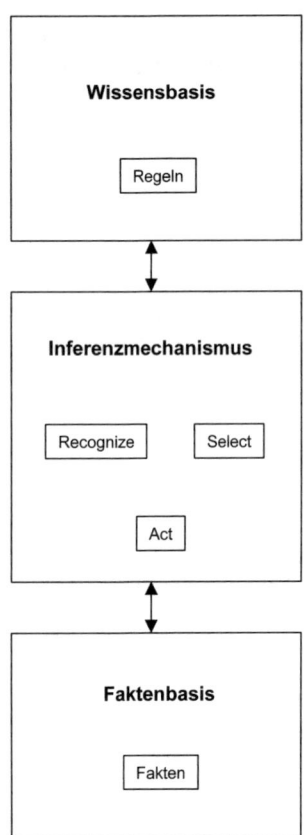

Abbildung 2.14: Architektur eines Produktionssystems

Die Wissensbasis enthält die einzelnen Produktionsregeln. In der Faktenbasis stehen permanente und temporäre Fakten. Der Inferenzmechanismus legt fest, wie die einzelnen Regeln
abgearbeitet werden sollen. Hier wird der Unterschied zwischen Wissens- und Datenverarbeitung deutlich. Bei der Datenverarbeitung wird ein Algorithmus entwickelt, bei dem unter
Verwendung von Kontrollstrukturen genau festgelegt ist, in welcher Reihenfolge die einzelnen Anweisungen abzuarbeiten sind. Derartige Kontrollstrukturen gibt es bei Produktionssystemen nicht. An deren Stelle tritt ein eingebautes Kontrollsystem, der Inferenzmechanismus.

Im folgenden wird nun die Arbeitsweise des Inferenzmechanismus beschrieben. Man spricht
in diesem Zusammenhang auch vom „Recognize-select-act"- oder „Match-execute"-Zyklus
[ALT92], S. 113, [KUR92], S. 51f. Zunächst versucht der Inferenzmechanismus für die
aktuellen Falldaten eine anwendbare Regel zu bestimmen. Dazu werden in einem ersten
Schritt in einer Liste alle anwendbaren Regeln zusammengestellt (Recognize-Schritt). Anwendbar sind all jene Regeln, wo die Prämissen durch die Falldaten erfüllt sind. Nun wird
sehr häufig das Problem auftreten, daß nicht nur eine einzige Regel sondern mehrere Regeln

anwendbar sind. Es muß also eine Konfliktlösungsstrategie geben, um jene Regel zu bestimmen, die als nächste ausgewählt wird (Select bzw. Match/Select). Häufige Konfliktlösungsstrategien sind dabei [GÖR95], S. 713:

- Auswahl nach der Reihenfolge
- Auswahl nach der Spezifität
  Die Regel „wenn A und B dann C" ist z.B. spezifischer als „wenn A dann D".
- Auswahl nach der Aktualität
  Eine Regel ist dabei umso aktueller, je neuer die Aussagen ihrer Prämissen im Datenspeicher sind.
- Auswahl aufgrund von Zusatzwissen
  Dabei können entweder statische Regelprioritäten vergeben werden oder Meta-Regeln zum Einsatz kommen.

Ist nun eine Regel ausgewählt, besteht der letzte Schritt schließlich in der Anwendung (act bzw. execute). Man sagt auch, die Regel „feuert". Dabei werden die neu generierten Fakten zur Faktenbasis hinzugefügt. Der „Recognize-select-act"-Zyklus wird solange ausgeführt, bis ein vorher spezifiziertes Terminierungskriterium erfüllt oder keine Regel der Wissensbasis mehr anwendbar ist. Ein Terminierungskriterium könnte z.B. darin bestehen, daß nur eine gewisse Anzahl von Regeln feuern darf.

Die Arbeitsweise eines Produktionssystems soll nun an einem kleinen Beispiel demonstriert werden. Wir vereinbaren, daß das Produktionssystem dann zu arbeiten aufhört, wenn keine Regel mehr anwendbar ist. Insgesamt gibt es in unserer Wissensbasis vier Regeln:

```
R1:    wenn A > 50 dann B = 45
R2:    wenn B < 40 dann C = 0
R3:    wenn B >= 40 dann D = 100
R4:    wenn A > 60 dann E = 20
```

Angenommen, unsere aktuellen Falldaten wären einzig das Faktum A = 100. Damit gibt es zwei Regeln, wo die Prämissen erfüllt sind (Regeln 1 und 4, Recognize-Schritt). Als Konfliktlösungsmechanismus möge zuerst die Auswahl nach der Aktualität gelten und, falls diese keine Entscheidung bringt, die Auswahl nach der Reihenfolge. Da es hier nur ein einziges Faktum gibt, muß die Reihenfolge der Regeln entscheiden. Regel 1 wird also ausgewählt (Select-Schritt) und angewendet. Als Faktum wird B = 45 produziert (Act-Schritt). Nun wird wieder bestimmt, welche Regel als nächste angewendet wird. Dabei gilt es zu berücksichtigen, daß ausgeführte Regeln nicht mehr zur Anwendung kommen. In der Faktenbasis stehen nun die Fakten A = 100 sowie B = 45. Es gibt somit zwei Regeln, die angewendet werden können (Regeln 3 und 4, Recognize-Schritt). Die Auswahlstrategie mit der höheren Priorität ist die Auswahl nach der Aktualität. Faktum B = 45 wurde später generiert, womit die Regel 3 zur Auswahl kommt (Select-Schritt). Dadurch wird das Faktum D = 100 erzeugt (Act-Schritt). Die Faktenbasis weist somit die Fakten A = 100, B = 45 und D = 100 auf.

Die Regeln 1 und 3 dürfen nicht mehr feuern, und bei Regel 2 ist die Prämisse nicht erfüllt. Regel 4 ist als einzige anwendbar (Recognize-Schritt) und wird ausgewählt (Select-Schritt). Bei der Anwendung der Regel wird das Faktum E = 20 erzeugt (Act-Schritt). Betrachten wir nun wieder die Faktenbasis. Diese enthält die Fakten A = 100, B = 45, D = 100 sowie E = 20. Die Regeln 1, 3 und 4 haben schon einmal gefeuert und dürfen nicht noch einmal zur Anwendung kommen. Die Prämissen von Regel 2 werden durch die Daten nicht erfüllt. Damit kommt keine Regel mehr zur Anwendung und der „Recognize-select-act"-Zyklus kommt zum Stillstand.

Wenn man sich obige Arbeitsweise noch einmal vor Augen hält, so sieht man, daß die Wissensbasis von den Prämissen hin zu den Konklusionen durchlaufen wird. Man spricht in diesem Fall auch von Vorwärtsverkettung („Forward Chaining") oder datengetriebener Inferenz [ALT92], S. 110 und [KUR92], S. 54ff. Der Inferenzmechanismus geht dabei von der Ausgangskonstellation der Wissensbasis aus und versucht, Zielaussagen zu generieren, indem sukzessiv Regeln angewendet werden. Zyklisch wird überprüft, ob die Voraussetzungen der Regeln gültig sind. Für den Fall, daß die Prämissen mehrerer Regeln erfüllt sind, existieren Konfliktlösungsmechanismen, um die „feuernde" Regel zu bestimmen. Das Verfahren terminiert dann, falls keine Regel mehr feuern kann oder ein bestimmtes Abbruchkriterium erfüllt ist.

Die Anwendung der Vorwärtsverkettung bringt gewisse Vor- und Nachteile mit sich [KUR92], S. 57. Die Vorwärtsverkettung ist vor allem dann sinnvoll, falls die Zielzustände noch nicht bekannt sind, sondern erst ermittelt werden müssen. Falls eine bestimmte Regel zur Wissensbasis neu hinzugefügt oder abgeändert wird, bietet die Vorwärtsverkettung auch den Vorteil, daß das Expertensystem sehr schnell darauf reagieren kann, indem von dieser Regel ausgehend die Wissensbasis vorwärtsverkettend durchlaufen wird. Bei der Vorwärtsverkettung wird sehr oft der Fall auftreten, daß die Prämissen vieler Regeln gleichzeitig erfüllt sind. Dies bringt den Nachteil mit sich, daß wohlüberlegte Konfliktlösungsmechanismen angeboten werden müssen, was einen zusätzlichen Overhead für das Expertensystem bedeutet. Die Vorwärtsverkettung ist dann nicht sinnvoll, wenn nachgewiesen werden soll, daß ein bestimmter Zustand zutrifft. Dann würde nämlich das Vorwärtsverketten von Regeln vor allem bei großen Wissensbasen dazu führen, daß jede Menge Konklusionen abgeleitet werden die mit dem Zielzustand überhaupt nichts zu tun haben. Für solche Fälle kann die Anwendung der Rückwärtsverkettung vorteilhaft sein.

Die Rückwärtsverkettung („Backward Chaining") oder zielgetriebene Inferenz [ALT92], S. 111f., [KUR92], S. 57f. geht genau den umgekehrten Weg, also von den Konklusionen rückwärts gehend zu den notwendigen Prämissen. Den Ausgangspunkt bildet der Zielzustand. Es wird nun versucht, diesen Zielzustand aus der Wissensbasis abzuleiten, also zu bestimmen, ob die dem Zielzustand entsprechende Aussage wahr ist. Zuerst wird begonnen nachzusehen, ob der Zielzustand als Faktum existiert. Ist dies nicht der Fall, so wird untersucht, ob die Prämissen jener Regel als Fakten in der Faktenbasis existieren, die den Zielzustand als Konklusion enthalten. Trifft dies nicht zu, so kann es sein, daß diese Fakten ja Konklusionen anderer Regeln sind. Es wird also rückwärtsgehend überprüft, ob die zur Generierung der Zielaussage notwendigen Fakten vorhanden sind bzw. generiert werden können. Ist dies der Fall, dann kann die Zielaussage bewiesen werden. Es feuern dann jene Regeln, die die notwendigen Fakten erzeugen, in der umgekehrten Reihenfolge, wie diese bei der Rückwärtsverkettung untersucht wurden, bis der Zielzustand erreicht ist.

Abschließend sollen noch Vor- und Nachteile der Rückwärtsverkettung erörtert werden [ALT92], S. 112, [KUR92], S. 58. Der Inferenzmechanismus bei der Rückwärtsverkettung wird durch eine Zielanfrage getriggert. Die Zahl der Zustände in dieser Anfrage sollte aus Effizienzgründen allerdings nicht zu groß sein. Die Vorteile der Rückwärtsverkettung liegen v.a. darin, daß keine unnötigen Regeln angewendet werden müssen und der Inferenzmechanismus sich gut für Implementierungen eignet. Anwendungen finden sich klarerweise überall dort, man einen Zielzustand als Ausgangspunkt vorfindet, z.B. im Bereich der Diagnostik. Nachteilig muß bei der Rückwärtsverkettung vermerkt werden, daß diese viel komplexer als die Vorwärtsverkettung ist und damit bei der Ausführung einen höheren Aufwand verursacht.

Die Prinzipien bei der Vor- und Rückwärtsverkettung werden im folgenden durch ein Beispiel veranschaulicht. Gegeben sei folgende Wissensbasis:

```
R1:      wenn F und B dann Z
R2:      wenn C und D dann F
R3:      wenn A dann D
```

Die Faktenbasis enthält die Fakten A, B, C, E, G und H.

Zuerst wird die Vorwärtsverkettung durchgeführt. Regel 3 erfüllt als einzige die Prämissen. Diese Regel wird ausgeführt und somit das Faktum D generiert. Nun betrachten wir wieder, welche Prämissen von Regeln erfüllt sind. Einzig für Regel 2 trifft dies zu und somit wird diese Regel ausgeführt und das Faktum F erzeugt. Schließlich sind die Prämissen von Regel 1 erfüllt. Diese Regel wird ausgeführt und der Zielzustand Z erzeugt. Da keine Regel mehr feuern kann, ist die Vorwärtsverkettung zu Ende.

Bei der Rückwärtsverkettung ist der Ausgangspunkt der Zielzustand Z. Die Frage lautet dann hier, ob dieser Zielzustand aus der Wissens- und Faktenbasis abgeleitet werden kann. Faktum Z ist nicht in der Faktenbasis enthalten. Der nächste Schritt besteht darin, zu überprüfen, ob Z vielleicht als Konklusion in einer Regel auftritt. Dies ist bei Regel 1 der Fall. Die Prämissen dieser Regel sind allerdings nur zum Teil (Faktum B) erfüllt, da ja Faktum F nicht in der Faktenbasis enthalten ist. Regel 1 kann also nicht feuern. Somit wird wieder gesucht, ob F die Konklusion einer Regel ist, die feuert, damit Z abgeleitet werden kann. Dies trifft tatsächlich bei Regel 2 zu. Allerdings sind die Prämissen dieser Regel zum derzeitigen Stand unerfüllt, da lediglich Faktum C in der Faktenbasis existiert. Zur Herleitung des Zielzustandes Z ist also unbedingt erforderlich, daß Faktum D durch eine Regel erzeugt wird. Regel 3 erzeugt D und ist auch erfüllt, da die Prämisse A ja in der Faktenbasis enthalten ist. Somit kann der Zielzustand Z durch Feuern der Regeln 3, 2 und 1 (in dieser Reihenfolge) erzeugt werden. Die Aussage Z ist also wahr.

Zum Abschluß soll noch auf die Vor- und Nachteile der Verwendung von Produktionsregeln insgesamt eingegangen werden.

Ein wesentlicher Vorteil von Produktionsregeln liegt sicher darin, daß damit Wissen in einer Form ausgedrückt wird, die der Natur des menschlichen Denkens sehr entgegenkommt. Die

Transformation von der kognitiven Ebene, wo die Gedanken modelliert werden, zur Repräsentationsebene wird daher entsprechend leicht durchzuführen sein. Als weitere Vorteile sind die Modularität und die Uniformität der Wissensbasis zu nennen [GON93], S. 108. Unter Modularität der Wissensbasis versteht man, daß jede Regel ein eigenes Stück Wissen ist, das unabhängig von den anderen Regeln zur Wissensbasis hinzugefügt, geändert und aus dieser wieder gelöscht werden kann. Damit hat der Knowledge Engineer große Flexibilität, weil er unabhängig einen gewissen Teil der Wissensbasis entwickeln, testen und zur existierenden Wissensbasis hinzufügen kann und so diese schrittweise bis zu ihrem endgültigen Aussehen erweitert. Die gleichbleibende Struktur der Regeln (Uniformität) beschleunigt ebenfalls den Entwicklungsprozeß, weil der Knowledge Engineer im Gegensatz zu komplexeren Repräsentationsformalismen nicht ständig verschiedenartige Datenstrukturen im Kopf haben muß.

Produktionssysteme weisen aber auch einige Nachteile auf [GON93], S. 103ff. Ein erstes Problem besteht darin, daß es im Falle des Hinzufügens einer neuen Regel passieren kann, daß der Prozeß der Verkettung von Regeln nicht zum Stillstand kommt. Dies ist sowohl bei der Vorwärts- als auch bei der Rückwärtsverkettung möglich. Eine derart neu hinzugefügte Regel kann aber auch noch ein anderes Problem auslösen. So kann es vorkommen, daß nach dem Hinzufügen der Regel das in der Wissensbasis abgebildete Wissen in sich widersprüchlich ist. Falls die Wissensbasis entsprechend groß ist, ist es auch nicht mehr einfach, derartige Kontradiktionen zu lokalisieren. Bei der Diskussion der Vorwärtsverkettung wurde erläutert, daß der Inferenzmechanismus bei jedem Zyklus prüft, bei welchen Regeln die Prämissen erfüllt sind. Bei entsprechend großen Wissensbasen ist dies sehr ineffizient. Anstrengungen zur Beseitigung dieses Problems gehen einerseits in Richtung Optimierung der Inferenzmechanismen und andererseits hin zur Partitionierung der Wissensbasen, doch ist dieses Problem immer noch nicht zufriedenstellend gelöst. Bei komplexen Anwendungsgebieten (Domänen) besitzen Produktionssysteme noch einen weiteren Nachteil. Derartige Domänen enthalten eine übergroße Anzahl von Inputkonstellationen. Um all diese verschiedenen Konstellationen in Regeln abzubilden, wäre eine Wissensbasis einer Größe erforderlich, die wohl nur sehr schwer entwickelt und dann auch verwaltet werden könnte.

2.3.2   Frames

Ein weiterer Repräsentationsformalismus sind Frames (Rahmen), die von M. Minsky 1975 ursprünglich als Hilfsmittel entwickelt wurden, um Szenen und visuelle Informationen beschreiben zu können. Ein Frame ist wie folgt definiert [LUG93], S. 378f.:

> *Here is the essence of the frame theory: When one encounters a new situation (or makes a substantial change in one's view of a problem) one selects from memory a structure called a „frame". This is a remembered framework to be adapted to fit reality by changing details as necessary.*

Frames sind also komplexe Datenstrukturen zur Beschreibung stereotyper Situationen. Der Zugang zur Wissensrepräsentation hier ist ein völlig anderer als bei den Regeln. Eine Wissenseinheit ist aus der Sicht von Minsky nicht eine Regel, sondern ein Objekt eines Problembereiches, das durch einen Frame modelliert wird. Mit Frames können nun Objekte wie in der realen Welt in Hierarchien gegliedert oder für bestimmte Aufgaben spezifiziert werden.

Denkprozesse sind für Minsky komplexe Netzwerke von Frames, zwischen denen Nachrichten ausgetauscht werden. Ein Überblick über Frames ist in [KUR92] S. 40ff., und [GON93], S. 174ff. zu finden.

Die allgemeine Struktur eines Frames ist in Abbildung 2.15 (nach [KUR92], S. 42) dargestellt:

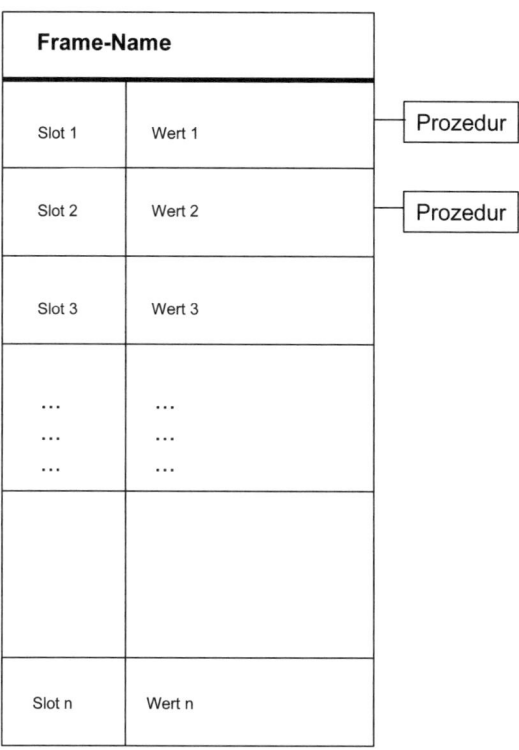

Abbildung 2.15: Struktur eines Frames

Ein Frame kann entweder eine Klasse von Objekten, eine Unterklasse, eine Instanz einer Klasse bzw. Unterklasse oder ein selbständiges Objekt sein, das keiner Klasse angehört. Eine Klasse von Objekten ist eine Schablone, die wesentliche Eigenschaften und Methoden dieses Objektes definiert. Man stelle sich z.B. die Klasse „Elektrogerät" vor. Wesentliche Eigenschaften sind z.B. Größe, Farbe, Leistung usw. Unter Methoden versteht man die Art und Weise, wie mit dem Objekt gearbeitet werden kann. Damit wird die Schnittstelle zur Außenwelt definiert. Bei einem Elektrogerät könnte man als Methoden z.B. das „Waschen", das „Föhnen", das „Staubsaugen" oder das „Zähneputzen" definieren. Die Eigenschaften eines Frames bilden den deklarativen Wissensanteil und werden auch als Slots bezeichnet.

Frames besitzen also etwa im Gegensatz zu den Regeln auch einen deklarativen Wissensteil, was auch aus Abbildung 2.13 hervorgeht. Eine Unterklasse oder Subklasse enthält eine gewisse Teilmenge der Objekte der Oberklasse. Die Unterklasse erbt alle Eigenschaften und Methoden der Oberklasse, d.h. diese können genauso bei der Subklasse verwendet werden. Mit der Klassenhierarchie ist also auch eine Vererbungshierarchie verknüpft. Eine Subklasse von „Elektrogerät" könnte z.B. „Waschmaschine" sein. Hierzu könnte wieder eine Subklasse „Waschvollautomat" gebildet werden.

Eine Instanz eines Objektes ist eine konkrete Ausprägung einer Klasse. Das Prinzip der Vererbungshierarchie verringert dabei die Redundanz, da gleiche Eigenschaften und Methoden nicht bei jeder einzelnen Instanz, sondern bei der Klasse geführt werden. Die Methoden „Waschen", „Spülen" oder „Schleudern" werden also nicht bei jeder Instanz der Subklasse „Waschvollautomat" abgespeichert, sondern bei der Klasse „Waschmaschine". Dieses Konzept der Objektorientierung wird jedem Leser vertraut sein, der sich schon mit Konzepten der objektorientierten Programmierung auseinandergesetzt hat. Frames können daher als Vorläufer dieses Programmierstils gesehen werden.

Wird ein Frame instantiiert, so müssen den Slots konkrete Belegungen (sog. „fillers") zugewiesen werden. Für jeden Slot gibt es einen Wertebereich der Filler. Grundsätzlich gibt es dabei die folgenden Möglichkeiten [KUR92], S. 42f.:

- normale Attribute
  Hier ist der Slot ein benannter Platzhalter, dem bei der Instantiierung gewisse Einträge zugewiesen werden.
- Default-Werte
  Defaults sind Standardbelegungen, die bei der Instantiierung übernommen werden, sofern keine anderen Werte vorliegen.
- andere Frames oder Verweise auf andere Frames
  Der Slot erhält seine Belegung durch Verweise auf andere Frames. Entweder es wird auf untergeordnete Frames verwiesen (subframes), die Teilaspekte beschreiben oder auf übergeordnete Frames (Klassen-Frames).
- Prozeduren
  Prozeduren können bei der Instantiierung oder bei anderen Gelegenheiten ausgeführt werden und zu Belegungen für Slots führen. Dieser Fall wird auch als procedural attachment bezeichnet.

Folgende Prozeduren können zur Anwendung kommen (vgl. [KUR92], S. 43).

- „if added"-Prozedur
  Diese Prozedur wird ausgeführt, wenn neue Information in den Slot eingetragen wird.
- „if removed"-Prozedur
  Diese Prozedur wird ausgeführt, falls eine Information aus dem Slot entfernt wird.
- „if needed"-Prozedur
  Diese Prozedur wird in jenem Fall ausgeführt, wo Informationen aus dem Slot benötigt werden, dieser aber leer ist.
- „if changed"-Prozedur
  Diese Prozedur gelangt zur Ausführung, falls der Wert des Slots geändert wird.

Im folgenden wird anhand des Frames Waschmaschine veranschaulicht (vgl. Abbildung 2.16), wie die Slots im Falle der Instantiierung belegt werden. Der Frame Waschmaschine ist eine Subklasse von Elektrogerät und ein Klassen-Frame von Waschvollautomat. Die Belegung des Typs der Waschmaschine ergibt sich durch Aufruf einer „if added"-Prozedur beim Subframe Waschvollautomat. Genauso wird beim Slot „Objekt" verfahren. Der Slot „Material" ist mit dem Defaultwert Blech belegt. Ist kein Wert beim Slot „Temperatur" eingetragen und wird dieser Wert benötigt, so wird die „if needed"-Prozedur DISPLAY-ANSEHEN aufgerufen.

Waschmaschine

Spezialisierung von ELEKTROGERÄT

Generalisierung von WASCHVOLLAUTOMAT

Typ	AEG-2000-auto, MIELE 429, BOSCH if added: benutze subframe
Objekt	Kleidungsstück, Wäsche if added: benutze subframe
Zweck	Waschen, Spülen, Schleudern Default: Waschen
Teile	Trommel, Schlauch, Motor, Gehäuse, Knöpfe
Material	Blech, Plastik, Gummi Default: Blech
Temperatur	Intervall [0,95] Grad Celsius if needed: DISPLAY-ABLESEN

Abbildung 2.16: Slots des Frame Waschmaschine

Bei der Programmierung eines framebasierten Systems treten folgende drei Verarbeitungsschritte auf:

1. Definition passender Frames
2. Generieren von Instanzen
3. Austausch von Nachrichten

Die beiden ersten Schritte wurden schon erläutert. Im folgenden wird nun näher auf den Austausch von Nachrichten zwischen Frames, das sog. Message Passing, eingegangen. Über eine Nachricht können Beziehungen zwischen Frames repräsentiert werden. Wird eine Nachricht von einem Frame zu einem anderen gesendet, so weiß der empfangende Frame, wie er auf diese „Botschaft" zu reagieren hat. Im allgemeinen wird beim empfangenden Frame eine Methode zur Ausführung gelangen, die bestimmte Daten des Frames verändert. Eine Nachricht setzt sich dabei in der Regel aus drei Teilen zusammen:

- Name des empfangenden Frame
- auszuführende Methode
- Argumente der Nachricht

Trifft die Nachricht beim empfangenden Rahmen ein, so entscheidet dieser, ob die Nachricht angenommen wird. Ist die Methode, die in der Nachricht angegeben wird, beim Empfänger-Frame bekannt, so werden die Argumente übergeben und die Methode kann zur Ausführung gelangen.

Angenommen, eine bestimmte Person möchte das 45 Grad-Waschprogramm bei einer Waschmaschine starten. Dabei wird unterstellt, daß die auszuführende Methode beim Frame Waschmaschine existiert. Dann könnte die Nachricht, die an den Frame Waschmaschine gesendet wird, folgendermaßen aussehen: Der Name des empfangenden Frame ist klarerweise Waschmaschine, die auszuführende Methode ist „Waschprogramm starten", und der Datenbereich des Slot Temperatur wird auf 45 gesetzt.

Methoden können neben der Veränderung des Datenbereiches beim Empfänger-Slot auch z.B. bewirken, daß neue Instanzen erzeugt werden oder wieder die Versendung einer anderen Nachricht getriggert wird.

Es fällt auf, daß sich Frames besonders gut zur Repräsentation von statischem Wissen eignen. Es gibt nun eine Erweiterung dieses Konzepts zur Repräsentation von zeitlich koordinierten Ereignissen, die sog. Scripts, die von R.C. Schank und R.P. Abelson entwickelt wurden [SCH77]. Als Beispiel führen Schank und Abelson das sog. „Restaurant-Skript" an, das eine typische Sequenz von Ereignissen beim Restaurantbesuch enthält. Solche Ereignisse sind z.B. „Betreten des Restaurants", „Suchen eines freien Tisches und niedersetzen", „Kellner bringt Speise- und Getränkekarte" usw. Dabei ist es auch möglich, jeden Punkt des Skripts durch ein detailliertes Skript zu verfeinern. Damit können einerseits Sachverhalte und Ereignisse, die in der Grobdefinition des Skripts nicht enthalten sind, durch eine Art schrittweise Verfeinerung ergänzt und andererseits Einzelereignisse in einem größeren Zusammenhang bewertet werden. Bei textverstehenden Systemen ist dies z.B. von großer Bedeutung.

Abschließend sollen die Vor- und Nachteile der framebasierten Wissensrepräsentation besprochen werden.

Genauso wie Regeln sind Frames eine dem Menschen sehr entgegenkommende Art der Wissensrepräsentation. Damit können Objekte, Situationen und natürlichsprachliche Begriffe sowie ihre Inhalte leicht repräsentiert werden. Das bei den Frames realisierte Vererbungskonzept bringt weiters den Vorteil mit sich, daß der notwendige Speicherplatz verringert wird. Im Gegensatz zu regelbasierten Systemen liegt der Wissensbasis mit der Klassenhierarchie auch eine bestimmte Organisation zugrunde.

Folgende Nachteile sind beim Frame-Konzept zu nennen [GON93], S. 196f.: Erstens gibt es in der Realität Objekte, die beträchtlich von den Prototypen abweichen. Eine Repräsentation derartiger Objekte in der Frame-Welt erhöht die Komplexität des ganzen Systems, da für jede Instanz eines solchen Objektes einzigartige Merkmale abgespeichert werden müssen. Ein weiterer Nachteil besteht darin, daß für neue Objekte oder Situationen ein framebasiertes System keine Prototypen eingebaut hat. Damit wird die Anwendbarkeit von Frames stark beschränkt. Ein letzter Punkt betrifft die mangelnde Fähigkeit von Frames zur Abbildung heuristischen Wissens. Jeder kann sich vorstellen, ein medizinisches Diagnosesystem regelbasiert zu formulieren, wo auf der linken Seite einer Regel die Symptome und auf der rechten Seite die abgeleitete Diagnose steht. Derartiges Wissen in Frames zu repräsentieren ist aber schwierig. Natürlich ist es möglich, für einen typischen Patienten, eine Krankheit usw. Frames zu entwickeln, aber es wird ziemlich schwierig sein, jenes Wissen, das sich einerseits auf die Beziehung der Symptome untereinander und andererseits auf die Ableitung einer bestimmten Diagnose beim Auftreten gewisser Symptome bezieht, in einem framebasierten System abzubilden.

2.3.3   Logik

Ein großer Nachteil der Wissensrepräsentationen in der KI besteht darin, daß im allgemeinen keine fundierte Theorie über die Repräsentation existiert. Die Logik ist der einzige Formalismus, für den dies nicht zutrifft. Sie gilt als der am besten untersuchte und verstandene Formalismus und ist von allgemeiner Bedeutung für die Repräsentation von Wissen in der KI. Auf ihr ist jede Wissensbasis aufgebaut, da sich letztlich alle Repräsentationen der KI in formallogische Ausdrücke transformieren lassen. Logik ist die Lehre vom Begriff, Urteil und Schluß. Die formale Logik als aktuelle, mathematische Form der Logik versteht sich dagegen vornehmlich als „Theorie des Schlußfolgerns (Inferenz)". Das Wort „formal" weist darauf hin, daß Ausdrücke und Schlüsse auf rein syntaktischer Ebene gebildet werden. Die Gültigkeit logischer Schlüsse ist damit unabhängig von der den Aussagen immanenten Bedeutung. Derartige Schlüsse, die aufgrund abstrakter begrifflicher Beziehungen, nicht aber aufgrund der besonderen sachbezogenen Bedingungen als gültig erachtet werden, heißen formalgültige Schlüsse. Die in der formalen Logik verwendeten Zeichen heißen auch Symbole und führten zu dem heute gängigen Begriff „symbolische Logik".

In diesem Abschnitt werden grundlegende Konzepte der Aussage- und Prädikatenlogik beschrieben. Eine Zusammenfassung dieser Konzepte ist auch in [GON93], S. 47ff., [LUG93], S. 41ff. und vor allem [SCH92], S. 13ff. zu finden.

Eine grundlegende Einführung in Konzepte der Aussagen- und Prädikatenlogik sowie der Logikprogrammierung geben auch Metakides und Nerode [MET96].

Aussagenlogik

Die Aussagenlogik ist jener Teil der formalen Logik, der sich mit der Analyse von Sätzen und Satzkombinationen auseinandersetzt. Aussagen werden nach den Bedingungen der formalen Logik jeweils mit sog. Literalen codiert und stellen Sätze dar, die entweder den Wahrheitswert „wahr" oder „falsch" haben können (zweiwertige Logik).

Den Satz

Rainer ist ein Mann.

etwa kann man durch das Literal A und den Satz

Alle Männer sind größer als 180 cm.

durch das Literal B repräsentieren.

Dabei ist natürlich der Wahrheitswert von A wahr und von B falsch. Diese eindeutige Zuordnung der Wahrheitswerte zu den Aussagen setzt allerdings voraus, daß Meinungen, Fragen, Ausrufungen und Überzeugungen, also die zweckbestimmten und unsicheren Aussagen, ausgeschlossen werden, da diese ja nicht als wahr oder falsch klassifiziert werden können.

Solche Aussagen können mit Hilfe logischer Operatoren (sog. Junktoren) miteinander verknüpft werden, so daß komplexere Kombinationen von Aussagen entstehen, die wiederum wahr oder falsch sein können. In der Aussagenlogik unterscheidet man folgende Junktoren:

- Konjunktion
  Die Konjunktion oder UND-Verknüpfung (Symbol „∧") wird umgangssprachlich durch die Bindewörter „sowohl als auch" oder „nicht nur" umschrieben. Eine Aussage „A UND B" ist genau dann wahr, wenn beide Aussagen wahr sind.
- Disjunktion
  Die Disjunktion bzw. ODER-Verknüpfung (Symbol „∨") zweier Aussagen ist genau dann wahr, falls zumindest eine der beiden Aussagen wahr ist.
- Implikation
  Die Implikation (Symbol „→") entspricht einer „wenn-dann"-Verknüpfung.
- Äquivalenz
  Die Äquivalenz (Symbol „↔") kann umgangssprachlich am besten mit „genau dann, wenn" umschrieben werden.
- Negation
  Dieser Operator (Symbol „¬") negiert den Wahrheitswert einer Aussage.

In Tabelle 2.2 sind alle Wahrheitswerte zusammengefaßt, die sich aus der Verknüpfung zweier Aussagen mit den obigen logischen Operatoren ergeben.

Tabelle 2.2: Wahrheitstabelle für logische Operatoren

A	B	A∧B	A∨B	A→B	A↔B	¬A
falsch	falsch	falsch	falsch	wahr	wahr	wahr
falsch	wahr	falsch	wahr	wahr	falsch	wahr
wahr	falsch	falsch	wahr	falsch	falsch	falsch
wahr	wahr	wahr	wahr	wahr	wahr	falsch

Eine Besonderheit der formalen Logik besteht darin, daß man – unabhängig von der Semantik einer Aussage – einen logischen Operator durch einen beliebigen anderen ersetzen kann, sofern der Wahrheitsgehalt der Aussagekombination unverändert bleibt. Die erlaubten formalen Umformungen von Aussagekombinationen richten sich demnach unter rein syntaktischen Gesichtspunkten immer nach der Gültigkeit von Wahrheitstabellen; die Semantik spielt für die formale Äquivalenz überhaupt keine Rolle.

Ein Beispiel für so eine erlaubte Umformung ist die Transformation der Aussagekombination A→B in ¬A∨B, da die Wahrheitswerte der beiden Aussagekombinationen ident sind, wie die Wahrheitstabelle (vgl. Tabelle 2.3) zeigt. Man sagt auch, die beiden Aussagekombinationen oder Formeln sind äquivalent, weil sie bei jeder Belegung denselben Wahrheitswert haben.

Tabelle 2.3: Wahrheitstabelle für A→B und nicht(A) oder B

A	B	¬A ∨B	A→B
falsch	falsch	wahr	wahr
falsch	wahr	wahr	wahr
wahr	falsch	falsch	falsch
wahr	wahr	wahr	wahr

Eine direkte Transformation von Sätzen aus der Umgangssprache in die formalen Strukturen der Aussagenlogik führt in vielen Fällen zu einer Abnahme der semantischen Information. Dies wird deutlich, wenn man sich z.B. die Unterschiedlichkeit der umgangssprachlichen Bindewörter vor Augen hält, die durch die UND-Verknüpfung repräsentiert werden („sowohl als auch", „nicht nur", „sondern auch", „aber", „und"). Die Konsequenz daraus ist, daß sprachlich beschriebenes Wissen in aussagenlogischen Formeln nur bedingt abgebildet werden kann. So lassen sich ohne wesentlichen Verlust des Bedeutungsgehaltes lediglich einfach strukturierte, deklarative Sätze in eine Wissensbasis integrieren.

Von zentraler Bedeutung in der Logik ist die Frage nach der Erfüllbarkeit von Formeln. Dazu sind die folgenden Definitionen wichtig, die für alle Logiksprachen und -kalküle gelten:

- Eine Formel A ist erfüllbar, wenn es eine Belegung ihrer Literale gibt, so daß sie wahr wird.
- Eine Formel A ist unerfüllbar (kontradiktorisch), wenn es keine Belegung ihrer Literale gibt, so daß sie wahr wird.
- Eine Formel ist allgemeingültig (tautologisch), wenn sie bei jeder Belegung ihrer Literale wahr wird.

Die Eigenschaft einer Formel, erfüllbar zu sein, ist in der Aussagenlogik entscheidbar. Eine mögliche Variante, um die Erfüllbarkeit einer Formel festzustellen, ist die sog. Wahrheitstafelmethode. Dabei wird für alle möglichen Kombinationen der Literale der Formel der Wahrheitswert evaluiert. Besteht eine Formel aus n Literalen, müssen hier allerdings 2^n Zeilen der Wahrheitstafel ausgewertet werden. Für sehr komplexe Formeln mit z.B. 100 Literalen wird auch der schnellste bekannte Computer Tausende von Jahren benötigen [SCH92], S. 21. Damit ist das Erfüllbarkeitsproblem im Sinne der Komplexitätstheorie NP-vollständig, d.h. wenn man den schlechtesten Fall als Maß nimmt, praktisch unlösbar. Die Aussagenlogik ist damit für die Informatik keine triviale Theorie.

Jede noch so komplizierte aussagenlogische Formel kann in eine sog. Normalform übergeführt werden. Man unterscheidet die konjunktive und disjunktive Normalformen. Eine Formel F ist in konjunktiver Normalform (KNF), wenn sie eine Konjunktion von Disjunktionen der Literale ist. Die dabei auftretenden Literale können positiv oder negiert sein. Man schreibt allgemein:

$$F = (\bigwedge_{i=1}^{n} (\bigvee_{j=1}^{m_i} L_{i,j})), \text{ mit } L_{i,j} \in \{A_1, A_2, ...\} \cup \{\neg A_1, \neg A_2, ...\}$$

Die Implikation A→B in KNF lautet ¬A∨B (vgl. Tabelle 2.3). Der Algorithmus für die Bildung der KNF einer Formel kann wie folgt angegeben werden:

1. Jede Zeile der Wahrheitstafel mit Wahrheitswert „falsch" trägt zu einem Disjunktionsglied bei.
2. Die Literale dieser Disjunktion bestimmen sich wie folgt: Falls die Belegung eines Literals in der betreffenden Zeile falsch ist, so wird das positive Literal eingesetzt, sonst das negierte Literal.

Eine Formel ist in disjunktiver Normalform (DNF), wenn sie eine Disjunktion von Konjunktionen der Literale ist. Man schreibt allgemein:

$$F = (\bigvee_{i=1}^{n} (\bigwedge_{j=1}^{m_i} L_{i,j})), \text{ mit } L_{i,j} \in \{A_1, A_2, ...\} \cup \{\neg A_1, \neg A_2, ...\}$$

Die Implikation A→B in DNF lautet (¬A∧¬B)∨(¬A∧B)∨(A∧B).

Der Algorithmus für die Bildung der DNF einer Formel kann wie folgt angegeben werden:

1. Jede Zeile der Wahrheitstafel mit Wahrheitswert „wahr" trägt zu einem Konjunktions-
    glied bei.
2. Die Literale dieser Konjunktion bestimmen sich wie folgt: Falls die Belegung eines
    Literals in der betreffenden Zeile „wahr" ist, so wird das Literal eingesetzt, sonst das ne-
    gierte Literal.

In der Aussagenlogik und der Logik allgemein können auch Schlußfolgerungen durchgeführt
werden. Folgende wichtige Inferenzmechanismen stehen zur Verfügung:

*   Modus ponens
*   Resolution

Der Modus ponens besagt:

> *Wenn eine Aussage A wahr ist und A eine weitere Aussage B impliziert (A→B), dann
> ist auch B wahr.*

Folgendes Beispiel veranschaulicht den Schlußfolgerungsmechanismus beim Modus ponens:

Aussage A: Der Himmel ist rot.

Implikation A→B: Wenn der Himmel rot ist, dann geht die Sonne auf.

Schlußfolgerung: Aussage B ist wahr: Die Sonne geht auf.

Der Modus ponens bietet die Möglichkeit, aus existierenden Fakten (A) und klar definierten
Implikationen (A→B) auf neue Fakten (B) zu schließen. In einer formallogisch konzipierten
Wissensbasis ist es demnach nicht notwendig, alle Fakten explizit im Datenspeicher bereit-
zuhalten da ja neue Fakten durch die Anwendung aussagenlogischer Schlußregeln vom System selbst via Vorwärtsverkettung inferiert werden können. Gerade diese Möglichkeit, nicht
alle Fakten explizit speichern zu müssen und neue Fakten aus bereits Bekanntem inferieren
zu können, ist der besondere Vorzug einer aussagenlogischen Wissensrepräsentation.
Nachteilig am Modus ponens muß vermerkt werden, daß man mit ihm erstens nicht alle
gültigen Schlüsse ziehen kann und zweitens dessen Verwendung als alleiniges Schlußverfah-
ren sehr aufwendig sein kann.

Ein anderer Inferenzmechanismus ist der sog. Modus tollens, der aber in Expertensystemen
eine untergeordnete Rolle spielt. Der Modus tollens besagt: „Wenn eine Aussage B falsch ist
und A→B gilt, dann muß auch die Aussage A falsch sein.

Mit Hilfe des Resolutionsverfahrens [SCH92], S. 38ff. – auch unter dem Namen „Beweis
durch Widerspruch" bekannt – kann man überprüfen, ob eine neue Tatsache anhand einer
Anzahl vorgegebener logischer Aussagen gültig ist. Ausgangspunkt ist zunächst die verneinte Tatsache (daher auch der Name „Beweis durch Widerspruch"). Diese wird dann mit
den anderen Aussagen in einer Formel verknüpft. Führen nun die Schlüsse aus der negierten
Tatsache und den anderen Aussagen zu einem Widerspruch, so muß die verneinte Tatsache
falsch sein, also ist die Tatsache wahr.

Die Resolution ist eine einfach anzuwendende, syntaktische Umformungsregel. Voraussetzung für die Anwendung der Resolution ist allerdings, daß die Formel in KNF vorliegt. Ge-

gebenenfalls ist also vor der Anwendung der Resolution noch eine Transformation in KNF durchzuführen.

Die Vorgehensweise bei der Resolution soll anhand von folgendem, einfachen Beispiel verdeutlicht werden, das schon vom Modus ponens her bekannt ist. Gegeben sei die Implikation A→B und das Faktum A. Es soll mittels Resolution überprüft werden, ob B aus diesen Formeln sinnvoll abgeleitet werden kann. Zunächst muß man die Aussagen in KNF bringen, wobei durch syntaktische Umformung wieder ausgenutzt wird, daß A→B der Formel ¬A∨B entspricht. Die zu beweisende Tatsache B wird negiert in die Formelmenge F aufgenommen. Ergibt sich aus den syntaktischen Umformungen der Resolution ein Widerspruch, so muß B wahr sein.

$$F = (\neg A \vee B) \wedge (\neg B) \wedge (A)$$

Als nächster Schritt empfiehlt es sich, die Formelmenge als Menge von sog. Klauseln darzustellen.

$$K_1 = (\neg A \vee B)$$

$$K_2 = \neg B$$

$$K_3 = A$$

Die Literale A und ¬A können nicht gleichzeitig wahr sein (Satz vom ausgeschlossenen Dritten) und werden daher gestrichen. Die Klausel

$$R = (K_1\text{-}\{\neg A\}) \cup (K_3\text{-}\{A\})$$

bezeichnet man als Resolvente. Man sagt auch, R wird aus K_1 und K_3 nach A resolviert. Damit verbleiben noch die Klauseln

$$K_1 = B$$

$$K_2 = \neg B$$

Für das Literal B gilt das gleiche wie für A, womit als Ergebnis die leere Klauselmenge überbleibt. Damit wurde der Widerspruch hergeleitet und B ist somit wahr.

$$K = \{\}$$

In dem Fall, wo die ursprüngliche Tatsache wahr ist, führt das Resolutionsverfahren auf jeden Fall zu einem Widerspruch. Ist die Tatsache jedoch falsch, so hat die Schlußkette im Rahmen des Resolutionsverfahrens möglicherweise kein Ende. Das Resolutionskalkül kann auch für die Erfüllbarkeitsüberprüfung eingesetzt werden, allerdings ist es nur in Spezialfällen eine effiziente Erfüllbarkeitsüberprüfung.

Prädikatenlogik

Viel bedeutender als die Aussagenlogik ist die Prädikatenlogik für die maschinelle Wissensrepräsentation. Diese geht zurück auf G. Frege, der dafür die Bezeichnung „Begriffsschrift" eingeführt hat. Freges Begriffsschrift wurde von B. Russell, D. Hilbert, K. Gödel, A. Tarski und A. Church weiterentwickelt.

Die Grenzen aussagenlogischer Wissensrepräsentation können anhand des folgenden Beispiels veranschaulicht werden. In der Aussagenlogik ist es unmöglich, folgende Sätze abzubilden:

> *Alle Menschen sind sterblich.*

> *Sokrates ist ein Mensch.*

und daraus abzuleiten:

> *Sokrates ist sterblich.*

Die Prädikatenlogik bietet gegenüber der Aussagenlogik, deren Ausdrucksmittel sich ja auf Literale und logische Operatoren beschränken, zusätzliche Elemente, die es erlauben, obige Sätze zu formalisieren.

Die Prädikatenlogik besteht aus folgenden Elementen:

- Prädikate
- Literale
- Funktionen
- logische Operatoren
- Quantoren

Prädikate beschreiben die Eigenschaft eines Objektes (einstelliges Prädikat) oder die Beziehung zwischen Objekten (mehrstelliges Prädikat). Ein Beispiel für eine prädikatenlogische Eigenschaftszuweisung wäre z.B.

> *männlich(rainer)*

Diese Formalisierung entspricht dem Satz „Rainer ist männlichen Geschlechts". Das Subjekt des Satzes wird zum Argument des Prädikats und die Eigenschaft „ist männlich" wird in einem Prädikat abgebildet. Als Literale kann man Konstante und Variablen einsetzen.

Ein Beispiel für ein zweistelliges Prädikat ist

> *vater(edgar, rainer)*

womit ausgedrückt werden kann, daß Edgar der Vater von Rainer ist.

Die Prädikatenlogik bietet auch die Möglichkeit, n-stellige Funktionen einzusetzen. Als logische Operatoren werden in der Prädikatenlogik jene eingesetzt, die wir schon bei der Aussagenlogik eingeführt haben, also $\wedge, \vee, \neg, \rightarrow, \leftrightarrow$.

Über die Quantoren besteht in der Prädikatenlogik die Möglichkeit, Begriffe einzuschränken oder zu verallgemeinern. Man unterscheidet dabei zwischen dem sog. Existenzquantor („für einige", „es existiert", Symbol „∃"), mit dem Einzelaussagen gemacht werden können und dem Allquantor („für alle", Symbol „∀"), mit dem Aussagen verallgemeinert werden können.

Die Aussagen zu Beginn des Abschnittes über die Prädikatenlogik lassen sich folgendermaßen formalisieren:

$$(\forall x) \ (mensch(x) \ \rightarrow sterblich(x))$$

$$mensch(sokrates)$$

Mittels des Modus ponens läßt sich folgendes Faktum ableiten:

$$sterblich(sokrates)$$

In der Prädikatenlogik können umgangssprachliche Ausdrücke durch die Aufspaltung in Subjekt-Prädikat-Schemata und der Hinzufügung von Existenz- und Allquantoren differenzierter repräsentiert werden, als dies in der Aussagenlogik möglich ist. Dennoch gilt auch hier genauso wie bei der Aussagenlogik der entscheidende Nachteil, daß die Prüfung der Gültigkeit prädikatenlogischer Ausdrücke auf rein formaler Ebene stattfindet und der semantische Gehalt vernachlässigt wird.

Inferentielle Prozesse sind in der Prädikatenlogik wegen der erweiterten Ausdrucksmöglichkeiten viel komplexer als in der Aussagenlogik. Die Grundidee bei der prädikatenlogischen Resolution, die auf J.A. Robinson [ROB65] zurückgeht, besteht darin [SCH92], S. 92, daß man prädikatenlogische Resolventen aus prädikatenlogischen Klauseln erzeugt, wobei bei jedem Resolutionsschritt eine sog. Substitution durchgeführt wird. Diese macht gewisse Literale in den beiden Ausgangsklauseln zueinander komplementär, d.h. die Klauseln sind identisch bis auf die Negationszeichen. Die Substitution wird dabei möglichst zurückhaltend durchgeführt. Es wird also die allgemeinste und nicht eine spezielle Unifikation durchgeführt. Die Vorgangsweise bei der prädikatenlogischen Resolution soll an folgendem Beispiel aus [SCH92],S. 92 demonstriert werden:

Gegeben seien die beiden Klauseln

$$\{P(x), \ \neg Q(g(x))\} \ und \ \{ \ \neg P(f(y))\},$$

wobei f und g jeweils einstellige Funktionen sind.

Dann genügt es (allgemeinster Unifikator), bei den beiden Klauseln die Substitution [x/f(y))] (man sagt: Ersetze Variable x in allen Klauseln durch die Funktion f(y)) durchzuführen, um als Resolvente die Klausel

$$\{\neg Q(g(f(y)))\}$$

zu erhalten. Über die Substitution der Variablen y braucht man sich an dieser Stelle im Resolutionsprozeß noch keine Gedanken zu machen.

Eine Menge prädikatenlogischer Formeln kann als Programm aufgefaßt werden. Es liegt nun nahe, eine Anfrage an dieses Programm zu formulieren und diese Klauseln (Anfrage, Programm) mit dem Resolutionsmechanismus abzuarbeiten. Integriert man eine Antworterzeugungskomponente in das System, so hat man ein prädikatives Programmiersystem entwickelt. Dies soll anhand eines Beispiels aus [SCH92], S. 119ff. gezeigt werden:

Gegeben sei die Klauselmenge, also die Wissensbasis

$$F = \{\{liebt(Eva, Essen)\}, \{liebt(Eva, Wein)\}, \{liebt(Adam, x), \neg liebt(x, Wein)\}\}$$

Die prädikatenlogischen Formeln können umgangssprachlich folgendermaßen formuliert werden:

Eva liebt zu essen.

Eva liebt Wein.

Adam liebt jeden, der Wein liebt.

Die letzte Klausel in F ergibt sich durch Anschreiben einer Implikation in KNF (vgl. Tabelle 2.3).

Ein Programmaufruf könnte nun z.B. die Formel

$$G = \exists y \; liebt(Adam, y)$$

sein, die umgangssprachlich formuliert lautet: „Gibt es jemanden, den Adam liebt?".

Wir möchten nun herausfinden, ob aus dem Wissen in der Wissensbasis ableitbar ist, daß G aus F folgt. Gemäß dem Prinzip der Resolution testen wir, ob $F \wedge \neg G$ unerfüllbar ist. Trifft dies zu, so ist G wahr und die entsprechende Antwort wird über die Antworterzeugungskomponente ausgegeben.

Die Formelmenge $F \wedge \neg G$ besteht also aus den folgenden Klauseln:

$$F \wedge \neg G = \{\{liebt(Eva, Essen)\}, \{liebt(Eva, Wein)\}, \{liebt(Adam, x), \neg liebt(x, Wein)\},$$
$$\{\neg liebt(Adam, y)\}\}$$

Die durchgeführten Substitutionsschritte bei der Resolution sind aus Abbildung 2.17 (nach [SCH92], S. 120) ersichtlich.

Durch die Herleitung der leeren Klausel ist klar, daß G aus F folgt. Die entsprechende Antwort ergibt sich durch Betrachtung der zweiten Substitution im Resolutionsprozeß, wo y durch Eva ersetzt wird. Damit kann als Antwort ausgegeben werden, daß Adam Eva liebt.

Läßt man beliebige Formeln bei der Resolution zu, so kann es passieren, daß mehr als eine einzige Antwort möglich ist. Um diese Situationen zu unterbinden, beschränkt man sich bei der bekanntesten logischen Programmiersprache PROLOG auf sog. Hornklauseln und eine einzige Aufrufklausel.

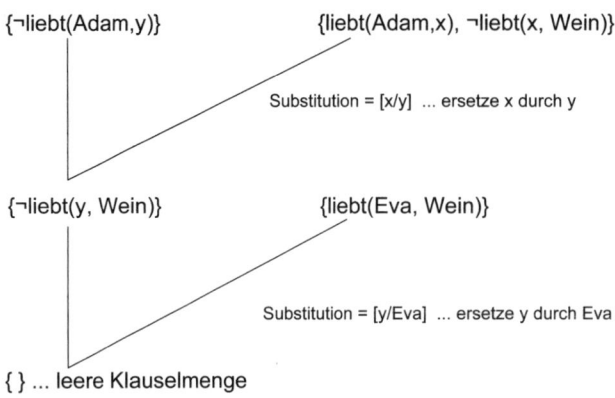

Abbildung 2.17: Durchführung der prädikatenlogischen Resolution

Abschließend soll auf Vor- und Nachteile der formalen Logik zur Repräsentation von Wissen eingegangen werden.

Die formale Logik ist der am besten erforschte Wissensrepräsentationsformalismus. Die verwendeten deduktiven Inferenzmechanismen sind theoretisch abgesichert und können als Beweisprozeduren eingesetzt werden. Die Logik bietet syntaktische Gültigkeit vollzogener Schlußfolgerungen sowie Vollständigkeit und Widerspruchsfreiheit. Positiv ist auch zu erwähnen, daß prädikatenlogische Wissensbasen aufgrund der relativ einfachen Notation verständlich zu interpretieren sind. Der modulare Aufbau der Wissensbasis garantiert, daß Wissen unabhängig eingetragen oder abgeändert werden kann. Durch die Inferenzregeln der Logik wird eine effiziente Nutzung des Speichers gewährleistet. Es müssen nicht alle Fakten auf einmal im Speicher gehalten werden, da über die Inferenzregeln Fakten zur Laufzeit dynamisch generiert werden können.

Ein Nachteil der formalen Logik besteht darin, daß das strenge mathematische Korsett oft dazu führt, daß die Wissensdarstellung künstlich und steril wirkt und für gewisse Anwendungen einfach nicht genug flexibel ist. So verbietet es etwa die syntaktische Reinheit des formallogischen Konzeptes, heuristische und prozedurale Informationen mit den Faktenrepräsentationen zu verbinden. Dies wäre aber für gewisse Anwendungen notwendig und sinnvoll.

In der Literatur (vgl. [GON93], S. 81f.) werden darüber hinaus noch weitere drei Nachteile angeführt:

Die Aussagen- und Prädikatenlogik erlaubt lediglich zwei Wahrheitswerte („wahr", „falsch"). Damit ist es aber nicht möglich, Abstufungen der Sicherheit (z.B. den Begriff „meistens") zu repräsentieren. Dieser Nachteil kann wie z.B. bei PROLOG dadurch behoben werden, daß der Inferenzmechanismus um sog. Sicherheitsfaktoren erweitert wird.

Die Logik ist ein sog. monotones Schlußfolgerungssystem, d.h. die darin repräsentierten Aussagen sind unabhängig von der Zeit. In der Praxis sind diese Aussagen aber einem ständigen Wandel unterworfen. In PROLOG wird etwa versucht, diesen Mangel zu beheben, indem erlaubt wird, Fakten aus der Wissensbasis zu löschen. Damit kann PROLOG aber nicht mehr als reines prädikatenlogisches System gelten.

Der letzte zu nennende Nachteil bezieht sich auf den deklarativen Charakter der formallogischen Wissensrepräsentation. Wie bei der Behandlung der Programmiersprache PROLOG noch eingehend gezeigt wird, gibt es in einem prädikativen System keine explizite Programmsteuerung durch Kontrollstrukturen. Die Ablaufsteuerung wird durch den eingebauten Resolutionsmechanismus wahrgenommen, der eine vollständige Suche durchführt. Für einige Anwendungen mag dies sehr vorteilhaft sein, doch in der Regel entsteht damit große Ineffizienz durch nutzlose Suchschritte. Um die Ineffizienz zu reduzieren, kann in PROLOG etwa der sog. CUT-Operator eingesetzt werden. Der Einsatz eines derartigen Kontrolloperators widerspricht aber dem Grundprinzip der Logik als rein deklaratives Wissensrepräsentationssystem.

Eine Möglichkeit der Effizienzsteigerung von Wissensbasierten Systemen ist das Konzept der sog. Knowledge Selection. Es wurde von Karagiannis et al. [KAR91b] eingeführt und bedeutet, für eine große Ansammlung von Wissen unter Einsatz einer dreiteiligen Filterarchitektur genau jenes Wissen herauszufiltern, das für eine konkrete Problemstellung relevant ist. Dies bedeutet, daß bei einer Unmenge von Information über eine Anwendung nur jene Information bereitgestellt werden soll, die im jeweiligen Kontext interessant bzw. relevant ist. Die Knowledge Selection kann hier also die Performance des Zugriffs auf ein zentrales Wissensarchiv verbessern. Die Motivation für den Einsatz der Knowledge Selection liegt darin, daß große Wissensbasen, sogenannte Very Large-Scale Knowledge Bases (VLKBs), oft eine schlechte Performance aufweisen und diese durch Selektion relevanten Wissens entscheidend verbessert werden kann.

In [KAR91b] und [KAR94b] wird das Grundkonzept der Knowledge Selection vorgestellt. Ein Anwendungsbeispiel aus dem Bereich der Computersicherheit - die Selektion relevanter Computerviren aus einer PROLOG-Wissensbasis mit Einsatz von KNN - wird ausführlich in [KAR96a], [KAR96b], [TEL96], [TEL98] und [TEL99] beschrieben.

2.3.4   Semantische Netze

Eine weitere, der Prädikatenlogik weitgehend entsprechende Darstellungsform von Wissen sind Semantische Netzwerke, die auch konzeptionelle Grundlagen für andere Repräsentationsformen wie z.B. Objekt-Attribut-Wert-Tripel und Frames enthalten.

Semantische Netze haben ihren Ursprung eigentlich in der Psychologie, wo sie hauptsächlich zur Modellierung des menschlichen Gedächtnisvermögens verwendet wurden. Eine Zusammenfassung wichtiger Konzepte Semantischer Netze ist in [LUG93], S. 356ff. und [GON93], S. 159ff. zu finden.

Wie die Prädikatenlogik kann man auch die Semantischen Netze zu den deklarativen Repräsentationsformen zählen. Die Repräsentation von Wissen erfolgt hier in netzwerkartigen Strukturen mittels Objekte und Relationen zwischen diesen Objekten. In der KI existieren unter dem Oberbegriff Semantische Netze eine ganze Reihe unterschiedlicher Netzwerkkonzeptionen. Diese unterscheiden sich zum Teil sehr stark in Bezug auf die möglichen Objekte und Klassenbezeichnungen. Das wesentliche gemeinsame Merkmal der Klasse der Semantischen Netze ist die Verwendung netzartiger, graphischer Darstellungsmethoden.

Semantische Netze bestehen aus Knoten und Kanten:

- Knoten
  Diese werden graphisch zumeist durch Rechtecke oder Kreise dargestellt und repräsentieren Objekte, Situationen, Konzepte oder Begriffe.
- Kanten
  Kanten werden graphisch durch Pfeile gekennzeichnet und stellen Verweise zwischen den Wissenseinheiten dar. Gerade hier liegt die Motivation für Netzwerkmodelle, indem die Organisation der Wissensstrukturen in den Vordergrund der Untersuchungen gestellt wird. Betrachtet man diesen Problembereich aus psychologischer Sicht, so sind Netzwerkmodelle als Gedächtnismodelle aufzufassen.

Ein Semantisches Netzwerk läßt sich als ein gerichteter Graph G = <R, K, V> definieren. Dabei ist R eine endliche Menge von Relationen, K eine endliche Menge von Knoten und V eine endliche Menge von Kanten.

Die einfachste Art Semantischer Netze sind die sog. Collins/Quillian-Netze [QUI68], die als Vorläufer aller modernen Semantischer Netze gelten. Ziel von Collins/Quillian war es, die Bedeutung englischer Worte zu repräsentieren und darüber hinaus diese durch eine graphische Illustration der Objektrelationen zu veranschaulichen. Collins/Quillian-Netze besitzen als Grundelemente die Knotentypen „Objekt" und „Eigenschaft" und die Kantentypen „IST-EIN" (IS-A) und „HAT" (HAS-PROP). In Abbildung 2.18 ist ein einfaches Netz dieses Typs dargestellt.

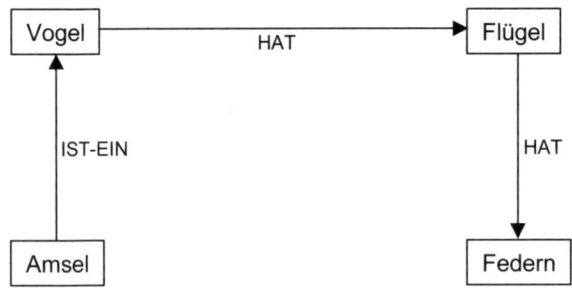

Abbildung 2.18: Einfaches Semantisches Netz

Im folgenden wird die Funktion der beiden Kantentypen in einem Semantischen Netz näher erläutert:

- „IST-EIN"-Beziehung
  Dieser Beziehungstyp stellt die Verbindung von einem Knoten zu einem übergeordneten Knoten her, der für ein generalisierendes Konzept steht (Konzept der Generalisierung,

Teilmengen-Beziehung). Über diesen Beziehungstyp wird Vererbung realisiert, d.h. die für den Oberbegriff gültigen Eigenschaften gelten auch für die Teilbegriffe, die durch IST-EIN-Kanten mit dem Oberbegriff verbunden sind. Die Teilbegriffe können zusätzliche Eigenschaften aufweisen.

- „HAT"-Beziehung
  Mit diesem Beziehungstyp werden einem Knoten dagegen bestimmte Eigenschaften zugeordnet (Konzept der Aggregation). In Abbildung 2.18 wird z.B. ausgedrückt, daß ein Flügel aus Federn besteht.

An dieser Stelle sei darauf hingewiesen, daß Kanten in einem Semantischen Netz immer gerichtet sein müssen. So wird z.B. in Abbildung 2.18 durch die Kantenrichtung ausgedrückt, daß eine Amsel ein Vogel ist. Die Umkehrung dieser Aussage, d.h. ein Vogel ist eine Amsel, wird jedoch im allgemeinen nicht wahr sein.

Zwischen Semantischen Netzen und der Prädikatenlogik gibt es eine Wechselbeziehung derart, daß Semantische Netze graphische Veranschaulichungen prädikatenlogischer Formeln sind. Die Kanten im Semantischen Netz entsprechen ja Relationen zwischen den Objekten. Diese Beziehungen können auch prädikatenlogisch formuliert werden und entsprechen dann n-stelligen Prädikaten der Form:

$$\textit{Prädikat (Attribut}_1\textit{, Attribut}_2\textit{, ...,Attribut}_n\textit{)}$$

In obigem Beispiel können die Beziehungen also durch folgende Prädikate ausgedrückt werden: IST-EIN (Amsel, Vogel), HAT (Vogel, Flügel), HAT (Flügel, Federn).

Über die IST-EIN-Beziehung in einem Semantischen Netz ist es also möglich, allgemeine Klassen zu bilden, denen Eigenschaften zugewiesen werden, die für den Großteil aller Mitglieder einer spezifischen Klasse (Subklasse) gelten. So kann man z.B. für alle Mitglieder der Klasse „Vögel" festlegen, daß sie Flügel besitzen und in der Regel fliegen können, ohne daß diese Eigenschaften für jeden Vogel konkret nochmals gespeichert werden müßten. Mittels dieser Vererbungshierarchien ist es damit möglich, Eigenschaften, die generell (d.h. auf der jeweils höchsten Ebene) einer Objektklasse zugewiesen wurden, an einzelne Mitglieder dieser Objektklasse zu vererben. Durch das Konzept der Vererbung kann auch Redundanz vermieden werden. Dieser Vorteil wurde schon bei den framebasierten Systemen vorgestellt.

Die Vererbung bildet auch die Basis für den Inferenzmechanismus in Semantischen Netzen. Dies kann an folgendem Beispiel erläutert werden (vgl. dazu Abbildung 2.19): Besitzt z.B. die Objektklasse „Vogel" die Eigenschaft „Flügel" und ist das Objekt „Amsel" als Subklasse von „Vogel" im Netz modelliert, so kann innerhalb eines Semantischen Netzwerkes vom System eigenständig inferiert werden, daß auch eine Amsel Flügel besitzt, auch wenn diese Tatsache nicht explizit im Netzwerk verankert wurde. Zu beachten ist, daß die Inferenz immer entlang der Kantenrichtung durchgeführt wird.

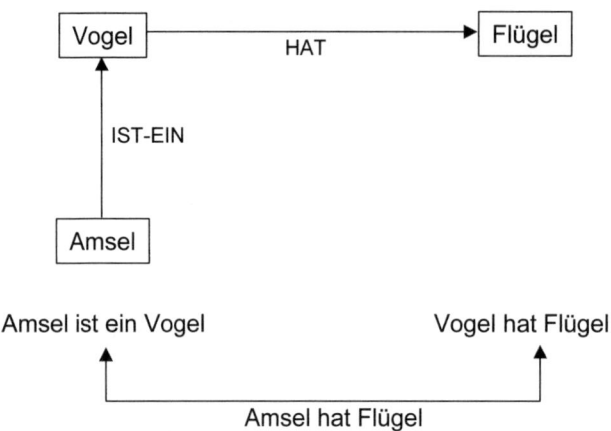

Abbildung 2.19: Inferenzmechanismus im Semantischen Netz

An dieser Stelle sei erwähnt, daß bei einem Semantischen Netz die Bedeutung der Strukturen von der gewählten Repräsentationssprache abhängig ist. Es gibt im allgemeinen keine einheitliche Notation zur Deutung von Strukturen, die durch Semantische Netze dargestellt werden. Insofern ist es verständlich, daß netzbasierte Systeme unterschiedliche Ableitungsprozeduren benutzen können.

Leider besitzen Vererbungshierarchien neben den schon erwähnten Vorteilen (Redundanzvermeidung, Basis für Inferenzmechanismus) auch einige Nachteile. Diese treten immer dann zutage, wenn einzelne Mitglieder einer Objektklasse abweichende Eigenschaften aufweisen. Das gleiche Problem wurde schon bei einem anderen objektorientierten Formalismus, den Frames, erörtert. Diese Problematik soll anhand eines Beispiels gezeigt werden, das in Abbildung 2.20 dargestellt ist.

Zunächst ist einmal festzuhalten, daß durch die Kantenbezeichnungen „kann" bzw. „ist" in Abbildung 2.20 keine neuen Relationen begründet werden. Diese Kantenbezeichnungen werden statt „HAT" verwendet, um die im Semantischen Netz dargestellten Zusammenhänge für den Leser leichter lesbar zu machen. Aus dieser Abbildung geht hervor, daß Vögel fliegen können. Eine Subklasse von Vogel ist „Strauß". Nach dem vorhin skizzierten Inferenzmechanismus wäre eine Folgerung, daß auch Strauße fliegen können. Dies trifft aber in der Realität nicht zu, also muß diese Eigenschaft bei der Klasse „Strauß" unterdrückt werden. In einem Semantischen Netz wird diese falsche Inferenz korrigiert, indem zwar die Eigenschaft bei der Oberklasse benannt wird, die Vererbung aber bei der entsprechenden Subklasse blockiert wird. Dies geschieht dann über den speziellen Eigenschaftstyp „HAT-NICHT" (NOT-HAS-PROP).

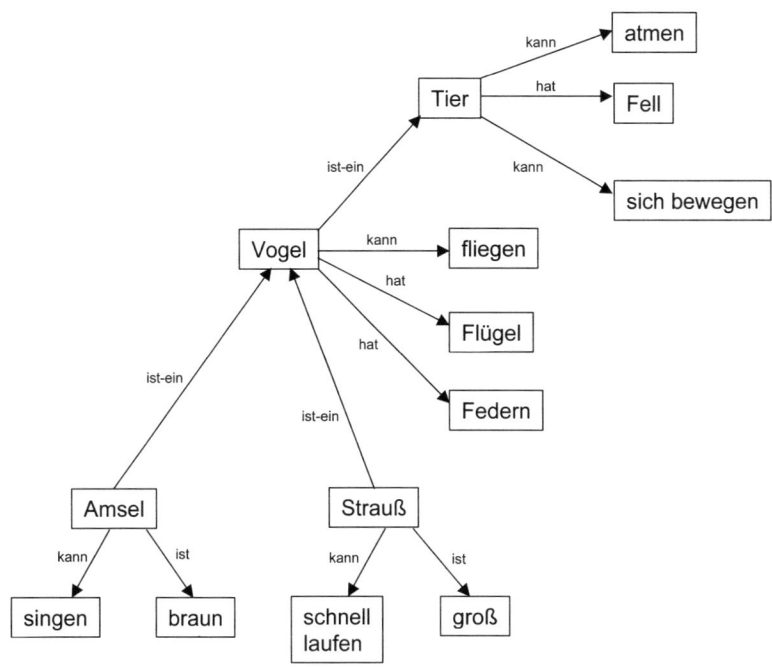

Abbildung 2.20: Vererbungshierarchie in einem Semantischen Netz

Wie obiges Beispiel zeigt, kann man Vererbung dann gut anwenden, wenn es bei den Objekten von Subklassen wenige Ausnahmen gibt. Steigen die Ausnahmen hingegen an, so müssen Korrekturen über die HAT-NICHT-Eigenschaft durchgeführt werden. Derartige Korrekturen erschweren die Lesbarkeit eines Semantischen Netzes und sind nur sinnvoll, wenn die Ausnahmen ein gewisses Maß nicht übersteigen.

An dieser Stelle sei angemerkt, daß es natürlich auch möglich ist, Ausprägungen, also Instanzen von Klassen in einem Semantischen Netz zu speichern (Konzept der Klassifikation). So könnte etwa eine bestimmte Amsel mit dem Namen „Hansi" in einem eigenen Knoten abgebildet und durch eine Kante mit dem Objekt „Amsel" verbunden werden.

Abschließend wird auf Vor- und Nachteile Semantischer Netze eingegangen.

Der größte Vorteil Semantischer Netze sind die damit verbundenen Organisationsprinzipien für die Wissensbasis (siehe etwa das Konzept der Generalisation). Derartige Organisationsprinzipien existieren z.B. bei Produktionssystemen in der Regel nicht. Ein weiterer Vorteil der netzbasierten Wissensrepräsentation liegt sicher darin, daß alle expliziten Informationen über ein bestimmtes Konzept um einen einzigen Knoten gespeichert sind. Deshalb muß man nur den zugehörigen Anker-Knoten finden, um Zugriff auf alle Informationen des Konzeptes zu bekommen, was die Suchzeit erheblich reduziert [GON93], S. 173. Vorteilhaft ist auch zu werten, daß die Zugriffspfade für die Suche nach Wissenseinheiten durch die gerichteten Kanten schon vordefiniert sind. Die graphische Darstellung der Informationszusammenhänge in einem Semantischen Netz schließlich erhöht bei kleineren Problemstellungen ganz sicher die Verständlichkeit, bei größeren Problemen fällt dieser Vorteil hingegen weg.

Die Anwendung Semantischer Netze bringt den Nachteil mit sich, daß weder eine Standard-terminologie noch Standards für die Interpretation von Wissen existieren [GON93], S. 174. Untersucht man ein Semantisches Netz, so ist oft unklar, was eigentlich repräsentiert wird. Der Knoten „Amsel" in Abbildung 2.18 etwa kann sowohl für eine typische Amsel oder aber auch für die Klasse aller Amseln stehen. Diese fehlende einheitliche Notation zur Deutung von Strukturen erschwert nicht nur die Lesbarkeit des Netzes, sondern führt auch dazu, daß jede Interpretation eigene Inferenzprozeduren verwendet.

2.4 Implementierung mit KI-Programmiersprachen und Shells

In diesem Abschnitt werden die KI-Programmiersprache PROLOG und die Expertensys-temshell CLIPS näher behandelt.

2.4.1 PROLOG

PROLOG ist die Abkürzung für PROgramming in LOGic und wurde von der KI-Gruppe um A. Colmerauer und P. Roussel an der Universität Marseille Anfang der 70er Jahre entwickelt [ROU75]. Das Standardwerk für PROLOG ist [CLO94]. Ein Überblick über die wichtigsten Sprachkonstrukte findet sich auch in [LUG93], S. 210ff.

Die Bausteine von PROLOG werden Hornklauseln genannt [KOW74], [DEN94], S. 29f. Eine Hornklausel besteht aus disjunktiven Verbindungen von positiven und negativen Lite-ralen. In einer Hornklausel darf maximal ein positives Literal auftreten. Auf die Verwendung von Quantoren wird zur Gänze verzichtet. Alle Hornklauseln zusammen beschreiben das Wissen in der PROLOG-Wissensbasis und werden daher mit dem Junktor $\wedge$ zu einer einzi-gen Formel F verknüpft. Hornklauseln ergeben sich aus der Transformation prädikatenlogi-scher Formeln in die sog. Klauselform, die mit den Junktoren $\wedge$, $\vee$, $\neg$ auskommt.

Folgende Wissensbasis F besteht etwa aus drei Hornklauseln:

$$F = \{\{A \vee \neg D\} \wedge \{\neg C \vee B\} \wedge \{\neg B \vee \neg E \vee F\}\}$$

Nun kann man sich wieder das aus der Aussagenlogik bekannte Wissen zunutze machen, daß die Formel $A \rightarrow B$ ja äquivalent mit $\neg A \vee B$ ist.

Dadurch ergeben sich die folgenden Ausdrücke:

$$D \rightarrow A$$

$$C \rightarrow B$$

$B \land E \to F$

Ersetzt man die logischen Operatoren $\land$ und $\to$ durch die Symbole ',' (entspricht dem Schlüsselwort „und") und „:-" (entspricht dem Schlüsselwort „falls") so erhält man die Klauselschreibweise in PROLOG.

$A :\!- D$

$B :\!- C$

$F :\!- B, E$

Allgemein kann man eine Klausel wie folgt schreiben (mit n,m >=0)

$A_1,...,A_n :\!- B_1,...,B_m$

Die B_i sind die mit Konjunktionen verbundenen Bedingungen und die A_j die alternativen Konklusionen der Klausel. Eine Hornklausel darf maximal eine Konklusion enthalten (n<=1).

Die Syntax von PROLOG entspricht weitgehend der Prädikatenlogik 1. Stufe und besteht aus den Elementen Variable, Konstante, Funktionssymbol, Prädikatensymbol, Junktor und technisches Zeichen. Variable beginnen alle mit großem Buchstaben (z.B. X, Rainer). Konstante sind alle mit kleinem Buchstaben beginnende Zeichenketten, Zahlen und Sonderzeichen (z.B. rainer, anne, 253). Funktionen und Prädikate sind ebenfalls mit kleinem Buchstaben eingeleitete Namen und Sonderzeichen (z.B. f, supplier). Als Junktoren stehen die Negation, Disjunktion, Konjunktion und Implikation, aber nicht die Äquivalenz zur Verfügung. Unter technische Zeichen fallen etwa die Begrenzer für Kommentare („/*" bzw. „*/") und der Punkt („."), mit dem jede Eingabe abgeschlossen wird.

Ein PROLOG-Programm besteht aus Axiomen, das sind Aussagen in der Form von Hornklauseln, die vom System als wahr angenommen werden.

Axiome können sein:

- unitäre Hornklauseln
- Hornklauseln mit Implikation

Unitäre Hornklauseln sind Fakten, die eine wahre Aussage innerhalb eines konkreten Bezugsrahmens bezeichnen. Mittels Fakten werden dem PROLOG-System die benötigten Ausgangsinformationen mitgeteilt. Fakten haben allgemein die folgende Syntax (n>=1):

$prädikat\ (argument_1,...,argument_n).$

Die Aussage „Peter ist der Lieferant von Ursula" kann als PROLOG-Faktum folgendermaßen geschrieben werden:

```
lieferant (peter, ursula).
```

Hornklauseln mit Implikation sind Regeln und bilden das zentrale Element in PROLOG. Während in den Fakten nur Prädikate und Symbole (Konstanten) vorkommen und daher jedes Faktum eine einzelne Information darstellt, enthalten Regeln Variablen und ermöglichen daher die Ableitung von (theoretisch) unendlich vielen wahren Aussagen (eingeschränkt durch das vorliegende Faktensystem, da ja alles, was nicht explizit wahr ist, als falsch gilt, sog. "closed world assumption"). Die Syntax einer Regel in PROLOG lautet:

$$präd_1(Argumente_1) :- präd_2(Argumente_2),...,präd_n(Argumente_n).$$

Ein Beispiel für eine Regel in PROLOG ist z.B.:

```
liefert (X, Y, Z) :- produziert (X, Y), kunde (Z, X), bestellt (Z,
Y).
```

Das Beispiel ist zu lesen als: X liefert Teil Y an Z, falls X Teil Y produziert und Z Kunde von X ist und Z Teil Y bestellt hat.

Man kann sich hier jedes Prädikat wie eine boole'schen Funktion vorstellen. Der Sinn der Auswertung liegt darin, den Wahrheitsgehalt von $präd_1$ zu bestimmen. Wenn alle $präd_i$ ($2<=i<=n$) wahr sind, so ist auch $präd_1$ wahr. Wenn auch nur ein $präd_i$ ($2<=i<=n$) nicht wahr ist, so ist auch $präd_1$ nicht mit dieser Regel zu beweisen. Der linke Teil der Regel, also jener, der bewiesen werden soll, wird als Kopf der Regel, der Rest rechts von ":-" wird als Regelrumpf bezeichnet. Im Rumpf einer Regel steht mindestens ein Prädikat, dies macht das Wesen einer Regel im Unterschied zu einem Faktum aus.

Die Axiome eines Programms lassen sich nach den Prädikatsnamen der positiven Glieder (den Konklusionen) ordnen. Ein Prädikat ist definiert als die zu einem Prädikatsnamen gehörende Menge von Axiomen.

Wir betrachten nun folgendes PROLOG-Programm:

Fakten:

```
produziert (mueller, fahrraeder).
kunde (schmidt, mueller).
bestellt (schmidt, fahrraeder).
```

Regeln:

```
liefert (X, Y, Z) :- produziert (X, Y), kunde (Z, X), bestellt (Z,
Y).
liefert (X, Y, Z) :- vertreibt (X, Y), kunde (Z, X), bestellt (Z, Y).
```

Dieses Programm ist wie folgt zu lesen:

„Müller erzeugt Fahrräder" ODER „Schmidt ist Kunde von Müller" ODER „Schmidt bestellt Fahrräder" ... ODER X liefert Teil Y an Z, falls X Teil Y produziert und Z Kunde von X ist und Z Teil Y bestellt hat ODER X liefert Teil Y an Z, falls X Teil Y vertreibt und Z Kunde von X ist und Z Teil Y bestellt hat.

Die zu einem Prädikat gehörenden Axiome können entweder Fakten oder Regeln oder Fakten und Regeln sein. Mehrere zu einem Prädikat gehörende Axiome stellen Alternativen für dieses Prädikat dar. In PROLOG unterscheidet man zwei Arten von Prädikaten:

- vom Benutzer definierte Prädikate
- vordefinierte Prädikate (sog. builtin-Prädikate)

Ein PROLOG-Programm hat allgemein die Form:

```
p1.
.
.
.
pn.
p11 :- p12, p13, ... , p1n.
.
.
.
pm1 :- pm2, pm3, ... , pmn.
```

Interpretieren kann man Fakten und Regeln deklarativ oder prozedural:

Fakten:

- deklarativ: „p1 ist wahr."
- prozedural: „Goal p1 ist bewiesen."

Regeln:

- deklarativ: „p11 ist wahr, wenn p12 und p13 und ... p1n wahr sind."
- prozedural: „Um p11 zu beweisen, beweise p12, dann beweise p13, dann ... beweise p1n."

Die meisten gängigen Programmiersprachen basieren auf Funktionen und dem Zuweisungs-operator, PROLOG hingegen basiert auf Relationen. Funktionen dürfen zwar verwendet werden, werden aber in PROLOG nicht ausgewertet. Jede Funktion $f(t_1,...,t_n)$ läßt sich in eine Relation $P(t_1,...,t_n,t)$ umbilden.

Eine funktionale Darstellung wäre:

$$kaufsumme(Auto) := + (kaufpreis\ (auto),\ extra\ (Bezug))$$

Dies in Relationen umgeformt ergibt:

kaufsumme (Auto, A) :- kaufpreis (auto, K), extra (Bezug, E), sum (K,E,A).

PROLOG kennt auch keine Typendeklaration, Variable können daher jeden Typ annehmen:

```
liefert (Lf_name, Teil).
liefert (uschi, 208).
liefert (rainer, 105).
```

PROLOG kennt keine explizite Wertzuweisung für Variablen. Die Werte der Variablen werden implizit während des Beweisversuches vom PROLOG-System bestimmt, die Variable verhält sich dann wie eine Konstante, die Belegung kann nur noch durch Backtracking (siehe später) geändert werden.

Ein Axiom in einem PROLOG-Programm entspricht bei prozeduraler Sichtweise in etwa einer boole'schen Funktion in einer Sprache wie PASCAL.

PROLOG-Schreibweise:

```
A :- B1, B2.
```

PASCAL-Schreibweise:

```
Procedure A
if B1 = WAHR and B2 = WAHR then A = WAHR.
```

Eine Anfrage (Direktive) an die PROLOG-Wissensbasis hat allgemein folgende Form (n>=1):

?- präd$_1$ (argumente$_1$),...,präd$_n$ (argumente$_n$).

Die Syntax einer Anfrage entspricht also der rechten Seite einer Regel, dem Rumpf („kopflose Hornklausel"). Eine Anfrage ist genau dann erfolgreich, also wahr, wenn alle mit dem Komma konjunktiv verknüpften Prädikate wahr sind. Die Erfüllbarkeit einer Anfrage wird vom PROLOG-Interpreter aus der Wissensbasis abgeleitet. Eine Anfrage an eine Wissensbasis wird auch als zu beweisendes Goal bezeichnet.

Die Anfrage

```
?-liefert (mueller, fahrraeder, X).
```

an die Wissensbasis

```
produziert (mueller, fahrraeder).
kunde (schmidt, mueller).
bestellt (schmidt, fahrraeder).
liefert (X, Y, Z) :- produziert (X, Y), kunde (Z, X), bestellt (Z,
Y).
liefert (X, Y, Z) :- vertreibt (X, Y), kunde (Z, X), bestellt (Z, Y).
```

wird bejaht mit der Ausgabe

```
X = schmidt.
```

Die Antwort des PROLOG-Systems auf eine Anfrage gibt im wesentlichen Auskunft über:

- Erfolg oder Mißerfolg
- bei Verwendung von Variablen die Zahl der gefundenen Lösungen
- Belegung der vom Benutzer verwendeten Variablen für die einzelnen gefundenen Lösungen

Der Beweismechanismus (Resolutionsbeweiser) des PROLOG-Interpreters übernimmt die Durchführung eines Beweises einer Anfrage. Dies geschieht nach folgendem Algorithmus:

1. Es wird eine anwendbare Regel aus der Wissensbasis durch Matchen der Anfrage mit den Regelköpfen (Konklusionen) der Regeln ausgewählt.
2. Die Argumente der gefundenen Regel werden unifiziert.
3. Mit den Prämissen der gefundenen Regeln wird so wie mit der Anfrage verfahren, bis anwendbare Fakten gefunden werden. In diesem Fall liefert das Verfahren WAHR und es werden die Substitutionen zurückgegeben.
4. Werden keine Fakten gefunden, gehe einen Schritt zurück (Backtracking) und wähle eine andere anwendbare Regel. Gibt es auch bei wiederholter Anwendung des Backtrackings keine weitere anwendbare Regel, so liefert das Verfahren FALSCH, d.h. keine Lösung wurde gefunden.

Der Leser möge sich die Durchführung eines Beweises anhand des folgenden Beispiels vor Augen halten:

```
a :- b, c.
b.
c :- e.
d.
e.
```

Die Anfrage lautet ?-a. In Abbildung 2.21 ist der Beweis graphisch veranschaulicht.

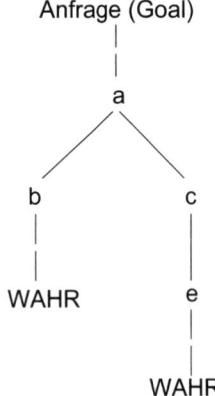

Abbildung 2.21: Graphische Darstellung eines Beweises in PROLOG

Zum Beweis von Goal a ist der Beweis der Subgoals b und c Voraussetzung. Da b ein Fakt ist, ist dieses Subgoal bewiesen (WAHR). Für Subgoal c ist nötig, daß Subgoal e erfüllt ist. e ist ein Fakt und damit ist auch dieses Subgoal bewiesen (WAHR).

Das Matching geschieht literalweise. Zwei Literale matchen, wenn ihre Prädikatsnamen identisch sind und alle Argumente der Unifikationsvorschrift genügen. Es gelten die Vorschriften für die Unifikation aus Tabelle 2.4:

Tabelle 2.4: Unifikationsvorschriften in PROLOG

Argumente	Aktion
Konstante – Konstante	Vergleich auf textuelle Identität
Konstante – Variable und umgekehrt	Instantiierung der Variablen mit dem Wert der Konstanten, dabei können Variable jeden Typ (integer, const.) annehmen.
Variable – Variable	Die Variablen werden identifiziert und erhalten bei der Instantiierung einer der Variablen beide den gleichen Wert.

Im folgenden sind zwei Beispiele zum Matching/Unifikation angeführt:

Beispiel 1: Match Konstante – Konstante ergibt hier Mismatch.

```
liefert (mueller, fahrraeder, schmidt).
liefert (mueller, saettel, schmidt).
```

Beispiel 2: Match Variable – Konstante führt zur Instantiierung der Variablen X mit der Konstante mueller.

```
liefert (X, fahrraeder, schmidt).
liefert (mueller, fahrraeder, schmidt).
```

Der Kontrollfluß in einem PROLOG-Programm kann in Form eines Beweisbaumes (UND-ODER-Baum) dargestellt werden. Dies soll für folgende aus drei Klauseln bestehende Wissensbasis veranschaulicht werden (vgl. Abbildung 2.22):

```
(p1) p :- p11, p12.
(p2) p :- p21, p22.
(p3) p :- p31, p32.
```

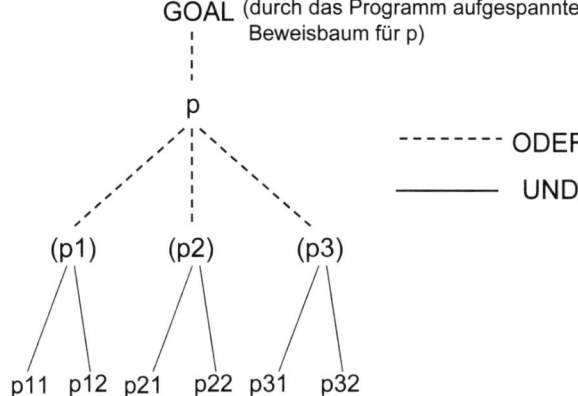

Abbildung 2.22: PROLOG-Programm als UND-ODER-Beweisbaum

Die ODER-Verbindung (Disjunktion) bedeutet, daß die Regeln (p1), (p2) und (p3) Alternativen für den Beweis des Goals p sind. Die UND-Verbindungen (Konjunktionen) stellen die Prämissen in jeder einzelnen Regel dar, die alle erfüllt sein müssen, damit die Konklusion im Regelkopf gefolgert werden kann.

Die Programmiersprache PROLOG entspricht einer Implementierung des prädikatenlogischen Resolutionsverfahrens mit einer Teilmenge der Prädikatenlogik, den Hornklauseln. Für eine kleine PROLOG-Wissensbasis mit einer Anfrage wird nun die prädikatenlogische Resolution nach dem Schema durchgeführt, das schon aus Abschnitt 2.3.3 bekannt ist.

Gegeben sei die Wissensbasis:

```
nord_europaer (hans).
liefert_viele_teile (hans).
guter_lieferant (X) :- nord_europaer (X), liefert_viele_teile (X).
```

und die Anfrage

```
?-guter_lieferant (hans).
```

Die Klauselmenge der Wissensbasis sei mit WB bezeichnet und die Anfrageklausel mit A. Liefert dann die Resolution für die Formel WB∧¬A die leere Klauselmenge, so muß A wahr sein (vgl. dazu Abbildung 2.23). Zur Herleitung der prädikatenlogischen Schreibweise der Hornklauseln aus der PROLOG-Notation sei der Leser auf den Beginn dieses Abschnittes verwiesen, wo genau die umgekehrte Transformation gezeigt wurde.

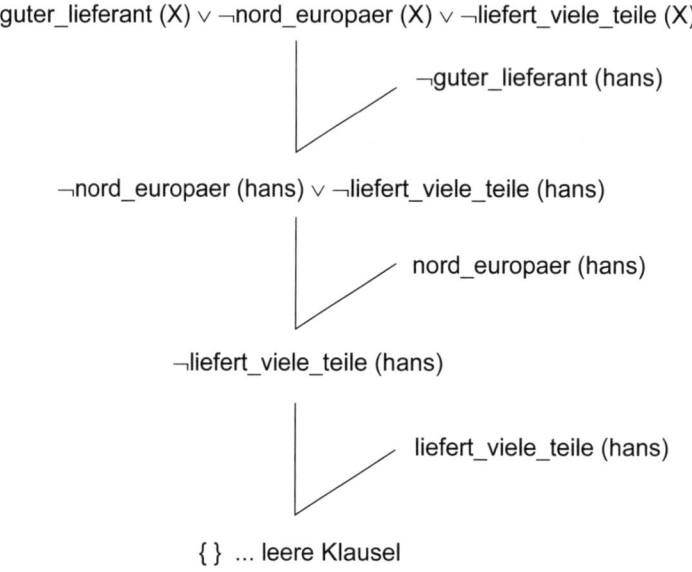

Abbildung 2.23: Beispiel für Resolutionsmechanismus in PROLOG

Der PROLOG-Interpreter durchsucht den Beweisbaum mit „depth-first-, left-to-right-Strategie". Dies entspricht genau der Tiefensuche, wie sie im Abschnitt 2.2.1 über Suchverfahren schon beschrieben wurde. Dabei wird ausgehend von der Wurzel immer der linke Nachfolgerknoten eines Knotens expandiert. Der Interpreter sucht also zuerst in der Tiefe. Wird in einem Zweig keine Lösung gefunden, so ist Backtracking erforderlich. Der letzte Schritt im Beweis wird rückgängig gemacht durch Zurückgehen auf den Vorgängerknoten und durch Löschen der Unifikation des letzten Beweisschrittes.

Sind mehrere Regeln anwendbar, d.h. matcht die Anfrage mit den Regelköpfen mehrerer Regeln, so muß eine Auswahl getroffen werden, welche Regel angewendet werden soll. PROLOG wählt in diesem Fall die in der Eingabereihenfolge erste anwendbare Regel aus. Besitzt die ausgewählte Regel mehrere Prämissen, so sucht PROLOG getreu dem Prinzip der Tiefensuche zuerst einen vollständigen Beweis für die erste Prämisse, dann für die zweite Prämisse usw.

Folgendes Beispiel verdeutlicht das Prinzip der Tiefensuche in PROLOG. Gegeben sei die Wissensbasis

```
f.
e.
g.
a :- b, c.
a :- d, f.
b :- e, g.
c :- r, e.
r :- f, g.
```

und die Anfrage

```
?-a.
```

In Abbildung 2.24 ist dargestellt, wie der PROLOG-Interpreter den durch die Wissensbasis und die Anfrage erzeugten Beweisbaum mit Tiefensuche vollständig durchläuft.

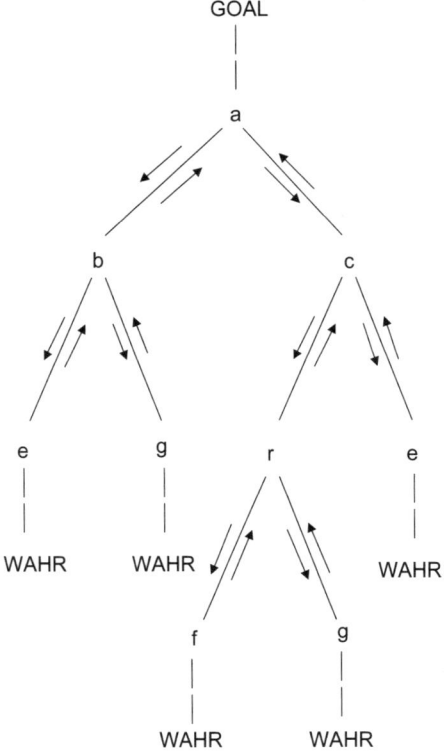

Abbildung 2.24: Suchprinzip (Tiefensuche) des PROLOG-Interpreters

Die Vorgangsweise beim Backtracking wird anhand eines weiteren Beispiels gezeigt. Nehmen wir an, es gibt folgende Wissensbasis

```
beliefert (daimler_benz, bosch).
beliefert (daimler_benz, bbs).
beliefert (autosport, automobil_busching).
beliefert (bbs, autosport).
bezieht_ware (Produzent, Verkauf) :- beliefert
(Produzent,Zwischenhaendler), beliefert (Zwischenhaendler, Verkauf).
```

und die Anfrage

```
?-bezieht_ware (daimler_benz, Endverkauefer).
```

Gesucht sind also alle Endverkäufer, die von Daimler-Benz Waren beziehen. Wenn wir die Regel in der Wissensbasis etwas genauer betrachten, so sieht man, daß für einen erfolgreichen Beweis ein Zwischenhändler existieren muß, der von Daimler-Benz Waren bezieht und seinerseits den Endverkäufer beliefert. Da ja PROLOG die Wissensbasis von oben nach unten durchgeht, wird die Variable Zwischenhändler in der linken „beliefert"-Prämisse mit bosch instantiiert. Für einen erfolgreichen Beweis ist es jetzt nötig, daß die Fa. Bosch ihrerseits als Zwischenhändler auftritt. Dies ist aber nicht der Fall, da bosch nirgends in der Wissensbasis als Konstante im 1. Argument eines „beliefert"-Prädikats auftritt. Aus diesem Grund ist Backtracking erforderlich. In Abbildung 2.25 sind diese Schritte des PROLOG-Interpreters graphisch veranschaulicht.

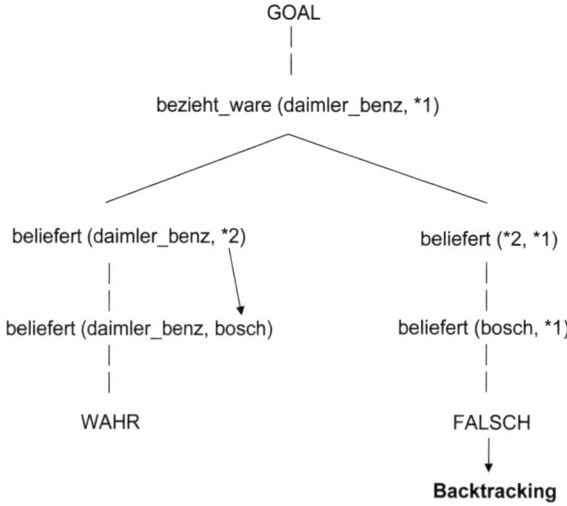

Abbildung 2.25: Prinzip des Backtrackings in PROLOG (1)

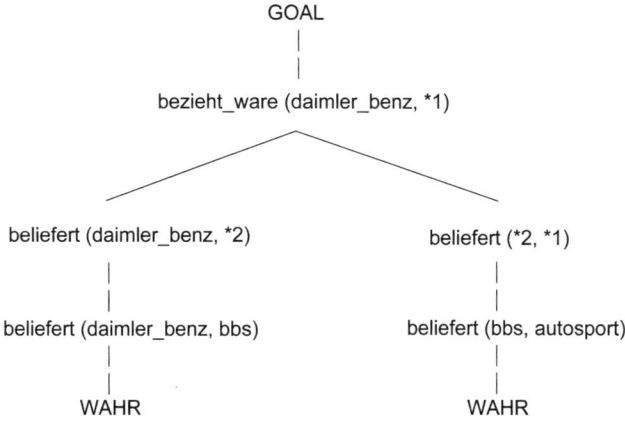

Abbildung 2.26: Prinzip des Backtrackings in PROLOG (2)

Backtracking hat zur Folge, daß die Unifikation von Zwischenhändler mit bosch aufgelöst wird. PROLOG geht weiter in der Wissensbasis und instantiiert Zwischenhändler mit bbs. Diesmal kann auch die zweite Prämisse erfüllt werden, weil es das Faktum beliefert (bbs, autosport) in der Wissensbasis gibt. Damit ist eine Lösung für die Anfrage mit Endverkäufer = autosport gefunden. Dies ist in Abbildung 2.26 dargestellt.

Backtracking ist das Rücksetzen des Suchalgorithmus im Falle einer „Sackgasse". In PROLOG gibt es nun die Möglichkeit, die Auswertung explizit über sog. Kontrollprädikate zu steuern. Diese builtin-Prädikate heißen fail und cut.

Die Benutzung des Prädikates fail in einer Regel bewirkt, daß die Regel fehlschlägt. Fail erzwingt somit Backtracking. Die Wirkung von fail soll anhand von folgendem Beispiel demonstriert werden. Gegeben sei folgende Wissensbasis

```
ort (rainer, wien).
ort (dimitris, berlin).
alle_orte (Lieferant, Ort) :- ort (Lieferant, Ort), write(Lieferant),
write (Ort), nl, fail.
```

und die Anfrage

```
?-alle_orte (X,Y).
```

In einem ersten Durchlauf wird die Ausgabe rainer wien produziert. Bei PROLOG-Versionen, wo nach einer ersten gefundenen Lösung keine weiteren Lösungen mehr mit Backtracking gesucht werden, kann fail nun verwendet werden, um Backtracking zu erzwingen. Im zweiten Durchlauf wird nun die Variable X mit dimitris und Y mit berlin unifiziert, was zur weiteren Ausgabe (nach Zeilenwechsel) dimitris berlin führt.

Bei der Durchführung des Backtracking ist es notwendig, alle Zwischenschritte und die Variablenbindungen im Speicher zu halten. Damit wird Backtracking extrem speicheraufwendig. PROLOG ist außerdem sehr langsam, weil die Größe des Backtracking-Baumes mit der Anzahl der Klauseln in der Wissensbasis exponentiell wächst. Daher ist es absolut notwendig, unnötige Suchschritte durch vorherige semantische Analyse der Daten und eine entsprechende Einschränkung des Suchbaumes zu verhindern.

Eine solche Möglichkeit bietet das Kontrollprädikat cut. Allerdings ist für dessen korrekte Anwendung Voraussetzung, daß man über die Semantik des PROLOG-Programms und die Abarbeitung der Klauseln Bescheid weiß. Das Kontrollprädikat cut (Schnitt) verhindert die Suche nach Alternativen für die Prädikate, die vor dem cut stehen. Die Teilklauseln, die nach dem cut stehen, werden aber fertig abgearbeitet. Cut verhindert somit Backtracking, indem es den übergeordneten ODER-Knoten im Beweisbaum quasi „abschneidet".

Den Einsatz des cut soll folgendes Beispiel demonstrieren. Der Cut wird dabei durch das Rufzeichen (!) dargestellt und steuert die Auswahl der Regel. Es wird darauf hingewiesen, daß dieses PROLOG-Programm nur bei jenen Systemen funktioniert, wo es erlaubt ist, Prädikate als Goals aufzurufen.

```
regel (a, b) :- a, b, !, x.
regel (a, b) :- a, !, y.
regel (a, b) :- b, z.
```

Dieses PROLOG-Programm entspricht in der Funktionalität folgendem PASCAL-Programm.

```
PROCEDURE regel (a, b: BOOLEAN);
BEGIN
IF a and b THEN x
ELSE IF a THEN y
ELSE IF b THEN z;
END; {Regel}
```

Im folgenden wird erläutert, wie PROLOG-Beispiele konkret gelöst werden können. Dies wird anhand des PROLOG-Compilers BinProlog© (Version 5.75) gezeigt, der von der Firma BinNet (Denton, Texas) entwickelt wurde. In BinProlog ist es sowohl möglich, C/C++-Code als auch ausführbare „stand-alone"-Programme zu erzeugen. BinProlog ist mit der Programmiersprache Java verbunden und besitzt CGI-Skript-Fähigkeiten. Allgemeine Informationen über BinProlog und die neueste Version können unter der WWW-Seite http://www.binnetcorp.com/BinProlog abgerufen werden.

Betrachten wir zunächst jenes Beispiel, wo das Prinzip des Backtracking erläutert wurde (Regelkopf: bezieht_ware).

Für die Anfrage ?-bezieht_ware(daimler_benz,Y) ist die entsprechende Lösung ausgegeben (vgl. Abb. 2.27).

```
?- bezieht_ware(daimler_benz,Y).
Y=autosport;

no
?-
```

Abbildung 2.27: Lösung von PROLOG-Beispielen mit der Software BinProlog (1)

Die Abbildungen 2.28 und 2.29 sollen zeigen, wie alle möglichen Lösungen für eine Anfrage ausgegeben werden.

- Variante 1: Verwendung des fail-Prädikats (s.o.)
- Variante 2: Steuerung durch den Anwender (Eingabe eines Semikolons)

Das oben vorgestellte Beispiel (Regel: alle_orte(Lieferant,Ort)) wird dabei etwas erweitert:

```
ort(rainer, linz).
ort(dimitris, berlin).
ort(knut,kaiserslautern).
ort(stefan,ulm).
alle_orte(Lieferant, Ort):-
ort(Lieferant,Ort),write(Lieferant),put(0),write(Ort),cnl,fail.
```

Mit dem Prädikat put(0) wird in BinProlog ein Leerzeichen ausgegeben (zur Trennung von Vor- und Zunamen) und mit cnl wird ein Zeilenvorschub durchgeführt. Mit dem Prädikat fail wird Backtracking erzwungen. In der Abbildung 2.28 ist die Lösung für dieses Beispielprogramm mit BinProlog veranschaulicht.

```
?- alle_orte(X,Y).
rainer linz
dimitris berlin
knut kaiserslautern
stefan ulm
no
?- ▄
```

Abbildung 2.28: Lösung von PROLOG-Beispielen mit der Software BinProlog (2)

Wird nun das Prädikat fail entfernt, so wird nur eine einzige Lösung ausgegeben:

```
ort(rainer, linz).
ort(dimitris, berlin).
ort(knut,kaiserslautern).
ort(stefan,ulm).
alle_orte(Lieferant, Ort):-
ort(Lieferant,Ort),write(Lieferant),put(0),write(Ort),cnl.
```

Der Anwender kann nun – dies ist bei den meisten PROLOG-Dialekten so realisiert – die
Ausgabe weiterer Lösungen einfach durch Eingabe eines Semikolons erzwingen (vgl. Abbildung 2.29).

```
?- alle_orte(X,Y).
rainer linz
X=rainer,
Y=linz;

dimitris berlin
X=dimitris,
Y=berlin;

knut kaiserslautern
X=knut,
Y=kaiserslautern;

stefan ulm
X=stefan,
Y=ulm;

no
?- ▄
```

Abbildung 2.29: Lösung von PROLOG-Beispielen mit der Software BinProlog (3)

An dieser Stelle sei erwähnt, daß PROLOG eigentlich als rein deklarative Sprache konzipiert
wurde. Das cut-Prädikat wirkt wie eine Kontrollstruktur in einer herkömmlichen Programmiersprache und widerspricht damit der ursprünglichen Konzeption von PROLOG.

Abschließend werden noch die Vor- und Nachteile von PROLOG zusammengefaßt. Logi-
sches Programmieren hat das Ziel, Aufgaben durch eine rein deklarative Beschreibung ohne
Kenntnisse über die Funktionsweise des inhärenten Beweismechanismus zu lösen. Der große
Vorteil soll die leichtere Lesbarkeit von Programmen sein, da Programme in PROLOG nicht
angeben, wie der Computer eine Aufgabe lösen soll, sondern eine Beschreibung liefern, wie
eine Lösung aussehen soll. Diese Konzeption steht im Gegensatz zu den konventionellen
Programmiersprachen wie PASCAL, MODULA oder C, bei denen Aufgaben in der Form
spezifiziert werden, was der Computer wann erledigen soll. Bei PROLOG-Programmen, die
ja eine Beschreibung dessen enthalten, was sie leisten sollen, erhofft man sich, daß leichter
als bei Programmen in herkömmlichen Sprachen überprüft werden kann, ob sie auch wirklich das machen, was von ihnen erwartet wird. Diese Hoffnung wird allerdings dadurch etwas getrübt, daß die vollständige Beherrschung des logischen Programmierstils bei weitem
nicht so leicht möglich ist wie bei einer herkömmlichen Sprache.

Mit dem Vorteil, daß man sich nicht um Programmablauf und Kontrollstrukturen kümmern
muß, erkauft man sich aber auch den Nachteil der Ineffizienz. Um Verbesserungen in der
Performance von PROLOG-Programmen zu erreichen, ist es also nötig, zumindest in be-
schränktem Maß so etwas wie Steuerung in den Sprachumfang einfließen zu lassen (vgl.

dazu das `cut`-Prädikat). Daneben werden auch andere Konzepte diskutiert, Kontrollwissen zur Beweissteuerung einzusetzen. Hier sind folgende Strategien zu nennen:

- Inferenzschrittauswahl
  Aus der Menge der möglichen Inferenzschritte kann auf Grund von Erfahrung, die in Kontrollwissen abgebildet wird, entschieden werden, welche der anwendbaren Schritte wirklich durchgeführt werden sollen.
- Verbieten
  Inferenzschritte, die auf Grund nicht vorhandener Fakten im Objektwissen sinnlos sind, sollen verboten werden.
- Goalauswahl
  Jenes Goal im Beweisbaum, dessen Weiterverarbeitung am schnellsten zu einer Lösung führt, soll ausgewählt werden.
- Umordnen von Literalen
  Die Reihenfolgeänderung der Literale im Goal kann durch die Zusammenhänge der Literale in ihren Argumentstellen und die Fakten, die in der Wissensbasis vorhanden sind, eine Reduzierung des Suchraumes bewirken.

Die korrekte Anwendung des `cut`-Prädikats und der hier kurz skizzierten Kontrollstrategien erfordert aber vertiefte Kenntnisse über den Abarbeitungsmechanismus. Das Ziel von PROLOG, Programmieren allein als deklarative Beschreibung der Aufgabenstellung zu verstehen, wird dadurch zum Teil konterkariert. Ein Nachteil von PROLOG besteht auch darin, daß es eine Vielzahl existierender PROLOG-Dialekte gibt, die sich im Sprachumfang zum Teil deutlich voneinander unterscheiden. Dies resultiert daraus, daß PROLOG weniger eine Programmiersprache als eine Programmierkonzeption ist. Gemildert wird diese Problematik allerdings dadurch wenigstens zum Teil, daß Übersetzungsprogramme von einer Syntax in eine andere in PROLOG relativ einfach realisierbar sind.

2.4.2 Expertensystemshell CLIPS

Eine Shell ist ein bis auf die einzufügende Wissensbasis komplettes Expertensystem. Man hoffte, mit dem Konzept der Shells die Entwicklung von Expertensystemen auf die Entwicklung von Wissensbasen reduzieren zu können. Bei der Wahl einer Shell ist jedoch zu berücksichtigen, daß sowohl die vorhandenen Inferenzstrategien als auch Wissensrepräsentationsformalismen adäquat für das neue Problem sein müssen. Die Wahl der falschen Shell macht ein mühseliges Aufbohren derselben notwendig.

C Language Integrated Production System (CLIPS) ist eine Expertensystemshell, die verschiedene Programmierstile unterstützt, namentlich das regelbasierte, objektorientierte und prozedurale Programmieren. Die Inferenz und Wissensrepräsentation in CLIPS ist vergleichbar mit der älteren KI-Sprache OPS5, aber viel mächtiger. In CLIPS wird nur Vorwärtsverkettung, nicht aber Rückwärtsverkettung unterstützt.

CLIPS wurde am NASA/Johnson Space Center mit den Zielen hohe Portabilität, geringe Kosten und leichte Einbindung in andere Systeme entwickelt. Um diese Ziele zu erreichen, wurde CLIPS in C implementiert. CLIPS läuft auf verschiedenen Plattformen, u.a. MS-

DOS®, WINDOWS NT® und Apple®. Wissenswertes über regelbasierte Expertensysteme und die Software CLIPS findet man auf der WWW-Seite unter: http://www.ghg.net/clips/CLIPS.html.

Unter der Adresse http://www.ghg.net/clips/download/ kann man

- die CLIPS-Software v6.1
- einen CLIPS-Editor
- die ausführliche CLIPS-Dokumentation

beziehen. Für die nun folgende Darstellung einiger Elemente der Sprache CLIPS wurde [GIA94], S. 363ff. herangezogen. Darin findet sich auch eine leicht verständliche Einführung in das Gebiet der Expertensysteme und Wissensverarbeitung. In diesem Abschnitt werden lediglich elementare Grundprinzipien, keinesfalls aber der gesamte Sprachumfang von CLIPS vorgestellt. Für spezielle Eigenschaften von CLIPS, wie die Objektorientierung (CLIPS Object-Oriented Language (COOL)) und die Behandlung unscharfer Daten (FuzzyCLIPS) sei auf die WWW-Dokumentation verwiesen.

Definition von Fakten

Die Fakten sind jene Daten, mit denen die Vorwärtsverkettung durchgeführt wird. Um allgemein eine Schablone (vgl. Record in PASCAL) für ein Objekt zu definieren, verwendet man das sog. „deftemplate"-Konstrukt. Folgendes deftemplate für eine Person spezifiziert in den slots wesentliche Eigenschaften:

```
(deftemplate person „Beispieltemplate"
    (slot name)
    (slot alter)
    (slot augenfarbe)
    (slot haarfarbe))
```

Eine konkrete Ausprägung obigen deftemplates (Hr. Huber) ist im folgenden angeführt:

```
(person
    (name „Johann Huber")
    (alter 23)
    (augenfarbe blau)
    (haarfarbe schwarz))
```

Es ist aber auch möglich, Fakten ohne deftemplates zu definieren. Folgendes Beispiel zeigt eine Gegenüberstellung zwischen deftemplate- und nicht-deftemplate-Definitionen (sog. ordered facts). Es sei darauf hingewiesen, daß in der deftemplate-Definition mit multislot ein Feld definiert wird.

- deftemplate-Definition:

```
(deftemplate number-list (multislot values))
(number-list (values 7 9 3 4 20))
```

- ordered fact:

```
(number-list 7 9 3 4 20)
```

Wie später gezeigt wird, ist die Definition von deftemplates den ordered facts vorzuziehen. Zur Manipulation von Fakten gibt es folgende Befehle:

- `assert`: Hinzufügen von Fakten
- `retract`: Löschen von Fakten
- `modify`: Modifikation existierender Fakten
- `duplicate`: Duplizieren von Fakten

Um Hrn. Huber mit seinen Eigenschaften hinzuzufügen, muß etwa auf der Kommandozeilenebene folgender assert-Befehl abgesetzt werden:

```
(assert(person
    (name „Johann Huber")
    (alter 23)
    (augenfarbe blau)
    (haarfarbe schwarz)))
```

Beim Löschen von Fakten wird als Argument der sog. Faktenindex angegeben. Den Index eines Faktums gewinnt man durch Eingabe des Befehls (facts). Will man „Huber" als Faktum löschen und hätte Huber den Index „1", so ist der Befehl

```
(retract 1)
```

abzusetzen.

Die Menge initialer Fakten, das sind jene Fakten, die vor dem Programmablauf als wahr bekannt sind und mit denen die Vorwärtsverkettung durchgeführt wird, kann in CLIPS bequem mit dem deffacts-Konstrukt definiert werden. Nehmen wir an, nach der Definition des deftemplate „Person" sollen drei initiale Fakten definiert werden. Dies wird dann in CLIPS folgendermaßen realisiert:

```
(deffacts leute „Bekannte Leute"
    (person (name „Johann Huber")
    (alter 23) (augenfarbe blau) (haarfarbe schwarz))
    (person (name „Erich Mueller")
    (alter 32) (augenfarbe schwarz) (haarfarbe schwarz))
    (person (name „Erika Maier")
    (alter 20) (augenfarbe braun) (haarfarbe schwarz)))
```

Um die initialen Fakten zu aktivieren, muß auf der Kommandozeilenebene (reset) eingegeben werden. Dadurch werden alle aktuellen Fakten gelöscht und die Fakten unter deffacts aktiviert.

Regeln in CLIPS

Die Konzeption von Produktionsregeln in CLIPS soll anhand von folgendem Beispiel klargemacht werden. Es sind zwei deftemplates „notfall" und „antwort" definiert. In der Regel „brand" wird ein entsprechendes Faktum generiert, falls der Notfall „Brand" ausgebrochen ist.

```
(deftemplate notfall (slot art))
(deftemplate antwort (slot aktion))
(defrule brand „Beispielregel"
(notfall (art feuer))
=>
(assert (antwort (aktion sprinkleranlage-aktivieren))))
```

Jede Regel in CLIPS besteht aus der linken (patterns) und rechten (actions) Seite. Diese beiden Seiten werden oft auch mit LHS und RHS abgekürzt. Wenn alle patterns der Regel mit den Fakten aus der Faktenliste matchen, dann werden die Aktionen auf der rechten Seite ausgeführt. Man sagt dann, die CLIPS-Regel „feuert". Auf der RHS werden dabei üblicherweise Fakten erzeugt.

Die sog. agenda ist eine Liste der aktivierten Regeln, das sind jene Regeln, wo alle patterns der LHS mit den Fakten der Faktenliste matchen. Die agenda erhält man durch Eingabe des Befehls (agenda) auf der Kommandozeilenebene. Falls in der agenda mehrere Regeln enthalten sind, feuert in CLIPS jene Regel mit der höchsten Priorität. An dieser Stelle sei darauf hingewiesen, daß in CLIPS eine bestimmte Regel für eine spezifische Faktenkombination nur ein einziges Mal feuern kann.

Wie schreibt man nun ein CLIPS-Programm? Die deftemplates, deffacts und defrules werden für ein bestimmtes Problem im CLIPS-Editor erstellt (Extension CLP) und anschließend in das System geladen. Ausgeführt wird in CLIPS ein Programm mit (run).

Verwendung von Variablen und Platzhaltern in CLIPS

Bei der Verwendung von Variablen und Platzhaltern in CLIPS unterscheidet man zwischen slot- und multislot-Datentypen. Slot-Datentypen stehen für einen einzigen Eintrag, multislot-Datentypen bezeichnen Felder. Gehen wir zunächst auf den slot-Datentyp ein.

```
(deftemplate person
    (multislot name)
    (slot svnr))
(deffacts einige-leute
    (person (name Erich Friedrich Huber)
    (svnr 3421-231155))
    (person (name Bernd Karl Maier)
    (svnr 4929-171155))
```

```
  (person (name Erika Maria Maier)
  (svnr 4567-120665)))
(defrule drucke-svnr
(drucke-svnr-fuer ?letzter-name)
(person (name ? ? ?letzter-name)
(svnr ?svnr))
=>
(printout t ?svnr crlf))
```

In obigem Beispiel wird die Sozialversicherungsnummer einer bestimmten Person ausgegeben, wenn deren Familienname angegeben wird. Dies kann über den assert-Befehl auf der
Kommandozeilenebene geschehen, wie in Abbildung 2.30 dargestellt.

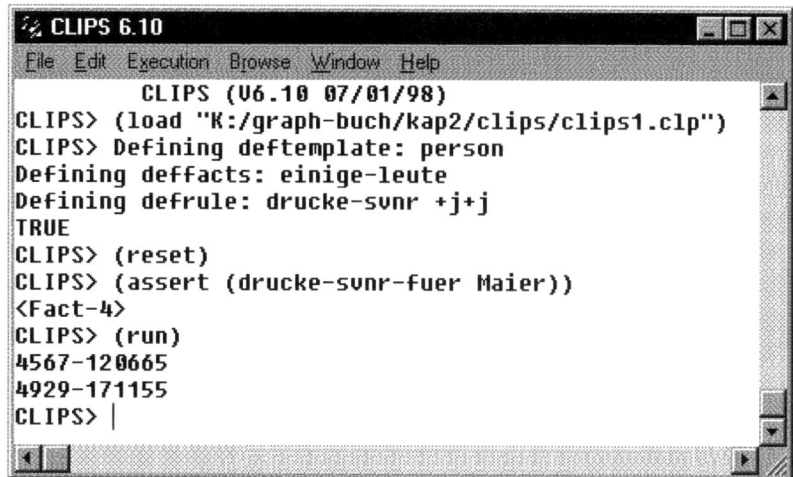

Abbildung 2.30: CLIPS-Beispiel 1

Im deffacts-Konstrukt sind Personen mit zwei Vornamen und dem Familiennamen angeführt.
In der Regel drucke-svnr wird der Platzhalter ? dazu verwendet, die Vornamen und die
Variable ?letzter-name den Familiennamen aufzunehmen. Für die beiden Vornamen
sind deswegen lediglich nur Platzhalter erforderlich, weil die Werte in der Regel druckesvnr nicht weiterverarbeitet werden.

Probleme ergeben sich allerdings dann, wenn Personen im CLIPS-Programm weiterverarbeitet werden sollen, die nicht genau zwei Vornamen besitzen, weil dann das Matching nicht
mehr funktioniert. In diesem Fall empfiehlt sich der Einsatz von sog. „multifield wildcards",
also Platzhalter, die mehrere Werte aufnehmen können.

```
(defrule drucke-svnr
(drucke-svnr-fuer ?letzter-name)
```

```
(person (name $? ?letzter-name)
(svnr ?svnr))
=>
(printout t ?svnr crlf))
```

Der multifield wildcard $? matcht beliebig viele, d.h. Null oder mehrere Felder. Ansonsten ist die Regel mit der vorigen Version identisch.

Beim slot-Datentyp wurde die Verwendung des Platzhalters und der Variablen und beim multislot-Datentyp die Verwendung des Platzhalters erläutert. Das nächste Beispiel zeigt (Drucken der Namen von Kindern), wie man eine multislot-Variable sinnvoll einsetzen kann.

```
(deftemplate person
(multislot name)
(multislot kinder))
(deffacts einige-leute
(person (name Erich Friedrich Huber)
(kinder Anna Karl Maria))
(person (name Bernd Karl Maier)
(kinder Susi Claudia)))
(defrule drucke-kinder
(drucke-kinder $?name)
(person (name $?name)
(kinder $?kinder))
=>
(printout t ?name „ hat Kinder " ?kinder crlf))
```

Interessant ist in diesem Zusammenhang, daß die multislot-Schreibweise auf der RHS nicht mehr erforderlich ist. In der Abbildung 2.31 ist die Funktionsweise dieses Programms beispielhaft gezeigt.

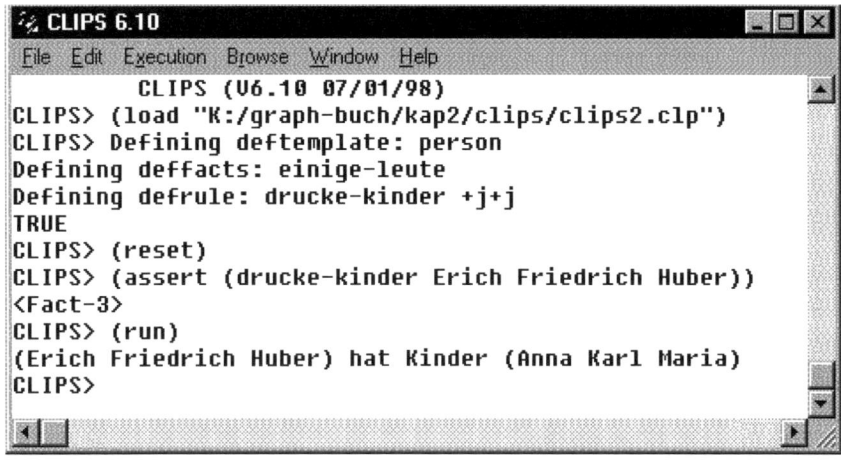

Abbildung 2.31: CLIPS-Beispiel 2

Komplexeres CLIPS-Beispiel

Den Abschluß unserer kleinen CLIPS-Einführung bildet ein Anwendungsbeispiel aus dem Bereich der Mathematik. Die Aufgabe ist dabei, herauszufinden, ob drei Punkte (a, b, c) im Koordinatensystem ein gleichschenkeliges oder gleichseitiges Dreieck bilden.

In einem ersten Schritt werden in der Regel berechne-laenge die Seitenlängen ac, bc, und ab über die euklidische Distanz berechnet. Die dabei generierten Fakten laenge-ac, laenge-bc und laenge-ab werden als Input auf der LHS der Regeln gleichseitig und gleichschenkelig benötigt.

Bei der Regel gleichseitig wird mit der Prädikatfunktion test überprüft, ob alle Seiten gleich lang sind. Ist dies der Fall, so feuert die Regel. Etwas komplizierter aufgebaut ist die Regel gleichschenkelig. Hier wird – ebenfalls mit der Funktion test – überprüft, ob jeweils zwei Seiten gleich und die dritte Seite ungleich ist. Feuert keine Regel, so handelt es sich um ein ganz normales Dreieck.

```
(defrule berechne-laenge
    (punkt-a ?ax ?ay)
    (punkt-b ?bx ?by)
    (punkt-c ?cx ?cy)
=>
(assert (laenge-ac (sqrt (+ (** (- ?ax ?cx) 2) (** (- ?ay ?cy) 2)))))
(assert (laenge-bc (sqrt (+ (** (- ?bx ?cx) 2) (** (- ?by ?cy) 2)))))
(assert (laenge-ab (sqrt (+ (** (- ?ax ?bx) 2) (** (- ?ay ?by)
2))))))

(defrule gleichseitig
    (laenge-ac ?laenge-ac)
    (laenge-bc ?laenge-bc)
```

```
    (laenge-ab ?laenge-ab)
    (test (and (= ?laenge-ac ?laenge-bc)
    (= ?laenge-ab ?laenge-bc)))
=>
(printout t "Dies ist ein gleichseitiges Dreieck." crlf))
(defrule gleichschenkelig
    (laenge-ac ?laenge-ac)
    (laenge-bc ?laenge-bc)
    (laenge-ab ?laenge-ab)
    (test (or (and (= ?laenge-ac ?laenge-bc)
    (<> ?laenge-ac ?laenge-ab))
    (and (= ?laenge-ab ?laenge-bc)
    (<> ?laenge-ac ?laenge-ab))
    (and (= ?laenge-ab ?laenge-ac)
    (<> ?laenge-bc ?laenge-ab))))
=>
(printout t "Dies ist ein gleichschenkeliges Dreieck." crlf))
```

In Abbildung 2.32 ist dargestellt, wie für drei Punkte evaluiert wird, daß es sich um ein gleichschenkeliges Dreieck handelt.

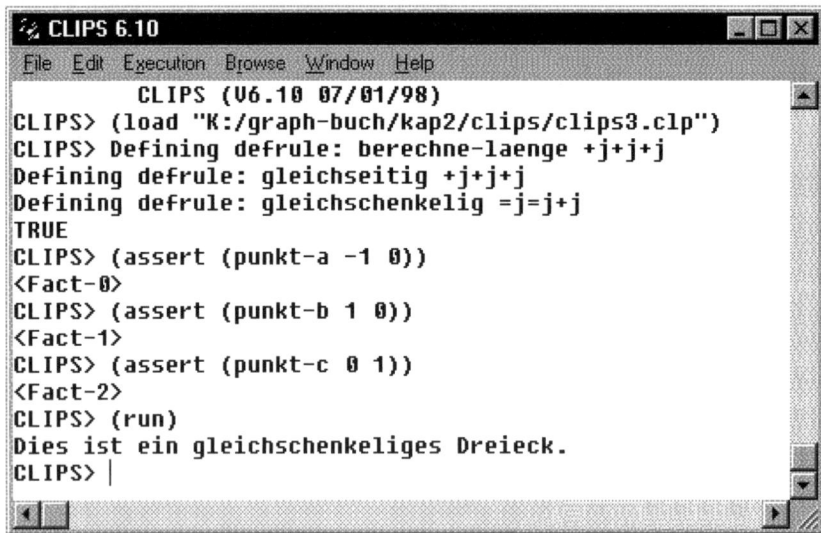

Abbildung 2.32: CLIPS-Beispiel 3

Man beachte, daß durch das Fehlen des deffacts-Konstruktes auch kein reset-Befehl notwendig wird.

2.5   Einsatzaspekte der symbolischen KI

Die Anwendungsgebiete der klassischen KI leiten sich aus den verschiedenen Problembereichen ab und sind zum Teil auch einer breiteren Öffentlichkeit bekannt, wie z.B. die Robotik oder die Bilderkennung.

Im folgenden werden die wichtigsten Anwendungsgebiete kurz erläutert (vgl. [GÖR95], [LUG93], S. 13ff.):

- Expertensysteme
  Die Bedeutung der Expertensysteme und der Wissensbasierten Systeme (WBS) allgemein wurde schon in Kapitel 1 (Abschnitt 1.4) bei der geschichtlichen Entwicklung der KI verdeutlicht. Expertensysteme simulieren menschliche Fähigkeiten zur Problemlösung in gewissen Anwendungsgebieten und stellen heute bei weitem das erfolgreichste Gebiet der KI dar. Die einzelnen Komponenten eines WBS im Detail sowie die Phasen im Prozeß des Knowledge Engineering werden in den Abschnitten 2.5.1 und 2.5.2 näher erläutert.

- Natürlichsprachliche Systeme
  Bei Natürlichsprachlichen Systemen erfolgt die Ein- und Ausgabe – oft auch nur teilweise – in natürlicher Sprache. Zwei Beispiele dafür sind die automatischen Sprachübersetzer und Zugangssysteme. Ein automatisches Übersetzungssystem funktioniert in der Regel in zwei Schritten. Zuerst wird der Text Wort für Wort übersetzt, anschließend erfolgt eine sprachliche Korrektur durch Grammatik-Algorithmen. Da die Qualität der Sprachübersetzung meist noch zu wünschen übrig läßt, wird noch ein Feinschliff durch einen Dolmetscher vorgenommen. Ein natürlichsprachliches Zugangssystem zu Datenbanken soll dem ungeübten Anwender das Arbeiten erleichtern. Der Anwender formuliert dabei über eine natürlichsprachliche Schnittstelle seine Anfragen, die vom System in eine vom Computer interpretierbare Anfragesprache – etwa SQL – übersetzt werden.

- Bilderkennung
  Bilderkennungssysteme sollen das Sehvermögen des Menschen auf Maschinen simulieren. Der Input für ein solches System sind digitalisierte Bilder. Die Aufgabe besteht nun darin, Objekte und ihre räumliche Anordnung anhand der Bilddaten zu identifizieren. Von Bildverstehen spricht man, wenn das System in der Lage ist, auch Bedeutungszusammenhänge zu „begreifen". Bilderkennungssysteme werden vor allem in der Robotik eingesetzt.

- Robotik [BRE95], S. 207
  Die Robotik befaßt sich mit der Entwicklung und dem Einsatz von Robotern. Ziel ist es, Sensoren und WBS zur Bewegungsplanung- und ausführung in einem Roboter derart zu integrieren, daß dieser Handlungen flexibel in einem abgesteckten Umfeld ausführen kann. Über Sensoren werden relevante Aspekte der Umwelt gemessen und an den Prozessor des Roboters gesendet. Der Prozessor modifiziert, falls nötig, seinen Arbeitsplan und sein Arbeitsziel und steuert dementsprechend die Bewegungen des Roboters.

- Deduktionssysteme [KRÜ90], S. 148f.
  Ein Deduktionssystem zieht aus vorhandenen Daten Schlüsse und generiert damit neue Daten. Deduktionssysteme bilden u.a. die Grundlage für logische Programmiersprachen,

deduktive Datenbanken und Inferenzkomponenten in WBS. Deduktionssysteme sind entweder an der Simulation menschlicher Schlußfolgerungen oder aber an der mathematischen Logik und hier v.a. der Prädikatenlogik ausgerichtet.

- Programmsynthese [KRÜ90], S. 61f., 487
  Bei der Programmsynthese wird versucht, Programme automatisch zu entwickeln, die vorgegebene Probleme lösen. Das bekannteste Teilgebiet bei der Programmsynthese ist das Automatische Beweisen, wo unter Anwendung deduktiver Schlüsse (s.o.) eine Ableitungskette entwickelt wird, die eine Behauptung auf vorgegebene Prämissen zurückführt. Das Gebiet des Automatischen Beweisens wurde mit der Intention gestartet, vom Rechner Beweise für Sätze zu generieren, die der Mensch nicht gefunden hatte. An dieser Stelle ist allerdings anzumerken, daß für das Auffinden eines Beweises auch eine gewisse Intuition nötig ist, die zwar der Mensch besitzt, nicht aber ein mechanisches Deduktionsverfahren.

- Spiele
  Spiele – und hier besonders die Brettspiele, wie Dame, Schach und Go – sind ein ideales Forschungsgebiet für die KI. Dafür sind mehrere Gründe maßgeblich: Erstens lassen sich Spielzustände sehr leicht auf einem Computer repräsentieren. Zweitens beruhen die Spiele auf einer wohldefinierten Menge von Regeln, was den Aufbau eines Suchbaumes sehr erleichtert. Und schließlich sind Spiele – im Gegensatz etwa zu Medizin oder Mathematik – sehr einfache Anwendungsgebiete, wo sich jeder Heuristiken ausdenken und dann testen kann.

Hier ist festzuhalten, daß natürlich Anwendungen in diesen Bereichen häufig auch mit anderen Techniken gelöst werden, etwa mit Neuronalen Netzen (Natürlich- und Bildverarbeitende Systeme, Robotikanwendungen oder Spiele) oder Fuzzy-Systemen (Expertensysteme zur Regelung).

Im folgenden wird jenes Anwendungsgebiet der symbolischen KI näher beleuchtet, wo sicherlich die größten Erfolge erzielt wurden, die Expertensysteme. Zunächst ist es aber nötig, sich die grundsätzliche Konzeption eines WBS vor Augen zu halten. Der Leser sei darauf hingewiesen, daß mit WBS in diesem Abschnitt immer klassische, symbolische Systeme der Wissensverarbeitung gemeint sind.

Um die Konzeption eines WBS zu verstehen, ist es notwendig, sich den Unterschied zur herkömmlichen Programmierung vor Augen zu halten (vgl. dazu auch die Ausführungen in Kapitel 1 (Abschnitt 1.3).

Der Ausgangspunkt unserer Überlegungen ist die Frage, wie „Wissen" in der herkömmlichen, also üblicherweise prozeduralen oder objektorientierten Programmierung dargestellt wird (vgl. dazu [KUR92], S. 17). Nehmen wir als Beispiel eine Software zur Lohnverrechnung. Das Fachwissen, also das Wissen über die korrekte Bestimmung von Brutto- und Nettolohn, die Berechnung der gesetzlichen Abzüge usw. bringt der Programmierer implizit über Computercode in das System ein. Entweder der Programmierer ist selber Experte auf dem Gebiet der Lohnverrechnung, dann ist er in seiner Arbeit völlig unabhängig, oder er erwirbt sich das notwendige Wissen für die Programmierung in Zusammenarbeit mit einem Mitarbeiter der entsprechenden Fachabteilung. Das in der Lohnverrechnungssoftware enthaltene Wissen läßt sich unterteilen in

- anwendungsbezogenes Wissen (Fachwissen)
- allgemeines Problemlösungswissen

Es stellt sich nun die Frage, wo genau das Fachwissen in einer derartigen Software lokalisiert ist? Das Wissen etwa, wie das Gehalt für einen leitenden Angestellten mit 25 Dienstjahren und einer bestimmten Anzahl von Zuschlägen zu berechnen ist, ist nicht an einem einzigen Punkt gespeichert, sondern verteilt über das Programm und die Datenbanken abgelegt. In der Software ist neben dem Wissen über die Anwendung auch noch das sog. allgemeine Problemlösungswissen enthalten, das mit dem Fachwissen vermengt ist. Das allgemeine Problemlösungswissen gibt Auskunft darüber, wie das Fachwissen zu behandeln ist, also in welcher Reihenfolge die Befehle im Programm abzuarbeiten sind und unter welchen Bedingungen eine Prozedur oder Schleife beendet wird. Die enge Verbundenheit von Fachwissen und allgemeinem Problemlösungswissen bringt einen großen Nachteil mit sich. Bei einer Änderung des Fachwissens, etwa im Fall einer Änderung des Mehrwertsteuersatzes oder einer Neuberechnung des Gehalts für eine bestimmte Gehaltsgruppe aufgrund einer Gesetzesnovelle, werden Adaptionen des Programmcodes an vielen Stellen nötig. Bei konventioneller Programmierung sind Änderungen im Fachwissen also mit großem Änderungsaufwand verbunden.

Das konventionelle Programmierparadigma eignet sich vor allem bei jenen Anwendungsfeldern, wo die Probleme gut strukturiert sind und sich daher ein Algorithmus relativ leicht entwickeln läßt. Ist das Problem allerdings komplex und schlecht strukturiert, so stößt die konventionelle Programmierung an ihre Grenzen. Ein Beispiel für so ein komplexes, schlecht strukturiertes Problem ist z.B. die automatisierte Auswertung von Röntgenbildern zur Diagnose von Krankheiten. Hier handelt es sich um eine Problemstellung, die intelligentes Verhalten erfordert, wo ein Arzt gewissermaßen simuliert werden soll. Dafür kann dann keine Programmiermethodik mit Prozeduren und Datenbanken mehr eingesetzt werden, wie wenn z.B. eine Software für die Lagerbuchführung entwickelt wird.

Die Simulation menschlichen Problemlösungsverhaltens ist in einem Computer hingegen dann leichter möglich, wenn man eine eigene Komponente (Wissensbasis) für die Sammlung von Wissen reserviert. Um den Anforderungen des intelligenten Problemlösens gerecht zu werden, muß eine derartige Wissensbasis Daten unterschiedlicher Art aufnehmen können. Die Regeln in dieser Wissensbasis haben dafür zu sorgen, daß je nach Problemstellung diese Daten in der richtigen Weise interpretiert werden (vgl. zur Problematik der richtigen Interpretation von Daten die Ausführungen in Kapitel 1 (Abschnitt 1.3)). Durch die deklarative Speicherung von Wissen in einer Wissensbasis ist aber noch nicht geklärt, wie dieses Wissen ausgewertet wird. Hierfür ist eine zweite Komponente erforderlich, die sog. Inferenzmaschine. Die Inferenzmaschine ist ein eingebauter Mechanismus, der nach vorgegebenen, unveränderlichen Regeln (z.B. Modus ponens oder Resolutionsverfahren) für eine Anfrage an die Wissensbasis eine Antwort produziert. Die Komponenten eines WBS (Wissensbasis, Inferenzmaschine) sind in Abbildung 2.33 dargestellt.

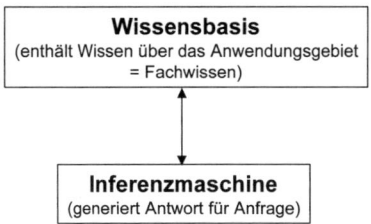

Abbildung 2.33: Komponenten eines WBS

Die bei den WBS durchgeführte strikte Trennung zwischen Fachwissen (Wissensbasis) und allgemeinem Problemlösungswissen (Inferenzmaschine), die ja bei herkömmlicher Programmiermethodik fehlt, bringt den wesentlichen Vorteil mit sich, daß bei Änderungen in der Wissensbasis nicht das ganze System umgestoßen werden muß. Die Änderungen des Wissens können in der Regel leicht durch Einfügen, Modifizieren oder Löschen der entsprechenden Wissenseinheiten erfolgen. WBS sind an sich so konzipiert, daß Wissensbasis und Inferenzmaschine völlig unabhängig sind. Im Zuge der Entwicklung eines WBS besteht aber sehr wohl eine Abhängigkeit. Entschließt man sich z.B. das Wissen über eine bestimmte Anwendung in Form von Fakten und vorwärtsverkettenden Regeln zu repräsentieren, so liegt die Verwendung des Modus ponens als Inferenzmechanismus sehr nahe.

WBS und Expertensysteme werden in der Literatur oft fälschlicherweise gleichgesetzt. In [KUR92], S. 25f. sind die korrekten Beziehungen zwischen den Begriffen KI, WBS und Expertensysteme dargestellt. Unter dem Oberbegriff KI sind all jene Programme zusammengefaßt, bei denen die Problemlösung unter Einsatz von Heuristiken durchgeführt wird. Die Klasse der WBS innerhalb der KI zeichnet sich dadurch aus, daß das Wissen über eine Anwendung getrennt vom Rest des Systems explizit in einer eigenen Komponente gespeichert wird. Für die Repräsentation des Wissens und den Inferenzmechanismus werden KI-Methoden eingesetzt. Expertensysteme sind jene Teilmenge der WBS, bei denen intelligentes Problemlösungsverhalten für ein bestimmtes, eng abgegrenztes Anwendungsgebiet aus der wirklichen Welt im Rechner simuliert wird. Neben den Expertensystemen zählen auch noch die Natürlichsprachlichen und Bildverstehenden Systeme, Planungssysteme sowie das Maschinelle Lernen zu den WBS.

Möchte man die Expertensysteme in die wohlbekannten Felder der Informatik einordnen, so kann man sie auch als Erweiterung der Datenbanken um inferentielle Fähigkeiten und des Software Engineering um die Lösung schlecht spezifizierbarer Probleme betrachten [PUP91], S. 176.

Der Abschnitt über WBS ist konzeptionell in zwei Teilbereiche gegliedert. Im ersten Teil (Abschnitt 2.5.1) wird Grundlagenwissen über WBS und Expertensysteme vermittelt. Zuerst wird beschrieben, aus welchen Teilen ein WBS besteht. Anschließend wird etwas genauer auf Expertensysteme eingegangen. Zum einen werden hier Anwendungsfelder vorgestellt, wo derartige Systeme erfolgreich im Einsatz sind und zum anderen wird erläutert, warum sich die Expertensystemtechnologie noch nicht in den Maße, wie von den Vertretern der KI gewünscht, durchsetzen konnte.

Der zweite Teil beschäftigt sich mit den verschiedenen Phasen bei der Entwicklung eines WBS, dem sog. Knowledge Engineering (Abschnitt 2.5.2).

Die Ausführungen über die Komponenten eines WBS (Abschnitt 2.5.1) und die Phasen beim Knowledge Engineering (Abschnitt 2.5.2) wurden dabei im wesentlichen aus [KAR91a], S. 2ff. übernommen.

2.5.1 Grundlagen von Wissensbasierten Systemen und Expertensystemen

Den Kern eines WBS (vgl. Abbildung 2.34) bilden die Komponenten Wissensbasis mit Arbeitsspeicher und Inferenzsystem. Die Wissensbasis enthält die Gesamtheit des in einem System zur Verfügung stehenden Wissens eines Anwendungsgebietes in Form von Fakten und Regeln. Die zur adäquaten Darstellung des Wissens erforderliche Wissensrepräsentationssprache muß ggf. die im Wissen enthaltenen vagen, unsicheren und unvollständigen Ausdrücke und Faustregeln repräsentieren können. Gleichzeitig sollte sie dem Experten verständlich sein, um eine natürliche, leicht durchschaubare Transformation seines Wissens ebenso wie eine Korrektheitsüberprüfung des eingegebenen Wissens zu ermöglichen. Als Repräsentationsformalismen stehen Logikkalküle, Produktionssysteme, Semantische Netze und Frames zur Verfügung (vgl. Abschnitt 2.3). Der Arbeitsspeicher enthält aktuelle Daten und Zwischenergebnisse.

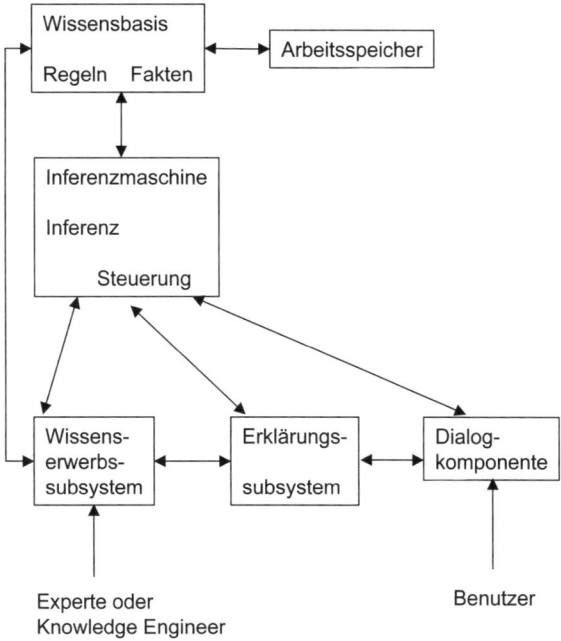

Abbildung 2.34: Architektur eines WBS

Die Inferenzstrategie benutzt zur Verarbeitung des Wissens logische Regeln, die deduktiv oder induktiv über dem vorhandenen Wissen schließen. Bei der deduktiven Schlußweise wird das Spezielle aus dem Allgemeinen abgeleitet, die induktive Schlußweise leitet umgekehrt das Allgemeine aus dem Speziellen ab, was für lernende Systeme wichtig ist, da Lernen bedeutet, Wissenselemente einzuordnen, zu verknüpfen und zu verallgemeinern.

Die Benutzerschnittstelle setzt sich aus den Dialog-, Erklärungs-, und Wissenserwerbskomponenten zusammen. Deren Qualität ist entscheidend für die Akzeptanz eines Systems durch den Benutzer. Der Dialog mit dem Benutzer kann aktiver oder passiver Art sein, je nachdem, ob der Benutzer aktiv Daten eingibt oder auf Fragen des Systems reagiert.

Die Erklärungskomponente soll das Systemverhalten für den Benutzer transparent machen. Der Benutzer sollte jederzeit die Möglichkeit haben, das System zu unterbrechen und sich mit Fragen über das „Wie" und „Warum" an die Erklärungskomponente zu wenden. Die Antworten bestehen aus einer benutzerverständlichen Ausgabe der durchgeführten Inferenzschritte.

Die Wissenserwerbskomponente soll dem Experten eine Mitwirkung am Aufbau des Systems ermöglichen, wozu ein Wissenseditor notwendig ist, der ein leichtes Eingeben, Löschen oder Ändern von Wissen erlaubt. Unterstützend sollte die Wissenserwerbskomponente Konsistenzprüfungen und Protokollierung vornehmen können.

Innerhalb der WBS stellen die Expertensysteme das mit Abstand erfolgreichste Gebiet dar. Industrielle Expertensysteme existieren heute vornehmlich für technische, naturwissenschaftliche, finanzwirtschaftliche, rechtliche und medizinische Anwendungen, bei denen der Wissensumfang klar abgrenzbar und das Wissen vergleichsweise leicht formalisiert werden kann:

- Konfiguration von komplizierten technischen Systemen, die auf sehr variable Weise aus vielen Einzelteilen zusammengesetzt werden müssen
- Fehlerdiagnose für technische Systeme
- Analyse von geologischen, chemischen oder medizinischen Meßdaten
- Beratung in bestimmten Geldanlage-, Versicherungs-, oder Rechtsproblemen
- Fertigungsplanung

Im folgenden wird die Geschichte der Expertensysteme mit den wichtigsten Phasen dargestellt:

- Anfänge der Forschung in der KI (1955-60): Entwicklung von IPL, einer Vorgängersprache von LISP.
- Entwicklung erster Prototypen (1961-1970): DENDRAL (Stanford University, Chemie), PLANNER (MIT, Produktionsregeln).
- Expertensysteme der ersten Generation (1971-1980): MYCIN (Stanford University, Medizin), CADECEUS (University of Pittsburgh, Medizin), HEARSAYII (Carnegie Mellon University, Sprachverstehen), MACSYMA (MIT, Mathematik), EMYCIN (Stanford University, Expertensystemshell), GUIDON (Stanford University, Lehre in der Medizin) PUFF (Stanford University, Medizin).

- Kommerzialisierung (1981-bis heute): PROSPECTOR (Stanford Research Institute, Mineralogie), Entwicklung von Programmierumgebungen und Werkzeugen für Expertensysteme.

Kurzinformationen über bekannte Expertensysteme sind in Tabelle 2.5 zusammengefaßt:

Tabelle 2.5: Überblick über bekannte Expertensysteme

Name	Entwickler/Vertreiber	Einsatzgebiet	Sprache
ACE (Automated Cable Expertise)	AT & T	Erkennung von Fehlern und Reparaturempfehlung bei Telefonnetzen	OPS4, FranzLISP
DELTA (Diesel-Electric Locomotive Trouble-shooting Aid)	General Electric	Erkennung und Korrektur von Fehlern bei Dieselloks	LISP, FORTH
ISA (Intelligent Scheduling Assistant)	Digital Equipment Corporation	Materialplanung- und -vergabe in Fabriken	OPS5
MACSYMA (MAC SYmbolic Manipulation of Algebraic expressions)	Massachusetts Institute of Technology, Symbolics	Lösen von Integralen und Differentialgleichungen, Manipulation von Vektoren, Tensorrechnung, Ungleichungen, Folgen	LISP
SEQ (SEQuence analysis system)	Stanford University, Intellicorp	Chemie, Molekularbiologie: Statistische Analyse struktureller Symmetrien/Übereinstimmun-gen bei Säuren	LISP
SPE (Serum Protein Electro-phoresis diagnostic program)	Rutgers University	Medizin: Interpretation von Wellenformen eines abtastenden Dichtemeßgeräts zur Unterscheidung von Entzündungsarten	Expert, Motorola 6809 Assembler
TIMM/TUNER (The Intelligent Machine Model TUNER)	General Research Corporation	Tuning bei VAX/VMS-Systemen	FORTRAN
XCON/R1 (eXpert CONfigurer)	Carnegie Mellon University, Digital Equipment Corporation	kundenspezifische Systemkonfigurierung von VAX11/780, ca. 5000 Regeln, größtes Expertensystem	OPS5
YES/MVS (Yorktown Expert System for MVS operators)	IBM Th. J. Watson Research Center	Überwachung und Steuerung des Mainframe IBM-Betriebssystems MVS	OPS5

Das Anwendungsspektrum reicht von Expertenberatung bis Expertenersetzung. Das System MYCIN (Abschnitt 1.4) soll leistungsmäßig einem Experten gleichkommen, XCON (vgl. Tabelle 2.5) sogar die Kompetenz eines Experten übersteigen.

Bisher ist es nicht gelungen, die Anwendungsgebiete auf sehr komplexe Problemstellungen auszuweiten. Für Expertensysteme bestehen insgesamt folgende Problempunkte:

- Die Entwicklungszeit für ein kommerzielles Expertensystem ist sehr lang.
- Implementierungssprachen sind semantisch nicht mächtig genug.
- Die Wissensdarstellung in Expertensystemen ist oft nur für bestimmte Problemklassen ausreichend. Gut lösen lassen sich z.B. Diagnoseprobleme, wo nicht unbedingt tiefes Wissen der dahinterliegenden Prozesse benötigt wird.
- Menschliche Experten stützen sich bei der Lösung von Problemen auf ihre Intuition und Vergleiche mit früheren Einzelsituationen. Expertensysteme hingegen beruhen auf der Verwendung kontextfreier Regeln. Dieser Unterschied in der Konzeption zwischen Mensch und Maschine stellt ein nicht zu unterschätzendes Problem dar.
- Implementierungssprachen müssen häufig auch vom Anwender beherrscht werden.

Zwischen den Erwartungen, die in die Expertensystemtechnologie gesetzt wurden, und der heutigen Realität existiert eine große Diskrepanz. Die Ursachen liegen dafür zum einen in unseriösem Marketing, das den Anwendern wahre Wunder versprach, wenn sie bestimmte Werkzeuge kauften, dann in spezifischen Schwierigkeiten bei der Produktion industrieller Expertensysteme und schließlich in der begrenzten Leistungsfähigkeit der heutigen Expertensystemtechnologie.

Die beiden letzten Aspekte sollen eingehender betrachtet werden. Um industriell nutzbare Expertensysteme zu entwickeln, müssen einerseits viele Methoden und Prinzipien des traditionellen Software Engineering angewendet, gewisse Vorgehensweisen aber auch geändert werden.

Die wichtigste Aufgabe bei der Realisierung von Expertensystemen im Unterschied zur konventionellen Datenverarbeitung besteht in der Auswahl der für das Anwendungsgebiet geeigneten Wissensrepräsentation sowie im anschließenden Aufbau einer entsprechenden Wissensbasis.

Die Anforderungen an die Flexibilität eines Expertensystems bedingen eine Verzahnung von Anwendungserfahrung und Enwicklungsprozeß von Anfang an. Entgegen dem traditionellen Projektphasenablauf im Software Engineering wird daher zunächst im „rapid prototyping"-Stil mit möglichst wenig Aufwand eine erste zwar unvollkommene, aber lauffähige Version eines Expertensystems erstellt und in Rückkopplung mit den Erfahrungen aus dem Probeeinsatz weiterentwickelt und modifiziert. Bei diesen Aufgaben ist der Experte des Anwendungsgebietes so unentbehrlich, daß er von Anfang an eng mit dem Entwickler des Systems zusammenarbeiten und selbst viel Zeit und Energie darauf verwenden muß.

Diese Vorgehensweise widerspricht aber traditionellen Aufgabentrennungen in der üblichen Organisation von Industriebetrieben, der Erwartung des Anwenders, ein Produkt auf Bestellung geliefert zu bekommen und schließlich dem Anspruch von EDV-Abteilungen, alles in eigener Regie bewerkstelligen zu können. Die nicht vorhandenen organisatorischen Voraussetzungen für die Entwicklung von Expertensystemen haben schon zum Scheitern einer Vielzahl von Projekten in diesem Bereich geführt und wirken sich allgemein als Hemmschuh für eine Verbreitung aus.

2.5.2 Knowledge Engineering

Das hier vorgestellte Vorgehensmodell beim Knowledge Engineering (vgl. Abbildung 2.35) wurde von [HAY83] entwickelt. Die Aufgaben bei der Entwicklung von WBS lassen sich aufgrund einer erkennbaren zeitlichen Abfolge in verschiedene Phasen zusammenfassen.

Man unterscheidet folgende Phasen:

- Projektdefinition
- Wissensakquisition
- Wissensrepräsentation
- Entwurf des WBS
- Implementierung
- Validierung

Diese Phasen werden allerdings nicht sequentiell durchlaufen, sondern weisen Rückkopplungs- und parallele Ausführungsmöglichkeiten auf. Der tatsächliche Ablauf des Entwicklungsprozesses ergibt sich aus der konkreten Problemstellung und den Rahmenbedingungen des Projektes. Im folgenden werden nun die einzelnen Projektphasen am Beispiel der Entwicklung eines Expertensystems näher vorgestellt.

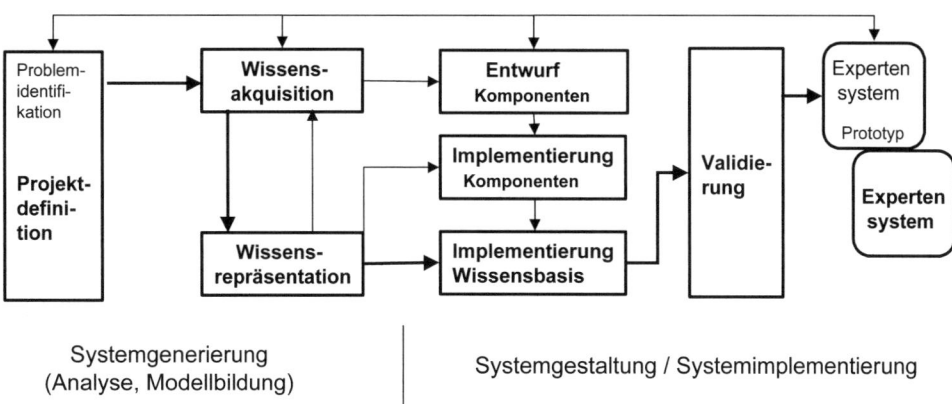

Abbildung 2.35: Phasenmodell beim Knowledge Engineering

Projektdefinition

In der Phase der Projektdefinition werden zunächst die wichtigsten Aspekte des Problems, wie die beteiligten Personen und ihre Rollen, das eigentliche Problem und die verfügbaren Ressourcen bestimmt.

An der Entwicklung sind der Anwendungsbereichsexperte, der bereit sein muß, einen Teil seines Wissens zur Verfügung zu stellen sowie der Knowledge Engineer, der als Vermittler zwischen Experte und Computer fungiert, beteiligt. Der Knowledge Engineer muß den Experten zu Äußerungen animieren und diese Äußerungen und das Verhalten des Experten analysieren und interpretieren. Beide beteiligten Parteien müssen zur Kooperation und gegenseitigem Lernen bereit sein. Ziel ist, daß der Knowledge Engineer mit dem Fachgebiet vertrauter wird und der Experte mit dem System arbeiten kann. In der Phase der Problemidentifizierung werden die durch das System zu lösenden Aufgaben bestimmt (Systemabgrenzung). Es wird der Leistungsumfang festgelegt und das eigentliche Ziel definiert. Allgemein beinhaltet die Problemidentifizierungsphase die Beantwortung folgender Fragestellungen:

- Welche Probleme soll das System lösen können?
- Wie können diese Probleme charakterisiert und definiert werden?
- In welche Teilprobleme können sie zerlegt werden?
- Welches Spezialwissen wird zur Lösung der Probleme benötigt?

Erfahrungen zeigen, daß bereits in der Problemidentifizierungsphase nachträglich Korrekturen durch Erkenntnisse in späteren Phasen erforderlich sein können.

Unter Ressourcen sind zu verstehen:

- Wissensquellen in Form von Literatur, Experimenten, Problembeispielen und Lösungsbeispielen
- Wissensakquisitionsmethoden wie Interview, Konstruktgitterverfahren, Protokollanalyse, inkrementelle Textanalyse, Skalierungsmethoden und Strukturlegeverfahren
- Wissensrepräsentationsformen für das darzustellende Wissen
- Werkzeuge in Form von geeigneten Knowledge Engineering-Tools wie z.B. Wissensakquisitionssysteme, AI-Sprachen oder Shells

Auch bei den gewählten Ressourcen können sich während des Projektes Änderungen ergeben. Teil der Projektdefinition sind weiters die Bestimmung von Projektorganisation, Projektausstattung und Projektablauf. Daraus resultieren dann Terminplanung, Finanzmittelplanung und die Wirtschaftlichkeitsberechnung.

Wissensakquisition und Wissensrepräsentation

In dieser Phase werden zunächst die Strukturen des Wissensgebietes aufgedeckt und modelliert, d.h. es werden für die Strukturen Darstellungs- und Repräsentationsmöglichkeiten ausgewählt, wobei für unterschiedliches Wissen auch unterschiedliche Repräsentationsformalismen und Datentypen möglich sind. Die Formalismen sollten dabei so ausgewählt sein, daß sie der Strukturierung des Wissens im Expertengedächtnis nahe kommen, wodurch der Experte ohne großen Lernaufwand in die Lage versetzt wird, die Wissensbasis aktiv mitzuentwickeln. Dieser erste Schritt dient auch zur Überprüfung der gewählten Akquisitions- und Repräsentationsformen auf ihre Eignung.

In einem zweiten Schritt in dieser Phase wird systematisch Detailwissen über das Wissensgebiet erhoben.

Eine alternative Vorgehensweise für die Phase der Wissensakquisition und –repräsentation ist die frühe Teilerhebung von Wissen, um die Modellstruktur nach einer ersten Implementierung des Systems zu validieren und ggf. zu verändern.

Im folgenden wird auf die Wissensakquisition näher eingegangen. Dabei werden einerseits allgemeine Vorgehensweisen und andererseits Methoden und Techniken besprochen. Wichtige Formalismen zur Wissensrepräsentation wurden schon in Abschnitt 2.3 dargestellt.

In der Praxis gibt es unterschiedliche Vorgehensweisen beim Wissenserwerb. Die wichtigsten sind der indirekte, direkte und automatische Wissenserwerb (vgl. [DEN94], S. 24f.).

Beim indirekten Wissenserwerb führt der Knowledge Engineer beim Experten zunächst eine Wissenserhebung durch. Dazu können verschiedene Methoden eingesetzt werden (siehe unten). Das so gewonnene Wissen wird anschließend vom Knowledge Engineer in entsprechende Formalismen umgesetzt.

Beim direkten Wissenserwerb definiert der Experte das Wissen selber, „füllt" damit die Wissensbasis und beurteilt anschließend, ob das System konsistent mit seinen Entscheidungen ist. Der Vorteil dieser Art des Wissenserwerbs liegt vor allem darin, daß Probleme in der Kommunikation zwischen Knowledge Engineer und Experte, wie sie beim indirekten Wissenserwerb wohl unvermeidlich sind, wegfallen. Voraussetzung für die Anwendung dieser Art des Wissenserwerbs ist allerdings die Vertrautheit des Experten mit zumindest einem Formalismus der Wissensrepräsentation.

Die höchstentwickelte Form des Wissenserwerbs stellt der automatische Wissenserwerb dar. Ausgehend von einer bestimmten Menge an Grundwissen lernt das System hier selbständig hinzu. Dabei werden Falldaten hinsichtlich einer Zielfunktion verglichen und daraus induktiv neue Schlüsse und damit Wissen generiert. Dieses Wissen wird in die existierende Wissensbasis integriert. Derartige Techniken werden unter dem Schlagwort Machine Learning zusammengefaßt. Der Wissenserwerb stellt bei der Entwicklung eines WBS das größte Problem dar. Man spricht in diesem Zusammenhang auch vom „Flaschenhals Wissenserwerb" (Feigenbaum-bottleneck), weil es bisher noch nicht gelungen ist, (automatisierte) Techniken zum raschen und reibungslosen Aufbau einer Wissensbasis zu entwickeln. Von Fortschritten auf dem Gebiet des Machine Learning wird es entscheidend abhängen, ob es zu einem Durchbruch der Expertensysteme in den nächsten Jahren kommt.

Für den Wissenserwerb existieren folgende Methoden:

- Befragungs- und Beobachtungsmethoden (Interview)
  Durch die Fragen des Knowledge Engineers wird das Interview gelenkt, d.h. wir haben es hier mit einer Methode zu tun, die keine unbeeinflußte Wissenserfassung erlaubt.
- Verfahren des automatischen und halbautomatischen Wissenserwerbs
  Hierzu zählen das Konstruktgitterverfahren, die Protokollanalyse, die inkrementelle Textanalyse, Skalierungsmethoden und Strukturlegetechniken. Diese Methoden stammen aus den Bereich der Kognitionswissenschaft und wurden zu dem Zweck entwickelt, menschliches Wissen möglichst unbeeinflußt von Befragungs- und Beobachtungsmethoden zu erfassen.

Beispielhaft für die verschiedenen Verfahren werden nun das Konstruktgitterverfahren und die Protokollanalyse vorgestellt.

Konstruktgitterverfahren

Das Konstruktgitterverfahren basiert auf der Theorie der „personalen Konstrukte", die von dem Psychologen George Kelly in den fünfziger Jahren entwickelt wurde. In seinem Modell des menschlichen Denkens geht Kelly davon aus, daß jeder Mensch zur Bewertung von Ereignissen der realen Welt sich ein eigenes gedankliches Modell der Welt bildet. Dabei gehen die Menschen wie Wissenschaftler vor. Sie beobachten, stellen Hypothesen auf und versuchen diese zu verifizieren. Sind Hypothesen nicht haltbar, werden sie verworfen und neue Hypothesen generiert, die wiederum zu überprüfen sind. Ist das Resultat des Tests positiv, wird die Hypothese in das Modell aufgenommen.

Die Hypothesen des Modells werden mit Hilfe von „Konstrukten" gebildet. Nach Kelly denken Menschen in Gegensätzen. Ein Konstrukt wird aus einem Charaktermerkmal und seinem Gegenteil gebildet unter der Annahme, daß jedes Konstrukt einen Teil des internen Konzepts darstellt. Die Konstrukte bilden ein individuelles Gitter.

Basierend auf dieser Theorie hat Kelly ein Verfahren für die Psychotherapie entwickelt, mit dessen Hilfe er die Einstellungen und Beurteilungen von Patienten über die Welt (ihr Konstruktgitter) erfassen konnte, ohne sie durch den Therapeuten zu beeinflussen. Das Verfahren gibt den Patienten also Konstrukte, Dimensionen, Kategorien und Hypothesen nicht vor, es erfragt sie vielmehr.

Auf den Bereich des Wissenserwerbs übertragen, repräsentiert das Konstruktgitter die Beurteilung eines Problems durch einen Experten. Ein Gitter besteht aus Elementen, Konstrukten und einer Skalierung. Die Elemente sind die Gegenstände des Problembereichs, die Konstrukte bilden sich aus bipolaren Charakterisierungen, die jedem der Elemente bis zu einem gewissen Grad eigen sind. Die Konstrukte werden skaliert.

Im folgenden werden die einzelnen Schritte des Verfahrens vorgestellt und an einem Beispiel erläutert.

- Problemdefinition
  In diesem Schritt wird untersucht, ob das Verfahren für den Problembereich geeignet ist. Da es sich um Auswahl von Objekten, Merkmalsanalyse und Beurteilung handelt, sind

Klassifikationen jeder Art die geeigneten Probleme. Durch die quantitative Größe ist das Verfahren auf spezielle, leicht formalisierbare Probleme beschränkt.

• Finden von Elementen aus dem Problembereich

Sollen z.B. Lichtarten untersucht werden, können folgende Elemente benannt werden (in Klammern die Abkürzungen):

• Glühbirne <GB>
• Neonlicht <NL>
• Sonne <S>
• Kerzenlicht <KL>
• Blitzlicht <BL>

• Vergleich der Elemente

Jeweils drei der Elemente werden auf Ähnlichkeiten und Unterschiede hin untersucht, wodurch sich die Konstrukte ergeben. Die Elemente können der Reihe nach oder zufällig ausgewählt sein.

Beispielhaft sind hier die Elemente Glühbirne, Neonlicht und Sonne ausgewählt und miteinander verglichen worden. Ziel ist es, eine Eigenschaft zu finden, die zwei der Elemente zu eigen ist und deren Gegenteil auf das dritte Element zutrifft. Vergleicht man die Glühbirne mit dem Neonlicht, so haben beide die Eigenschaft, künstlich zu sein. Die Sonne hingegen ist als natürliche Lichtquelle zu bezeichnen.

• Einordnung und Bewertung

Zur Einordnung der Elemente in die Konstrukte muß eine Bewertung gefunden werden. Im Beispiel ist aufgrund der Anzahl der Elemente eine Skalierung von 1-5 gewählt worden, wobei besonders künstlich wirkende Lichtquellen mit 1 und besonders natürlich wirkende Lichtquellen mit 5 bewertet werden.

Einordnung:

Glühbirne: 2

Neonlicht: 1

Sonne: 5

Kerzenlicht: 3

Blitzlicht: 1

Daraus wird nun das Gitter zur Bewertung kreiert (vgl. Tabelle 2.6).

Tabelle 2.6: Konstruktgitter

K1 warm	4	1	3	5	2	kalt
K2 natürlich	2	1	5	3	1	künstlich
K3 energiereich	3	2	1	2	4	sparsam
K4 hell	3	4	4	2	5	dunkel
	GB	NL	S	KL	BL	

Bis hierher können zu jedem Zeitpunkt neue Elemente oder Konstrukte aufgenommen oder gestrichen werden. Der Prozeß wird abgeschlossen, wenn das Gitter die Sicht des Experten bezüglich des Problems wiedergibt.

- Analyse

Die Analyse dient zur Aufdeckung von Strukturen und Mustern im Gitter, ist also ein Werkzeug, um eine Rückkopplung zum Experten bezüglich seines Wissens zu erhalten. Insbesondere wenn der Experte nicht mit der Analyse zufrieden ist, wird er gezwungen, sein Wissen zu überdenken. Die Analyse basiert auf statistischen Methoden (Cluster-Analyse).

Zuerst wird für die Konstrukte rein quantitativ der Unterschied zwischen jeweils zwei Objekten festgestellt. Der Unterschied (= Betrag der Differenz) zwischen Glühbirne und Neonlicht z.B. beträgt 6. Der Leser möge dies anhand von Tabelle 2.6 feststellen.

Für alle fünf Elemente ergibt sich daraus folgende Tabelle 2.7.

Tabelle 2.7: Unterschiede zwischen den einzelnen Elementen

	GB	NL	S	KL	BL
GB	-	6	7	4	6
NL	-	-	7	8	4
S	-	-	-	7	9
KL	-	-	-	-	10
BL	-	-	-	-	-

Das Maß der Ähnlichkeit S in Prozent (similarity) zweier Elemente i und j wird nun mit Hilfe der folgenden Formel berechnet:

$$S = 100 - \frac{d_{ij}}{D * K_n} * 100$$

wobei d_{ij} der berechnete Unterschied zwischen den Elementen (s.o.), D die größtmögliche Differenz der Skalierung (= 4) und K_n die Anzahl der Konstrukte (=4, s.o.) ist.

Daraus ergibt sich dann Tabelle 2.8.

Tabelle 2.8: Ähnlichkeiten zwischen den einzelnen Elementen

	GB	NL	S	KL	BL
GB	-	62,5	56,25	75	62,5
NL	-	-	56,25	50	75
S	-	-	-	56,25	43,75
KL	-	-	-	-	37,5
BL	-	-	-	-	-

Jetzt können die Cluster der Elemente gebildet werden. Zwei Elemente sind einander ähnlich, wenn ihr Maß oberhalb 50 % liegt. Dies ist beispielhaft für den Vergleich von GB mit den anderen Elementen in Abbildung 2.36 veranschaulicht.

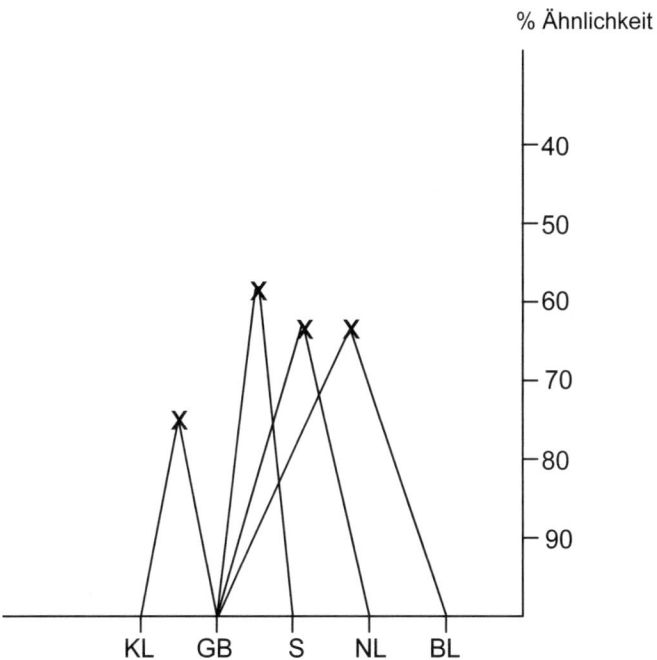

Abbildung 2.36: Cluster der Elemente

Dasselbe Analyseverfahren wird auf die Konstrukte angewendet, d.h. es werden die Unterschiede (Betrag der Differenz) und die Ähnlichkeitsmaße berechnet und daraus die Cluster bestimmt.

Ist der Experte mit den entstandenen Clustern nicht einverstanden, d.h. spiegeln sie nicht sein Modell des Problembereichs wider, muß er sich erneut mit dem Konstruktgitter beschäftigen, z.B. Konstrukte auf ihre Brauchbarkeit überprüfen, Bewertungen gegebenenfalls ändern, neue Elemente und Konstrukte in das Gitter aufnehmen. Anschließend wird das nun entstandene Gitter erneut analysiert. Das gesamte Verfahren wird solange wiederholt, bis das Ergebnis der Cluster-Analyse das Modell des Experten bezüglich des Problembereichs wiedergibt. Als fokussiertes Gitter wird ein entsprechend den Ergebnissen der Cluster-Analysen nach Ähnlichkeiten geordnetes Konstruktgitter bezeichnet.

Die Vorteile eines derartigen Analyseverfahrens sind:

- Zeitersparnis
- Anstoß zum Nach- und Überdenken
- Hilfsmittel zur Verbalisierung
- Möglichkeit der maschinellen Verarbeitbarkeit

Allerdings gibt es auch einige gravierende Nachteile:

- großer Rechenaufwand
- Subjektivität der Bewertungen
- reiner Hilfsmittelstatus, da nur flache Relationen erfaßt werden
- monotone Vorgehensweise beim Verfahren
- Problem der Operationalisierung, Skalierung und Bewertung

Protokollanalyse

Bei der Protokollanalyse werden Protokolle anhand von Tonbandaufzeichnungen erstellt, die dazu dienen, das prozedurale Wissen eines Experten zu erfassen. Aufgezeichnet wird das „laute Denken" während einer Problembehandlung. Die Aufzeichnung muß vor der Analyse zunächst in eine analysegerechte Form gebracht werden. Dazu wird das Protokoll transkribiert, d.h. in schriftliche Form übertragen, wobei die Sprechpausen für die Analyse mitübertragen werden müssen.

Das so gewonnene prozedurale Wissen kann dann wie folgt analysiert werden:

1. Segmentierung des Protokolls nach Sätzen und Sprechpausen
2. Semantische Analyse der Segmente
   Dies bedeutet, daß die einzelnen Worte der jeweiligen Segmente durch Lexikonabgleich und Lemmatisierung daraufhin überprüft werden, ob sie Inhaltsworte sind, die in die zu bildenden Operator-Argument-Strukturen eingefügt werden können. So sind z.B. Nomen eventuell relevante Konzepte und können als Argumente eingetragen werden.
3. Vervollständigung der Strukturen
   In diesem Schritt erfolgt die Beseitigung der Variablen durch Suche nach weiteren Wissenselementen zunächst innerhalb desselben Segments und anschließend in benachbarten Segmenten.
4. Vervollständigung durch Inferenz
   Erstrecken sich Referenzen über längere Distanzen, werden sie nicht erkannt. Eine Möglichkeit zur Beseitigung der noch vorhandenen Variablen besteht dann in der Suche nach

Operator-Argument-Strukturen, in denen die bereits extrahierten Komponenten vorkommen. Die noch fehlenden Komponenten werden dann von dort übernommen.

5. Regel-Generierung

Aus den so gewonnenen Operator-Argument-Strukturen können dann in einem interaktiven Prozeß Regeln generiert werden. Für eine Regel müssen jeweils geeignete Operator-Argument-Strukturen ausgewählt werden.

Das so beschriebene Verfahren birgt folgende Probleme in sich:

- Das Verfahren ist mit hohem Aufwand verbunden.
- Eine sorgfältige Durchführung der Transkription ist erforderlich. (Der Aufwand hierzu ist sehr hoch.)
- Der Grad der Granularität des Expertenwissens kann stark variieren.
- Problemirrelevante Darstellungen führen zu Verzerrungen.
- Sprünge in der Inferenz sind nicht auszuschließen, nachdem das Expertenwissen kompiliert worden ist (Unvollständigkeit des Regelwissens).

Entwurf und Implementierung

Die Ergebnisse der Wissensakquisition beeinflussen die Inferenz-, Erklärungs-, Wissenserwerbs- und Dialogkomponenten in ihrer Gestaltung, d.h. es müssen für das Expertenwissen adäquate Methoden und Verfahren auch für diese Komponenten gewählt werden. Diese Komponenten werden dann unter Einbeziehung von verfügbaren Werkzeugen zur Shell zusammengefügt und implementiert. Das durch die Wissensakquisition hervorgegangene anwendungsspezifische Wissen kann nun in die Wissensbasis aufgenommen werden. Diese Phase und die weitere Vervollkommnung des Prototypen kann sinnvoll unterstützt werden, wenn das System über folgende Komponenten verfügt:

- eine gute Erklärungskomponente, die das Systemvorgehen für den Experten bei der Fehleranalyse nachvollziehbar macht
- einen Wissenseditor, der Ändern und Eingeben leicht erlernbar und schnell durchführbar macht, so daß der Experte unabhängig vom Knowledge Engineer mit dem Prototypen arbeiten kann.

Validierung

Die Validierung wird in zwei Schritten durchgeführt. Im ersten Schritt werden anhand von Testbeispielen die Ergebnisse des Systems auf Korrektheit überprüft. Als Testbeispiele dienen die in der Projektdefinitionsphase festgestellten Experimente und Problemlösungsbeispiele.

In einem zweiten Schritt wird der Prototyp auf korrekte Arbeitsweise, Vollständigkeit der behandelbaren Aufgaben entsprechend der Problemidentifizierung und Handhabbarkeit des Systems überprüft, indem er mit konkreten Problemsituationen konfrontiert wird.

Genügt der Prototyp bei der Validierung in einem oder mehreren Punkten nicht den Anforderungen, muß das System durch erneuten Anstoß vorangegangener Phasen oder auch erneutem Durchlauf des gesamten Zyklus korrigiert, ergänzt, verfeinert und gegebenenfalls auch revidiert werden.

Aufgaben und Berufsbild des Knowledge Engineers

Im folgenden sind die Hauptaufgaben des Knowledge Engineers zusammengefaßt. Der Knowledge Engineer hat bei der Entwicklung eines WBS eine Vielzahl äußerst heterogener Aufgaben zu erfüllen:

- Er ist verantwortlich für die Projektplanung und –organisation.
- Er muß den Experten motivieren können. Die stundenlangen Gespräche zwischen dem Experten und dem Knowledge Engineer müssen positiv beeinflußt werden, d.h. das Interesse des Experten am Gespräch darf nicht erlahmen. Dazu kann der Knowledge Engineer verschiedene Interviewtechniken einsetzen. Daneben muß er aber auch den Konsultationsprozeß durch Formulierung von geeigneten Fragen an den Experten steuern, und er muß in der Lage sein, das neue Wissen richtig zu strukturieren und abzulegen, um für den Experten ein gleichwertiger Gesprächspartner zu bleiben.
- Er muß in der Lage sein, aus dem Wissensbereich ein Modell zu bilden.
- Dem Knowledge Engineer obliegt auch die Auswahl geeigneter Hilfsmittel.
- Er muß ein Fachmann in der KI-Programmierung sein.

2.6   Zusammenfassung

In diesem Kapitel wurden Grundkonzepte der symbolischen KI vorgestellt. Diese Richtung wird auch manchmal als traditionelle oder klassische KI bezeichnet. Die symbolische Richtung der KI geht von der Annahme aus, daß Denkleistungen am besten durch formale, abstrakte Konzepte der Repräsentation dargestellt werden können. Diese Konzepte beruhen auf Prinzipien der Logik.

Auf der Modellierungsebene symbolorientierter Systeme wurden die Suchverfahren und Konzepte der Wissensrepräsentation vorgestellt.

Mit Suchverfahren kann intelligentes Problemlösen in der KI simuliert werden. Sie eignen sich immer dann, wenn Handlungsalternativen in Hinblick auf ein bestimmtes Ziel bewertet werden können. In diesem Kapitel wurden erschöpfende und heuristische Suchverfahren vorgestellt. Erschöpfende Suchverfahren durchsuchen den Suchbaum nach einer bestimmten Strategie ohne die Bewertungen der Kanten miteinzubeziehen. Solche Suchverfahren können für größere Probleme aufgrund der kombinatorischen Explosion der Zustände nicht mehr angewendet werden. Heuristische Suchverfahren versuchen eine möglichst gute Lösung durch ein intelligentes „Beschneiden" des Suchbaumes zu realisieren. Im Rahmen der heuristischen Suchverfahren wurden konkret die Hill Climbing-Suche, die Branch and Bound-Suche, die Best-First-Suche und der A*-Algorithmus vorgestellt.

Wichtige Formalismen zur Wissensrepräsentation sind Frames, Semantische Netze, Produktionsregeln und die Logik. Diese Formalismen lassen sich danach klassifizieren, ob sie entweder deklarativen oder prozeduralen Charakter besitzen oder beide Elemente in sich vereinigen. Alle Formalismen lassen sich als prädikatenlogische Formeln anschreiben.

Zur Implementierung symbolorientierter Systeme der KI gibt es prinzipiell zwei Möglichkeiten, KI-Programmiersprachen oder sog. Shells. In diesem Kapitel wurde die deklarative Programmiersprache PROLOG vorgestellt, in der eine Teilmenge der Prädikatenlogik (die sog. Hornformeln) implementiert sind. Die Abarbeitung der Anfrage an ein PROLOG-Programm entspricht dabei der Ausführung des prädikatenlogischen Resolutionsverfahrens. Eine weitere Implementationsmöglichkeit sind die Shells. Eine Shell ist ein bis auf die einzufügende Wissensbasis fertiges Expertensystem. In diesem Kapitel wurden die Grundkonzepte der Shell CLIPS (C Language Integrated Production System) vorgestellt.

Das wichtigste Anwendungsgebiet in der KI sind die Expertensysteme. Ein Expertensystem besteht aus einer Wissensbasis und der Inferenzmaschine. In der Wissensbasis ist das Fachgebietswissen in deklarativer Form abgelegt. Mit der Inferenzmaschine, einem problemunabhängigen Mechanismus zur Schlußfolgerung, können für Anfragen an das System mit dem Wissen der Wissensbasis Antworten generiert werden.

Den Prozeß der Entwicklung eines Expertensystems (oder allgemein eines Wissensbasierten Systems) nennt man Knowledge Engineering. In diesem Kapitel wurde ein Vorgehensmodell basierend auf Hayes-Roth zur Entwicklung Wissensbasierter Systeme mit den Phasen Projektdefinition, Wissensakquisition, Wissensrepräsentation, Entwurf des Wissensbasierten Systems, Implementierung und Validierung vorgestellt.

Von zentraler Bedeutung für das Gelingen eines Wissensbasierten Systems ist der Knowledge Engineer. Seine Aufgabe besteht darin, durch geeignete Techniken das Fachbereichswissen des Experten zu gewinnen und mit einem für die Aufgabe geeigneten Wissensrepräsentationsformalismus abzubilden.

2.7   Übungsbeispiele

1. Diskutieren Sie die „Physical Symbol Systems Hypothesis" von Newell/Simon.

2. Nennen Sie einige wichtige KI-Methoden und Techniken. Erläutern Sie eine davon etwas näher.

3. Formulieren Sie einen Algorithmus, der einen gegebenen Baum mit Tiefensuche durchsucht.

4. Erklären Sie den Begriff Heuristik (mit Beispiel) und allgemein das Grundprinzip bei der heuristischen Suche.

5. Erläutern Sie das Konzept der Kostenfunktion bei den heuristischen Suchverfahren.

6. Welche Schwierigkeiten treten bei der Hill Climbing-Suche auf?

7. Formulieren Sie die Vorgangsweise bei der Branch and Bound-Heuristik in Pseudocode.

8. Formulieren Sie die Best-First-Suche in Pseudocode.

9. Erläutern Sie die Kostenfunktion bei der A*-Suche.

10. Nennen Sie die Hauptkriterien bei den Formalismen zur Wissensrepräsentation.

11. Kategorisieren Sie die Wissensrepräsentationsformalismen in Grundtypen.

12. Erklären Sie die Architektur eines Produktionssystems.

13. Was versteht man unter dem „Recognize-select-act"-Zyklus?

14. Nennen Sie zwei Konfliktlösungsstrategien zur Auswahl der feuernden Regel bei den Produktionsregeln.

15. Erklären Sie das Konzept der Vorwärtsverkettung zuerst theoretisch und geben Sie dann ein anschauliches Beispiel.

16. Erklären Sie das Konzept der Rückwärtsverkettung zuerst theoretisch und geben Sie dann ein anschauliches Beispiel, wo das Konzept nachvollzogen werden kann.

17. Wie sieht die Struktur eines Frames aus?

18. Erklären Sie die Begriffe „Empfänger", „Selektor" und „Argument(e)" in Zusammenhang mit framebasierter Wissensverarbeitung anhand eines Beispiels.

19. Welche Aufgaben haben die „if added"- und „if changed"-Prozeduren bei den Frames?

20. Welche Junktoren unterscheidet man in der Aussagenlogik?

21. Definieren Sie, wann eine Formel „erfüllbar" und wann „tautologisch" ist.

22. Formulieren Sie den Algorithmus für konjunktive Normalform in Pseudocode.

23. Formulieren Sie den Algorithmus für die disjunktive Normalform in Pseudocode. Schreiben Sie die Implikation p1 → p2 in disjunktiver Normalform an.

24. Geben Sie die exakte Definition und ein Beispiel für eine Hornklausel.

25. Erklären Sie die beiden Inferenzmechanismen „Modus ponens" und „Resolutionsverfahren" zuerst theoretisch und anschließend mit je einem Beispiel.

26. Geben Sie ein Beispiel für einen Satz, der in der Aussagenlogik nicht abbildbar ist.

27. Beschreiben Sie kurz die Syntax der Prädikatenlogik.

28. Wodurch unterscheidet sich die aussagenlogische von der prädikatenlogischen Resolution?

29. Was versteht man unter einem prädikatenlogischen Programmiersystem?

30. Welche Arten von Relationen können Sie beim Wissensrepräsentationsformalismus „Semantisches Netz" unterscheiden? Erklären Sie jede Relation ausführlich mit einem Beispiel.

31. Welchen Zweck hat die Einführung der "Hat-Nicht-Eigenschaft" bei den Semantischen Netzen?

32. Erstellen Sie eine Tabelle, wo für die Repräsentationsformalismen Produktionsregeln, Frames, Semantische Netze und Logik ihrer Meinung nach wichtige Vor- und Nachteile zusammengefaßt sind.

33. Zeigen Sie die einzelnen Schritte der Transformation der Formel $(\neg a \vee \neg b \vee c)$ in eine PROLOG-Klausel.

34. Beschreiben Sie genau die Syntax der logischen Programmiersprache PROLOG.

35. Klassifizieren Sie die Hornklauseln in PROLOG. Geben Sie für jede Art ein Beispiel.

36. Geben Sie je zwei Beispiele für Mismatches und Matches in PROLOG an.

37. Entwickeln Sie ein kleines PROLOG-Programm ihrer Wahl und stellen Sie dieses als Beweisbaum (Und/Oder-Suchbaum) dar.

38. Erläutern Sie den Resolutionsmechanismus in PROLOG anhand eines selbstgewählten Beispiels.

39. Formulieren Sie die Backtracking-Strategie in PROLOG in Pseudocode.

40. Skizzieren Sie die unterschiedlichen Wege der Lösungsfindung bei der Programmiersprache PROLOG und der Shell CLIPS.

41. Was versteht man unter der Inferenzmaschine bei einem Expertensystem?

42. Beschreiben Sie die verschiedenen Phasen im Knowledge Engineering basierend auf dem Konzept von Hayes-Roth.

43. Angenommen, Sie werden damit beauftragt, ein KI-System zur Kreditwürdigkeitsprüfung von Privatkunden für eine große Bank zu entwickeln. Wovon wird das Gelingen bei einem solchen Projekt besonders abhängen und wo liegen die größten Unterschiede im Vergleich zu einem „herkömmlichen" Software-Engineering-Projekt?

3 Fuzzy Logic und Fuzzy-Systeme

In Kapitel 2 wurden Grundbegriffe der symbolischen Informationsverarbeitung vorgestellt. Dabei wurde gezeigt, daß diese Art der Wissensverarbeitung auf einem formalen Begriffsrahmen (z.B. Prädikatenlogik) und exakten Techniken der Wissensableitung (also Hardcomputing) beruht. Diese symbolische Richtung der Wissensverarbeitung steht oft im krassen Gegensatz zur menschlichen Argumentation, also dem, was man gemeinhin als „gesunden Menschenverstand" bezeichnet, also ein Argumentieren, das auf Schätzungen statt auf formalen Programmiermethoden beruht [PAT96a], S. 458. Die menschliche Argumentation ist normalerweise eingebettet in Ungenauigkeit, unvollständiger Information und jeder Menge Ungewißheit. Die Modellierung einer solchen, menschennahen Argumentation macht natürlich ein eigenes Darstellungsschema erforderlich, das die natürliche Semantik derartiger Prozesse abbildet. In diesem Kapitel wird mit der Fuzzy Logic ein Begriffsrahmen vorgestellt, der eine natürliche Grundlage für eine unscharfe Wissensverarbeitung bietet. Der Name Fuzzy Logic selbst ist irreführend, glaubt man doch, daß man es hier mit einer speziellen Logik zu tun hat. Dies ist nicht der Fall; die Fuzzy Logic ist ein mathematisches Konzept zur Modellierung unscharfer Begriffe, dessen Grundzüge von L. Zadeh 1965 erstmals vorgestellt wurden. Aufbauend auf der Fuzzy Logic wurden Fuzzy-Systeme zur Lösung unscharfer Probleme entwickelt.

Dieses Kapitel ist folgendermaßen aufgebaut: Zuerst wird der grundsätzliche Lösungsansatz der Fuzzy Logic erläutert (Abschnitt 3.1). Als elementare Bausteine werden dabei das Konzept der Fuzzy-Menge und Operationen mit Fuzzy-Mengen vorgestellt. Die Fuzzy Logic wird häufig mit der Wahrscheinlichkeitsrechnung verwechselt. Aus diesem Grund werden in einem eigenen Abschnitt – versehen mit zahlreichen Beispielen – die Unterschiede zwischen den beiden Kalkülen Fuzzy Logic und Wahrscheinlichkeitsrechnung erläutert.

Eine Besonderheit bei der Fuzzy-Modellierung besteht darin, daß es ja eigentlich nur ein einziges Modell gibt, auf dem alle Fuzzy-Systeme aufbauen. Dieses Modell setzt sich aus den Phasen Fuzzifizierung, Fuzzy-Inferenz und Defuzzifikation zusammen. Die verschiedenen Fuzzy-Systeme ergeben sich aus der Verwendung unterschiedlicher Zugehörigkeitsfunktionen und Fuzzy-Operatoren. In der Modellierungsebene wird ein klassisches Regelungsproblem, die Steuerung eines umgekehrten Pendels, mit einem Fuzzy-System modelliert. Als Inferenzverfahren wird die sehr häufig verwendete sog. MAX/MIN-Inferenz eingesetzt.

In der Entwicklungs- und Implementierungsebene (Abschnitt 3.3) werden die einzelnen Phasen bei der Entwicklung eines Fuzzy-Systems vorgestellt. Im besonderen wird dabei auf die Aktivitäten in der Entwurfsphase eingegangen. Neben einem allgemeinen Überblick über

Implementierungsmöglichkeiten wird gezeigt, wie die Regelung einer Autoheizung mit dem Fuzzy-Tool NeuroGraph gelöst wird.

In der Fuzzy-Einsatzebene (Abschnitt 3.4) wird der praktische Einsatz von Fuzzy-Systemen diskutiert. Dabei werden zuerst Kriterien angegeben, anhand derer man erkennen kann, ob eine Fuzzy-Lösung sinnvoll ist. Anschließend werden typische Fuzzy-Anwendungsfelder (mit Fokus auf betriebswirtschaftliche Anwendungen) vorgestellt. Abgeschlossen wird dieses Kapitel mit einem Überblick über die geschichtliche Entwicklung des Gebietes.

3.1   Fuzzy Logic als Lösungsansatz

Bei der Diskussion der Grundkonzepte der formalen Logik in Abschnitt 2.3.3 wurde u.a. als Nachteil angegeben, daß das strenge mathematische Korsett von Aussagen- und Prädikatenlogik mit den zwei Wahrheitswerten „wahr" und „falsch" einfach nicht genug flexibel für gewisse Anwendungen ist. Dies soll anhand eines einfachen Beispiels demonstriert werden, das später auch zur Fuzzy Logic hinführt.

Betrachten wir einige ausgewählte, männlichen Personen mit ihrem Alter in Tabelle 3.1.

Tabelle 3.1: Altersangaben einiger männlicher Personen

Name der Person	Alter
Bernd	73
Erich	29
Franz	57
Georg	19
Peter	12
Rainer	32
Stefan	35

Eine Möglichkeit, das Wissen in Tabelle 3.1 über das Alter von Personen darzustellen, besteht darin, einfach zwei Mengen zu bilden, eine für junge und eine für alte Männer. Zu diesem Zweck definieren wir willkürlich, daß alle männlichen Personen, die 30 Jahre oder älter sind, als alt betrachtet (Menge A) und alle, die jünger als 30 Jahre sind, als jung (Menge J) eingestuft werden.

Im folgenden sind die zwei diskreten Mengen J und A mit ihren Elementen (alphabetisch sortiert) zuerst in Mengenschreibweise und anschließend mit einem sog. Venn-Diagramm dargestellt:

$J = \{x| \ x < 30\}$, also J = {Erich, Georg, Peter}

$A = \{x| \ x >= 30\}$, also A = {Bernd, Franz, Rainer, Stefan}

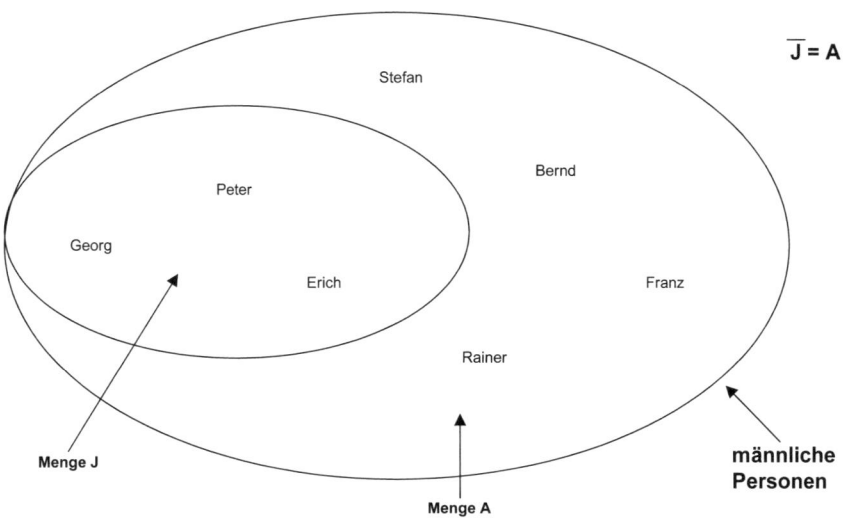

Abbildung 3.1: Venn-Diagramme für die Mengen J und A

Zwischen der Mengenlehre (vgl. Venn-Diagramm) und der Logik besteht ein enger Zusammenhang. Wenn z.B. Stefan ein Element der Menge A ist, dann muß auch die Aussage „Stefan ist alt" wahr sein. Diese Aussage kann mit der Prädikatenlogik formalisiert werden, etwa durch das PROLOG-Faktum `alt(stefan)`.

Es liegt auf der Hand, daß obige Repräsentation nicht sonderlich befriedigend ist und auch nicht adäquater wird, wenn die Trennlinie zwischen „jung" und „alt" verschoben wird. Nach dem Verständnis des Menschen sind die Begriffe „alt" und „jung" fließend definiert. Der Begriff „Alter" ist also unscharf. Es ist klar, daß Rainer mit seinen 32 Jahren zwar nicht mehr ganz so jung ist wie Erich, aber kein Mensch würde deswegen Rainer gleich zu den alten Männern zählen. Eine derartige strikte und willkürliche Trennung zwischen den Begriffen „jung" und „alt" zu ziehen wie in der klassischen Mengenlehre und damit der Logik widerspricht also dem grundsätzlichen Verständnis des Menschen vom Begriff „Alter". Die Basis für diese strikte Trennung liegt im von Aristoteles entwickelten „Satz vom ausgeschlossenen Widerspruch", der besagt, daß ein Ding nicht gleichzeitig die Eigenschaft „E" und deren Gegenteil „nichtE" besitzen kann. Auf unser Venn-Diagramm (vgl. Abbildung 3.1, siehe auch die Definitionen der Mengen A und J) übertragen bedeutet dies, daß ein Element (Person) nicht gleichzeitig zu A und auch zu J gehören kann. Der Durchschnitt dieser Mengen ist also leer.

Obwohl der Satz vom ausgeschlossenen Widerspruch unanfechtbar scheint, weiß jeder Ingenieur, daß dieser Satz durch unscharfe Ereignisse in der Realität verletzt wird. Im folgenden sind Beispiele dafür angegeben:

- Die Flüssigkeit, die durch ein Ventil fließt, ist ein bißchen warm.
- Ein Auto kommt allmählich zum Stehen.

Ein weiteres Beispiel für einen unscharf definierten Begriff ist der sog. Sorites oder Ketten- bzw. Haufenschluß (vom Griechischen soreites = der Häufer). Angenommen, jemand hat ziemlich viele Haare auf dem Kopf, eine richtige Löwenmähne. Wenn diese Person sich ein Haar ausreißt, dann hat sie immer noch eine Löwenmähne. Wenn noch ein Haar entfernt wird, trifft dies immer noch zu usw. Zu guter Letzt hat dieser Mensch aber überhaupt keine Haare mehr am Kopf und er ist kahlköpfig. Legt man die klassische Logik zugrunde, so kann man diesem Paradoxon nur Herr werden, wenn man eine bestimmte, willkürliche Grenze zieht. Die Problematik einer solchen Grenze wurde schon am Beispiel des Alters von Personen erörtert.

Die „schwarz-weiß"-, „0-1"- oder „wahr-falsch"-Repräsentation der formalen Logik ist also nur bei wenigen Problemstellungen die geeignete Repräsentationsform. Für die überwiegende Zahl der Ereignisse, die wir in der Realität beobachten, kann man keine klaren, abgegrenzten Mengen angeben. Die formale Logik als Repräsentationsformalismus scheidet dann aus.

Interessant in Zusammenhang mit der Definition unscharfer Begriffe sind die Experimente, die die amerikanische Psychologin E. Rosch mit amerikanischen College-Studenten durchgeführt hat [DRÖ94], S. 15f. Sie gab 113 Studenten eine Liste mit verschiedenen Vertretern eines Begriffs und ersuchte sie, auf einer ganzzahligen Bewertungsskala von 1 bis 7 zu bewerten, wie typisch sie diese Exemplare für die jeweilige Kategorie hielten. Mit „1" waren sehr typische Vertreter einer Kategorie und mit „7" äußerst untypische Vertreter zu bewerten. Den Studenten war klar, was sie zu tun hatten, und niemand zweifelte an der Sinnhaftigkeit der Aufgabe. Im folgenden sind die Ergebnisse für die Begriffe Vogel, Obst, Gemüse und Fahrzeug zusammengestellt (Tabelle 3.2 nach [DRÖ94], S. 16), gemittelt über die 113 Fragebögen.

Tabelle 3.2: Ergebnisse des Experimentes von E. Rosch mit College-Studenten

Vogel	Obst	Gemüse	Fahrzeug
Rotkehlchen 1,1	Apfel 1,3	Möhre 1,1	Auto 1,0
Adler 1,2	Pflaume 2,3	Spargel 1,3	Motorroller 2,5
Zaunkönig 1,4	Ananas 2,3	Sellerie 1,7	Boot 2,7
Strauß 3,3	Erdbeere 2,3	Zwiebel 2,7	Dreirad 3,5
Huhn 3,8	Feige 4,7	Petersilie 3,8	Skier 5,7
Fledermaus 5,8	Olive 6,2	Pickles 4,4	Pferd 5,9

Wie können diese Ergebnisse erklärt werden? Nun es scheint, daß es für jeden Begriff Exemplare gibt, die jedem sofort einfallen. Als typischen Repräsentanten – auch als Prototyp bezeichnet – für einen Vogel hat jeder gleich einen Singvogel vor Augen, aber nicht etwa einen Pinguin oder einen Strauß. Rosch fand auch heraus, warum dies so ist [DRÖ94], S. 16. Prototypen gehören in erster Linie nur zu einem einzigen Begriff und repräsentieren diesen Begriff daher ganz ausgezeichnet. Hingegen für Exemplare wie z.B. das Klavier trifft dies nicht zu. Ein Klavier ist zu einem gewissen Teil ein Möbelstück, hauptsächlich wohl aber ein Musikinstrument.

In diesem Kapitel wird mit der von L. Zadeh begründeten Fuzzy Logic ein Konzept zur Modellierung unscharfer Begriffe vorgestellt. Die wohl am meisten referenzierte Fuzzy-Publikation ist der Artikel von L. Zadeh, in dem das Konzept der Fuzzy-Mengen [ZAD65] zum ersten Mal vorgestellt wurde. Leicht verständliche Einführungen in das Gebiet der Fuzzy Logic sind [DRÖ94], [NEI94] und [ALT95]. Für den Leser, der an Fuzzy-Implementierungen interessiert ist, ist [MAY93] besonders geeignet. Dem mathematisch orientierten Leser seien [BOT95], [BÖH93] und [PAT96b] empfohlen.

3.1.1 Die Zugehörigkeitsfunktion

Ausgangspunkt unseres Streifzuges durch die Fuzzy Logic ist wiederum das Beispiel mit dem Alter von Männern. Statt der strikten Zuordnung Person mit Alter x gehört zu J oder nicht zu J (dann ist die Person $\in$ A) führt Zadeh den Begriff der sog. Zugehörigkeitsfunktion ein, die den Grad der Zugehörigkeit eines Elementes zu einer bestimmten Menge angibt. Diese Zugehörigkeitsfunktion gibt für jedes Element einen Wert zwischen 0 und 1 an. Statt Zugehörigkeitsfunktion verwenden wir in diesem Kapitel auch den Begriff Fuzzy-Menge (fuzzy set).

Eine mögliche Zugehörigkeitsfunktion für die Menge J = {Menge der jungen Männer} ist in Abbildung 3.2 dargestellt. Dazu vereinbaren wir folgendes:

- Personen, die 20 Jahre und jünger sind, werden als jung betrachtet.
- Personen, die 50 Jahre und älter sind, werden als alt betrachtet.

Im ersten Fall liefert die Zugehörigkeitsfunktion den Wert 1 und im zweiten Fall 0. In diesen Fällen liefert die unscharfe Repräsentation mittels Fuzzy Logic das gleiche Ergebnis wie die klassische Mengenlehre.

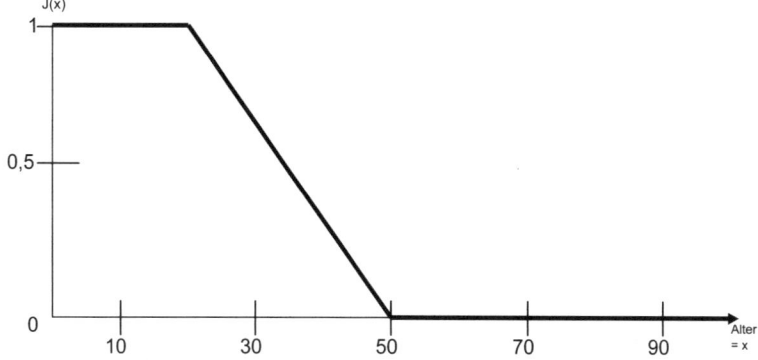

Abbildung 3.2: Zugehörigkeitsfunktion für die Menge J

Das Problem der „scharfen" Grenze zwischen „jung" und „nicht jung" wird dadurch gelöst, indem ein gleitender Übergang zwischen diesen beiden Extremen realisiert wird. Da mit der Fuzzy-Menge auch ein völlig neuartiges Konzept der Mengenlehre geschaffen wird, ist es nötig sich vor Augen zu halten, was es konkret bedeutet, wenn z.B. ausgesagt wird: „Erich ist jung zum Grad 0,7." Für diese Aussage gibt es eine Reihe von Interpretationsmöglichkeiten [DRÖ94], S. 48:

Etwa 70 Prozent aller Leute würden Erich als jung bezeichnen.

Je nachdem würde ich Erich mal als jung bezeichnen und mal nicht, aber in etwa 70 Prozent der Fälle jedoch würde ich ihn jung nennen.

Erich ist eigentlich recht jung. Auf einer Skala von 0 bis 1 würde ich für sein Alter den Wert 0,7 vergeben.

Nach der klassischen Fuzzy-Lehre ist nur die letze Aussage zulässig. In den beiden vorangehenden Aussagen kommt der Begriff der Wahrscheinlichkeit vor, der wie in diesem Kapitel später gezeigt werden wird, mit der Fuzzy Logic eigentlich nichts zu tun hat.

Die Fuzzy-Menge J kann jetzt nicht mehr durch Aufzählen ihrer Mitglieder spezifiziert werden („Was heißt Mitglied zum Grad 0,45?"), sondern durch Angabe einer Zugehörigkeitsfunktion J(x) (wie z.B. in Abbildung 3.2), die den Grad der Zugehörigkeit zur Menge J angibt. Dieses grundlegende Merkmal der Fuzzy Logic ist für den Anfänger nur sehr schwer zu verstehen, wohl auch deshalb, weil eine Fuzzy-Menge graphisch auch nicht mehr sinnvoll veranschaulicht werden kann.

Die Funktion J(x) für die Zugehörigkeit einer Person mit dem Alter x zur Menge J ist dann definiert durch:

J(x) = 1 für x <= 20

J(x) = -1/30*x + 5/3 für 20 < x < 50

J(x) = 0 für x >= 50

Die einzelnen Zugehörigkeitsgrade J(x) für die betrachteten Personen sind in Tabelle 3.3 angeführt, wobei zwecks Gegenüberstellung zusätzlich noch die Zugehörigkeiten nach der klassischen Mengenlehre eingetragen sind.

Die Zugehörigkeitsfunktion muß nicht immer linear wie in Abbildung 3.2 sein, sondern kann genauso gut auch z.B. eine sigmoide Funktion sein [DRÖ94], S. 34. In der Praxis kommt es meistens auf diese Feinheiten nicht an, so daß jener Funktion der Vorzug gegeben wird, die einfacher zu berechnen ist, insbesondere bei Echtzeitproblemen.

Tabelle 3.3: Grade der Zugehörigkeit zur Menge J

Name der Person	Alter	Zugehörigkeit zu J (klassische Definition)	Zugehörigkeit zu J (Fuzzy Definition)
Bernd	73	0	0
Erich	29	1	0,7
Franz	57	0	0
Georg	19	1	1
Peter	12	1	1
Rainer	32	0	0,6
Stefan	35	0	0,5

Die mangelnde Exaktheit bei der Definition der Zugehörigkeitsfunktionen und die Ausrichtung auf den Berechenbarkeitsaspekt ist ein häufig genannter Kritikpunkt an der Fuzzy Logic. Diese Kritik ist zum Teil berechtigt, wenn man sich wieder das Beispiel mit dem Alter der Männer vor Augen hält. Hier wurde auch willkürlich festgelegt, daß z.B. Männer unter 20 Jahre als jung zu betrachten sind. Genauso gut könnte diese Grenze bei 18 Jahre verlaufen. Zur Rechtfertigung der Fuzzy Logic muß allerdings angeführt werden, daß nicht die Festlegung der „Extremwerte" und der Bereiche links und rechts davon das Kernproblem einer Definition eines unscharfen Begriffes darstellen, sondern die Suche nach einer sinnvollen Beschreibung der Werte dazwischen.

Einige Fuzzy-Theoretiker vertreten wegen der Möglichkeit der individuellen, nicht intersubjektiven Definition von Zugehörigkeitsfunktionen die Meinung, daß nicht eine einzige und sei sie auch noch so wohlüberlegte Zugehörigkeitsfunktion einen unscharfen Begriff ausreichend beschreibt, sondern erst eine ganze Funktionenschar, die dann einen Teilraum der Ebene ausfüllen.

Die Fuzzy Logic stellt also eine mehrwertige Logik dar, wo es über das Konzept der Fuzzy-Mengen möglich wird, Zwischenwerte zu verarbeiten. Die Fuzzy Logic kann damit als Erweiterung der herkömmlichen Logik betrachtet werden. Unscharfe Begriffe wie z.B. Alter, Körpergröße oder Temperatur werden durch Verwendung von sog. linguistischen Variablen (z.B. Alter, Körpergröße, Temperatur usw.) modelliert, die durch eine oder mehrere Zugehörigkeitsfunktionen spezifiziert werden. Die einzelnen Zugehörigkeitsfunktionen heißen Terme oder Labels. Die Zugehörigkeitsfunktionen selber sind – wie gezeigt wurde – reellwertige Funktionen. Wie aus Abbildung 3.2 ersichtlich, ist die linguistische Variable Alter nur durch eine einzige Zugehörigkeitsfunktion modelliert. In Abbildung 3.3 wird Alter durch drei Terme spezifiziert. Dabei macht es nichts aus, daß sich die einzelnen Zugehörigkeitsfunktionen überschneiden. Jemand, der im mittleren Alter ist, ist ja auch zu einem gewissen Grad alt.

Wir können schreiben

Alter = {jung, mittleres Alter, alt}

Wünscht man eine detailliertere „Skalierung" der linguistischen Variable Alter, so könnte man auch modellieren:

Alter = {sehr jung, jung, mittleres Alter, alt, sehr alt}

Allerdings gilt es zu berücksichtigen, daß viele Terme auch zusätzlichen Berechnungsaufwand mit sich bringen. Dies wird bei der Diskussion der Fuzzy-Regelung (Abschnitt 3.2) deutlich werden.

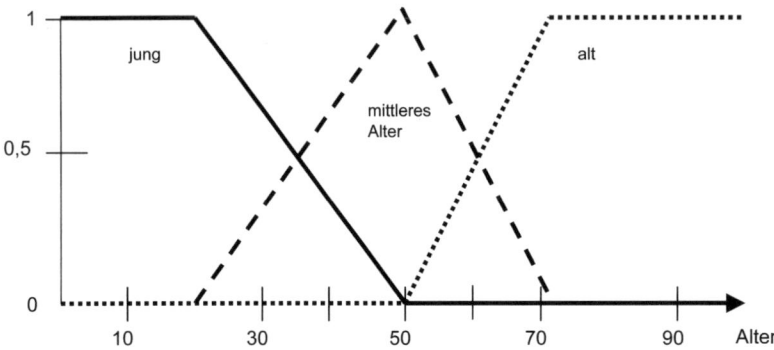

Abbildung 3.3: Modellierung von Alter mit drei Termen

Wie später gezeigt wird, werden linguistische Variable bei den meisten industriellen Anwendungen mit mehreren Termen spezifiziert. Üblicherweise werden fünf bis sieben Terme eingesetzt.

Die klassische Cantor'sche Menge stellt einen Spezialfall einer Fuzzy Menge dar, wo lediglich die Funktionswerten 0 und 1, aber keine Zwischenwerte vorkommen. Dies ist in Abbildung 3.4 verdeutlicht, die die Menge der Zahlen zwischen 20 und 30 angibt.

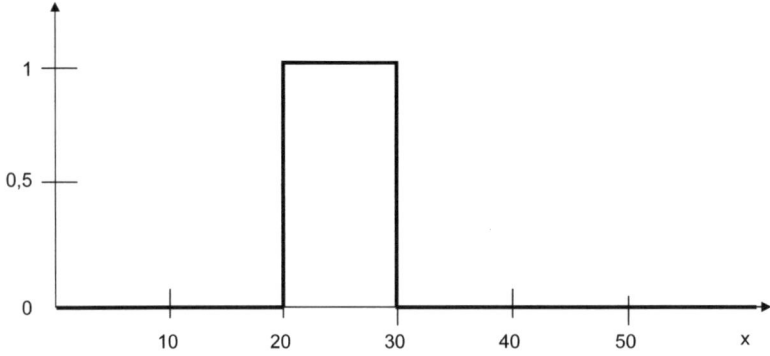

Abbildung 3.4: Herkömmliche Menge als Fuzzy-Menge dargestellt

3.1.2   Operationen mit Fuzzy-Mengen

In diesem Abschnitt werden die Operationen Negation, Durchschnitt und Vereinigung für Fuzzy-Mengen vorgestellt. Die Kenntnis dieser Operationen ist wichtig für die Verarbeitungslogik der Fuzzy-Inferenz.

Das Komplement einer Menge (Negations-Operator)

Die erste Operation mit einer Fuzzy-Menge, die wir betrachten, ist das Komplement einer Menge. In der Abbildung 3.5 ist das Komplement zur Menge J, also die Menge der Personen, die nicht jung sind, abgebildet.

Wir können auch schreiben:

$$\overline{J}(x) = 1 - J(x), \ \forall x \in X$$

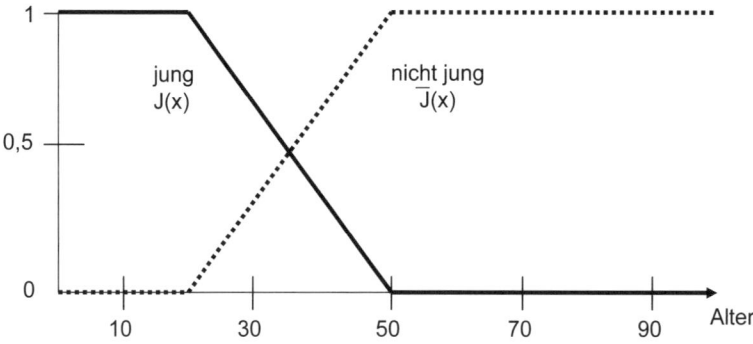

Abbildung 3.5: Komplement zur Menge J

Erich mit seinen 29 Jahren ist also jung zum Grad 0,7 und nicht jung zum Grad 0,3. Unterhalb von 20 und oberhalb von 50 Jahren verläuft die Komplementbildung analog zur klassischen Mengenlehre. Aus Abbildung 3.5 ist ersichtlich, daß knapp über 30 Jahre jenes Alter erreicht ist, wo eine Person mit gleichen Graden „jung" und „nicht jung" ist.

Der Durchschnitt zweier Mengen (Minimum-Operator)

In der klassischen Mengenlehre ist der Durchschnitt zweier Mengen A und B durch jene Elemente definiert, die zu beiden Mengen gehören. Wenn etwa A = {5, 7, 8, 11} und B = {2, 3, 7, 11}, dann ergibt sich der Durchschnitt A∩B = {7, 11}.

Übertragen auf die Fuzzy Logic bedeutet dies, daß die Fuzzy-Menge A∩B, die ja eine Funktion ist, sich aus der Minimumbildung der Fuzzy-Mengen A und B (vgl. Abbildungen 3.6 und 3.7) ergibt. Dies ist für die Fuzzy-Menge A = {zwischen 5 und 8} und B = {ungefähr 4} dargestellt. Mit μA bzw. μB sind die Zugehörigkeitsgrade zu den Fuzzy-Mengen A und B bezeichnet.

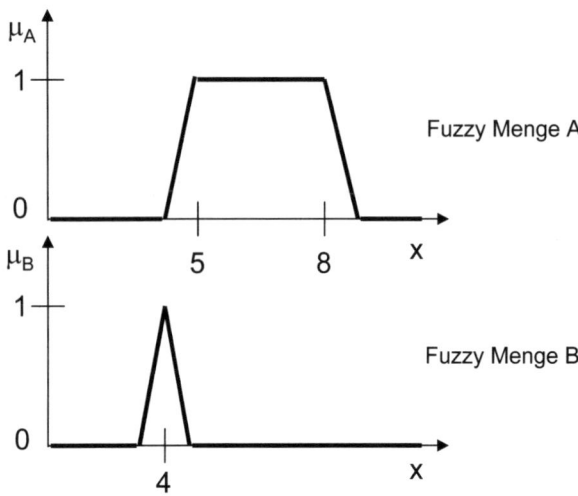

Abbildung 3.6: Fuzzy-Mengen A und B

Mathematisch können wir die Minimumbildung folgendermaßen formulieren:

$$\mu(A(x) \cap B(x)) = min\ (\mu A(x),\ \mu B(x)),\ \forall x \in X$$

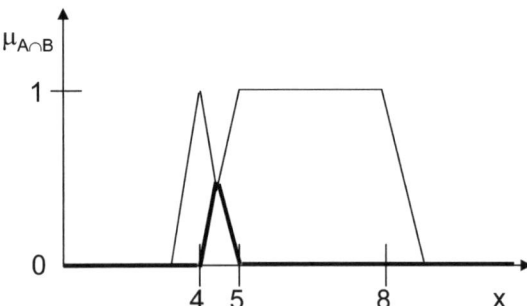

Abbildung 3.7: Durchschnitt der Fuzzy-Mengen A und B

Die Vereinigung zweier Mengen (Maximum-Operator)

Die Vereinigung zweier Mengen A und B – gezeigt in der Abbildung 3.8 – in der klassischen Mengenlehre ist die Supermenge der Elemente. Auf obige Mengen bezogen ist A∪B = {2, 3, 5, 7, 8, 11}.

Für Fuzzy-Mengen ergibt sich der Zugehörigkeitsgrad für A∪B dann aus dem Maximum von μA und μB. Formal ist die Vereinigung zweier Fuzzy-Mengen definiert als

$$\mu(A(x)\cup B(x)) = max\ (\mu A(x),\ \mu B(x)),\ \forall x \in X$$

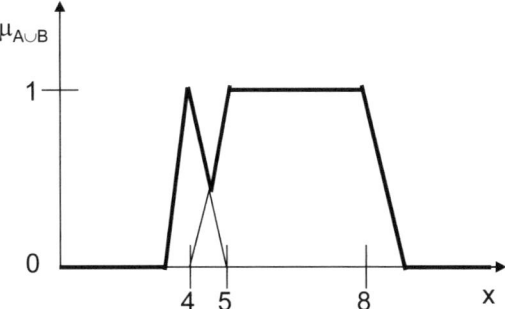

Abbildung 3.8: Vereinigung der Fuzzy-Mengen A und B

Paradoxien in der Fuzzy Logic

Wenden wir auf die zwei Fuzzy-Mengen „mittleres Alter" und „alt" in Abbildung 3.3 den Vereinigungsoperator an, so erhalten wir ein Ergebnis (vgl. Abbildung 3.9, fette, schwarze Linie), das unserem alltäglichen Sprachgebrauch und dem natürlich vom aristotelisch geprägten logischen Denken zuwiderläuft [DRÖ94], S.49f.

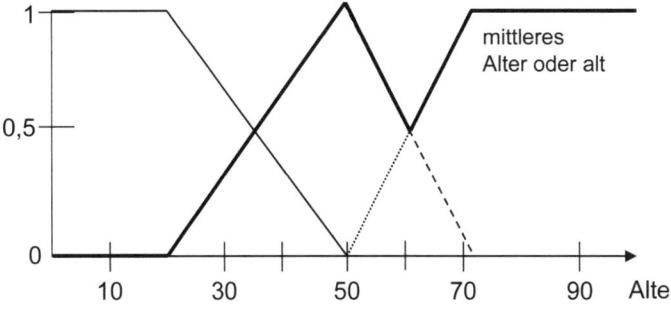

Abbildung 3.9: Vereinigung der Fuzzy-Mengen „mittleres Alter" und „alt"

Erwartet hätten wir für die Vereinigung eine Fuzzy Menge, die monoton auf den Wert 1 ansteigt, aber dann nicht mehr abfällt. Der in Abbildung 3.9 ersichtliche Knick erscheint uns im Hinblick auf die Vereinigung bei der klassischen Mengenlehre doch etwas seltsam. Bei der praktischen Anwendung von Fuzzy-Systemen werden derartige Deformationen oder Paradoxien einfach ignoriert. Die Systeme sind derart robust, daß sie trotzdem funktionieren. Unter den Fuzzy-Theoretikern haben jedenfalls Beispiele wie oben zu einer Diskussion geführt, welche Definitionen von Durchschnitt und Vereinigung adäquat sind. Eine Standardisierung scheint hier aber noch nicht in Sicht [DRÖ94], S. 50.

Ein weiteres Beispiel, wo die Anwendung von Fuzzy-Operatoren zu einem unserer Intuition nach seltsamen Ergebnis führt, ist in Abbildung 3.10 dargestellt.

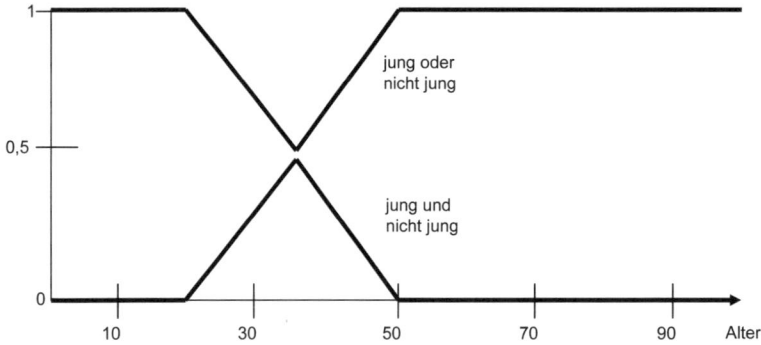

Abbildung 3.10: Fuzzy-Paradoxon bei Anwendung des Durchschnitts- und Vereinigungsoperators

In der klassischen Mengenlehre und Logik erhalten wir für die Verknüpfung

$$J \vee \neg J$$

den Wahrheitswert 1 und für die Verknüpfung

$$J \wedge \neg J$$

den Wahrheitswert 0. Aus Abbildung 3.10 geht hervor, daß für diese Verknüpfungen bei den Fuzzy-Mengen Grauwerte zwischen 0 und 1 existieren können.

Einsatz von Modifikatoren

Die Komplementbildung oder Negation ist ein unärer Operator, d.h. es wird eine einzige Fuzzy-Menge manipuliert. Die Durchschnittsbildung und Vereinigung hingegen stellen sog. binäre Operatoren dar.

Neben der Negation gibt es noch einen weiteren unären Operator, die sog. Modifikation linguistischer Variablen [MAY93], S.65f. Angenommen, wir wollen aus unserer Fuzzy-

Menge J = {Menge der jungen männlichen Personen} die Fuzzy Menge SJ = {Menge der sehr jungen männlichen Personen} generieren. Dann stellt sich die Frage, wie der sprachliche Modifikator „sehr" mathematisch realisiert werden soll. In der Fuzzy-Theorie gibt es sowohl für den sehr- als auch für den mehr oder weniger-Modifikator keine Standardlösungen, sondern lediglich Vorschläge [MAY93], S. 65.

Für den sehr-Modifikator z.B. (μ gibt wieder den Wert der Fuzzy-Menge an)

$$\mu_{sehr}(x) = \mu(x)^2, \ \forall x \in X$$

und für den mehr oder weniger-Modifikator

$$\mu_{mehr\,oder\,weniger}(x) = \sqrt{\mu(x)}, \ \forall x \in X$$

Der Einsatz des sehr-Modifikators hat die Konzentration der Fuzzy-Menge zur Folge, also eine Abschwächung der Unschärfe. Der mehr oder weniger-Modifikator hingegen bewirkt eine Verstärkung der Unschärfe. Dies wird auch Dilation genannt.

Das Konzept der Modifikatoren in obiger Darstellung ist nicht unumstritten, so daß auch andere Realisierungen vorgeschlagen werden. Für unser Beispiel der Menge der jungen männlichen Personen J könnte dann eine Fuzzy-Menge SJ ganz einfach so realisiert werden, wie in Abbildung 3.11 gezeigt.

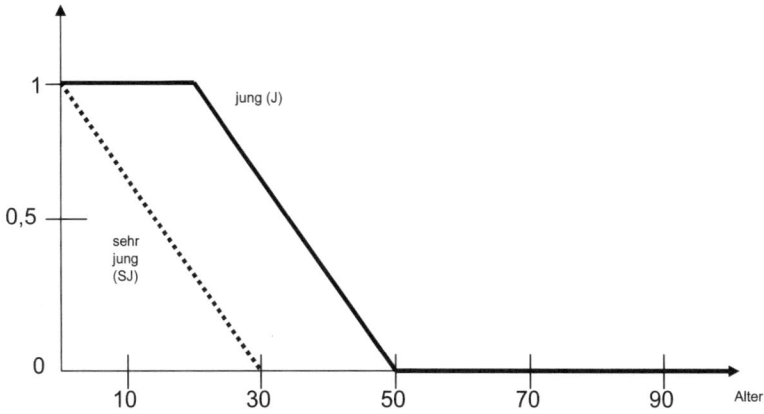

Abbildung 3.11: Anwendung des Modifikators „sehr" auf die Fuzzy-Menge J

Aus Abbildung 3.11 ist auch ersichtlich, daß SJ eine Teilmenge von J ist (SJ $\subset$ J). In diesem Fall gilt für alle x $\in$ X, daß der Fuzzy-Wert von SJ kleiner oder maximal gleich wie der von J ist.

3.1.3 Fuzzy Logic und Wahrscheinlichkeitsrechnung

Mit der Fuzzy Logic wird eine neue Theorie der Unsicherheit, Unschärfe begründet. Nun gibt es auch andere Theorien zu Unsicherheit, u.a. die Wahrscheinlichkeitsrechnung. Da beide Theorien im Intervall [0,1] operieren, wurde oft argumentiert, daß die Fuzzy Logic eigentlich eine versteckte Wahrscheinlichkeitsrechnung sei. In diesem Abschnitt werden die grundlegenden Unterschiede zwischen diesen beiden Theorien dargelegt.

Diskrete Mengen versus Fuzzy-Mengen

Ausgangspunkt unserer Überlegungen sei folgendes Beispiel des Fuzzy-Theoretikers B. Kosko (zitiert nach [DRÖ94], S. 78), das zeigt, wie andersartig Fuzzy-Begriffe sind:

Nehmen wir an, ich vermute, im Kühlschrank ist ein Apfel, und schätze die Wahrscheinlichkeit dafür auf 0,5. Dann verschwindet die Wahrscheinlichkeit in dem Moment, wo ich die Kühlschranktür öffne. Andererseits könnte im Kühlschrank ein halb gegessener Apfel liegen, dessen Zugehörigkeit zur Fuzzy-Menge der Äpfel wir mit dem Wert 0,5 definieren. Dieser Wert bleibt derselbe, egal ob der Kühlschrank geöffnet wird oder geschlossen bleibt.

Die Wahrscheinlichkeit wird allgemein als „ein Maß zur Quantifizierung der Sicherheit bzw. Unsicherheit des Eintretens eines bestimmten Ereignisses im Rahmen eines Zufallsexperiments" [BLE96], S. 27 angesehen. Bei unserem Kühlschrank-Experiment liegen dann zwei Ereignisse vor, einmal das Ereignis A = {Apfel ist im Kühlschrank} und dann das Komplementärereignis von A, Ã= {Apfel ist nicht im Kühlschrank}.

Angenommen, wir haben zu einem bestimmten Zeitpunkt keinen Grund anzunehmen, daß A eher als Ã eintritt, dann sind beide Ereignisse als gleich wahrscheinlich zu betrachten. Unterstellen wir dies bei unserem Kühlschrank-Beispiel, so erhalten wir für W(A) = W(Ã) = 0,5. Es kann aber durchaus passieren, daß wir zu einem späteren Zeitpunkt zu einer anderen Wahrscheinlichkeit W(A) kommen. So könnte vermehrt Obst eingekauft und gekühlt werden, so daß W(A) ansteigt. Wenn wir alle möglichen oder realisierten Ereignisse A (mit verschiedenen Wahrscheinlichkeiten W(A)) in einer Menge zusammenfassen, dann gehören alle Elemente immer noch zur Menge A = {Apfel ist im Kühlschrank}. A kann immer realisiert werden, allerdings nur mit einer bestimmten Wahrscheinlichkeit. Die Zugehörigkeit zur Menge A wird durch diese Wahrscheinlichkeit W(A) bestimmt. Man beachte, daß hier auch der aristotelische Satz vom ausgeschlossenen Widerspruch seine Gültigkeit behält.

Ganz anders ist die Situation bei der Fuzzy Logic. Einen ganzen Apfel wird man mit Zugehörigkeitsgrad 1 zur Menge der Äpfel zählen. Ein halb gegessenen Apfel hat nur mehr den Zugehörigkeitsgrad 0,5 usw. Diskrete Mengen (crisp sets) gibt es nicht mehr, und der Satz vom ausgeschlossenen Widerspruch hat, wie in Abschnitt 3.1.2 gezeigt, auch seine Gültigkeit verloren.

Ein anderes Beispiel verdeutlicht auch die unterschiedlichen semantischen Konsequenzen von Wahrscheinlichkeitsrechnung und Fuzzy Logic. Wir nehmen an, daß ein Wanderer nahe am Verdursten in der Wüste ein Gefäß mit einer nicht näher definierten Flüssigkeit findet.

Wir fragen uns nun, welche der beiden folgenden Aussagen ihn in seiner bedrohlichen Lage glücklicher stimmt:

- Variante 1 (Wahrscheinlichkeitsrechnung): Die Flüssigkeit ist mit einer Wahrscheinlichkeit von 99 % trinkbar.
- Variante 2: (Fuzzy Logic): Der Inhalt der Flasche gehört mit dem Zugehörigkeitsgrad von 0,99 zur Menge der trinkbaren Flüssigkeiten.

Zuerst betrachten wir wieder den Unterschied zwischen diesen beiden Aussagen mengentheoretisch. Die Aussage der Wahrscheinlichkeitsrechnung bedeutet, daß der Inhalt der Flasche mit einer Wahrscheinlichkeit von 99 % zur Menge der trinkbaren Flüssigkeiten gehört. Diese Quantifizierung könnte sich z.B. dadurch ergeben, daß die von Wanderern in diesem Abschnitt der Wüste gefundenen Flaschen zu 99 % trinkbaren Inhalt hatten. 1 % war vergiftet und hat zu Krankheit oder Tod des Wanderers geführt. Der Wanderer trägt also ein Risiko von 1 % vergiftet zu werden. Die Aussage hingegen, der Inhalt der Flasche besitzt einen Zugehörigkeitsgrad von 0,99 zur Menge der trinkbaren Flüssigkeiten, wird ihn aller Voraussicht nach in seiner Lage glücklicher stimmen, denn abgesehen vielleicht vom etwas komischen Geschmack des Wassers werden sich für ihn beim Trinken keine negativen Konsequenzen ergeben.

Unterschiedliche Konzeption der Kalküle

Ein Hauptkritikpunkt jener Vertreter der Wahrscheinlichkeitstheorie, die mit der Fuzzy Logic nichts anfangen können, ist die Behauptung, daß die Fuzzy Logic kein solides mathematisches Fundament besitzt. L. Zadeh versuchte dieses Argument dadurch zu entkräften, indem er im Jahre 1978 eine possibility theory (Theorie der Möglichkeiten) [ZAD78] als Gegenstück zur probability theory (Wahrscheinlichkeitsrechnung, Stochastik) entwarf.

Folgendes Beispiel aus [NEI94], S. 101 soll die unterschiedliche axiomatische Fundierung von Wahrscheinlichkeitstheorie und Fuzzy Logic verdeutlichen (vgl. Tabelle 3.4). In dieser Tabelle ist für gewisse Zahlen von Eiern angegeben, wie wahrscheinlich und möglich es ist, daß eine bestimmte Person, nennen wir sie Hans, diese Zahl zum Frühstück ißt.

Tabelle 3.4: Wahrscheinlichkeit und Möglichkeit, eine bestimmte Zahl von Eiern zu essen

Zahl der Eier	Wahrscheinlichkeit	Möglichkeit
1	0,1	1
2	0,8	1
3	0,1	1
4	0	1
5	0	0,8
6	0	0,6
7	0	0,4
8	0	0,2

Betrachten wir zunächst die Spalte mit den Wahrscheinlichkeiten. Die Werte ergeben sich aus den relativen Häufigkeiten der Beobachtung des entsprechenden Ereignisses über einen gewissen Zeitraum, also

$W(A) = $ *Zahl der günstigen Fälle/Zahl der möglichen Fälle*

Haben wir einen Beobachtungszeitraum von 100 Tagen (~ 100 Frühstücke) zugrundegelegt und konnten wir etwa beobachten, daß das Ereignis A = {Hans ißt 3 Eier zum Frühstück} an 10 Tagen auftritt, so gilt

$W(A) = 10/100 = 0,1$

Die Wahrscheinlichkeitsrechnung wurde axiomatisch vom russischen Mathematiker A.N. Kolmogorov definiert. Dabei geht es nicht darum, das Wesen der Wahrscheinlichkeit zu erklären, sondern die mathematischen Eigenschaften festzulegen. Die axiomatische Definition der Wahrscheinlichkeit umfaßt folgende drei Axiome [BLE96], S. 28:

1. Nichtnegativitätsbedingung
    Die Wahrscheinlichkeit $W(A)$ des Ereignisses A eines Zufallsexperiments ist eine eindeutig bestimmte, reelle, nichtnegative Zahl, die der Bedingung $0 <= W(A) <= 1$ genügt.
2. sicheres Ereignis
    Wenn man mit S jenes Ereignis bezeichnet, das alle Elementarereignisse eines Zufallsexperiments enthält, dann ist S das sichere Ereignis mit $W(S) = 1$. Beim Werfen einer Münze etwa sind die Elementarereignisse {Kopf, Zahl}.
3. Vereinigung
    Schließen sich zwei Ereignisse A und B eines Zufallsexperimentes gegenseitig aus – so wie z.B. die Realisierungen „Kopf" und „Zahl" beim Münzenwurf -, so gilt: $W(A \cup B) = W(A) + W(B)$.

Bei der Fuzzy Logic („Theorie der Possibilitäten") besitzt diese axiomatische Fundierung keine Gültigkeit. Dies läßt sich daraus ersehen, daß die Summe der Möglichkeiten der angeführten Ereignisse größer als 1 ist, was im Widerspruch zur kolmogorov'schen Axiomatik steht.

Das theoretische Fundament der Theorie der Possibilitäten ergibt sich über die Definition der Funktion „Möglichkeit" [BOT95], S. 97. Eine Funktion $\Pi: L(X) \rightarrow [0,1]$ heißt Möglichkeit auf $L(X)$ wenn für alle $A_i \in L(X)$, $i = 1,...,n$ gilt:

1. $\Pi(\emptyset) = 0$, ($\emptyset$ steht für die leere Menge)
2. $\Pi(X) = 1$,
3. (für endliche Fuzzy-Mengen) $A_1, A_2 \in L(X)$, $A_1 \cap A_2 = \emptyset \Rightarrow \Pi(A_1 \cup A_2) = \max[\Pi(A_1), \Pi(A_2)]$.

Die Möglichkeit kann als Maß dafür interpretiert werden, wie leicht das jeweilige Ereignis eintreten kann. Wenn man die Tabelle 3.4 betrachtet, so ist es gleich möglich (mit Zugehörigkeitsgrad = 1), daß Hans eines, zwei, drei oder vier Eier essen kann. Ab dem fünften Ei wird es schwieriger. Um zu den relativen Häufigkeiten bei der Wahrscheinlichkeitsrechnung zu kommen, muß man die Ergebnisse der Vergangenheit mitprotokollieren. Bei der Fuzzy Logic hingegen erfolgt aufgrund der Kenntnis über die Konstitution von Hans und seine Vorliebe für Eier eine rein subjektive Beurteilung, wie leicht die Ereignisse eintreten können. Ein anderes Beispiel, wo auch sehr schön der Unterschied zwischen empirischer bzw. formaler Berechnung in der Wahrscheinlichkeitsrechnung und subjektiver Einschätzung in der Possibilitätsrechnung sichtbar wird, ist in [BÖH93], S. 234 zu finden. Die Möglichkeit, sechs Richtige im Zahlenlotto „sechs aus 49" zu haben, wird wegen des großen Anreizes vielleicht übertrieben hoch mit 0,1 eingeschätzt. Die Wahrscheinlichkeit, sechs Richtige zu haben, kann in der Wahrscheinlichkeitsrechnung exakt mit der hypergeometrischen Verteilung (Urnenmodell, Ziehen ohne Zurücklegen) berechnet werden. Der Wert dafür ist viel geringer als die subjektiv eingeschätzte Möglichkeit 0,1. Aus der Tabelle 3.4 und dem Lottobeispiel sieht man, daß die Möglichkeiten höher eingeschätzt werden als die Wahrscheinlichkeiten. L. Zadeh hat dies 1978 folgendermaßen formuliert [ZAD78]:

Was möglich ist, mag nicht wahrscheinlich sein, und was unwahrscheinlich ist, mag nicht unmöglich sein.

Umgekehrt kann man auch sagen:

Was unmöglich ist, ist auch unwahrscheinlich.

Das Rechnen mit Possibilitäten (Possibilistik) kann genauso formalisiert werden wie das Rechnen mit Wahrscheinlichkeiten. In der Wahrscheinlichkeitsrechnung lautet der Multiplikationssatz für zwei unabhängige Ereignisse A und B

$$W (A \wedge B) = W(A) * W(B)$$

Die Wahrscheinlichkeit, bei zwei aufeinanderfolgenden Münzwürfen jeweils „Kopf" zu erhalten, ist also 0,5*0,5 = 0,25. In der Possibilistik ergibt sich die Möglichkeit von A∧B über die Minimumbildung der beiden Possibilitäten A und B, also

$$Poss (A \wedge B) = min (Poss (A), Poss (B))$$

Die Possibilität mehrerer Ereignisse ist also immer die kleinste Possibilität dieser Ereignisse. In der Tabelle 3.5 sind noch einmal die grundlegenden Unterschiede zwischen den beiden Konzeptionen Wahrscheinlicheitsrechnung und Fuzzy Logic zusammengefaßt.

Tabelle 3.5: Unterschiede zwischen Wahrscheinlichkeitsrechnung und Fuzzy Logic

	Wahrscheinlichkeitsrechnung	**Fuzzy Logic**
Werte im Intervall	[0,1]	[0,1]
maximaler Wert	1	1
Festlegung der Werte	empirisch oder formal	subjektiv
mathematische Fundierung	Kolmogorov-Axiome	Funktion Möglichkeit
Kalkül	Bayes-Statistik	Minimum-, bzw. Maximumope-

ratoren

Fuzzy-Wahrscheinlichkeitsrechnung

Eigentlich würde man meinen, daß die beiden Konzepte Wahrscheinlichkeitsrechnung und Fuzzy Logic derart unversöhnlich sind, daß sie nicht miteinander kombiniert werden können. In diesem Abschnitt wird anhand eines Beispiels gezeigt, wie man beide Kalküle in einer Fuzzy-Wahrscheinlichkeitsrechnung vereinen kann. Dieses Beispiel wurde ursprünglich in [DEM93] gebracht, ist aber auch in [DRÖ94], S. 82f zu finden.

Nehmen wir an, ein Unternehmen ist auf der Suche nach einem neuen Mitarbeiter. Der Wunschkandidat soll einerseits jung und andererseits alt genug sein. Der Personalchef zeichnet nun für die Begriffe „jung", und „alt genug" nach seinem subjektiven Empfinden entsprechende Fuzzy-Mengen. Die Zugehörigkeitsfunktion für „jung und alt genug" ergibt sich aus der Minimumbildung von „jung" und „alt genug". Diese Zusammenhänge sind in Abbildung 3.12 (nach [DRÖ94], S. 82) dargestellt. Wie aus dieser Abbildung ersichtlich, kann es keinen idealen Kandidaten geben, da niemand in der Fuzzy-Menge „jung und alt genug" den Zugehörigkeitsgrad 1 besitzt. Der Personalchef wird also bei seiner Auswahl Kompromisse schließen müssen. Für die Auswahl sind eine Reihe von Kandidaten bekannt. Die Frage, die sich nun stellt, lautet: „Wie groß ist die Wahrscheinlichkeit, daß ein beliebiger Kandidat dem unscharfen Kriterium „jung und alt genug" entspricht?

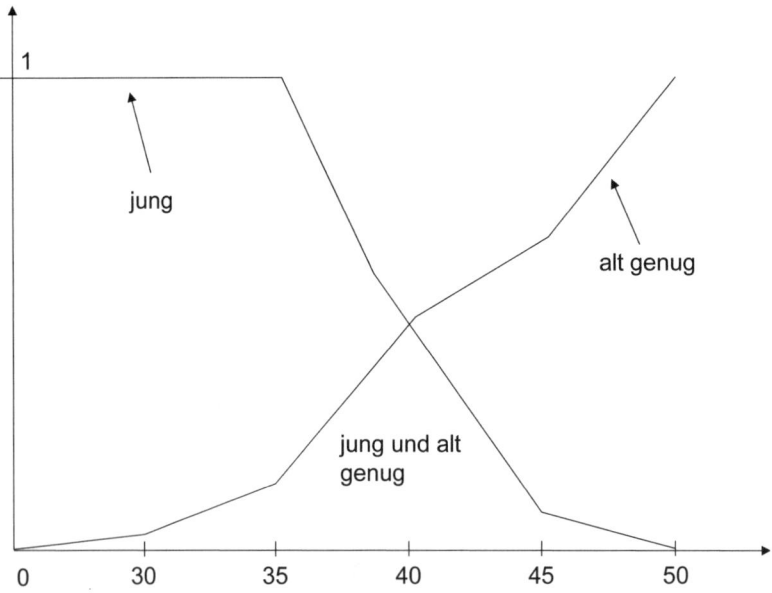

Abbildung 3.12: Fuzzy-Mengen für „jung", „alt genug" und „jung und alt genug"

Aus Gründen der einfacheren Berechnung wird das Alter jedes Kandidaten auf eine durch fünf teilbare Zahl auf- oder abgerundet. Damit ergeben sich die folgenden sechs Intervalle:

0 <= Alter < 30

30 <= Alter < 35

35 <= Alter < 40

40 <= Alter < 45

45 <= Alter < 50

50 <= Alter

Je nach Verteilung der Bewerber ergeben sich Wahrscheinlichkeiten für jedes Intervall (Spalte Wahrscheinlichkeit). Beispieldaten sind in Tabelle 3.6 (nach [DRÖ94], S. 83) zusammengestellt.

Tabelle 3.6: Beispieldaten für die Auswahl eines geeigneten Bewerbers mit der Fuzzy-Wahrscheinlichkeitsrechnung

Alter	jung	alt genug	jung und alt genug	Wahrscheinlichkeit
30	1	0,01	0,01	0,05
35	1	0,18	0,18	0,08
40	0,48	0,55	0,48	0,31
45	0,09	0,7	0,09	0,26
50	0,01	0,9	0,01	0,2
55	0	1	0	0,1

Der nächste Schritt besteht in der Errechnung des mittleren Zugehörigkeitsgrades der Bewerber zur Fuzzy-Menge „jung und alt genug". Damit wird der Fuzzy-Erwartungswert für diese Menge berechnet. Dies kann mit folgender Formel erfolgen (i steht dabei für ein Intervall, w_i ist die Wahrscheinlichkeit, daß Bewerber in dieses Intervall fallen und μ_i ist der Grad der Zugehörigkeit einer bestimmten Altersklasse zur Menge „jung und alt genug"):

$$W \ (jung \ und \ alt \ genug) = \sum_{i=1}^{6} w_i * \mu_i$$

Für unsere Beispieldaten ergibt sich W (jung und alt genug) zu 0,182. Der Fuzzy-Erwartungswert der Menge „jung und alt genug" beträgt 0,182 oder anders ausgedrückt „die Bewerber sind im Schnitt etwa zu einem Fünftel jung und alt". Damit der Personalchef einen geeigneten Mitarbeiter findet, wird er 20 % der Bewerber mit den höchsten Zugehörigkeitsgraden zur Menge „jung und alt genug" zu einem Vorstellungsgespräch laden und anschließend nach seinen eigenen Auswahlkriterien weiter selektieren.

Mit diesem Beispiel wurde gezeigt, daß sich das Rechnen mit Wahrscheinlichkeiten auch auf Fuzzy-Mengen erweitern läßt.

3.2   Modellierung eines Fuzzy-Systems

In Abschnitt 3.1 wurden mit den Fuzzy-Mengen und den elementaren Fuzzy-Operationen wichtige Grundbegriffe der Fuzzy Logic erläutert. Jetzt wird nun gezeigt, wie diese Konzepte in einem Fuzzy-System eingesetzt werden können. Dies wird am Beispiel des Problems des invertierten Pendels veranschaulicht.

3.2.1   Das Problem des umgekehrten Pendels

Das Problem des umgekehrten Pendels (inverted pendulum) ist eines der klassischen Aufgabenstellungen in der Regelungstechnik. Der Versuchsaufbau ist in Abbildung 3.13 [KLE96] gezeigt.

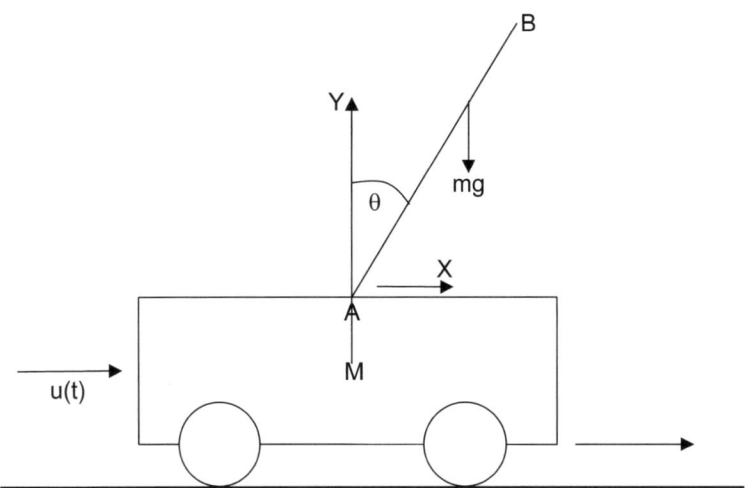

Abbildung 3.13: Versuchsaufbau beim umgekehrten Pendel

Die Problemstellung [BOT95], S. 156ff., die stellvertretend für eine Reihe instabiler Prozesse steht, besteht darin, einen Stab, der auf einem Wagen angebracht ist, im Gleichgewicht zu balancieren. Der Stab kann, wie in Abbildung 3.13 dargestellt, nicht in alle Richtungen, sondern nur in eine fallen. Über die Motorsteuerung u(t) (Gleichstrommotor) soll der Stab nun durch Bewegen des Wagens im Gleichgewicht gehalten werden. Das System Stab-Wagen ist deswegen instabil, weil eine kleine Auslenkung des Winkels (θ) durch die Gravitation (mg) zu einer Winkelbeschleunigung des Stabes führt, die wiederum die Auslenkung des Winkels vergrößert.

Versuchen wir zunächst, obiges Problem mit der klassischen Regelung in den Griff zu bekommen [BOT95], S. 157ff. Dabei wird versucht, das Verhalten des Stab-Wagen-Systems quantitativ unter Verwendung von Differentialgleichungen zu beschreiben und diese dann zu lösen. Damit die Differentialgleichungen nicht gar zu komplex werden und eine Lösung noch möglich ist, werden eine Reihe idealisierender Annahmen und Vereinfachungen getroffen. Dazu gehören u.a.:

- Aufspaltung des Gesamtsystems in Teilsysteme (Stab bzw. Wagen) zwecks Berechnung des Bewegungsverhaltens
- stark vereinfachte Beschreibung der Teilsysteme
- vereinfachte Annahme über die Kopplung zwischen dem Stab-Wagen-System und der Umwelt u.a. durch
  – Vernachlässigung der Luftreibung
  – Annahme der Reibungsfreiheit im Drehpunkt des Stabes
  – Vernachlässigung der Stabmasse gegenüber der Wagenmasse

Bei der quantitativen Modellierung komplexer Systeme gilt folgender Zusammenhang: Werden viele idealisierende Annahmen und Vereinfachungen getroffen, so ist das Modell zwar gut lösbar, allerdings stimmt es dann nicht mehr mit der Realität überein. Der Regler muß dann jedenfalls durch einen Optimierungsprozeß an das wirkliche Systemverhalten angepaßt werden. Verzichtet man umgekehrt auf idealisierende Annahmen, so wäre garantiert, daß das Modellverhalten mit der Realität übereinstimmt, allerdings wird die Komplexität des Systems dazu führen, daß man auf analytischem Wege überhaupt keine Lösung mehr erhält.

Dieser „trade-off" zwischen Modellbeschreibung und Realität wird auch sehr gut durch ein Zitat von A. Einstein wiedergegeben:

Soweit sich die Gesetze der Mathematik auf die Realität beziehen, sind sie ungewiß. Und soweit sie gewiß sind, beziehen sie sich nicht auf die Realität.

Wir sehen also, daß eine exakte Lösung obigen Regelproblems nicht möglich ist. Die Modellierung des Systemverhaltens über Differentialgleichungen ist zudem sehr aufwendig und erfordert fundierte mathematische Kenntnisse, so daß wir nach einer alternativen Lösung für das Regelproblem suchen. Eine derartige alternative Lösung stellt die Entwicklung eines Fuzzy-Systems dar.

3.2.2 Fuzzy Control: Fuzzy-Regelung des umgekehrten Pendels

Die Konzeption eines fuzzybasierten Systems zur Regelung beim umgekehrten Pendel-Problem ist völlig verschieden von der Regelung mittels Differentialgleichungen. Wesentliche Kennzeichen einer Fuzzy-Regelung (Fuzzy Control) und allgemein eines Fuzzy-Systems sind:

- keine Modellierung über quantitative Zusammenhänge (z.B. Gleichungen)
- sprachliche Interpretation der technischen Größen durch Fuzzy-Mengen
- Formulierung von linguistisch formuliertem Expertenwissen in „wenn-dann"-Regeln

Wir konzentrieren uns im folgenden auf den Einsatz regelbasierter Fuzzy-Systeme. Solche Systeme sind charakterisiert durch [ALT95], S. 22.

- einfache Zugehörigkeitsfunktionen, wie sie im Abschnitt 3.1 beschrieben wurden
- Beschreibung von Systemzusammenhängen durch „wenn-dann"-Regeln

Der Entwurf eines Fuzzy-Systems gliedert sich in folgende Schritte [ALT95], S. 23 und Abbildung 3.14 (in Anlehnung an [ALT95], S. 23):

1. Fuzzifizierung
    Hier werden die Bereiche von Ein- und Ausgangsgrößen durch Fuzzy-Mengen in geeigneter Weise dargestellt.
2. Fuzzy-Inferenz
    In der Fuzzy-Inferenz werden über „wenn-dann"-Regeln aus den linguistisch formulierten Meßgrößen (Eingangsgrößen) linguistisch formulierte Stellgrößen (Ausgangsgrößen), das sind jene Parameter, über die der IST-Zustand an den SOLL-Zustand angeglichen werden soll, abgeleitet.
3. Defuzzifizierung
    Mit linguistisch formulierten Stellgrößen kann keine Regelung durchgeführt werden. In der Defuzzifzierung erfolgt die Rückverwandlung in technisch meßbare Größen.

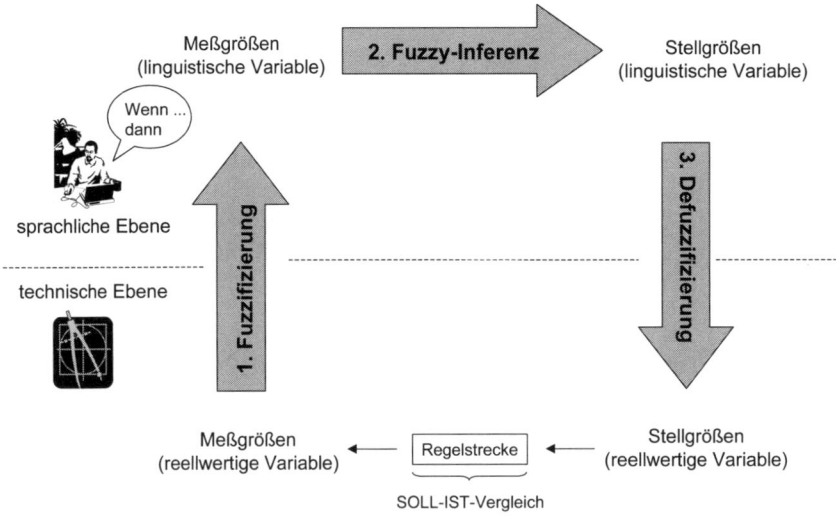

Abbildung 3.14: Aufbau eines Fuzzy-Systems

Im folgenden werden die Schritte Fuzzifizierung, Fuzzy-Inferenz und Defuzzifizierung für die Regelung des umgekehrten Pendels besprochen. Die Darstellung erfolgt dabei in enger Anlehnung an [KLE96].

Fuzzifizierung

Zunächst ist bei unserem Problem zu klären, welche Ein- und Ausgangsgrößen vorliegen:

Als Eingangsgrößen definieren wir

- Winkel (in Grad [°])
- Winkelgeschwindigkeit (in [°/sec])

Es gibt eine Ausgangsgröße, nämlich

- die Stromstärke des Motors (in Ampère), mit dem der Wagen betrieben wird.

Gemäß Abbildung 3.14 besteht die Aufgabe der Fuzzifizierung darin, für die Ein- und Ausgangsgrößen (linguistische Variable) geeignete Fuzzy-Mengen zu definieren. Bei unserem Beispiel werden jeweils fünf Fuzzy-Werte angegeben. Diese sind im einzelnen (in Klammern stehen die Abkürzungen):

1. negative medium (NM)
2. negative small (NS)
3. zero (Z)
4. positive small (PS)
5. positive medium (PM)

Diese fünf Fuzzy-Werte werden durch Zugehörigkeitsfunktionen über dem normierten Intervall [-1,1] dargestellt. Als Zugehörigkeitsfunktionen werden Dreiecks- und Trapezfunktionen eingesetzt. Bei unserem Modell werden sowohl für die Ein- als auch für die Ausgangsgrößen die selben Fuzzy-Mengen verwendet. Dies ist in Abbildung 3.15 dargestellt.

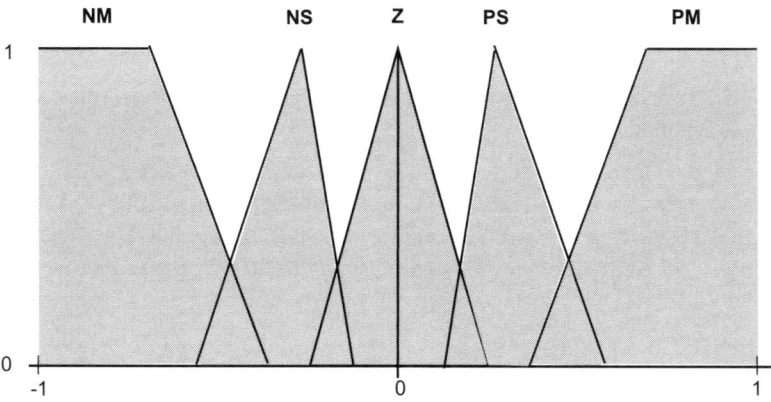

Abbildung 3.15: Fuzzy-Mengen für Ein- und Ausgabegrößen

Fuzzy-Inferenz

Der nächste Schritt besteht in der Festlegung des Expertenwissens in Form linguistisch formulierter „wenn-dann"-Regeln (Fuzzy-Wissensbasis). Die Regeln in dieser Wissensbasis enthalten qualitativ formuliertes Expertenwissen über die Zusammenhänge zwischen den Eingangsgrößen Winkel und Geschwindigkeit und der Ausgangsgröße Stromstärke. Folgende 11 Regeln bilden die Fuzzy-Wissensbasis.

```
1. WENN Winkel = Z  UND Geschwindigkeit = Z  DANN Stromstärke = Z
2. WENN Winkel = Z  UND Geschwindigkeit = NM DANN Stromstärke = PM
3. WENN Winkel = Z  UND Geschwindigkeit = NS DANN Stromstärke = PS
4. WENN Winkel = Z  UND Geschwindigkeit = PS DANN Stromstärke = NS
5. WENN Winkel = Z  UND Geschwindigkeit = PM DANN Stromstärke = NM
6. WENN Winkel = NM UND Geschwindigkeit = Z  DANN Stromstärke = PM
7. WENN Winkel = NS UND Geschwindigkeit = Z  DANN Stromstärke = PS
8. WENN Winkel = PS UND Geschwindigkeit = Z  DANN Stromstärke = NS
9. WENN Winkel = PM UND Geschwindigkeit = Z  DANN Stromstärke = NM
10. WENN Winkel = PS UND Geschwindigkeit = NS DANN Stromstärke = Z
11. WENN Winkel = NS UND Geschwindigkeit = PS DANN Stromstärke = Z
```

Diese Regeln sind intuitiv einleuchtend. Ein negativer Wert eines Eingangsparameters soll durch den positiven Wert gleichen Grades des Ausgangsparameters und natürlich auch umgekehrt kompensiert werden und so zur Stabilisierung des Systems führen. Bei Regel Nr. 6 z.B. wird im Falle eines NM-Wertes des Winkels mit der Stromstärke in genau dem gleichen Grad entgegengewirkt.

Die zu einem beliebigen Zeitpunkt gemessenen (scharfen) Werte unserer Eingangsgrößen Winkel und Geschwindigkeit können in Abbildung 3.17 abgelesen werden. Im folgenden ist dargelegt, welche Regeln aus unserer Wissensbasis bei der Messung der Eingangsgrößen anwendbar sind. Eine Regel ist dann anwendbar (sog. aktive Regel), wenn zumindest ein Fuzzy-Wert im Bedingungsteil von Null verschieden ist. Für den Winkel trifft dies auf die Fuzzy-Werte Z und PS zu und für die Geschwindigkeit auf die Werte Z und NS.

Folgende Regeln (Nr. 1, 3, 8, 10) sind daher in unserer Situation anwendbar (vgl. die grau markierten Regeln in Abbildung 3.16).

```
1. WENN Winkel = Z  UND Geschwindigkeit = Z  DANN Stromstärke = Z
3. WENN Winkel = Z  UND Geschwindigkeit = NS DANN Stromstärke = PS
8. WENN Winkel = PS UND Geschwindigkeit = Z  DANN Stromstärke = NS
10. WENN Winkel = PS UND Geschwindigkeit = NS DANN Stromstärke = Z
```

		Winkel				
		NM	NS	Z	PS	PM
Ge-schwin-dig-keit	NM			PM		
	NS			PS	Z	
	Z	PM	PS	Z	NS	NM
	PS		Z	NS		
	PM			NM		

Abbildung 3.16: Anwendbare Regeln aus der Fuzzy-Wissensbasis

Wir möchten nun wissen, welche Reaktionen des Wagens das Fuzzy-System bei der Messung obiger Werte vorschlägt, damit der Stab auf dem Wagen in Balance bleibt. Die Reaktionen werden durch die Schlußfolgerungen der Regeln in der Fuzzy-Wissensbasis determiniert. Die Inferenz bei Fuzzy-Systemen zerfällt in zwei Teile, der Aggregation und der Komposition.

Aggregation

In der Aggregationskomponente wird der Bedingungsteil der Regeln („wenn"-Teil) berechnet, d.h. es wird evaluiert, welche Gültigkeit die Prämissen einer Regel besitzen. Zunächst muß man sich vor Augen halten, daß die beiden Bedingungen in einer Regel durch den UND-Operator verknüpft sind. In der klassischen Logik verwendet man daher das logische UND, um die Bedingungen zu evaluieren. In der Fuzzy Logic kann man den boole'schen Operator so nicht einsetzen, da ja nicht definiert ist, wie „Zwischentöne der Wahrheit" behandelt werden sollen. Um trotzdem zu einer Lösung zu gelangen, fuzzifizieren wir einfach den UND-Operator und erhalten den Grad der Gültigkeit (μ) zweier Prämissen A und B als

$$\mu(A\ UND\ B) = MIN(\mu A,\ \mu B)$$

Der Bedingungsteil einer Fuzzy-Regel ist also im Standardmodell immer mit dem kleinsten Zugehörigkeitsgrad der Prämissen erfüllt.

Es gibt nun die Möglichkeit, die einzelnen Regeln unterschiedlich zu gewichten [SCH97a], S. 187. Dabei bekommt jede Regel einen sog. Sicherheitsfaktor (certainty factor) zugewiesen. Dieser Sicherheitsfaktor wird dann mit dem Ergebnis des Aggregationsoperators verknüpft. Bei unserem Beispiel wird keine unterschiedliche Gewichtung der Regeln vorgenommen.

Komposition

Die Gültigkeit des Bedingungsteils einer jeden Fuzzy-Regel gibt den Grad der Angemessenheit für eine bestimmte Prozeßsituation wieder [ALT95], S. 28. Im Fuzzy-Modell ist die Schlußfolgerung einer Regel in jenem Maß gültig, wie die Vorbedingung gültig ist.

Bei der Zusammenfassung der Teilergebnisse der Schlußfolgerungen können folgende Fälle unterschieden werden:

• Variante 1: eine einzige Regel für einen bestimmten Term der Konklusionsvariablen
• Variante 2: mehrere Regeln für einen Term der Konklusionsvariablen

Die Einzelresultate müssen nun zusammengeführt werden. Diesen Schritt bezeichnet man als Komposition. Man kann sich alle Regeln in der Fuzzy-Wissensbasis durch den ODER-Operator verknüpft vorstellen (d.h. Regel 1 ODER Regel 2 ODER Regel 3 usw.). Das Gesamtergebnis entsteht durch die „ODER"-Verknüpfung der Teilergebnisse. Das „ODER" ergibt ja fuzzifiziert den MAX-Operator. Es wird also der MAX-Operator auf die Fuzzy-Mengen der Schlußfolgerungsvariablen angewendet. Aufgrund der eingesetzten Operatoren bezeichnet man daher diese Vorgangsweise bei der Aggregation und Komposition auch als MAX/MIN-Inferenz.

Mit der eben skizzierten Vorgangsweise wird sog. approximatives Schließen (approximate reasoning) durchgeführt. Diese Inferenzart zeichnet sich dadurch aus, daß unpräzise Schlußfolgerungen aus unpräzisen Prämissen abgeleitet werden. Ein anderes Beispiel für unscharfes Schließen im Alltag ist [DRÖ94], S. 71:

Rote Tomaten sind reif.

Diese Tomate ist ziemlich rot.

Also ist sie ziemlich reif.

Rote Tomaten sind reif.

Grüne Tomaten sind unreif.

Diese Tomate ist gelb.

Also ist sie etwa halbreif.

Derartige Schlüsse sind intuitiv einleuchtend. Wie sieht es aber mit der Gültigkeit folgender Schlußfolgerung aus [DRÖ94], S. 74?

Die meisten Berliner sind Deutsche.

Die meisten Deutschen leben westlich der Elbe.

Also leben die meisten Berliner westlich der Elbe.

Dieser Schluß ist doch ganz offensichtlich falsch. Es ist also notwendig, das approximative Schließen – soweit dies überhaupt möglich ist – auf ein sicheres theoretisches Fundament zu stellen. Dies gilt insbesondere für kommerzielle Anwendungen. Dort ist mit Intuition alleine nicht mehr das Auslangen zu finden. Unsicheres Schließen wird natürlich nie die Exaktheit wie in der klassischen Logik besitzen. Dazu folgendes Beispiel aus [BÖH93], S. 232:

Die Bewerber x und y sind nahezu gleich kompetent

Der Bewerber x ist hoch qualifiziert

===============================

Der Bewerber y ist ...

Wie sieht beim unscharfen Schließen die Schlußfolgerung aus? Man könnte sagen: „...etwa gleich hoch kompetent" oder „...mehr oder weniger hoch qualifiziert". Die beim approximativen Schließen auftretende Unschärfe läßt sich natürlich nicht beseitigen. Trotzdem können folgende Anforderungen an eine Theorie der Unschärfe gestellt werden [BÖH93], S. 232:

1. Die in den Fuzzy-Aussagen enthaltene Unschärfe muß quantifizierbar gemacht werden. Dies erfolgt in der Fuzzy Logic auf der Basis von Fuzzy-Mengen. Der Zugehörigkeitsfunktion einer Fuzzy-Menge wird die Möglichkeitsverteilung einer Fuzzy-Aussage gegenübergestellt. Die Theorie des approximativen Schließens wurde von L. Zadeh entwickelt [ZAD79]. Eine Weiterentwicklung der Possibilitätstheorie erfolgte durch Dubois und Prade. Es wird darauf hingewiesen, daß die Possibilitätstheorie nicht die einzige Theorie zur Verarbeitung unsicheren Wissens ist. Alternative Modelle zur Verarbeitung unsicheren Wissens sind die Wahrscheinlichkeitstheorie, die Evidenztheorie, die Plausibilitätstheorie, die probabilistische Logik und der Inzidenzkalkül.

2. Die Inferenzprozedur muß berechenbar sein, d.h. getreu einem mathematischen Formalismus ablaufen. Die Schlußfolgerungsprozeduren bilden den Kern der Fuzzy Logic.

3. Die mit einer solchen Theorie berechneten Schlußfolgerungen müssen in geeigneter Weise zur Realität passen. Damit ist gemeint, daß die Schlußfolgerungsprozeduren in der Praxis anwendbar sein müssen (pragmatischer Standpunkt).

Zur Verdeutlichung der Vorgangsweise beim approximativen Schließen gehen wir auf die bekannte Schlußfolgerungsfigur Modus ponens ein. Der Modus ponens in der Aussagenlogik lautet (vgl. Kapitel 2, Abschnitt 2.3.3):

Wenn eine Aussage A wahr ist und A eine weitere Aussage B impliziert (A→B), dann ist auch B wahr.

Formal kann man auch schreiben (A und A→B sind die Prämissen und B die Schlußfolgerung):

A

$A \rightarrow B$

====

B

Dieser Modus ponens in seiner klassischen Form kann nun generalisiert werden [BÖH93], S. 263. Seien A, A' Fuzzy-Mengen über einer Grundmenge G_1 und B, B' Fuzzy-Mengen über einer Grundmenge G_2, dann heißt die Schlußfigur

X ist A'

Wenn X ist A, dann Y ist B

===============

Y ist B'

generalisierter Modus ponens.

In Kurzform können wir auch schreiben:

A'

A →B

====

B'

Von generalisiert spricht man in diesem Zusammenhang deswegen [BÖH93], S. 233, weil die erste Prämisse vom Bedingungsteil der zweiten Prämisse („wenn-dann"-Regel) mehr oder weniger abweicht, so daß auch die unscharfe Folgerung (Y ist B') nicht mit der Schlußfolgerung der zweiten Prämisse (Y ist B) übereinstimmen muß.

Im folgenden ist nun die Durchführung der Aggregation und der Komposition für eine Regel (Nr. 1) unserer Fuzzy-Wissensbasis zur Regelung des invertierten Pendelproblems gezeigt (vgl. Abbildung 3.17).

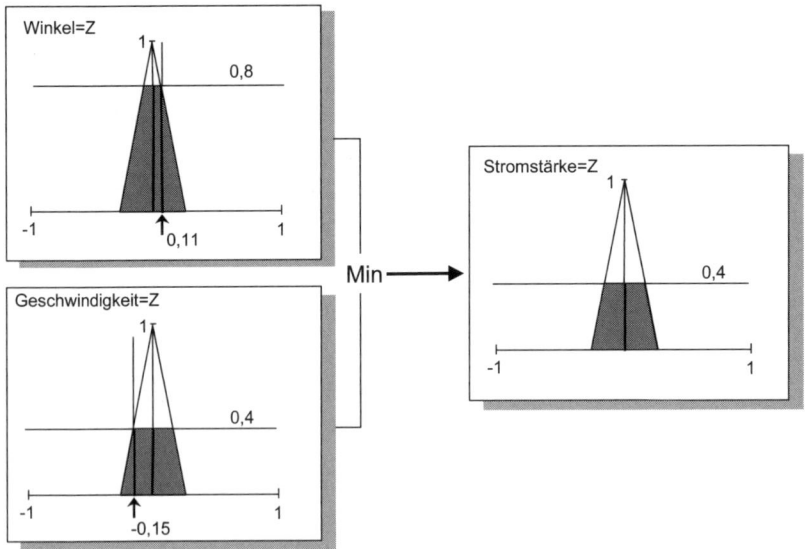

Abbildung 3.17: Durchführung der Aggregation und Komposition für Regel 1

Der Bedingungsteil hat die Gültigkeit

$\mu(Winkel=0,8\ UND\ Geschwindigkeit=0,4) = MIN(0,8,\ 0,4) = 0,4$

Die Schlußfolgerung hat also die gleiche Gültigkeit wie der Bedingungsteil, also

$\mu(Stromstärke) = 0,4$

In Abbildung 3.18 ist das Ergebnis der Aggregation und Komposition für alle vier anwendbaren Regeln dargestellt:

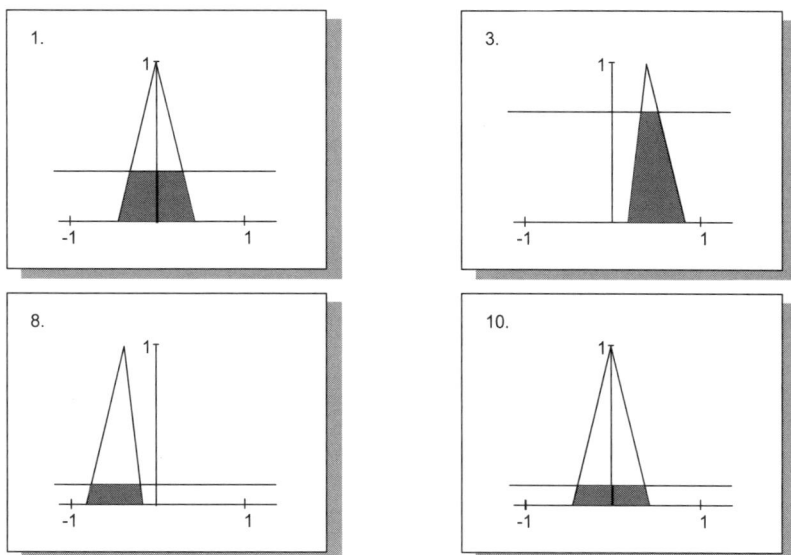

Abbildung 3.18: Bestimmung der Ausgaben der vier Regeln

Da die Regeln 1 und 10 die gleiche Fuzzy-Menge als Schlußfolgerung aufweisen, ist es nicht nötig, extra ein Ergebnis für Regel 10 zu zeichnen, sondern dieses Ergebnis kann gemäß der MAX-Regel in der Komposition in das Ergebnis von Regel 1 aufgehen. Diese dann aus der Komposition der drei bzw. vier Regeln zusammengesetzte Fuzzy-Menge ist in Abbildung 3.19 als graue Fläche dargestellt.

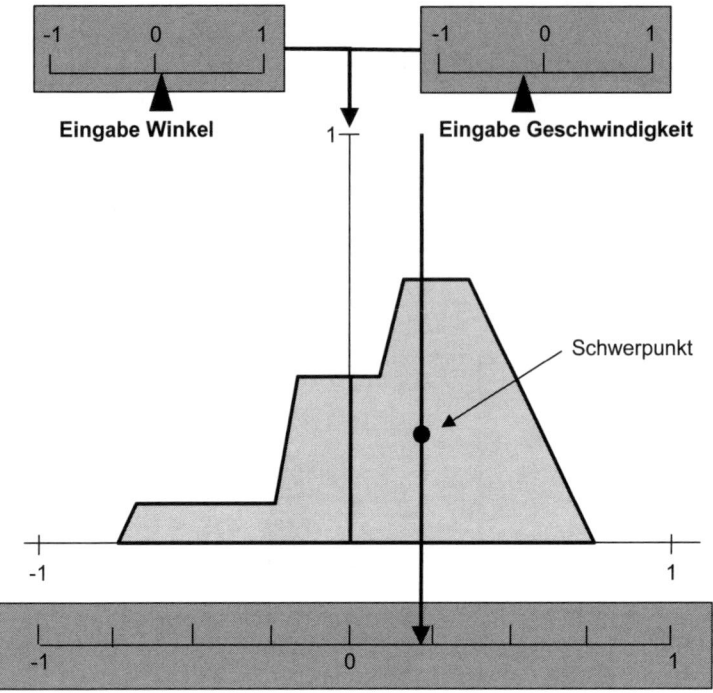

Abbildung 3.19: Zusammenführung der Ergebnisse der vier Regeln (graue Fläche)

Defuzzifikation

Bisher wurden folgende Schritte zur Steuerung des invertierten Pendels mittels Fuzzy Control durchgeführt. Bei der Fuzzifizierung wurden für die reellwertigen Ein- und Ausgangsgrößen geeignete (mit fünf Termen) Fuzzy-Mengen definiert. Das linguistisch vorhandene Expertenwissen wurde in 11 Regeln zusammengefaßt. Die für eine konkrete Meßsituation anwendbaren Regeln haben über die beiden Phasen Aggregation und Komposition unscharfe Schlüsse produziert. Da die Regeln in der Fuzzy-Wissensbasis über den ODER-Operator verknüpft angesehen werden können, ist es möglich, die Teilergebnisse zu einer zusammengesetzten Fuzzy-Menge (vgl. Abbildung 3.19) zusammenzufassen.

Das Ergebnis der Fuzzy-Inferenz ist also eine zusammengesetzte Fuzzy-Menge. Für die Regelung ist es aber nötig, diese in eine reellwertige Größe zurückzuverwandeln. Dieser Schritt, also die Ableitung einer konkreten Zahl aus dem Ergebnis der Fuzzy-Inferenz, wird Defuzzifikation genannt. Für die Defuzzifikation existieren eine Reihe unterschiedlicher Verfahren. Hier wird das sog. Schwerpunktverfahren (center-of-gravity-method) beschrieben.

Bei der klassischen Inferenz ist es ja so, daß immer nur eine einzige Regel feuert. Bei Fuzzy-Systemen feuern mehrere Regeln mit unterschiedlichen Gültigkeitsgraden. Zur Bestimmung eines Endergebnisses ist es also notwendig, alle Teilergebnisse irgendwie zu berücksichtigen. Es muß also ein Kompromiß gefunden werden. Die Situation ist vergleichbar mit einer Sitzung von Entscheidungsträgern (z.B. Vorständen), die zu einer gemeinsamen Entscheidung kommen müssen, die alle vertreten können. Unterstellt man, daß es keinen Vorstandsvorsitzenden gibt, der alles in eigener Regie diktatorisch entscheidet, sondern die Vorstände vielmehr gleichberechtigte Partner sind, so wird nach einer möglicherweise langen Diskussion eine gemeinsame, ausgewogene und für alle tragbare Entscheidung gefunden werden. Ähnlich ist es bei Fuzzy-Systemen. Der Kompromiß kann hier sogar geometrisch über den Schwerpunkt bestimmt werden. Dieser ist als schwarzer Punkt markiert in Abbildung 3.19 eingezeichnet. Die Stromstärke, mit der der Wagen bewegt werden soll, damit der Stab ausbalanciert bleibt, ist ungefähr 0,2.

Damit ist der Zyklus Fuzzifizierung – Fuzzy-Inferenz – Defuzzifikation abgeschlossen. Je nach Art der Anwendung wird dieser Zyklus ein paar Zeiteinheiten später wieder angestoßen werden. Da es sich bei der Regelung des invertierten Pendels um eine zeitkritische Anwendung handelt, wird wohl zwischen den einzelnen Zyklen maximal eine Sekunde vergehen dürfen.

3.3 Entwicklung und Implementierung von Fuzzy-Systemen

Welche Phasen werden nun bei der Entwicklung von Fuzzy-Systemen durchlaufen? Die Abbildung 3.20 zeigt die typischen Entwicklungsphasen (nach [WIL96], S. 93).

Im folgenden werden diese Phasen nach [WIL96], S. 91ff. etwas näher erläutert. In der Entwurfsphase müssen folgende Tätigkeiten durchgeführt werden:

- Definition der linguistischen Variablen, Terme und ihrer Darstellung (Angabe der Wertebereiche und der Zugehörigkeitsfunktionen)
- Regelentwurf
- Spezifikation der Methoden für die Fuzzifikation, Defuzzifikation und die Inferenz
- Festlegung der Ein- und Ausgabeschnittstellen

Nach Durchführung dieser Entwurfstätigkeiten ist die Spezifikation des Fuzzy-Systems abgeschlossen. An dieser Stelle ist es wichtig festzuhalten, daß nicht die Auswahl eines bestimmten Fuzzy-Systemmodells erforderlich ist, da ja alle Fuzzy-Systeme auf einem einzigen Modell mit den Phasen Fuzzifizierung, Fuzzy-Inferenz und Defuzzifikation beruhen. Nach dem Abschluß der Entwurfsphase wird das Fuzzy-System implementiert. Ganz typisch für diese Phase ist, daß in der Regel bereits auf existierenden Programmcode zurückgegriffen wird. In der Implementierungsphase werden die Systemparameter variiert, um die geforderte Leistung zu erzielen. Das Hauptaugenmerk ist hier vor allem auf die Wahl der Zugehörigkeitsfunktionen und die Formulierung der Regelbasis zu richten. Den Abschluß der Implementierungsphase bildet die Evaluation. Danach steht ein funktionsfähiges Fuzzy-System zur Verfügung. In der Testphase wird das fertig implementierte Fuzzy-System mit den Anforderungen und der Spezifikation verglichen. Ist die Funktionsfähigkeit des Systems erwiesen, steht der Integration in die Zielplattform nichts mehr im Weg.

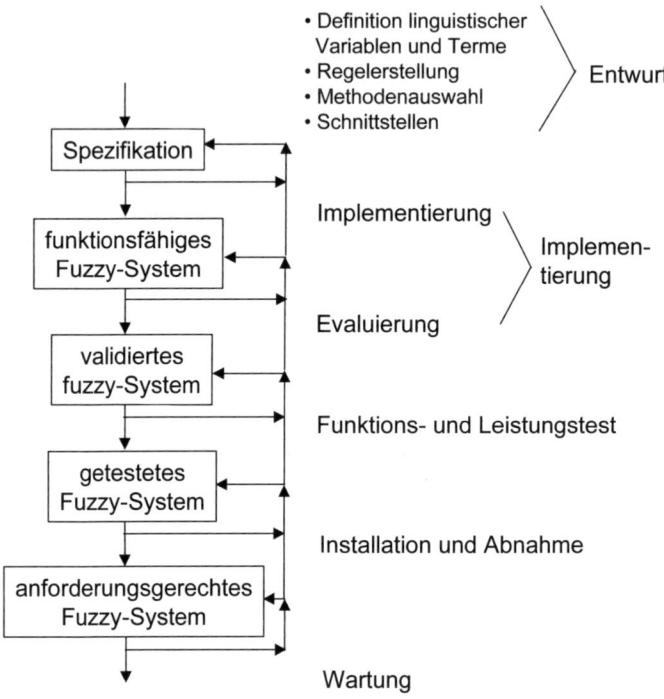

Abbildung 3.20: Entwicklungsphasen in einem Fuzzy-System

3.3.1   Aktivitäten in der Entwurfsphase

Von großer Bedeutung für die Qualität des Fuzzy-Systems sind natürlich die Aktivitäten in der Entwurfsphase. Aus diesem Grund wird diese Phase einer genaueren Betrachtung unterzogen. Von den oben bei [WIL96], S. 91ff. angesprochenen Tätigkeiten werden genauer diskutiert:

- Definition der linguistischen Variablen, Terme und Zugehörigkeitsfunktionen
- Festlegung der zu verwendenden Fuzzy-Operatoren
- Aufstellen einer ersten Regelmenge
- Auswahl der Defuzzifikationsmethode

Definition der linguistischen Variablen, Terme und Zugehörigkeitsfunktionen

In diesem Abschnitt wird auf das „Vokabular", mit dem die Fuzzy-Regeln arbeiten, eingegangen [ALT95], S. 152ff. Folgende Punkte müssen dabei berücksichtigt werden:

1. Festlegung der Termzahl der linguistischen Variablen
2. Definition der Zugehörigkeitsfunktionen

Festlegung der Termzahl der linguistischen Variablen

Mit linguistischen Variablen werden die Ein- und Ausgangsgrößen in einem Fuzzy-System modelliert. Bei der Steuerung des invertierten Pendels (Abschnitt 3.2.2) wurden als Eingangsgrößen der Winkel und die Winkelgeschwindigkeit und als Ausgangsgröße die Stromstärke des Wagens, mit der der Wagen bewegt werden soll, festgelegt. Die Terme einer linguistischen Variable sind die möglichen Werte. In Abschnitt 3.2.2 wurden für die Variablen jeweils fünf Terme definiert: {negative medium, negative small, zero, positive small, positive medium}. Es stellt sich nun die Frage, nach welchen Kriterien die Termanzahl festgelegt werden soll.

In der Praxis [ALT95], S. 153 ist zu beobachten, daß die Termanzahl vorwiegend im Intervall [3,7] liegt. Die Verwendung von weniger als drei Termen kommt deswegen sehr selten vor, da die meisten sprachlichen Begriffe zumindest zwei Extreme und einen Wert in der Mitte benötigen. Mehr als sieben Terme finden auch sehr selten Verwendung, weil die sprachliche Interpretation von technischen Größen im Kurzzeitgedächtnis stattfindet und herausgefunden wurde, daß dieses maximal eine Kapazität von sieben Symbolen aufweist. Die ungerade Zahl der Terme – wie sie auch bei der Steuerung des invertierten Pendels gewählt wurde – tritt sehr häufig auf, weil viele linguistische Variablen symmetrisch sind. Daher weisen die linguistischen Variablen in der Praxis zumeist eine Termanzahl von 3, 5, oder 7 auf.

Welche Verfahren gibt es nun, eine angemessene Zahl von Termen zu bestimmen? Die Zahl der Terme bestimmt direkt die notwendige Anzahl von Regeln in der Fuzzy-Wissensbasis. Im Prinzip lassen sich zwei alternative Vorgehensweisen unterscheiden [ALT95], S. 153:

- Eine Vorgehensweise besteht darin, einige prototypische Regeln zu formulieren und dann daraus abzulesen, welche Terme man voraussichtlich benötigt. Die Termzahl wird also indirekt über die Regeln bestimmt.
- Ist es nicht möglich, vorab Regeln zu formulieren oder hat man keine Erfahrung im Design mit Fuzzy-Systemen, so empfiehlt sich der Einsatz einer Heuristik. Diese besagt, daß man für jede Eingangsgröße drei Terme und für jede Ausgangsgröße fünf Terme definieren soll. Stellt man dann bei der Formulierung der Regelmenge fest, daß man noch weitere Terme braucht, so lassen sich diese dann später ohne Probleme hinzufügen.

Definition der Zugehörigkeitsfunktionen
Ein Akzeptanzproblem der Fuzzy-Technologie in der Praxis besteht sicherlich darin, daß die Zugehörigkeitsfunktionen subjektiv festgelegt und nicht mit den Mitteln der Fuzzy-Theorie überprüft werden können [BON96], S. 18f. Die Definition der Zugehörigkeitsfunktionen ist also nicht Aufgabe der Fuzzy-Theorie. Dies wurde auch in Abschnitt 3.1.1 bei der Diskussion des Begriffes „jung" erläutert, wo sich bei anderer Einschätzung durchaus ein anderer Funktionsverlauf ergeben kann.

Die Definition der Zugehörigkeitsfunktionen erfolgt auf Grund von [BÖH93], S. 5

- Erfahrungen
- persönlicher Einschätzungen
- sprachlicher Gewohnheiten

nach sachinhaltlichen Gegebenheiten. Die Werte einer Zugehörigkeitsfunktion können selbst wieder „fuzzy" sein. Dies führt dann zu sog. Fuzzy-Mengen höherer Ordnung, die aber hier nicht betrachtet werden sollen.

Je nach Datensituation kann die Konstruktion einer Zugehörigkeitsfunktion einer unscharfen Menge A auf zwei unterschiedliche Arten erfolgen [BOT95], S. 27f.

- Ausstrahlungsmethode
  Ausgangspunkt ist eine geschätzte scharfe Teilmenge A'$\subseteq$X mit ihrer Zugehörigkeitsfunktion $\mu_{A'}(x)$, in Abbildung 3.21 (nach BOT95], S. 28) durch die Rechtecksfunktion dargestellt. Nun wird angenommen, daß die Zugehörigkeit der Randelemente zur Menge A geringer ist als die der Zentralelemente und daß die Randelemente eine Ausstrahlung über die (scharfen) Grenzen hinaus auf Nachbarelemente besitzen (daher auch der Name Ausstrahlungsmethode). Die Nachbarelemente erhalten damit ebenfalls eine gewisse Zugehörigkeit. Um $\mu_A(x)$ zu modellieren, wird zunächst ein gewisses Randniveau α festgelegt (in Abbildung 3.21 ist $\alpha = 0.5$). Anschließend wird der exakte Verlauf über bekannte oder geschätzte Systemeigenschaften modelliert.
- bekannte Elemente
  Es kann aber auch die Situation auftreten, daß alle Elemente (bzw. eine große, repräsentative Menge von diskreten Elementen x $\in$ X) bekannt sind (vgl. Abbildung 3.22, nach [BOT95], S. 28). Diese können dann direkt bewertet werden. Falls man Zwischenwerte bewerten muß, kann dies über Interpolationsverfahren geschehen.

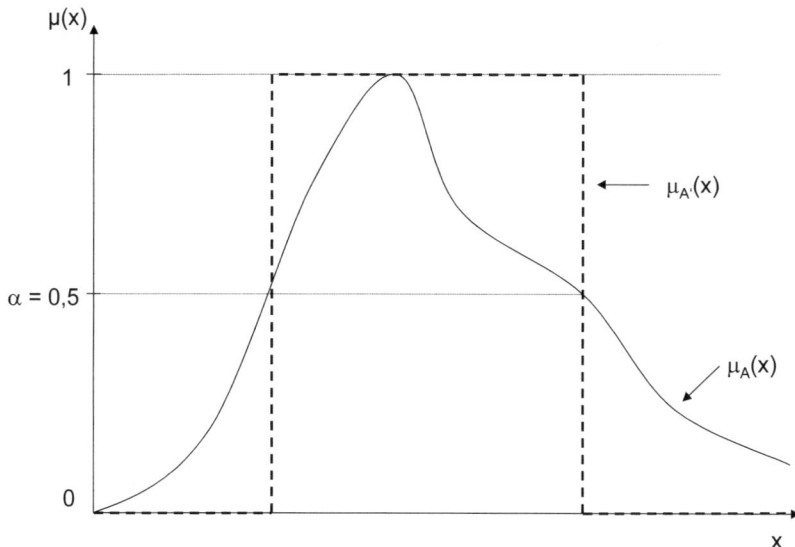

Abbildung 3.21: Konstruktion einer Zugehörigkeitsfunktion (1)

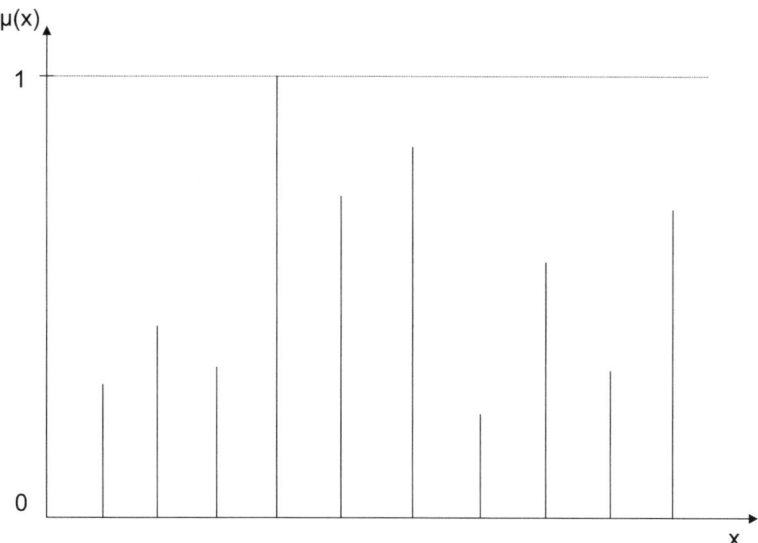

Abbildung 3.22: Konstruktion einer Zugehörigkeitsfunktion (2)

In der überwiegenden Zahl der praktischen Anwendungen werden Zugehörigkeitsfunktionen eingesetzt, wie sie in der Abbildung 3.23 (nach [ALT95], S. 154) dargestellt sind. Diese werden auch als Standard-Zugehörigkeitsfunktionen bezeichnet (Z-, Lambda-, Pi- und S-förmige Zugehörigkeitsfunktionen). Den Lambda-Typ haben wir schon als Dreiecksfunktion und den Pi-Typ als Trapezfunktion kennengelernt (vgl. Abbildung 3.15). All diesen Funktionen ist eigen, daß sie normiert sind (Zugehörigkeitswerte im Intervall [0,1]) und sie das Maximum bei $\mu=1$ besitzen.

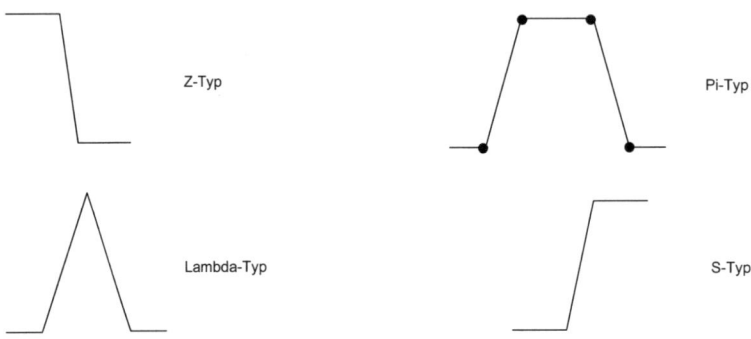

Abbildung 3.23: Standard-Zugehörigkeitsfunktionen

Wenn man diese vier Grundtypen aus Abbildung 3.23 einsetzt, so kann jede Zugehörigkeitsfunktion durch maximal vier Punkte definiert werden. Dies ist für den Pi-Typ in Abbildung 3.23 durch die vier schwarzen Punkte gezeigt. Für die Definition von linguistischen Variablen mit Standard-Zugehörigkeitsfunktionen hat sich folgende Vorgangsweise bewährt [ALT95], S. 154f:

- Schritt 1: Für jeden Term wird jener Wert festgelegt, der am typischsten für diesen Term ist. Folgerichtig – dieser Wert ist ja der „Prototyp" für den Term – vergibt man für diesen Wert den Zugehörigkeitsgrad $\mu=1$.
- Schritt 2: Für jeden Term werden jene Werte festgelegt, wo der Zugehörigkeitsgrad gleich Null ist. Diese Werte sind gleichzeitig die typischsten Werte für die Nachbarterme.
- Schritt 3: Verbindet man den Punkt $\mu=1$ mit jenem Punkt, ab dem $\mu=0$ gilt, jeweils mit einer Geraden, so erhält man die Zugehörigkeitsfunktionen für die inneren Terme vom Lambda-Typ.
- Schritt 4: Für die beiden Terme am Rand gibt es nach links und rechts keinen Nachbarterm. Daher wird für jeden Wert, der sich links (linker Randterm) bzw. rechts (rechter Randterm) vom prototypischen Wert befindet, ebenfalls $\mu=1$ vergeben.

Der Leser möge die einzelnen Schritte dieses Algorithmus für die Definition der Zugehörigkeitsfunktionen der linguistischen Variable Alter (vgl. Abbildung 3.3) nachvollziehen.

Festlegung der zu verwendenden Fuzzy-Operatoren

In Abschnitt 3.2.2 wurde das Problem der Steuerung des umgekehrten Pendels mit der MAX/MIN-Inferenz gelöst. Wie dort dargestellt, setzt sich die Fuzzy-Inferenz aus zwei Komponenten zusammen, der Aggregation (Berechnung des „wenn"-Teils der Regel) und der Komposition (Berechnung des „dann"-Teils der Regel) (vgl. [ALT95], S. 27ff.).

- Aggregation: Der Bedingungteil einer Fuzzy-Regel besitzt jene Gültigkeit wie der kleinste Zugehörigkeitsgrad einer Prämisse (MIN-Teil).
- Komposition: Die Schlußfolgerung einer Regel ist in jenem Maße erfüllt, wie die Vorbedingung erfüllt ist. Die einzelnen Regeln der Fuzzy-Wissensbasis muß man sich mit dem ODER-Operator verknüpft vorstellen. Da dieser ODER-Operator ja fuzzifiziert der MAX-Operator ist, spricht man in diesem Zusammenhang vom MAX-Teil der Inferenz.

Die Verwendung des MAX/MIN-Schemas bietet den großen Vorteil, daß die Berechnungen relativ einfach sind, was besonders bei Echtzeitproblemen vorteilhaft ist. Auf der anderen Seite gilt es zu überlegen, ob die Semantik, die mit dieser Inferenzart ausgedrückt wird, auch immer mit der menschlichen Intuition einhergeht, ob also ein Mensch eine gewisse Situation genauso bewerten würde wie ein MAX/MIN-basiertes Fuzzy-System.

Im folgenden bringen wir ein Beispiel [ALT95], S. 44f., wo man sieht, daß dies nicht der Fall ist. Betrachten wir dazu folgenden Regel:

```
WENN Geschwindigkeit = hoch UND Hindernis = nah DANN Bremse = stark.
```

Diese Regel besagt, daß die Schlußfolgerung (= Bremsen) umso stärker durchgeführt wird, je mehr die Vorbedingung (hohe Geschwindigkeit (v), nahes Hindernis (d)) gilt. Wir halten uns nun einige Situationen vor Augen (rechts neben den Pfeilen sind die Werte der entsprechenden Zugehörigkeitsfunktion eingetragen (μ)):

Situation 1: $v = 3ms^{-1} \rightarrow \mu(hoch) = 0,3. \ d = 5m \rightarrow \mu(nah) = 0,4$

Situation 2: $v = 3ms^{-1} \rightarrow \mu(hoch) = 0,3. \ d = 2m \rightarrow \mu(nah) = 0,8$

Situation 3: $v = 2,8ms^{-1} \rightarrow \mu(hoch) = 0,25. \ d = 1m \rightarrow \mu(nah) = 1,0$

Wollen wir nun ermitteln, inwieweit die Vorbedingung gültig ist, so müssen wir gemäß der MIN-Regel den Minimum-Operator einsetzen. Dies führt zu folgendem Ergebnis:

Situation 1: $\mu(Vorbedingung) = min(0,3;0,4) = 0,3$

Situation 2: $\mu(Vorbedingung) = min(0,3;0,8) = 0,3$

Situation 3: $\mu(Vorbedingung) = min(0,25;1,0) = 0,25$

Versuchen wir nun zu bewerten, inwieweit diese Ergebnisse der MIN-Aggregation mit unserer menschlichen Intuition zusammenpassen. Die Situation 1 wird als kritisch mit 0,3 bewertet. Dies ist auch durchaus plausibel. Bei Situation 2 kommt das gleiche Ergebnis heraus. Dieser Situation würde allerdings jeder Autofahrer als kritischer einstufen, da das Hindernis ja schon sehr nahe ist. Die Situation 3 wird nicht so kritisch wie die beiden ersten Situationen bewertet. Dies läuft der Intuition eines Autofahrers sicherlich total entgegen. Da das Hindernis schon ganz nahe ist (1m), müßte nach menschlicher Einschätzung diese Situation wohl am kritischsten eingestuft werden. Wir sehen also, daß der MIN-Operator bei diesem kleinen Beispiel nicht mit dem menschlichen Entscheidungsvermögen einhergeht.

Im Prinzip gibt es zwei Wege, diesen Mangel zu beheben. Diese werden in Anlehnung an [ALT95], S. 45ff. beschrieben:

- Auffächerung der Regelmenge
- neue Operatoren einsetzen

Um eine „Auffächerung der Regelmenge" durchführen zu können, werden z.B. für jede linguistische Variable zwei weitere Terme definiert, etwa für

- „Geschwindigkeit" die weiteren Terme „sehr hoch" und „etwas hoch", für
- „Hindernis" die weiteren Terme „sehr nah" und „etwas nah" und für
- „Bremse" die weiteren Terme „sehr stark" und „etwas stark".

Damit werden nun insgesamt mehr Regeln definiert, was dazu führt, daß die gewünschten Zusammenhänge angemessener beschrieben werden können. Diese Vorgangsweise hat allerdings den Nachteil, daß durch die größere Anzahl der Regeln das System unübersichtlicher wird und außerdem der Computercode eine schlechtere Laufzeit besitzt.

Interessanter ist also die zweite Vorgangsweise, die Wahl eines anderen Operators. Die grundsätzliche Problematik von Situation 3 besteht ja darin, daß die im Vergleich zu den anderen beiden Situationen geringere Geschwindigkeit nicht durch die extrem geringe Distanz zum Hindernis (1m) kompensiert werden kann. Das Weniger des einen kann also nicht durch das Mehr des anderen kompensiert werden. Der UND-Operator besitzt – da in jedem Fall immer das Minimum genommen wird – einen Kompensationsgrad von Null. Auf der anderen Seite führt der ODER-Operator zur völligen Kompensation, da immer ausnahmslos das Maximum genommen wird.

Die Situation 3 könnte dann kritischer modelliert werden, wenn man einen Operator entwickelt, bei dem der Kompensationsgrad einstellbar ist und mit dem man auch die menschliche Intuition bei der Verknüpfung von Begriffen abbilden kann. Ein derartiger Operator ist der sog. Gamma-Operator, der seinen Namen wegen der Verwendung des Griechischen γ in der mathematischen Formulierung des Operators erhalten hat. Mit diesem Operator läßt sich die menschliche Intuition entsprechend adäquat modellieren. Mathematisch kann dieser wie folgt formuliert werden [ALT95], S. 47. $\gamma \in [0,1]$ ist wie schon erwähnt der Kompensationsgrad, die μ_i (i=1...m) sind die Gültigkeitsgrade der m Prämissen und μ ist der berechnete aggregierte Gültigkeitsgrad der Vorbedingung

$$\mu = (\prod_{i=1}^{m} \mu_i)^{(1-\gamma)} * (1 - \prod_{i=1}^{m} (1 - \mu_i))^{\gamma}$$

Der Leser wird natürlich mit Recht fragen, wie ein derartiger Kompensationsgrad bestimmt werden kann. In der Fachliteratur werden dazu eine Reihe von empirischen Verfahren vorgeschlagen, die allerdings mit erheblichem Aufwand verbunden sind. Dieser Aufwand steigt sogar noch an, wenn für jede Regel ein eigener Kompensationsgrad bestimmt werden soll. Für die praktische Anwendung haben sich ein paar nützliche Faustregeln herausgebildet:

- Besitzen Regeln die gleichen Ein- und Ausgangsvariablen, so kann man davon ausgehen, daß für alle Regeln der gleiche Kompensationsgrad gilt.
- Bei technischen Anwendungen setzt man zumeist einen Kompensationsgrad im Intervall [0,1;0,4] ein.
- Eine pragmatische Vorgangsweise besteht darin, zunächst mit einem „mittleren" Kompensationsgrad von 0,25 zu starten. Erkennt man dann aufgrund des Systemverhaltens, daß der Kompensationsgrad zu niedrig/hoch ist, so vergrößert/erniedrigt man den Kompensationsgrad in Schritten von 0,1.

Wir haben also mit dem Gamma-Operator einen neuen Operator für die Aggregationsphase definiert. Es ist aber auch der Einsatz anderer Operatoren möglich. Im folgenden wird ein Überblick über mögliche Operatoren für die Aggregations- und Kompositionsphase gegeben. Dabei verfeinern wir unser begriffliches Schema etwas in Anlehnung an [ZIM95], S. 27ff. Die Aggregation ist die Gültigkeit der Vorbedingung. Als neuer Begriff taucht nun die Implikation auf. Diese wurde in Abschnitt 3.2.2 unter der Komposition abgehandelt und bezeichnet den Gültigkeitsgrad der zugehörigen Konklusion. Die Komposition oder Akkumulation kennen wir schon, in dieser Phase werden die Einzelresultate einer linguistischen Variablen zusammengeführt.

In der Folge werden nun einige weitere gebräuchliche Operatoren für die Phasen Aggregation, Implikation und Komposition in Anlehnung an [ZIM95], S. 27ff. vorgestellt.

Für die Aggregation können eingesetzt werden (A und B seien dabei zwei Fuzzy-Mengen):

- Minimum-Operator (beim umgekehrten Pendel-Beispiel eingesetzt)

  $min(\mu_A(x), \mu_B(x))$

- Maximum-Operator

  $max(\mu_A(x), \mu_B(x))$

- algebraisches Produkt

  $\mu_A(x) * \mu_B(x)$

- algebraische Summe

  $(\mu_A(x) + \mu_B(x) - \mu_A(x) * \mu_B(x))$

- Gamma-Operator (siehe vorne)

Für die Implikation können eingesetzt werden:

- Minimum-Operator (beim umgekehrten Pendel-Beispiel eingesetzt)
- Produktoperator

Und für die Komposition kann man einsetzen:

- Maximum-Operator (beim umgekehrten Pendel-Beispiel eingesetzt)
- algebraische Summe

Während bezüglich der Implikation und Komposition weitgehende Einigkeit besteht, welche Operatoren eingesetzt werden sollen, wurden für die Aggregation unscharfer Daten in der wissenschaftlichen Literatur mittlerweile hunderte verschiedene Operatoren entwickelt, so daß man sich die Frage stellen muß, wie man hier einen geeigneten Operator auswählt. Diese Frage läßt sich sicherlich nicht pauschal beantworten, da natürlich das spezifische Anwendungsproblem berücksichtigt werden muß. In [MAY93], S. 46ff. sind einige Kriterien angegeben, die die Auswahl eines adäquaten Aggregationsoperators erleichtern. Die Kriterien werden dabei in zwei Gruppen untergliedert. Die erste Gruppe beinhaltet mathematisch-technische Aspekte und die zweite Gruppe umfaßt pragmatische Aspekte. Auf die mathematisch-technischen Aspekte (Kommutativität, Assoziativität der Operatoren usw.) soll hier nicht näher eingegangen werden, da sie zu stark in das Gebiet der Fuzzy-Mathematik führen. Als pragmatische Aspekte werden u.a. genannt:

- empirische Relevanz: Hier wird gefordert, daß die Operatoren menschliches Verhalten in adäquater Weise abbilden. Ob ein Fuzzy-Operator diese Eigenschaft hat, läßt sich normalerweise nicht a-priori, sondern nur durch empirische Validierung bestimmen.
- Adaptionsfähigkeit: Es ist wünschenswert, daß sich ein Operator an verschiedene Situationen anpassen läßt, da die Art der Aggregation vom Kontext bestimmt wird. Die Fähigkeit eines Operators zur Adaption wird im allgemeinen durch die Parametrisierung realisiert. Der MAX- bzw. MIN-Operator besitzen diese Eigenschaft nicht, der Gamma-Operator hingegen schon.
- mathematische Attraktivität: Man darf nicht vergessen, daß Operatoren wie z.B. der Gamma-Operator einen viel höheren mathematischen Berechnungsaufwand als etwa der MIN-Operator erfordern. In der Praxis kann diese mangelnde Effizienz zu Problemen führen, insbesondere wenn die Rechnerkapazität knapp oder das Anwendungsproblem sehr umfangreich ist.
- Skalenniveau der Zugehörigkeitsfunktionen: Die Anwendung von Operatoren ist vom Skalenniveau der Zugehörigkeitsfunktion (nominal, ordinal, intervallskaliert, verhältnisskaliert) abhängig. Während man den MAX-Operator bereits ab Ordinalskalenniveau einsetzen kann, benötigt man für den Produkt-Operator bereits Intervallskalenniveau. Diese Unterscheidung ist deswegen von Bedeutung, weil bei der Abbildung menschlichen Wissens in der Regel Nominal- bzw. Ordinalskalenniveau vorliegt (Fähigkeit des Menschen zur Unterscheidung zwischen gleich und ungleich bzw. größer und kleiner). Daher ist der Einsatz gewisser Operatoren eigentlich wissenschaftlich gar nicht zu vertreten und wird nur dann möglich, wenn mehr oder weniger problematische Hypothesen über das Antwortverhalten des Menschen angenommen werden.

Aufstellen einer ersten Regelmenge

In diesem Abschnitt widmen wir uns der Frage, wie eine erste Regelmenge generiert werden kann. Zuvor betrachten wir noch, aus welchen Komponenten ein Fuzzy-System (hier ein Fuzzy-Expertensystem) besteht und wie Fuzzy-Regeln aussehen können.

Die Fuzzy-Wissensbasis ist natürlich nur eine Komponente eines Fuzzy-Expertensystems. Wie bei einem herkömmlichen Expertensystem, das auf der zweiwertigen Logik basiert, lassen sich die folgenden Komponenten unterscheiden [BOT95], S. 113ff.:

- Dialogmodul: Dieses Modul, über das der Benutzer Wissen abfragt und der Anwendungsexperte Wissen erzeugt, bildet die Schnittstelle zum System.
- Wissensbasis: Die Wissensbasis bildet die Grundlage eines jeden regelbasierten Expertensystems. In ihr ist das gesamte zur Verfügung stehende Fachwissen abgebildet. Man unterscheidet bekanntlich zwischen deklarativem und prozeduralem Fachwissen. Das deklarative Wissen beinhaltet die vom Experten benutzten Objekte (Zugehörigkeitsfunktionen, Bedeutungen von Termen usw.), und das prozedurale Wissen beschreibt wichtige Zusammenhänge zwischen diesen Objekten.
- Wissenserwerb: Für die Aufgabe des Wissenserwerbs wird in der Regel eine eigene Komponente bereitgestellt. Diese beinhaltet z.B. eine Expertenbefragung als auch automatische Lernstrategien, die aufbauend auf existierendem Wissen neues Wissen generieren (Machine Learning).
- Inferenzmaschine: Hier sind die Aktionen Aggregation, Implikation und Komposition implementiert. Welche Operatoren man im einzelnen einsetzen kann, wurde im vorigen Abschnitt erläutert.
- Entscheidungsrekonstruktion: In ein regelbasiertes Expertensystem ist auch eine Komponente integriert, mit der Entscheidungen für den Anwender nachvollziehbar und für den Experten nachprüfbar sind.

Wie Fuzzy-Regeln aussehen, wurde in Abschnitt 3.2.2 schon praxisnah vorgestellt. Allgemein kann man zwischen der

- normalisierten und der
- unnormalisierten

Darstellung unterscheiden [ALT95], S. 162. Die normalisierte Darstellung zeichnet sich dadurch aus, daß in der Vorbedingung lediglich der UND-Operator zugelassen ist. Die Regel

```
IF A = a OR B = b THEN C = c
```

müßte demnach in die folgenden zwei Regeln

```
(1) IF A = a THEN C = c
(2) IF B = b THEN C = c
```

konvertiert werden. Dies bedeutet, daß zur Darstellung des gleichen Zusammenhangs in der normalisierten Darstellung mehr Regeln benötigt werden als in der unnormalisierten Darstellung, die ja die Verwendung des ODER-Operators erlaubt. Negative Wirkungen auf die Laufzeit des Fuzzy-Programms lassen sich in der Regel durch den Einsatz optimierender Compiler abfedern.

Eine erste Regelmenge kann nach folgendem Algorithmus erzeugt werden [ALT95], S. 162f.:

- Schritt 1: Wähle als Aggregationsoperator das MIN und als Kompositionsoperator das Produkt.
- Schritt 2: Definiere für jede mögliche Vorbedingung der Regelmenge (Kombination von Termen) eine Regel mit der plausibelsten Folgerung. Diese Regeln bekommen die Gewichtung 1, alle anderen die Gewichtung 0 (entspricht der MAX/MIN-/ MAX/PROD-Inferenz).
- Schritt 3: Zeigt sich beim Optimieren, daß die Vorbedingung der Regel nicht richtig berechnet wird, so verwende einen kompensatorischen Operator für die Aggregation.
- Schritt 4: Zeigt sich beim Optimieren, daß die Schlußfolgerung einer Regel nicht als einzelner Term gewählt werden kann, so setze Regelgewichtungen ein, um Zwischenwerte auszudrücken.
- Schritt 5: Beschreiben die Regeln das Systemverhalten in angemessener Weise, so eliminiere die überflüssigen Regeln aus der Regelmenge.

Auswahl der Defuzzifikationsmethode

Das Resultat der Fuzzy-Inferenz ist ja der Wert einer unscharfen Variable (vgl. die Abbildung 3.19). Um eine Steuerung wirklich durchführen zu können, muß dieser unscharfe Wert in einen scharfen Wert abgebildet werden. Ähnlich wie in der Aggregation können auch hier verschiedene Defuzzifikationsoperatoren eingesetzt werden. Welcher Defuzzifikationsoperator tatsächlich verwendet wird, hängt vom jeweiligen Kontext ab. Da für die Defuzzifikationsverfahren keine umfassenden empirischen Untersuchungen existieren, ist man auf Erfahrungen aus der Praxis angewiesen.

Prinzipiell kann man Defuzzifikationsoperatoren nach zwei verschiedenen Bedeutungen klassifizieren [ALT95], S. 165:

- Erreichen des „besten Kompromisses"
- Erreichen der „plausibelsten Lösung"

Die Verschiedenartigkeit dieser beiden Konzepte soll anhand eines kleinen Beispiels erläutert werden. Angenommen, ein Vorstand eines Unternehmens steht vor der Entscheidung, mit einem zur Verfügung stehenden Geldbudget entweder Projekt A oder Projekt B durchzuführen. Im Laufe der Diskussion stellt sich heraus, daß ein Vorstand Projekt A unbedingt realisieren möchte, ein anderer ist eher geneigt, B zu realisieren, ein dritter möchte das Geld für Rückstellungen einsetzen, einem vierten Vorstand ist die ganze Diskussion egal usw. Folgende Varianten haben sich im Lauf der Diskussion ergeben:

- A bzw. B mit ganzem Budget realisieren
- A bzw. B mit einem Großteil des Budgets realisieren
- A bzw. B mit kleinem Budget realisieren
- Für A bzw. B auf gar keinen Fall Geld verwenden

Wie sieht hier eine Lösung aus, wenn man die Zielvorstellung hat, den besten Kompromiß zu realisieren? Sind die Anhänger von A und B ziemlich gleich stark vertreten, so könnte dann das Ergebnis lauten, daß weder Projekt A noch Projekt B realisiert wird (≈ Ausbalancieren der Meinungen), sondern das Geld für Rückstellungen oder sonst einen Zweck eingesetzt wird.

Die plausibelste Lösung hingegen könnte darin bestehen, diejenige Lösung auszuwählen, für die am meisten Vorstände eintreten. (z.B. „eher A realisieren").

Nachfolgend sind einige wichtige Defuzzifikationsverfahren genannt [ALT95], S. 166ff. und [ZIM95], S. 30ff. Zuerst sind Verfahren angeführt, die den „besten Kompromiß" suchen:

- (Flächen)Schwerpunktverfahren (Center-Of-Area (CoA), bzw. Center-of-Gravity-Method):
  Diese Methode wurde schon bei der Steuerung des umgekehrten Pendels eingesetzt. Der scharfe Wert ergibt sich aus der Berechnung des Flächenschwerpunktes der unscharfen Menge.
- Center-of-Maximum-Method (CoM): Für jeden Term der Ausgabevariablen wird zunächst der typischste Wert gesucht, anschließend wird aus dem Inferenzergebnis der „beste Kompromiß" gesucht.
- Median-Methode: Als scharfer Ausgangswert wird jener Wert genommen, der die unscharfe Ausgangsmenge in zwei Hälften gleicher Größe teilt.

Ein Defuzzifikationsverfahren zur Ermittlung der „plausibelsten Lösung" ist die

- Mean-of-Maximum-Method (MoM): Hier werden nicht mehr wie bei der Lösung nach dem Konzept des „besten Kompromisses" die Erfülltheitsgrade gegeneinander „ausbalanciert", sondern einfach jener Term ausgewählt, der den größten Erfülltheitsgrad aufweist. Das scharfe Resultat ist dann der typischste Wert dieses Terms.

In der folgenden Tabelle 3.7 werden die CoA-, CoM- und MoM-Methoden nach verschiedenen Kriterien bewertet [ALT95], S. 169:

Tabelle 3.7: Defuzzifikationsverfahren im Vergleich

	CoA	CoM	MoM
linguistische Charakteristik	„bester Kompromiß"	„bester Kompromiß"	„plausibelste Lösung"
Übereinstimmung mit Intuition	Bei variierenden und stark überlappenden Zugehörigkeitsfunktionen unplausibel	gut	gut
Stetigkeit	ja	ja	nein
Rechenaufwand	sehr hoch	niedrig	sehr niedrig
Einsatzschwerpunkt	Regelungstechnik, Entscheidungsfällung	Regelungstechnik, Entscheidungsfällung	Mustererkennung, Entscheidungsfällung

3.3.2 Implementierung von Fuzzy-Systemen

Die Methoden der Fuzzy-Technologie, wie sie in Abschnitt 3.2 vorgestellt wurden, lassen ein großes Marktpotential erwarten. Es wurden auch schon zahlreiche Anwendungen in der Industrie realisiert. Es ist daher nur verständlich, wenn immer mehr Firmen Hard- oder Softwareunterstützung für die Entwicklung von Fuzzy-Systemen anbieten. Ein Überblick über Implementierungsmöglichkeiten für Fuzzy-Systeme ist in [ALT95], S. 176ff., [BON96], S. 135ff. und [ZIM93], S. 179ff. zu finden. Die folgenden Ausführungen sind an die Darstellung in [ZIM93], S. 179ff. angelehnt. Dabei wird grundsätzlich zwischen Hard- und Softwareunterstützung unterschieden. Diese Untergliederung wird auch bei der Diskussion möglicher Implementierungen für das zweite Softcomputing-Paradigma, den Künstlichen Neuronalen Netzen, beibehalten.

Softwaresysteme

Die Fuzzy-Technologie wird zur Zeit in den Bereichen Prozeßautomatisierung, Steuerungs- und Regelungstechnik (Fuzzy Control), Meß- und Analysetechnik und Produktionsführung eingesetzt. Da die Fuzzy Control derzeit das wichtigste Anwendungsgebiet darstellt, ist die Softwareunterstützung hier auch am größten.

Im wesentlichen gibt es folgende Möglichkeiten der Unterstützung:

• Stand-alone Entwicklungsumgebungen
• Reglerentwurfswerkzeuge mit Fuzzy-Modulen
• Prozeßleitsysteme
• Speicherprogrammierbare Steuerungen (SPS)

Die einzelnen Varianten der Softwareunterstützung werden nun im einzelnen vorgestellt:

Entwicklungsumgebungen

Beim Entwurf eines Systems zur Fuzzy Control sind – wie aus Abschnitt 3.2 bekannt ist – folgende Parameter zu definieren: die Reglerstruktur, die Zugehörigkeitsfunktionen, die Regelmenge, entsprechende Verknüpfungsoperatoren und Defuzzifizierungsmethoden. Die Optimierung eines Reglers, damit er das gewünschte Verhalten zeigt, ist mit expliziten Methoden nicht möglich. Hier kann der Anwender durch diverse Entwicklungsumgebungen unterstützt werden. Eine Shell zur Entwicklung von Fuzzy Control-Systemen muß folgenden Kriterien genügen:

- Unterstützung bei der Erstellung der Systemstruktur
- Unterstützung bei der Definition der Zugehörigkeitsfunktionen
- Unterstützung bei der Generierung der Regelbasis
- Unterstützung bei der Analyse des Systemverhaltens
- Unterstützung bei Fehlersuche und -behebung

Es gibt drei Arten von Fuzzy Tools, die aufgrund dieses Anspruchsniveaus entwickelt wurden:

- Funktionsbibliotheken
  In Funktionsbibliotheken mit Fuzzy Control-Mechanismen werden die benutzten Fuzzy-Methoden im Code einer gängigen Programmiersprache (C, PASCAL) zur Verfügung gestellt. Der Vorteil einer derartigen Lösung besteht darin, daß sehr leicht Erweiterungen durchgeführt werden können. So können z.B. eigene Operatoren definiert werden.
- Programmiersprachen mit speziellen Sprachkonstrukten für Fuzzy Control
  Erweiterungen von Programmiersprachen bieten vor allem dann Vorteile, wenn dadurch Besonderheiten der Programmiersprache, z.B. Echtzeitfähigkeit, effektiv ausgenutzt werden.
- Entwicklungsshells für Fuzzy-Systeme
  Die meisten kommerziell vertriebenen Fuzzy Tools gehören dieser Kategorie an. Die Hauptbestandteile einer graphisch unterstützten Entwicklungsumgebung sind zum einen Editoren, mit denen die Systemkomponenten definiert werden können und zum anderen ein Debugger. Mit Hilfe eines Simulators kann der Fuzzy-Regler auf seine grundsätzliche Eignung hin getestet werden. Das Softcomputing-Werkzeug NeuroGraph, das im folgenden Abschnitt genauer vorgestellt wird, beinhaltet eine derartige graphische Umgebung zur Entwicklung von Fuzzy-Systemen. Die Arbeit mit einem derartigen Entwicklungswerkzeug stellt sich wie folgt dar: Ausgehend von den auf der graphischen Oberfläche getätigten Eingaben wird zunächst eine Systembeschreibung des Fuzzy-Controllers generiert. Diese Systembeschreibung enthält Informationen über die Regelbasen, die linguistischen Variablen, die Reglerstruktur sowie die Inferenz- und Defuzzifizierungsmethoden. Der nächste Schritt besteht dann darin, daß aus dieser Beschreibung mittels eines sog. Precompilers Source-Code in einer höheren Programmiersprache erzeugt wird. Alternativ dazu kann man einen Compiler zur Erzeugung von Objekt-Code für eine bestimmte Hardwareplattform einsetzen.

Reglerentwurfswerkzeuge mit Fuzzy-Modulen

In diesem Kapitel über Fuzzy-Systeme wurde der Fuzzy Control, also der Lösung von Steuerungsproblemen mit Fuzzy-Technologie, ein hoher Stellenwert eingeräumt. Es gibt nun aber Probleme, die sich viel besser mit herkömmlichen Regelungstechniken lösen lassen. Das sind vorzugsweise solche Prozesse, deren dynamisches Verhalten man mit mathematischen Modellen sehr gut abbilden kann. Es hat sich nun gezeigt, daß Anwender auf den Einsatz herkömmlicher Methoden nicht verzichten wollen. Mit Hilfe von Reglerentwurfswerkzeugen wird die Integration von Fuzzy-Modulen mit herkömmlichen Methoden sichergestellt. Derartige Systeme zeichnen sich dadurch aus, daß beliebige Teile eines technischen Systems mit konventionellen Methoden beschrieben werden können. Andere Teile hingegen können mit Fuzzy Logic-Komponenten realisiert werden.

Prozeßleitsysteme

Prozeßleitsysteme werden heute zur Automation von Fabrikationsprozessen und großer Produktionsanlagen eingesetzt, die über dezentrale, vernetzte Komponenten verfügen. Derartige Systeme finden etwa in der Erdölindustrie oder der Stahlerzeugung Anwendung. Prozeßleitsysteme bieten nun die Möglichkeit, Regler aus einer Kombination von herkömmlichen und Fuzzy-Methoden zu realisieren. Im Prinzip gibt es drei Möglichkeiten, ein derartiges Prozeßleitsystem zu entwickeln:

- Einsetzen einer komfortablen Entwicklungsumgebung zum Entwurf des Fuzzy-Reglers mit nachheriger Verwendung des dabei erzeugten Source-Codes
- Einsatz spezieller Hardware
- Verbindung eines Projektierungssystems, das die Entwicklung eines Fuzzy-Reglers ermöglicht, mit dem Leitsystem und Laden der Software in das Automatisierungssystem

Die meisten Anbieter von Prozeßleitsystemen verfolgen den dritten Weg, um Fuzzy-Methoden in bestehende Automatisierungssysteme zur Realisierung einer Fuzzy-Regelung einzubauen. Dabei müssen folgende Schritte durchgeführt werden: Zuerst wird der Fuzzy-Regler am PC entworfen. Die wohlbekannten Schritte dabei sind die Definition von Ein- und Ausgangsgrößen, die Festlegung der Zugehörigkeitsfunktionen und der Bausteine für Fuzzifizierung und Defuzzifizierung sowie die Generierung der Regelmenge. Im nächsten Schritt werden spezielle Parameter für das zugrundliegende Prozeßleitsystem eingegeben. Anschließend werden die Strukturanweisungen automatisch generiert, die dann mit dem Projektierungssystem übertragen werden. Der Fuzzy-Regler wird hernach gestartet und die Reglerergebnisse im Entwurfswerkzeug beobachtet. Der letzte Schritt besteht in einer Optimierung des Fuzzy-Reglers.

Speicherprogrammierbare Steuerungen (SPS)

Eine weitere Software-Implementierungsvariante für Fuzzy-Systeme sind die sog. Speicherprogrammierbaren Steuerungen (SPS) [ALT95], S. 201ff. Diese eignen sich vor allem bei Anwendungen mit kleinen Stückzahlen, wo der Aufwand nicht dafür steht, eine eigene mikrocontrollerbasierte Hardware aufzubauen, sondern eine fertige, industriellen Ansprüchen gerecht werdende Hardwarekomponente genügt. SPS-Systeme werden in einer einfachen

Programmiersprache (sog. Anweisungslisten) programmiert. Diese Anweisungslisten ermöglichen auch eine direkte Ansteuerung der Peripherie. Wesentliche Vorteile von SPS liegen in einer kurzen Inbetriebnahmezeit und auch darin, daß im Vergleich zur Programmierung von Workstation, PC oder Mikrocontroller keine so tiefen Programmierkenntnisse erforderlich sind. Aus diesem Grund benutzen vor allem diejenigen Techniker SPS-Steuerungen, die zwar den Prozeß, den es zu automatisieren gilt, recht gut kennen, nicht aber in Programmierung oder theoretischer Regelungstechnik ausgebildet sind. Nach [ZIM93], S. 188 gibt es prinzipiell zwei unterschiedliche Wege zur Realisierung von SPS-Systemen:

- Bei der ersten Variante ergänzt man die Standardsoftwarefunktionen der SPS um spezifische Fuzzy-Funktionen, die dann mit in das Anwendungsprogramm eingebunden werden.
- Bei der zweiten Variante geht man den hardwareorientierten Weg. Dabei wird zur SPS-Hardware eine auf dem Prinzip der Fuzzy Logic basierende Hardwaregruppe hinzugefügt.

Fuzzy-Hardware

Die zweite Möglichkeit der Implementierung von Fuzzy-Systemen ist die Direktimplementierung in Hardware. Obwohl die ersten Fuzzy-Chips bereits im Jahre 1989 in Japan auf den Markt kamen, ist die tatsächliche Nutzung eher als gering einzuschätzen. In Europa etwa ist noch nicht der kommerzielle Durchbruch gelungen. Dafür sind laut [BON96], S. 136 folgende Gründe maßgeblich:

- Es gibt weltweit wenige Anbieter von Fuzzy-Hardware.
- In vielen Entwicklungsetagen besteht noch eine Abwehrhaltung gegenüber reinen Fuzzy-Controllern.

Betrachtet man den Markt genauer [BON96], S. 136, so kann aber sehr wohl einen gewissen Trend zur Realisierung von Fuzzy-Applikationen mit Fuzzy-Controllern beobachten. Als Beispiele können hier die Umsetzung in Waschmaschinen, Bewegungsmeldern, Durchlauferhitzern usw. angeführt werden.

Reine Fuzzy-Hardwarelösungen werden vor allem dort eingesetzt, wo Softwarelösungen alleine nicht ausreichen. Beispiele für Fuzzy-Hardware sind Fuzzy-Regler in analoger Schaltungstechnik, ein Mikroprozessor mit speziellem Fuzzy-Befehlssatz sowie Fuzzy Logic-Controller, die mit on-chip Wissensspeicher entwickelt wurden.

Reine Fuzzy-Hardware-Controller bieten dem Entwickler folgende Vorteile [BON96], S. 136:

- Fuzzy-Hardware ist jeder Standardhardware mit „aufgesetzter" Software hinsichtlich Abarbeitungsgeschwindigkeit um den Faktor 5-10 überlegen.
- Es existieren für jeden Fuzzy-Hardware-Controller exakt zugeschnittene Software und verschiedene Bibliotheken.
- Es gibt keine Schnittstellenproblematik.
- Es könne sehr kurze Applikations-, Soft- und Hardwareentwicklungszeiten realisiert werden (time-to-market-Prinzip).
- Es existieren Simulatoren und Emulatoren für die Hardware.
- Es gibt gute Debugmöglichkeiten.

Reine Fuzzy-Hardware besitzt jedoch auch Nachteile. Der größte Nachteil besteht sicher darin, daß die Flexibilität, die bei Realisierung mittels Software vorhanden war, nun wegfällt [ZIM93], S. 190. Ein weiterer Nachteil ist darin zusehen, daß bei Fuzzy-Controllern außer Fuzzy-Regelalgorithmen keine weiteren Regeln abgearbeitet werden können. Derartige Controller sind damit nur reine Fuzzy-Controller [BON96], S. 136.

3.3.3   Regelung einer Autoheizung mit NeuroGraph

Im folgenden wird gezeigt, wie die Regelung einer Autoheizung mit dem Werkzeug Neuro-Graph realisiert werden kann. Zuerst wird allgemein ein Überblick über NeuroGraph gegeben, anschließend wird die Implementierung in WINDOWS NT® – unterstützt durch Screenshots – vorgestellt.

NeuroGraph© [NGR98], S. 3 ist eine vollständige, integrierte Entwicklungs- und Simulationsumgebung für Softcomputing-Systeme (Künstliche Neuronale Netze, Fuzzy-Systeme, Evolutionäre Algorithmen), die am Lehrstuhl für Programmiersprachen der Universität Erlangen-Nürnberg unter der Federführung von Doz. P. Wilke entwickelt wurde. Diese Paradigmen können sowohl einzeln, aber auch in beliebiger Kombination (z.B. Neuro-Fuzzy-Systeme) verwendet werden. Die Vorteile von NeuroGraph liegen in einer einfachen und intuitiven Bedienung. Weiters sind alle graphischen Elemente der Komponenten nach OSF/Motif bzw. MS-WINDOWS®-Stilrichtlinien realisiert. NeuroGraph wurde streng objektorientiert mit C++ implementiert. Das Kernsystem von NeuroGraph setzt sich aus

- den Komponenten zur Simulation und Visualisierung von Softcomputing-Systemen
- und einer Bibliothek effizienter Implementierungen der wichtigsten Modelle

zusammen. Über ein graphisches Werkzeug kann der Anwender entweder neue Modelle entwickeln oder vorhandene Modelle modifizieren.

Die Regelung einer Autoheizung wird als fertiges Modell mit NeuroGraph mitgeliefert [NGR98], S. 27ff. Diese Anwendung ist deswegen sehr gut zur Lösung mit einem Fuzzy-System geeignet, weil die Begriffe Temperatur und Luftfeuchtigkeit von Menschen unterschiedlich empfunden werden. Betrachten wir zunächst die Systemparameter. Als Input wurden gewählt:

- Temperatur
- Luftfeuchtigkeit

Output ist die

- Heizungsleistung

Die Aufgabe der Heizungsleistung besteht einerseits darin, die gewählte Temperatur auf konstantem Niveau zu halten und andererseits ist es nötig, daß die Scheiben beschlagfrei bleiben, d.h. die Luft muß bei zu hoher Luftfeuchtigkeit getrocknet werden.

Im Modell „Autoheizung" von NeuroGraph wurden folgende Regeln implementiert:

```
R1:IF Temperatur = niedrig THEN hohe Heizungsleistung
R2:IF Temperatur = normal AND Luftfeuchtigkeit = gering
   THEN normale Heizungsleistung
R3:IF Temperatur = normal AND Luftfeuchtigkeit = hoch
   THEN erhöhte Heizungsleistung
R4:IF Temperatur = hoch THEN niedrige Heizungsleistung
```

In Abbildung 3.25 ist die Lösung des Fuzzy-Systems „Autoheizung" im sog. Topologieeditor für die Einstellungen Luftfeuchtigkeit = 25 und Temperatur = 10 (vgl. Abb. 3.24) dargestellt. Dabei sieht man, daß ein mit NeuroGraph entwickeltes Fuzzy-System allgemein aus den Komponenten Eingabeschicht, Fuzzifikationsschicht, Inferenzschicht und Defuzzifikations-schicht besteht. Im folgenden wird auf die einzelnen Systemkomponenten etwas genauer eingegangen:

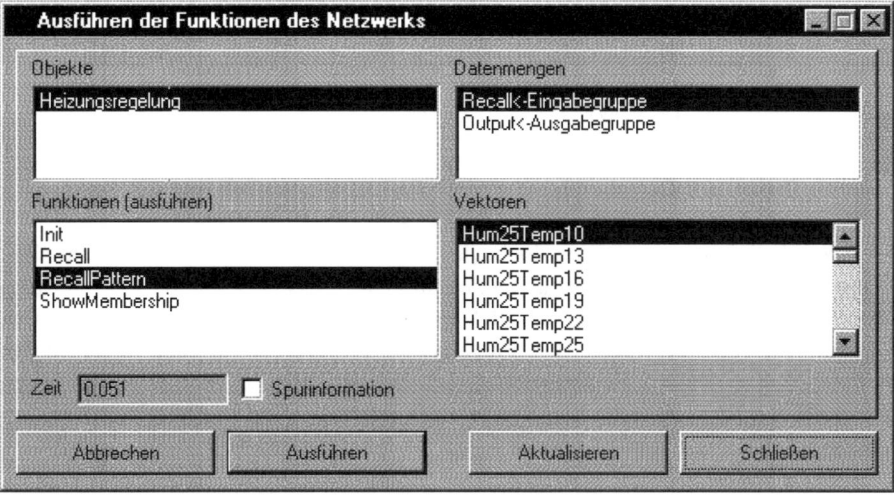

Abbildung 3.24: Fuzzy-Regelung einer Autoheizung (1)

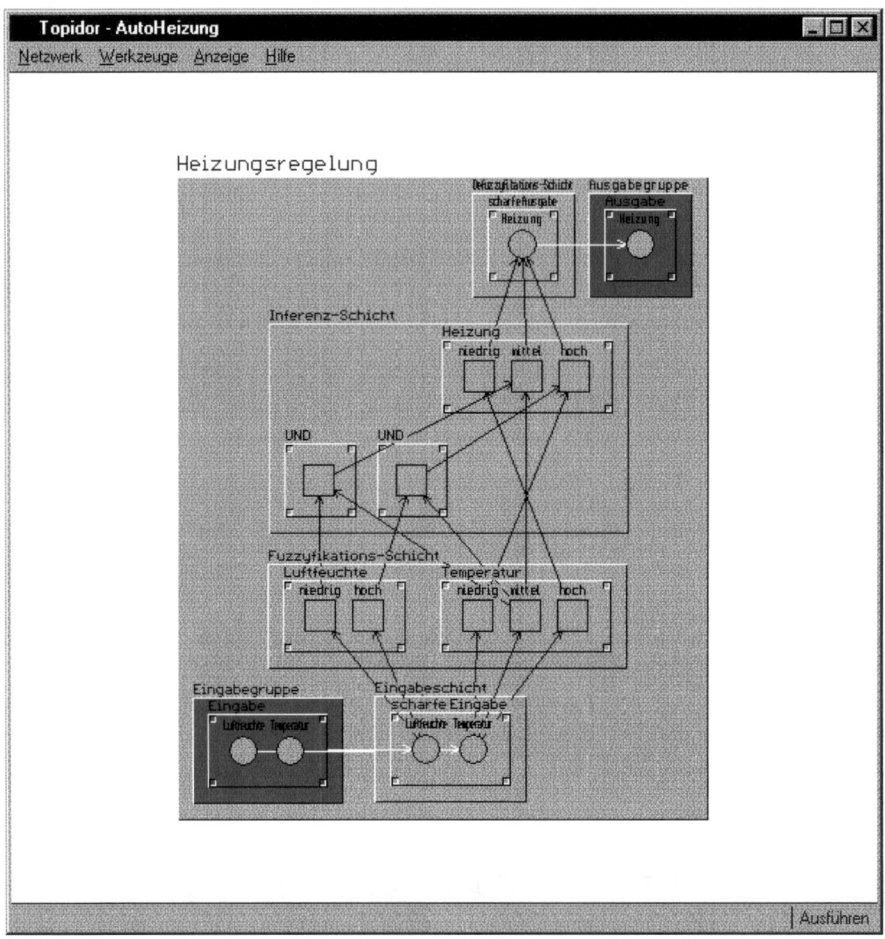

Abbildung 3.25: Fuzzy-Regelung einer Autoheizung (2)

- Die beiden Knoten der Eingabeschicht stellen die Luftfeuchtigkeit und die Temperatur scharf dar.
- In der Fuzzifikationsschicht werden die beiden linguistischen Variablen Luftfeuchtigkeit und Temperatur mit Zugehörigkeitsfunktionen unscharf abgebildet. Bei der Luftfeuchtigkeit werden zwei Terme („niedrig", „hoch") und bei der Temperatur drei Terme („niedrig", „mittel", „hoch") verwendet. Die Fuzzifikation findet in den Kanten zwischen den Knoten der Eingabe- und der Fuzzifizierungsschicht statt. Die Zugehörigkeitsfunktionen für die drei Terme der linguistischen Variable „Temperatur" sind in Abbildung 3.26 dargestellt.

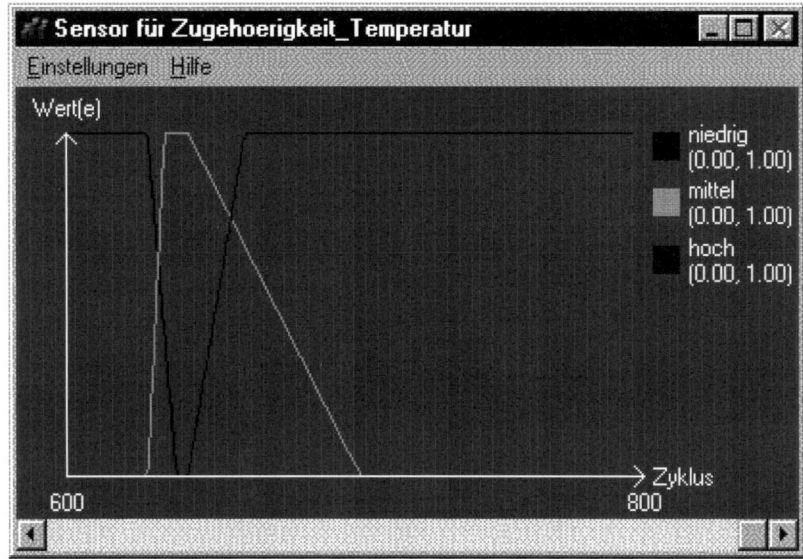

Abbildung 3.26: Fuzzy-Regelung einer Autoheizung (3)

- In der Inferenzschicht findet die Implementierung der Regeln statt. Mit den Knoten „und" wird die linguistische Operation „Fuzzy-und" durch den Minimumoperator realisiert. Die Regeln der Heizungssteuerung werden durch die Verbindungen zwischen den Knoten der Fuzzifikations- und Inferenzschichten beschrieben. Als Inferenzverfahren wurde die MAX/MIN-Inferenz gewählt.
- Für die Defuzzifizierung in den Kanten zur Defuzzifikationsschicht benötigt man entsprechende Zugehörigkeitsfunktionen. Als Defuzzifikationsverfahren wurde die Schwerpunktmethode („center-of-gravity"-method) gewählt.

Der Verlauf der Regelung über die Zeit ist in Abbildung 3.27 dargestellt.

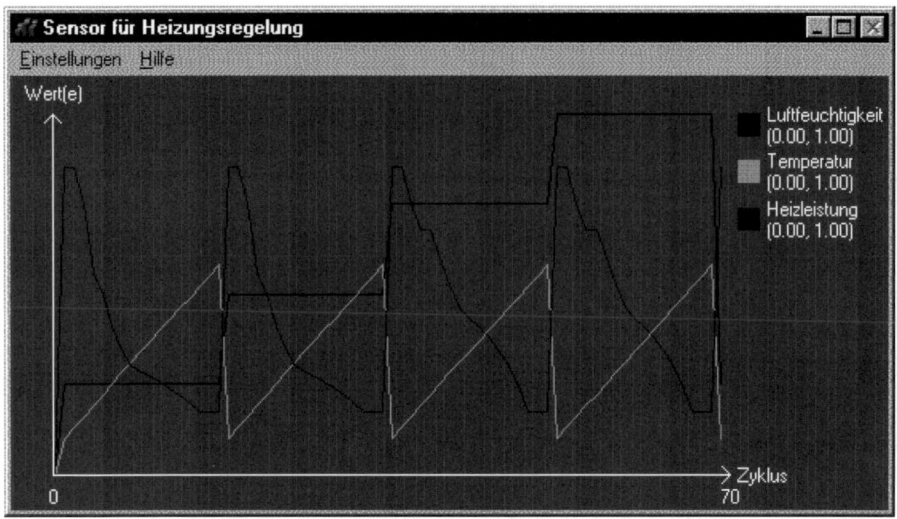

Abbildung 3.27: Fuzzy-Regelung einer Autoheizung (4)

Die Parametrisierung dieser im Lieferumfang von NeuroGraph mitgelieferten Heizungsregelung ist natürlich so erfolgt, daß die Effekte einer Fuzzy-Regelung gut beobachtet werden können. Für einen konkreten Einsatz müssen die Systemparameter entsprechend modifiziert werden.

3.4   Einsatzaspekte von Fuzzy-Systemen

Die Ausführungen von Abschnitt 3.2 sollen folgende zwei Schlüsse nicht nahelegen:

- Mit der Fuzzy Logic können alle Probleme gelöst werden.
- Der Aufbau eines Fuzzy-Systems ist immer so einfach wie bei der Anwendung „invertiertes Pendel".

In diesem Abschnitt wird zuerst beschrieben, für welche Art von Problemstellungen der Einsatz von Fuzzy-Systemen adäquat ist und wann von der Fuzzy Logic abzuraten ist. Anschließend werden die einzelnen Anwendungsfelder der Fuzzy Logic kurz vorgestellt. Etwas genauer wird dabei auf die betriebswirtschaftlichen Anwendungen eingegangen und beispielhaft die Kopplung eines SAP-Moduls mit einem Fuzzy-Tool vorgestellt.

3.4.1   Kriterien für den Einsatz der Fuzzy Logic

Der Einsatz eines Fuzzy-Systems zur Problemlösung ist allgemein dann sinnvoll, falls zumindest einer der folgenden Punkte zutrifft [KLE96], und [ALT95], S. 3:

- bei sehr komplexen Prozessen, für die kein (einfach zu lösendes) mathematisches Modell existiert
- falls die Aufgabenstellung
  - Nichtlinearitäten besitzt
  - schwierig zu quantifizierende Zeitkonstanten aufweist
- viele Parameter berücksichtigt werden müssen
- wenn die Verarbeitung von linguistisch formulierten Expertenwissen möglich ist und gewünscht wird.

Der Einsatz eines Fuzzy Controllers ist insbesondere dann anzuraten, falls (vgl. [ALT95], S. 149f.)

- es sich um ein Mehrparameterproblem handelt, d.h. es gibt viele Eingangsgrößen
- viele Stellgrößen vorliegen
- in der Anwendung starke Störgrößen vorkommen
- ein mathematisches Modell der Regelstrecke fehlt
- technisches „know-how" über die Regelung vorhanden ist, das linguistisch formuliert werden kann.

In Abschnitt 3.2.1 wurde skizziert, wie eine konventionelle Regelung durch Modellierung mittels Differentialgleichungen aussehen könnte. Dabei wurde festgehalten, daß exakte Lösungen dieses Differentialgleichungssystems nur dann leicht zu gewinnen sind, wenn eine Reihe weitreichender Vereinfachungen gemacht werden. Bei der Lösung des Regelungsproblems mit Fuzzy-Technologie wird auf das Auffinden einer exakten Lösung bewußt verzichtet, man begnügt sich mit einer auf numerischem Wege ermittelten Näherungslösung (Softcomputing). Das grundlegende Prinzip des Softcomputing wird von L. Zadeh, dem Begründer der Fuzzy Logic, folgendermaßen definiert [ZAD95], S. 7:

Exploit the tolerance for imprecision, uncertainty and partial truth to achieve tractability, robustness, low solution cost and better rapport with reality.

Hier sei auf ein Mißverständnis hingewiesen, das in Zusammenhang mit der Fuzzy Logic immer wieder auftaucht. Fuzzy Logic ist keine unscharfe Technologie (im abwertenden Sinne), sondern eine exakte, algorithmisierte Technik basierend auf der Definition unscharfer Begriffe über reellwertige Zugehörigkeitsfunktionen.

Fuzzy-Systeme können auch dann sinnvoll eingesetzt werden, wenn zwischen den Parametern des Systems nichtlineare Beziehungen bestehen. Dies soll anhand eines Regelungsproblems erläutert werden, das als erstes prototypisch mit einem Fuzzy Controller gelöst wurde, der Steuerung einer Dampfmaschine. Diese bahnbrechenden Arbeiten für die Fuzzy Logic wurden von Prof. E. Mamdani zusammen mit seinem Doktoranden S. Assilian in den siebziger Jahren durchgeführt. Der dabei entwickelte Controller trägt daher auch den Namen Mamdani-Controller. Mamdani experimentierte mit einer starken Vereinfachung einer Dampfmaschine, die bloß aus zwei Komponenten (Heizkessel, Motor) bestand, die jeweils einem Soll-Wert zustreben. Mamdani beschäftigte sich mit der Aufgabe der Kesselsteuerung. Im Kessel soll der Dampf einen vorgegebenen Druck erreichen. Erreicht werden kann dies durch die Regulierung der Temperatur. Dabei gilt folgender Zusammenhang: Je höher die Temperatur, desto höher der Druck und umgekehrt. Der momentane Druck wird immer durch Sensoren angezeigt. Stimmt der Druck mit dem Zielwert überein, so ist alles Ordnung. Bei Abweichungen jedoch muß die Steuerung den Ist- an den Soll-Wert heranführen. Das Grundproblem der Kesselsteuerung besteht in der nichtlinearen Beziehung zwischen den Parametern Druck und Temperatur. Aus diesem Grund versuchte sich Mamdani mit einer Fuzzy-Lösung und dies erfolgreich. Als Eingabeparameter definierte er die Druckabweichung sowie die Änderung in der Druckabweichung und als Ausgabeparameter die Temperaturänderung. Die weitere Vorgangsweise (Fuzzifizierung, Aufbau einer Fuzzy-Wissensbasis usw.) ist ähnlich wie bei der Steuerung des invertierten Pendels.

Die Fuzzy-Wissensbasis enthält Expertenwissen in Form unscharfer „wenn-dann"-Regeln. Diese Regeln beschreiben Wissen über ein Problem auf der qualitativen Ebene und stellen quasi das Gegenstück zur mathematisch quantitativen Formulierung dar. In vielen Fällen (insbes. bei technischen Anwendungen) ist die qualitative Formulierung möglich und gewünscht.

Wissen über ein Anwendung kann in unterschiedlicher Qualität vorliegen:

- quantitative Formulierung
- qualitative Formulierung
- Beispielwissen

Die höchste Form, weil exakt, besteht in der Formulierung eines mathematischen Modells (z.B. lineares Programm). Ist die Realität derartig komplex, so daß dies nicht mehr möglich ist, ist zu überlegen, ob Wissen qualitativ formuliert werden kann, wie dies bei einem Fuzzy-System passiert. Dabei ist allerdings zu berücksichtigen, daß auch hier eine Modellierung quantitativen Wissens erforderlich ist, nämlich bei den Zugehörigkeitsfunktionen. Es kann aber auch Situationen geben, wo es entweder nicht gewünscht wird oder es gar nicht möglich ist, Anwendungswissen linguistisch zu formulieren. In einem solchen Fall etwa ist lediglich bekannt, daß zwischen Ein- und Ausgabewerten Beziehungen bestehen, aber über die Art der Beziehung (linear, polynomial) kann nichts ausgesagt werden. Für solche Fälle ist die Verwendung eines Neuronalen Netzes praktikabel (vgl. die Einführung in Kapitel 4), wo aus den Beispieldaten, die als Stützstellen fungieren, eine Funktion approximiert wird.

Es gibt aber auf der anderen Seite auch Problemstellungen, wo es aus verschiedenen Gründen nicht sinnvoll ist, Fuzzy Logic einzusetzten [KLE96], [ALT95], S. 3:

- wenn die Problemstellung mit einem hinreichend guten, leicht lösbaren mathematischen Modell gelöst werden kann
- falls das Problem nicht lösbar ist

Diese zwei Kriterien sind unmittelbar einleuchtend. Falls die quantitative Modellbildung ein hinreichend gutes Ergebnis liefert, ist es nicht nötig, Wissen auf der qualitativen Ebene zu modellieren. Ausnahmen könnten darin bestehen, daß aufgrund von spezifischen Implementationsgesichtspunkten oder Echtzeitanforderungen eine Fuzzy-Lösung vorgezogen wird. Das zweite Kriterium weist darauf hin, daß die Fuzzy-Technologie keine „Wundertechnologie" ist, mit der alles machbar ist. Ist das Problem unlösbar, so wird auch der Einsatz der Fuzzy Logic dieses Problem nicht lösen können.

Im speziellen wird jetzt darauf eingegangen, bei welcher Art von Regelungsproblemen der Einsatz von Fuzzy Logic nicht zielführend ist [ALT95], S. 150:

- bei sog. Eingrößenreglern (eine Ein- und Ausgangsgröße)
- bei Aufgabenstellungen, wo die herkömmliche Regelungstechnik (z.B. PID-Regler etc.) gute Lösungen liefert
- Regelung bleibt größtenteils im Arbeitspunkt, wo Linearisierung möglich ist
- gute mathematische Modelle der Regelstrecke

Die Tabelle 3.8 aus [KLE96] zeigt eine Gegenüberstellung der Fuzzy Control mit den alternativen Reglern PID und moderner Regelungstechnik:

Tabelle 3.8: Gegenüberstellung der Fuzzy Control mit alternativen Reglern

Kriterium	FUZZY	PID	Moderne Regelungstechnik
numerisches Modell vorhanden	nicht erforderlich	o.k.	o.k.
nichtlineare Strecken	o.k.	adaptiv	adaptiv
mehrere Ein- und Ausgaben	o.k.	nicht möglich	o.k.
Intuition, know-how, subjektive Eindrücke	o.k.	o.k., linear, eine Ein- und Ausgabe	nicht möglich
Algorithmik	diskrete Regeln	Differentialgleichung	Differentialgleichungssystem
Nachvollziehbarkeit der Systembeschreibung	sehr gut	gut	schwierig bis gar nicht
Anpassung der Systembeschreibung	empirisch	Praxis in Regelungstechnik	Praxis in Theorie
Vorgehen beim Aufstellen der Systembeschreibung	qualitativ, natürliche Sprache	Erfahrung im Umgang mit PID	quantitativ, Modellbildung
Stabilitätsaussagen	zur Zeit nicht möglich	quantitative Kriterien	quantitative Kriterien
Robustheit	groß	gering	gering bis groß

Die Fuzzy-Technik hat inzwischen Einzug in viele Anwendungsfelder der Technik gefunden und dazu beigetragen, Maschinen intelligenter zu machen. L. Zadeh zeigt bei seinen Vorträgen gerne eine Folie (Abbildung 3.28, nach [DRÖ94], S. 155), die deutlich macht, daß das Hard-Computing durch das Softcomputing ersetzt wird. Das wesentliche Unterscheidungsmerkmal zwischen diesen beiden Prinzipien der Datenverarbeitung liegt im sog. Maschinen-IQ. Hard-Computing-Aufgaben, wie z.B. die Verarbeitung von Massedaten etwa bei der Lohnverrechnung oder Lagerverwaltung, besitzen einen relativ geringen Maschinen-IQ. Bei Anwendungen, die auf der Basis von Softcomputing-Technologie realisiert wurden, ist der Maschinen-IQ höher. Es ist sehr wahrscheinlich, daß der Wettbewerb in der Zukunft auch durch den Hinweis auf den Maschinen-IQ des Produktes beeinflußt wird.

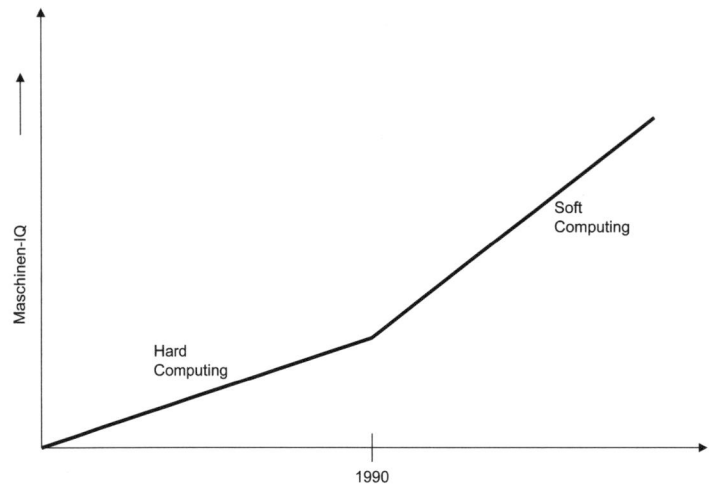

Abbildung 3.28: Hard- und Softcomputing

Allerdings ist anzumerken, daß die meisten derzeit am Markt existierenden Fuzzy-Systeme nach dem einfachen Fuzzy-Control-Schema, das in Abschnitt 3.2 vorgestellt wurde, funktionieren. Die Maschinenintelligenz ist also derzeit noch relativ niedrig. Es ist aber zu erwarten, daß sich diese Situation durch Weiterentwicklungen im Fuzzy-Bereich und durch hybride Neuro-Fuzzy-Systeme rasch ändern wird.

3.4.2   Fuzzy-Anwendungen

In diesem Abschnitt wird im Überblick vorgestellt, in welchen Anwendungsfeldern die Fuzzy-Technologie Verwendung findet.

Es ist wenig zielführend, einzelne Fuzzy-Anwendungen isoliert vorzustellen. Viel sinnvoller ist es, die verschiedenen Anwendungsgebiete kurz zu beleuchten und herauszuarbeiten, welche Vorteile Fuzzy Logic in diesen Gebieten bringen kann. Die technischen Hauptanwendungsgebiete der Fuzzy Logic sind nach [ALT95], S. 32:

- Regelungstechnik (Fuzzy Control)
- Sensorik
- Datenanalyse/Entscheidungsunterstützung

Der Einsatz der Fuzzy-Technologie in diesen Gebieten wird nun in enger Anlehnung an [ALT95], S. 33ff. (Fuzzy Control), S. 129ff. (Sensorik) und S. 139ff. (Datenanalyse) besprochen.

Regelungstechnik (Fuzzy Control)

Mit dem Stichwort Fuzzy Control [ALT95], S. 33 werden die Anwendungen der Fuzzy Logic in der Regelungstechnik zusammengefaßt. Dabei kann man zwischen „reiner" und „kombinierter" Fuzzy Control unterscheiden. In Abbildung 3.29 (nach [ALT95], S. 33) ist das Modell der „reinen" Fuzzy Control veranschaulicht:

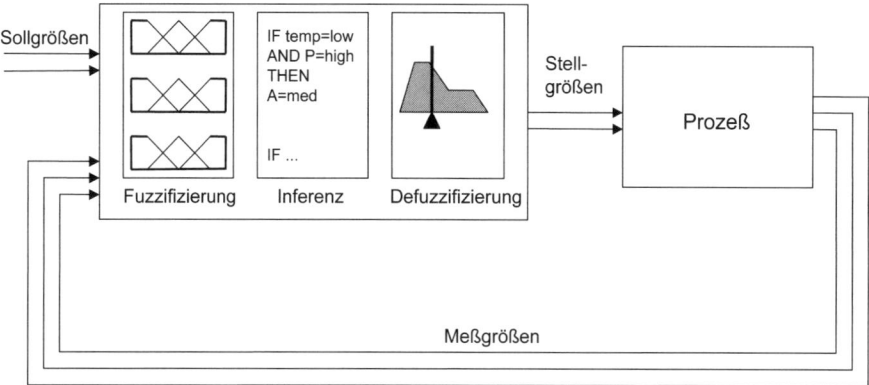

Abbildung 3.29: Modell der „reinen" Fuzzy Control

Das Fuzzy-System bildet zusammen mit dem zu regelnden Prozeß einen Regelkreis. Der Input für das Fuzzy-System bilden die Meßgrößen und die Sollgrößen. Letztere können aber auch als Bestandteil der Regelstrategie im Controller integriert sein. Als Output errechnet das Fuzzy-System mit der in Abschnitt 3.2 gezeigten Vorgangsweise eine oder mehrere Stellgrößen, die wiederum als Input in den Prozeß eingehen. Allerdings ist hier anzumerken, daß die „reine" Fuzzy Control in der Praxis eine eher untergeordnete Bedeutung spielt. Meist wird die Fuzzy Control in Kombination mit herkömmlichen Techniken eingesetzt (sog. hybrides Reglermodell).

Sensorik

Die Sensorik ist ein Gebiet, wo man den Einsatz von Fuzzy-Technologie wohl kaum vermuten würde. Die Aufgabenstellung in der Sensorik besteht in der exakten Erfassung von Zustandsgrößen wie Druck, Temperatur usw. Was kann hier mit einer Technologie bewirkt werden, die auf unscharfen Begriffen basiert?

Ein Standardsensor besteht in der Regel aus zwei Komponenten, einer analogen Signalumsetzung und einer digitalen Verarbeitung zur Verbesserung der Signalqualität. In vielen Fällen ist der Meßwert gar nicht die eigentlich interessierende Größe, sondern soll eigentlich nur dazu dienen, eine andere Größe hinreichend genau zu bestimmen.

Ein gutes Beispiel hierfür ist der Dehnungsverlauf in der Aufnahmevorrichtung eines Werkzeuges. Die Dehnung kann mit einem Meßstreifen hinreichend genau bestimmt werden, aber die eigentlich interessierende Größe ist der Verschleißzustand des Werkzeuges. Um darüber fundierte Aussagen zu machen, kann man entweder auf stark vereinfachte oder nicht mehr handhabbare, hochkomplexe mathematische Modelle zurückgreifen. Da aber Ingenieure sehr wohl in der Lage sind, die Zusammenhänge zwischen Dehnungsverläufen und Verschleißzustand zu beschreiben, kann deren linguistisch formuliertes Wissen in ein Fuzzy-System umgesetzt werden.

Ein derartiges Fuzzy-System zur intelligenten Bestimmung des Verschleißgrades aus den Sensorsignalen eines Dehnungsmeßstreifens ist folgendermaßen aufgebaut. Zunächst werden die Kennwerte des Dehnungsverlaufes mit Hilfe herkömmlicher Verfahren bestimmt (z.B. Fläche, Dauer, Anteile hoch- und niederfrequenter Schwingungen usw.). Es ist wichtig festzuhalten, daß mit keinem dieser Kennwerte alleine eine verläßliche Aussage über den Verschleißzustand des Werkzeuges möglich ist. Die gewonnenen Kenngrößen werden anschließend fuzzifiziert. Die Fuzzy-Wissensbasis enthält Wissen in Form von „wenn-dann"-Regeln über die Zusammenhänge zwischen den Kennwerten und dem Verschleißzustand des Werkzeuges. Die Ausgabe kann z.B. einem Leitrechner übermittelt werden.

Datenanalyse/Entscheidungsunterstützung

Fuzzy-Technik kann auch eingesetzt werden, um große Datenmengen zu analysieren. Man spricht in diesem Zusammenhang oft von „Fuzzy-Datenanalyse".

Ein ideales Anwendungsgebiet stellen komplexe Bewertungsvorgänge dar, die quantitativ nur schwer erfaßt werden können, aber sich sprachlich dafür hervorragend beschreiben lassen. Ein gutes Beispiel ist die Beurteilung der Kreditwürdigkeit eines Bankkunden. Diese wird von folgenden Faktoren bestimmt:

- Grundbesitz (belastet/unbelastet)
- sonstiges Vermögen
- Einnahmen/Ausgaben
- Kontinuität der Einnahmen/Ausgaben
- persönliche Leistungsfähigkeit
- persönliche Leistungsmotivation
- persönliche Gewinnorientierung
- persönliche Sozialintegration

All diese Faktoren müssen in irgendeiner Weise, z.B. unter Einbeziehung kundenadäquater Gewichtungsfaktoren berücksichtigt werden, um eine wirklich gute Entscheidung zu treffen. Das Bewertungssystem Anwendungs-System Kreditwürdigkeit (ASK) der Aachener Fuzzy-Firma INFORM GmbH setzt zur Automatisierung dieses komplexen Bewertungsprozesses Fuzzy Logic ein. Ausgehend von den „rohen" Daten, also den oben angeführten Faktoren, die die Kreditwürdigkeit beeinflussen, werden die Daten stufenweise verdichtet. So werden z.B. die Faktoren Einnahmen/Ausgaben und Kontinuität der Einnahmen/Ausgaben weiter zum Faktor Liquidität verdichtet. Dieser Prozeß wird so lange weitergeführt, bis schließlich als einziger Faktor die Kreditwürdigkeit überbleibt. Alle Daten in diesem Entscheidungsprozeß sind wiederum Fuzzy-Daten.

Die Fuzzy Logic kann auch sehr gut im Bereich der medizinischen Expertensysteme eingesetzt werden. Hier finden wir nämlich wieder jene Situation vor, wo aus einer Vielzahl von Daten relevante Informationen extrahiert werden sollen, aber kein mathematisches Modell, sondern menschliches Erfahrungswissen (Arzt) existiert. Daneben gibt es auch noch andere Gründe [DRÖ94], S. 111:

- Symptome einer Krankheit sind Fuzzy-Mengen. Wann etwa z.B. ist Fieber hoch?
- Ebenso die Krankheiten sind fuzzy: Ein „kleiner" Pneumothorax etwa ist nicht lebensbedrohlich und kann sich auch ohne operativen Eingriff wieder zurückbilden. Ist jedoch eine große Menge Luft in den sog. Pleuraraum eingedrungen, so kann dies zum Kollabieren der Lunge führen und so einen lebensbedrohlichen Zustand herbeiführen. Es stellt sich nun die Frage, wann ein Pneumothorax groß und wann klein ist.
- Auch die Beziehungen zwischen Symptomen und Krankheiten sind unscharfer Natur. Nehmen wir hier wieder ein Beispiel: „Wenn ein bestimmtes Schmerzmittel über lange Zeit eingenommen wird, kann es zu Magenblutungen kommen".
- Die Krankengeschichte eines Patienten, also die Feststellung, welche Symptome er hat, ist mit Unschärfe behaftet. Zwar lassen sich einige Größen exakt messen, doch vielfach ist der Patient gefordert, eine subjektive Einschätzung vorzunehmen (starkes Kopfweh, Erschöpfungsgefühl, starker Husten usw.)
- Die Diagnose für eine Krankheit muß nicht eindeutig sein. Es kann ja durchaus der Fall sein, daß ein Patient gleichzeitig mehrere Krankheiten hat. Für so einen Fall ist ein Fuzzy-Expertensystem mit parallel operierenden Fuzzy-Regeln klarerweise viel besser geeignet als ein System basierend auf entweder/oder-Entscheidungen.

Beispielhaft für medizinische Fuzzy-Expertensysteme sind folgende zwei Anwendungen angeführt:

- CADIAG-2 (Universität Wien, P. Adlaßnig): Unterstützung des Arztes bei der Diagnose von Krankheiten, die in der täglichen Praxis eher selten vorkommen.
- intelligentes Alarmsystem für die Kardioanästhesie (Klinikum Aachen, [ALT95], S. 148f.): Das Ziel dieses Fuzzy-Expertensystems ist es, pathologische Trends im Patientenzustand während langer Offenherzoperationen zu erkennen.

Es gibt zwei Gründe, warum der Einsatz von Fuzzy-Expertensystemen im medizinischen Bereich wesentlich komplizierter ist als bei herkömmlichen Anwendungen wie z.B. der

Kransteuerung. Der erste Grund sind die komplexeren Regeln [DRÖ94], S. 110. So ist z.B. für jede einzelne Krankheit festzulegen, ob das Auftreten einer oder mehrerer Symptome (S_i) für die Diagnose einer Krankheit (K_i) schon ausreichend ist, also gilt

WENN S_1 UND S_2 ... UND S_n DANN K_i

oder nur notwendige Bedingung ist, also

WENN K_i DANN S_i

Der zweite Grund liegt darin, daß die Medizin ein sehr sensibler Bereich ist. So wird ein medizinisches Expertensystem nie den Arzt vollständig ersetzen können, sondern unterstützende bzw. beratende Funktion haben.

Fuzzy-Expertensysteme besitzen folgende Vorteile gegenüber herkömmlichen Expertensystemen [DRÖ94], S. 111: Fuzzy-Expertensysteme sind schneller zu programmieren. Damit kann schneller eine lauffähige Anwendung entwickelt werden. Fuzzy-Systeme kommen mit einer wesentlichen kleineren Zahl von Regeln aus, weil im Bedingungsteil nicht alle möglichen Kombinationen von Ausprägungen gebildet werden müssen.

3.4.3   Betriebswirtschaftliche Anwendungen der Fuzzy Logic

Im folgenden werden wichtige Fuzzy-Anwendungen in Industrie- bzw. Handelsbetrieben und dem Dienstleistungsbereich nach [POP97], S. 23ff. vorgestellt.

Industrie- bzw. Handelsbetriebe

Die Arbeit von [POP97] orientiert sich bei der Klassifikation von Fuzzy-Anwendungen an den betrieblichen Funktionalbereichen, d.h. man folgt dem Produkt von seiner Entwicklung bis hin zum Versand an den Kunden mit anschließender Fakturierung. Im folgenden werden kurzgefaßt interessante Fuzzy-Anwendungen vorgestellt.

Fuzzy-Anwendungen lassen sich je nach Reifegrad in drei Klassen einteilen: Die erste Klasse bilden Projektstudien, die auf Basis von Testdaten arbeiten, die zweite Klasse bilden prototypische Implementierungen und die dritte Klasse sind laufende Systeme („Running Systems"). In [POP97] wird im Industriesektor hauptsächlich die dritte Klasse betrachtet.

Forschung und Entwicklung

Hier fällt vor allem das von der Mercedes Benz AG entwickelte System zur fortlaufenden Bewertung und Dokumentation des aktuell erzielten Reifegrades einer Entwicklung von Nutzfahrzeugkomponenten auf. Bei diesem System wird zwischen folgenden Kriterien unterschieden:

- subjektive Reifeindikatoren (z.B. Konstruktionswerkzeuge): Hier sind entsprechende linguistische Variablen definiert, die nur einen Term mit linearer Zugehörigkeitsfunktion besitzen. Die Abteilungsleiter legen für eine konkrete Problemstellung ihre subjektive Einschätzung auf einer Skala fest und definieren damit den Zugehörigkeitswert.
- objektive Kriterien (z.B. Vorserienreife): Die linguistischen Variablen bei diesen Kriterien besitzen sechs Terme („sehr niedrig", „niedrig", „mehr niedrig", „mehr hoch", „hoch" und „sehr hoch"), die mit sigmoiden Zugehörigkeitsfunktionen repräsentiert werden.

Als Aggregationsoperator wird der Gamma-Operator eingesetzt, der die entsprechenden Zugehörigkeitsfunktionen hierarchisch nach 78 Regeln zusammenfaßt und als Ergebnis die Bewertung der Produktreife ausgibt.

Verkauf und Marketing

Ein gutes Beispiel für ein Fuzzy-System im Verkaufsbereich ist der Fuzzy-Verkaufs-Assistent für Personal Computer. Zuerst wird mit einer Bedarfsanalyse die aktuelle Situation beim Kunden untersucht. Darauf aufbauend werden ein Anforderungsprofil entwickelt (Definition von Kenngrößen wie Hauptspeicher, Preis, Grafik, Prozessortyp, Portabilität, Erweiterbarkeit, Festplatte) und bewertete Alternativen zur Bedarfsdeckung aufgezeigt. Aus dem Anforderungsprofil leitet das Fuzzy-System über entsprechende Regeln die Maximal- und Minimalwerte der Produktmerkmale ab. Die Selektion konkreter Computer, basierend auf ihren Eigenschaften, ist dann wieder ein Multi-Criteria-Analyse-Problem.

Im Bereich Marketing bieten sich folgende Anwendungsmöglichkeiten:

- Festsetzung des Preises eines neuen Produktes
- Neufestlegung des Preises eines schon eingeführten Produktes aufgrund von Marktveränderungen oder demographischen Bewegungen
- Fuzzy-System zur Marktstrukturierung und -segmentierung
- Fuzzy-System zur Entscheidungsunterstützung für Promotionsstrategien in Geschäften

Beschaffung und Lagerhaltung

Ein interessanter Anwendungsbereich sind hier Wareneingangskontrollsysteme. Ein derartiges System mit dem Namen Invent X, das von einer Kölner Warenhauskette eingesetzt wird, benutzt ein Fuzzy-Datenanalysemodul. Als Eingangsgrößen werden Kennwerte verwendet, die das Fuzzy-Modul im Rahmen der Lieferhistorie aus dem existierenden Zahlenmaterial ableitet. Aus den insgesamt fünf Kennzahlengruppen und den Trends in den verschiedenen Kennzahlen werden die Kennzahlen in einem hierarchischen System „verdichtet" und so eine Bewertung durchgeführt. In der Praxis fand das System 35 % der Lieferanten mit ca. 99,5 % aller beanstandeten Lieferungen heraus.

Produktionsplanung und -steuerung (PPS)

Dieser Funktionalbereich stellt mit ca. 50 % der Anwendungen – auch wenn man die Fuzzy Control außer acht läßt – den Schwerpunkt betrieblicher Fuzzy-Systeme dar. Die eingesetzten Fuzzy-Systeme lassen sich hier in drei Bereiche gliedern:

- Primärbedarfs-, Materialbedarfs- und Terminplanung
- Werkstattsteuerung
- Qualitätsprüfung und -sicherung

Im folgenden wird etwas näher auf Terminplanung und Werkstattsteuerung eingegangen.

Setzt man Fuzzy-Technologie bei der Terminplanung ein, so können unscharfe Ziele und Nebenbedingungen berücksichtigt werden. Ein unscharfes Ziel könnte etwa lauten, einen vorgegebenen Termin „möglichst gut" einzuhalten. Eine unscharf formulierte Nebenbedingung wäre etwa, „einen Teil" (Fuzzy-Begriff!) eines Auftrages erst „später" fertigstellen zu dürfen. Eine solcherart durchgeführte Terminplanung weist dann unscharfe Übergänge zwischen den Maschinenbelegungen auf. Wie in [POP97] ausgeführt, können sich fuzzybasierte Systeme zur Terminplanung herkömmlichen Ansätzen als überlegen erweisen.

Fuzzy-Systeme zur Werkstattsteuerung existieren in folgenden Varianten: Expertensysteme mit Fuzzy-Komponenten, Fuzzy-Petri-Netze und die Fuzzy-Multi-Criteria-Analyse.

Wendet man die Fuzzy-Multi-Criteria-Analyse an, so sind die Ziele der Werkstatt der Ausgangspunkt. Solche Ziele sind z.B. Rüstzeitminimierung, Minimierung des Bestandes, gleichmäßige Auslastung oder Termintreue. Diese Ziele weisen in der Regel oft unterschiedliche Prioritäten auf. Mit Hilfe von Bewertungsfunktionen kann z.B. die zu erwartende Rüstzeit in entsprechende Fuzzy-Werte umgewandelt werden, um die Wirkung eines ausgewählten Bearbeitungsvorganges auf die Ziele zu bestimmen. Aus den eingegebenen Zielprioritäten, Aktionen und Wirkungen wird ein Ranking erstellt. Mit dem Tool FuzzyDecisionDesk wird im BMW-Automobilwerk in Regensburg so die Auslastung der Automobilmontage optimiert. Die Software entscheidet – mit dem Ziel einer möglichst gleichmäßigen Verteilung der Montagearbeiten –, wie viele Stückzahlen welcher Sonderausstattung zu einem bestimmten Zeitpunkt zu montieren sind. Dabei stellt jede dieser Stückzahlen eine Entscheidungsalternative dar. Das Ziel besteht in der optimalen Auslastung der Montagestellen.

Versand und Kundendienst
Hier ist beispielsweise die Wartungsplanung zu nennen, z.B. in der Computerwartung.

Finanz- und Rechnungswesen
Vorherrschend sind hier vor allem Systeme zur Finanzanalyse. Derartige Systeme können auch mit herkömmlichen Expertensystemen gekoppelt werden.

Personal
Es existieren Systeme, die die Karrieremöglichkeiten eines Arbeitsuchenden ausloten, den Personalchef bei der Personalauswahl unterstützen oder die Personalbereitstellung planen.

Planungs- und Kontrollsysteme
Bei den fuzzybasierten Planungs- und Kontrollsystemen sind u.a. Systeme zur strategischen Planung, Logistikplanung und zur Durchführung von Investitionsentscheidungen zu nennen.

Dienstleistungsbereich

Hier existieren eine Reihe von in der Praxis erprobten Fuzzy-Systemen. Als vorrangiger Anwendungsbereich ragt der Bank- und Versicherungsbereich heraus.

Bankwesen

Realisierte Anwendungen sind hier u.a.:

- Fuzzy-Expertensysteme zur Prüfung der Kreditwürdigkeit: Der prinzipielle Aufbau eines derartigen Systems wurde schon in Abschnitt 3.4.2 bei der Datenanalyse vorgestellt.
- Fuzzy-Decision-Support-System zur Kundenanalyse
- Fuzzy-Multi-Criteria-Analysesystem zur Optimierung des Aktienportfolios
- Fuzzy-System zur Beurteilung von Anlagestrategien

Versicherungswesen

Ein Hauptanwendungsgebiet ist hier die Einschätzung des Versicherungsrisikos.

Verkehr

Hier sind Systeme zur Verkehrsplanung und Verkehrssteuerung zu nennen. Verkehrsplanung mit Fuzzy Logic soll mithelfen, die Warteschlangenlänge zu reduzieren. Unter Verkehrssteuerung fallen Systeme wie Ampelsteuerungen, Parkleitsysteme und Verkehrsbeeinflußungsanlagen für überlastete Straßen.

3.4.4   Fuzzy-Erweiterung von SAP R/3®

Die in diesem Abschnitt vorgestellte Anwendung ist den Problemen der Bewertung von Entscheidungen im Bereich der PPS gewidmet. In [SCH97b] wird die Bedeutung unsicherer Informationen im PPS-Entscheidungsprozeß hervorgehoben und aufgezeigt, wie diese Informationen durch die Integration von Standardsoftwaresystemen wie SAP R/3® mit Fuzzy-Tools zur Verbesserung von Bewertungen verwendet werden können. Die Ausführungen in diesem Abschnitt sind eng an [SCH97b] angelehnt und in drei Unterabschnitte gegliedert, in denen die Motivation für eine Fuzzy-Erweiterung, ein konkretes Anwendungsbeispiel sowie die Softwarerealisation beschrieben sind.

Motivation für die Fuzzy-Erweiterung

In PPS-Systemen werden Entscheidungen bezüglich Art und Weise bzw. Termine der Produktion getroffen. Es gilt hier, zwischen verschiedenen Handlungsalternativen auszuwählen, etwa, ob ein Auftrag angenommen oder abgelehnt wird oder ob ein Produkt selbst gefertigt wird oder Fremdfertigung gewählt wird.

Die Auswahl einer Handlungsalternative wird dadurch bestimmt, welche Alternative am besten zur Erfüllung der globalen Unternehmensziele beiträgt. Deren Erfüllung läßt sich jedoch nur schwer bestimmen, da die Wirkungen von Handlungsalternativen auf die Unternehmensziele von vielen anderen Faktoren (z.B. Kunden- oder Konkurrenzverhalten) überlagert werden. In der betrieblichen Praxis wird daher auf die Erfüllung technisch orientierter Ziele ausgewichen, da diese leicht meßbar und damit einfach beurteilbar sind.

Die Erreichung der technischen Ziele kann mit der Unterstützung durch betriebliche Standardsoftwarepakete leicht bestimmt werden. Ein Beispiel aus dem Produktionsbereich ist das Modul Produktionsplanung (R/3®-PP) der Standardsoftware SAP R/3®. In diesem Modul können die Auswirkungen möglicher Handlungsalternativen auf die technisch orientierten Ziele ermittelt werden. In der Abbildung 3.30 sind wichtige technisch orientierte Ziele und globale Unternehmensziele genannt.

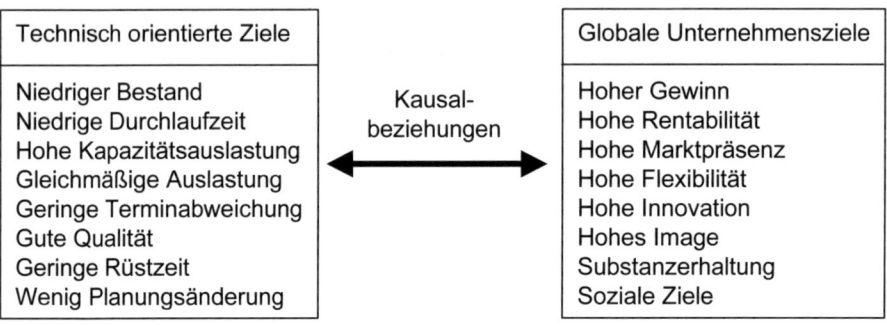

Abbildung 3.30: Ziele im Bereich PPS

Implizit wird dabei unterstellt, daß eine gute Erfüllung der technisch orientierten Ziele auch eine gute Erfüllung der globalen Unternehmensziele bedeutet. Eine derartige Sicht hat jedoch entscheidende Nachteile:

- Berücksichtigt man mehrere technische Ziele bei der Auswahl einer Handlungsalternative, so muß ein gemeinsamer Maßstab existieren. Ein derartiger Maßstab kann jedoch oft nur gebildet werden, wenn starke Vereinfachungen getroffen werden.
- Die technischen Ziele können den globalen Zielen nicht gleichgesetzt werden. Es existieren Kausalbeziehungen (vgl. Abbildung 3.30), diese sind jedoch nicht im Detail bekannt.
- Die Ausgangsdaten werden in den Tools zur Produktionsplanung immer als exakt angenommen, obwohl diese in starken Maße unsicher sind. Diese Unsicherheit findet aber bei der Bewertung der Handlungsalternativen keine Berücksichtigung.
- Nicht exakt bestimmbare Einflußgrößen wie ungeplante Ausfälle von Maschinen oder Auftragsänderungen finden bei der Bewertung ebenfalls keine Berücksichtigung.
- Die einzelnen Unternehmensziele können nicht unabhängig voneinander betrachtet werden.

Eine absolut exakte Bewertung einer PPS-Entscheidung anhand der Unternehmensziele ist deswegen nicht möglich, weil nicht alle Informationen und Zusammenhänge bekannt sind. Auf der anderen Seite geht eine Bewertung anhand der technisch orientierten Ziele von zu stark vereinfachten Zusammenhängen aus und berücksichtigt nicht alle Informationen bei der

Entscheidung. Da existierende Standardsoftware wie SAP R/3® nur auf die Verarbeitung exakter Daten ausgelegt ist, kann eine verbesserte Entscheidung nur erreicht werden, wenn existierende Tools zur Verarbeitung unscharfer Daten erweitert oder angepaßt werden.

Im folgenden ist zu klären, welche Informationen herangezogen werden sollen, um eine Entscheidung anhand der Unternehmensziele zu ermöglichen. Im wesentlichen lassen sich drei Informationsquellen identifizieren.

Eine Klasse besteht in Zusatzinformationen, die von SAP R/3® zwar verwaltet, aber nicht verarbeitet werden, weil die Informationen vom Kontext abhängig sind und deren Einfluß auf die Unternehmensziele mathematisch nicht exakt formuliert werden kann. Als Beispiele seien hier die Lieferantenflexibilität, die Unternehmensliquidität und die Streuung der Durchlaufzeiten genannt.

Andere Informationen liegen nur in linguistischer Form vor, z.B. die Fa. Huber ist ein „wichtiger Kunde" oder Maschine A ist eine „Engpaßmaschine".

Eine dritte Klasse von Informationen schließlich ist das Wissen der Mitarbeiter. Dieses wird ebenfalls nicht explizit genutzt. So kann der Leiter der Fertigung in linguistisch formulierten Regeln ausdrücken, wie sich die Durchlaufzeit auf Kosten und Gewinn auswirkt.

Die Art der in SAP R/3® ungenutzten unsicheren Information (unscharfe Daten, linguistisch formuliertes Expertenwissen) legt den Einsatz der Fuzzy Logic nahe. In [SCH97b] wird daher vorgeschlagen, SAP R/3® um Fuzzy-Funktionalität zu erweitern, um die in der Abbildung 3.30 dargestellten Kausalbeziehungen zwischen technisch orientierten Zielen und globalen Unternehmenszielen abzubilden.

Anwendungsbeispiel: Geschäftsprozeß „Bewertung von Kundenaufträgen"

Im folgenden wird gezeigt, wie eine Erweiterung von R/3® um Fuzzy-Funktionalität zu einer besseren Einschätzung der Rentabilität von Kundenaufträgen führen kann. Beim Geschäftsprozeß „Bewertung von Kundenaufträgen" geht es darum, zu entscheiden, ob ein neu hereingekommener Auftrag angenommen oder abgelehnt werden soll.

Der erste Schritt in einem solchen Geschäftsprozeß besteht darin, daß ein Kundenauftrag im Unternehmen eintrifft. Die R/3®-Standardfunktionen der Bereiche Vertrieb und Produktionsplanung bilden dabei die Basis der Berechnung. Ist ein neuer Kundenauftrag hereingekommen, so kann der Anwender entscheidungsrelevante Parameter über ein R/3®-Zusatzmodul abfragen.

In der Praxis erfolgt die Entscheidung über einen Auftrag auf der Basis der Deckungsbeitragsrechnung, d.h. den zu erwartenden Erlösen werden Regelbearbeitungszeiten und durchschnittliche Material- und Bearbeitungskosten gegenübergestellt. Problematisch an einer solchen Berechnung ist, daß die Situation im Produktionsbereich des Unternehmens sowie Marketingaspekte keine Berücksichtigung finden. Manchmal liegen so wenig sichere Informationen vor, daß eine Entscheidung auf Basis exakter Daten gar nicht möglich ist. In solchen Fällen kommt der Einbeziehung von groben, unsicheren Informationen beim Bewertungsprozeß eine besondere Bedeutung zu.

Die zentrale Größe für die Entscheidung über Annahme oder Ablehnung eines Kundenauf-
trages ist der Deckungsbeitrag. Existieren Daten bezüglich Erlös und Kosten des zu fertigen-
den Produktes, so kann der Deckungsbeitrag direkt berechnet werden, andernfalls muß er
über Zugehörigkeitsfunktionen subjektiv eingeschätzt werden. Dies ist in Abbildung 3.31
dargestellt.

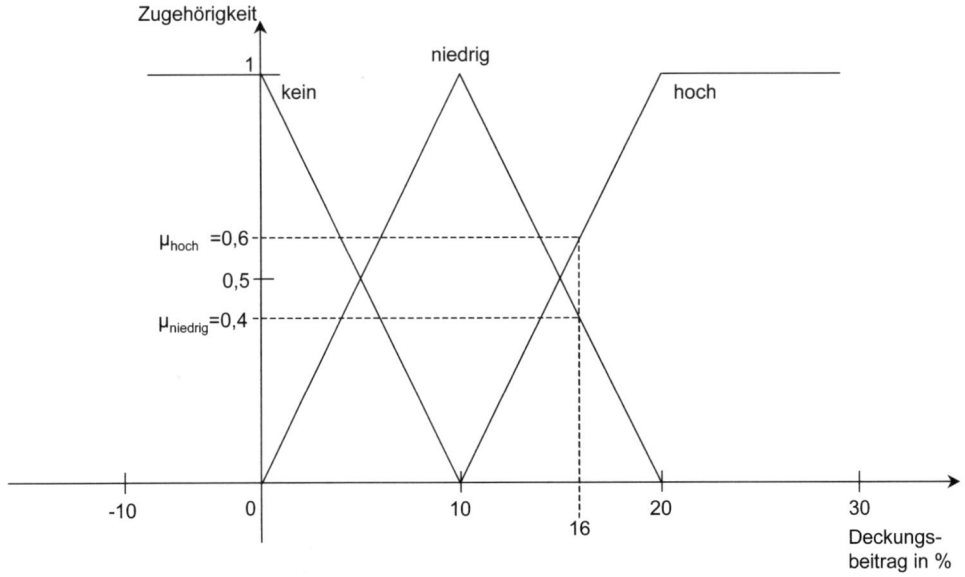

Abbildung 3.31: Linguistische Variable „Deckungsbeitrag"

Neben dem Deckungsbeitrag werden für die Entscheidung noch folgende Einflußgrößen
herangezogen:

- Auftragslage
- Priorität des Erzeugnisses aus Marketingsicht
- Kundengruppe
- Kapazitätsengpässe
- Kosten für die Ausweitung des Kapazitätsangebotes
- Bestände in der Produktion
- Schlupfzeiten eingelasteter Aufträge

In der Regel können nicht für alle diese Einflußgrößen exakte Daten gewonnen werden, so
daß unsichere Informationen verwendet werden müssen. Um diese unsicheren Informationen
in R/3® zu integrieren, werden die aus den R/3®-Daten ermittelten Parameter ergänzt oder
adaptiert.

Im nächsten Schritt werden die Daten an den Fuzzy Control Manager (FCM) übergeben und in einem Bewertungsmodell verarbeitet. Das Ergebnis der Fuzzy-Verarbeitung ist ein Vorschlag an den Anwender über Annahme oder Ablehnung des Auftrages.

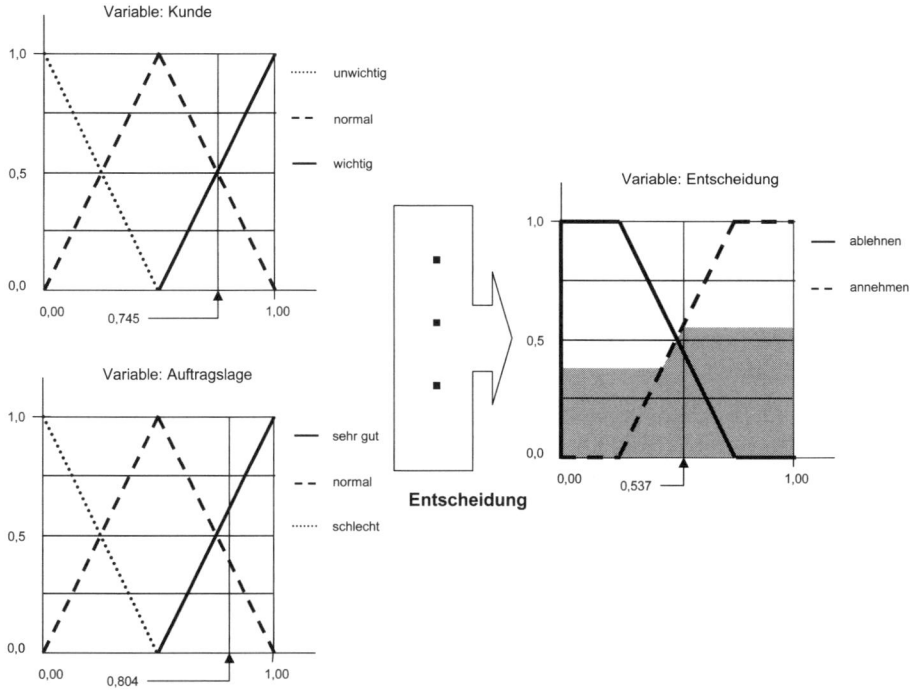

Abbildung 3.32: Ausschnitt aus dem Fuzzy-Bewertungsmodell

Um die Vorgangsweise im Fuzzy-Bewertungsmodell zu illustrieren, ist in Abbildung 3.32 ein Ausschnitt mit zwei Einflußgrößen (Kunde, Auftragslage) und der Ausgabegröße Entscheidung gezeigt. Bei diesem Beispiel ist der Zugehörigkeitswert für „Annehmen" nur unwesentlich größer als für das „Ablehnen". Aus diesem Grund ist eine nachträgliche Überprüfung der Entscheidung – z.B. durch das Management – empfehlenswert. Man sieht, daß in einem Fuzzy-Bewertungsmodell nicht nur der binäre Entscheidungsvorschlag („ja", „nein") übermittelt wird, sondern auch Information über die Sicherheit, mit der die Entscheidung getroffen werden kann. Es ist technisch möglich, das Entscheidungsergebnis automatisch in R/3® weiterzuverarbeiten.

Softwarerealisation

Als Datenbasis dient natürlich R/3®. So ist es möglich, einige entscheidungsrelevante Parameter direkt aus dem R/3®-Datenbestand abzuleiten. Zur Durchführung der Datenaufbereitung und zur Eingabe der Vorschlagswerte wurde R/3® um ein in ABAP/4 erstelltes Modul erweitert.

Die Fuzzy-Regeln im Bewertungsmodell wurden mit dem FCM implementiert. Die Einflußgrößen wurden dabei in linguistische Variablen transformiert und die Beziehungen zwischen den Einflußgrößen in einer Regelbasis abgelegt.

Ein Beispiel für eine Beziehung und die daraus abgeleitete Regel ist etwa: Ein Auftrag sollte auch bei geringerem Deckungsbeitrag angenommen werden, wenn die Auftragslage schlecht ist und der Auftrag von einem wichtigen Kunden kommt.

```
WENN Auftragslage ist schlecht
UND Kunde ist wichtig
UND Deckungsbeitrag ist gering
DANN Entscheidung = ANNEHMEN.
```

In hierarchischer Weise werden die Einflußgrößen miteinander verknüpft und zur Ausgangsgröße „Entscheidung" verdichtet (vgl. Abb. 3.32). Der Anwender kann dabei zwischen zwei Betriebsarten wählen:

1. Abarbeitung im Hintergrund: Benutzung eines vom FCM generierten C-Programmes, das automatisch von R/3® abgearbeitet werden kann.
2. Abarbeitung im Vordergrund: Einsatz der Vollversion des FCM

Der Aufruf beider Programme erfolgt direkt von R/3® über Remote-Function-Call (RFC). Mit RFC kann eine funktionale Kopplung zwischen R/3® und einem zweiten Anwendungsprogramm hergestellt werden. Der Datenaustausch ist in beide Richtungen möglich. Über diese Schnittstelle erfolgt von R/3® aus der Aufruf des FCM und die Übergabe der Ausgangsdaten. Bei der Datenübertragung zur Vollversion wird zusätzlich eine Schnittstellendatei übergeben (Ausgangsdaten). Das Endergebnis wird bei beiden Versionen via RFC zurückübertragen. Die Kopplung zwischen R/3® und FCM bei den beiden Betriebsarten ist in Abbildung 3.33 dargestellt.

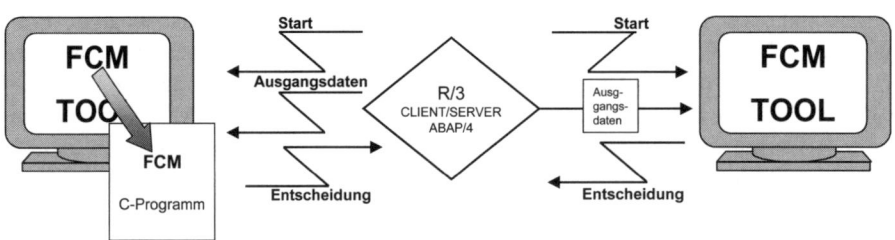

Abbildung 3.33: Kopplung zwischen R/3® und dem FCM

3.5 Geschichtliche Entwicklung der Fuzzy Logic

Ähnlich wie in der symbolischen KI (Kapitel 2) und der Neuro-Technologie (Kapitel 4) verläuft die Entwicklung der Fuzzy Logic in verschiedenen Phasen, die sich zum Teil auch überlappen. Die Darstellung der geschichtlichen Entwicklung erfolgt in enger Anlehnung an [ALT95], S. 6ff. Die Lebensgeschichte von L. Zadeh ist nach [NEI94], S. 26ff. wiedergegeben.

3.5.1 Ursprung der Fuzzy Logic (1965)

Der Begründer der Fuzzy Logic ist Lotfi Zadeh, der 1921 im sowjetischen Baku geboren wurde (vgl. Abbildung 3.34).

Abbildung 3.34: L. Zadeh, der Begründer der Fuzzy Logic (geb. 1921)

Zadeh entstammte einer gebildeten, kosmopolitischen Familie. Die russisch-jüdische Mutter arbeitete als Kinderärztin, und der türkisch-iranische Vater war als Korrespondent für iranische Zeitungen in Baku beschäftigt. L. Zadeh absolvierte die ersten drei Grundschuljahre in Baku. 1931 kehrte Lotfi's Vater mit seiner Familie – bedingt durch den Aufstieg Stalins und die damit verbundenen politischen und ökonomischen Konsequenzen – wieder in seine Heimatstadt Teheran zurück. Die Eltern schickten Lotfi auf das amerikanische College der Stadt, wo seine Begabung für die Technik bald Aufsehen erregte. Nach acht Jahren am amerikanischen College bewarb sich L. Zadeh um die Aufnahme für die Teheraner Universität. Trotz Sprachschwierigkeiten erreichte er die dritthöchste Punktezahl aller Bewerber und absolvierte die ersten beiden Studienjahre in dem von ihm gewählten Hauptfach Elektrotechnik mit Bravour.

1944 emigrierte L. Zadeh in die USA und trat Ende des Jahres als graduierter Student in das berühmte Massachusetts Institute of Technology (MIT) ein. Zadeh war zu einer Zeit in die USA gekommen, wo wissenschaftlich eine enorme Aufbruchsstimmung herrschte. Das Computerzeitalter hatte gerade begonnen und in den verschiedensten Disziplinen wie Kybernetik (N. Wiener), Informations- und Kommunikationstheorie (C. Shannon) wurden entscheidende Fortschritte erzielt. 1946 erhielt Zadeh sein US-Diplom in Elektrotechnik. 1949 promovierte er an der Columbia-Universität in New York und wurde im Jahr darauf dort Assistenzprofessor.

In der Folge begannen ihn das menschliche Denken und seine Grundprinzipien zu interessieren. Er entwarf 1950 ein auf einfachen „wenn-dann"-Regeln basierendes elektronisches Zutrittserlaubnissystem, ein erstes, primitives Expertensystem. Zadeh betonte bei dieser Arbeit schon die Wichtigkeit einer mehrwertigen Logik, die Zwischenwerte verarbeiten kann. Er hoffte auch, daß in absehbarer Zeit die mathematische Logik die gleiche Bedeutung im Curriculum der Studenten gewinnen würde wie etwa das Gebiet der Funktionentheorie.

Zadeh studierte in der Folge am MIT bei E. Guillemin, einem Experten auf dem Gebiet der Schaltungstheorie. Zadeh fand dieses Gebiet zwar interessant, bemängelte aber, daß die Sichtweise von Guillemin zu eng war. Zadeh war auf der Suche nach einer allgemeinen Theorie, die auf Systemen basierte. Er schrieb 1954 einen Artikel mit dem Titel „System Theory" (Systemtheorie) und hatte damit ein neues Fachgebiet begründet. Zadeh wurde 1957 zum ordentlichen Professor für Elektrotechnik ernannt und zog 1959 an die Westküste der USA nach Berkeley in Kalifornien, um an der einschlägigen Abteilung der dortigen Universität zu arbeiten. 1963 übernahm er die Leitung dieser Abteilung und im Spätsommer verfaßte er jenen berühmt gewordenen Artikel über Fuzzy-Mengen [ZAD65], mit dem die Ära der Fuzzy Logic begann.

Wer nun glaubt, daß diese neue Sichtweise der Informationswissenschaft in den USA überall ungeteilte Zustimmung fand, der irrt. Wenig begeistert waren zunächst einmal die Anbieter von Hardware. 1965 waren die auf digitaler Technik basierenden Computer einigermaßen sicher, da waren die Computerfirmen naturgemäß wenig begeistert, daß nun auch Werte zwischen 0 und 1 in der Informationstechnik Bedeutung finden sollten.

Wenig Begeisterung mit der Fuzzy Logic hatten auch die Entwickler von technischen Regelungen. Diese waren an die Lösung von Regelungsproblemen mit mathematischen Modellen gewohnt und waren der Meinung, daß sich bei entsprechend genauer Formulierung jedes noch so komplexe Problem lösen ließe. Den Ingenieuren kam entgegen, daß die Kapazität der Computer relativ rasch wuchs und auch die Auflösung der Sensoren stieg. Damit konnten einige Probleme, die vorher nicht gelöst wurden, nun tatsächlich gelöst werden. Allerdings wurde dadurch bloß die Grenze zwischen lösbaren und unlösbaren Problemen ein bißchen verschoben. Eine gewisse Klasse von Aufgabenstellungen war nach wie vor mit herkömmlicher Regelungstechnik unlösbar. Neben den Hardwareanbietern und den Ingenieuren gab es noch eine dritte Ablehnungsfront für Zadeh, die Kollegen aus der Wissenschaft. Beispielhaft sei hier ein Ausspruch von R.E. Kalman im Jahre 1972 wiedergegeben:

> .. I would like to comment briefly on Prof. Zadeh's presentation. His proposals could be severely, ferociously, even brutally criticized from a technical point of view. This would be out of place here. But a blunt question remains: Is Zadeh presenting important ideas or is he indulging in wishful thinking? The most serious objection of 'fuzzification' of system analysis is that lack of methods of system analysis is not the principal scientific problem in the 'systems' field. That problem is one of developing basic concepts and deep insight into the nature of 'systems', perhaps trying to find

something akin to the 'laws' of Newton. In my opinion, Zadeh's suggestions have no chance to contribute to the solution of this basic problem..

Jon Konieki schreibt 1991 in der Zeitschrift AI Expert:

..Fuzzy Logic is based on fuzzy thinking. It fails to distinguish between the issues specifically addressed by the traditional methods of logic, definition and statistical decision-making..

3.5.2   Erste technische Anwendungen in Europa (1974)

Wenn man sich die breite Front der Ablehnung vor Augen hält, die Zadeh in den USA entgegenschlug, so ist es eigentlich nicht verwunderlich, daß die ersten technischen Anwendungen der Fuzzy Logic in Europa realisiert wurden. Hier sind vor allem zwei Anwendungen zu nennen:

- die Steuerung einer Dampfmaschine
- die Steuerung eines Zementbrennofens

Beide Anwendungen werden in Anlehnung an [NEI94], S. 154ff. (Dampfmaschine) bzw. S. 166ff. (Zementbrennofen) vorgestellt.

Steuerung einer Dampfmaschine (Mamdani/Assilian)

Die prototypische Steuerung einer Dampfmaschine unter Einsatz der Fuzzy Logic wurde schon in Abschnitt 3.4.1 kurz angesprochen. Diese Regelung ist eine nichtlineare (Beziehung zwischen Temperatur und Druck), komplexe Mehrgrößenregelung, die mit herkömmlicher mathematischer Modellbildung nicht durchführbar war. Mamdani und Assilian entwarfen folgendes auf der Fuzzy Logic basierendes Modell zur Regelung des Drucks in einer einfachen Dampfmaschine:

Schritt 1: Festlegung der Parameter
Zu Beginn wurden die Parameter festgelegt. Eingabeparameter in diesem einfachen Modell waren die Druckabweichung und die Änderung in der Druckabweichung des Kessels und als Stellgröße fungierte die Temperatur.

Schritt 2: Fuzzifikation
Der nächste Schritt – wir kennen ihn schon von der Steuerung des invertierten Pendels – bestand in einer adäquaten Definition der Fuzzy-Mengen. Ähnlich wie beim invertierten Pendel wurden für alle Ein- und Ausgangsparameter die gleichen Fuzzy-Mengen gewählt. Mamdani und Assilian definierten folgende sieben Terme (Dreiecksfunktionen):

1. positiv groß (PG)
2. positiv mittel (PM)
3. positiv klein (PK)

4. Null
5. negativ klein (NK)
6. negativ mittel (NM)
7. negativ groß (NG)

Schritt 3: Aufbau der Fuzzy-Wissensbasis und Inferenz
Die linguistisch formulierten Regeln als Kernstück der Steuerung beschreiben die Funktionsweise der Maschine und ähneln dabei den Erfahrungswerten von Maschinisten. Mamdani und Assilian definierten insgesamt 24 Regeln, die auf einem Digital PDP-8-Computer implementiert wurden. Im folgenden sind beispielhaft drei Regeln dargestellt.

```
Regel 1: WENN die Druckabweichung klein und positiv ist UND sich
nicht viel ändert, DANN vermindere die Temperatur ein wenig
(WENN PK und Null, dann NK).
Regel 2: WENN die Druckabweichung etwa null ist UND sich nicht
viel ändert, DANN verändere die Temperatur nicht
(WENN Null und Null, dann Null).
Regel 3: WENN die Druckabweichung klein und positiv ist UND sich
langsam weiter vergrößert, DANN vermindere die Temperatur
(WENN PK und NK, dann NK).
```

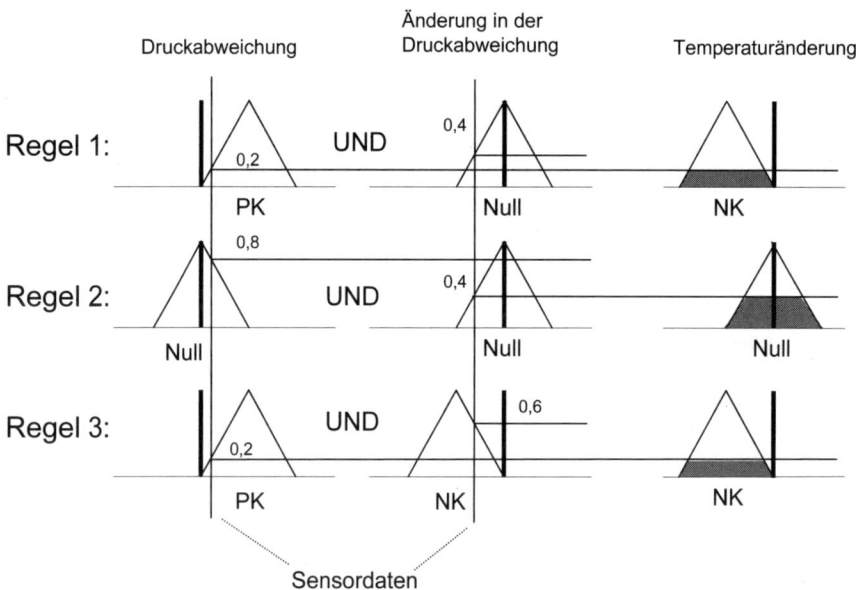

Abbildung 3.35: Beispiel für Ausgabe bei der Steuerung von Mamdani

Für konkrete Werte der Eingangsparameter Druckabweichung und Änderung in der Druckabweichung ist in Abbildung 3.35 (nach [NEI94], S. 161) der Output der drei feuernden
Regeln dargestellt. Die konkreten Werte für die zwei Eingangsparameter sind durch senk-
rechte Striche markiert.

Schritt 4: Defuzzifikation

Die Defuzzifikation wurde mit der Heuristik Schwerpunktmethode (center-of-gravity-
method) durchgeführt. In der Abbildung 3.36 (nach [NEI94], S. 162) ist dies dargestellt.

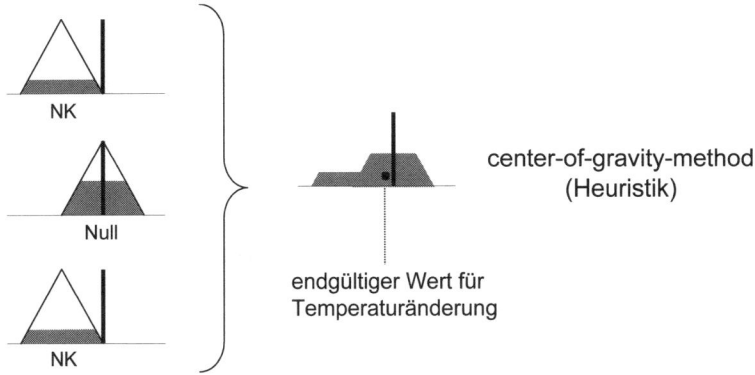

Abbildung 3.36: Defuzzifikation bei der Dampfkesselsteuerung

Die beiden Wissenschaftler veröffentlichten die Ergebnisse ihrer Steuerung der Dampfmaschine im International Journal of Man-machine Studies [MAM75]. Der Herausgeber der
Zeitschrift, B. Gaines, glaubte allerdings nicht, daß die Fuzzy Logic als neue Methode für die
Steuerung von zentraler Bedeutung war. Er sah die Leistung von Mamdani und Assilian
primär in der Erfindung des Begriffes „Expertensystem", da dieser Terminus damals noch
nicht geprägt war. Die unscharfe Steuerung war konventionellen Regeln gleich in mehreren
Punkten überlegen:

- Steuerungsverlauf
  Steuerungen mit Fuzzy Logic ist inhärent, daß der Fehler (Differenz zwischen IST- und
  SOLL-Wert) schrittweise reduziert wird. Digitale Steuerungen hingegen neigen stark dazu, über das Ziel hinauszuschießen, was eine Kompensation dieser Übersteuerung erforderlich macht.

- Geschwindigkeit
  Eine Steuerung mit Fuzzy Logic arbeitet aus zwei Gründen schneller als eine herkömmliche Steuerung. Der erste Grund liegt in der parallelen Informationsverarbeitung, weil
  mehrere Regeln gleichzeitig angewendet werden können. Dies verkürzt die Steuerungs-
  zeit. Der zweite Grund liegt in der Ausrichtung der Fuzzy-Steuerung an den aktuellen
  Meßwerten. Dies führt dazu, daß in einer bestimmten Meßsituation nur jene Regeln getriggert werden, die wirklich bedeutsam sind. Bei einer herkömmlichen Steuerung mit ei-

ner komplexen Gleichung hingegen müssen alle möglichen Zustände berücksichtigt werden.

- Fehlerrisiko
  Bei einer konventionellen Regelung ist das Fehlerrisiko sehr hoch. Eine fehlerhafte Gleichung kann schnell zu einer Verfälschung des Ergebnisses führen. In einem Fuzzy-System sind die einzelnen Arbeitsschritte unabhängig voneinander, so daß ein in einem Arbeitsschritt auftretender Fehler nicht in andere Bereiche weitergeschleppt wird.
- Informationsbedarf
  Eine unscharfe Steuerung benötigt etwa nur 10 % der Information einer konventionellen Steuerung. Dies hilft Entwicklungszeiten drastisch zu verkürzen.
- Schnittstelle zum Menschen
  Fuzzy-Steuerungen besitzen den großen Vorteil, daß sie „näher" am Menschen sind. Das Expertenwissen kann auf jeden Fall schneller in linguistische „wenn-dann"-Regeln als in mathematische Gleichungen transformiert werden.

Steuerung eines Zementbrennofens (Firma F.L. Smidth & Co.)

Angeregt durch die Arbeiten von Mamdani und Assilian wurden eine Reihe weiterer Steuerungen mit Fuzzy-Technik realisiert, so die Regulierung einer Warmwasseraufbereitungsanlage im holländischen Delft, ein unscharfer Wärmetauscher in Lyngby, Dänemark und die Steuerung einer Sinteranlage der British Steel Corporation in England.

Alle diese Systeme jedoch waren Prototypen, wo die unscharfe Steuerung zwar besser als herkömmliche Lösungen arbeitete, aber nicht in dem Maße, daß ein großes Umdenken bei der Industrie ausgelöst worden wäre. Das erste kommerzielle fuzzybasierte System war die Steuerung eines Zementbrennofens bei der Firma F.L. Smidth & Co. Die Produktion von Zement verläuft in verschiedenen Phasen (vgl. Abbildung 3.37).

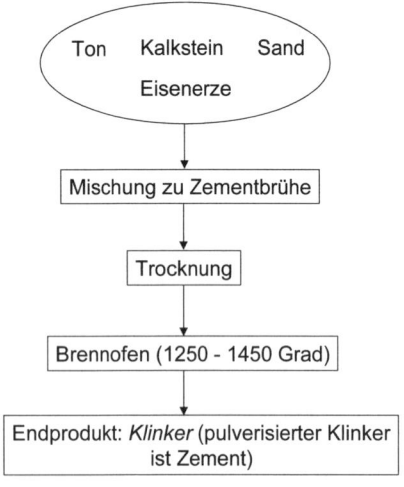

Abbildung 3.37: Phasen bei der Zementerzeugung

Die Basismaterialien sind Ton, Kalkstein und Sand, die unter Beimengung von Eisenerzen zu einer Zementbrühe vermischt und anschließend getrocknet werden. Dabei spaltet sich der Kalkstein in freien Kalk (Kalziumoxyd) und Kohlendioxyd auf. Diese Masse wird durch einen Drehrohrofen geschickt und während einer Brennzeit von rund drei Stunden zu Klinker gebrannt. Pulverisiert man diesen Klinker, so erhält man Zement.

Um wirklich guten Zement zu erhalten, muß das Brennen im Ofen optimiert werden (z.B. die Mischung der Ingredienzien, Regelung der Temperatur). Unglücklicherweise gibt es kein gutes Modell für diesen Vorgang, da die Vorgänge im Brennofen (Aufspaltung der Eingangsmaterialien) einen recht komplexen Prozeß darstellten. Wurde das Material im Ofen etwa mit zu hoher Temperatur gebrannt, so wurde der Klinker zu hart, um gemahlen zu werden. Umgekehrt beeinträchtigte eine zu niedrige Temperatur die Qualität des Zements.

Weil eine maschinelle Steuerung ausschied, mußten Arbeiter den Brennvorgang kontrollieren, damit eine gewisse Qualität des Zements erreicht wurde. Der Ingenieur L.P. Holmblad von der Firma F.L. Smidth & Co. fand diese Situation ziemlich unbefriedigend. Nach dem Studium eines Artikels von L. Zadeh aus dem Jahre 1973 kam er auf die Idee, eine Steuerung für das Zementbrennen mit Fuzzy Logic zu versuchen. Die darin vorgestellten theoretischen Innovationen, das linguistisch formulierte Expertenwissen der Arbeiter, die das Zementbrennen überwachten und ein Übungsbuch mit 27 allgemeinen „wenn-dann"-Regeln für die Steuerung von Brennöfen waren die Grundlage für seine Arbeit.

Holmblad führte mit einem Kollegen, J.-J. Østergaard erste theoretische Untersuchungen und Experimente durch, die sehr vielversprechend verliefen. 1978 schließlich ließen sie einen Zementbrennofen sechs Tage lang durch ein fuzzybasiertes Computerprogramm steuern und hatten damit die erste erfolgreiche Steuerung eines industriellen Produktionsprozesses mit Fuzzy Logic geschaffen. Die unscharfe Steuerung war ein bißchen besser als die der Zementarbeiter, was half, den Brennstoffverbrauch zu reduzieren. Im Jahre 1980 schließlich entwickelten sie eine permanente unscharfe Steuerung eines Zementbrennofens und publizierten die Ergebnisse [HOL82]. Es ist das Verdienst von Holmblad, als erster und einziger Industrieingenieur die Bedeutung der Fuzzy Logic für die Automatisierung industrieller Prozesse erkannt zu haben und gegen Widerstände ein fertiges System zu realisieren.

In der Folge kam es zu weiteren Anwendungen, in Europa vorwiegend bei Automatisierungen und in den USA im Bereich militärischer Anwendungen. Trotz recht passabler Resultate konnte aber kein richtiger Durchbruch erzielt werden. Es gibt verschiedene Gründe dafür, einer davon ist sicherlich der Name „fuzzy". Vielen war einfach nicht einsichtig, daß eine Steuerung basierend auf unscharfer Logik bessere Ergebnisse liefern kann. Die Konsequenz war, daß viele Anwender den Einsatz der Fuzzy-Technologie entweder verheimlichten oder versuchten, andere Namen als fuzzy zu finden.

3.5.3   Die Fuzzy Logic geht nach Japan (1978)

Um das Jahr 1980 begann man in Japan mit den ersten praktischen Fuzzy-Anwendungen. Als besonders bedeutsam sind hier die Regelung einer Trinkwasseraufbereitungsanlage durch Fuji Electric und die Steuerung einer U-Bahn durch Hitachi zu nennen. Bereits in dieser Phase zeigt sich in Japan ein starker Trend zur Hardwareimplementierung von Fuzzy-Systemen, d.h. zur Implementierung des Systems direkt in Chips.

3.5.4   Erweiterung der Fuzzy-Technologien in Europa (1982)

Die Fuzzy Logic ist eine Technik, wo umgangssprachlich formulierte Zusammenhänge mathematisch modelliert werden. Man kann auch sagen, die Fuzzy Logic ist ein mathematisches Modell der Sprache. Bis 1982 wurde allerdings nicht untersucht, ob die bis dahin verwendeten Verfahren auch das abbilden, was in menschlichen Entscheidungsvorgängen vor sich geht. Die seit 1982 durchgeführten empirischen Untersuchungen haben dazu beigetragen, daß die Fuzzy-Technologie konzeptionell wesentlich erweitert wurde. So wurden z.B. neue Fuzzy-Operatoren, Inferenztechniken und Verfahren, mit denen Zugehörigkeitsfunktionen empirisch bestimmt werden können, entwickelt.

3.5.5   Die „östliche" Fuzzy-Welle (1988)

Es besteht ein entscheidender Unterschied beim Einsatz der Fuzzy Logic zwischen Europa und den USA auf der einen und Japan auf der anderen Seite.

- In Europa/USA wurde die Fuzzy Logic hauptsächlich für jene Problemstellungen eingesetzt, die mit herkömmlicher Modellbildung nicht zu bewältigen waren.
- In Japan hingegen war der hauptsächliche Beweggrund ein pragmatischer, nämlich der, daß sich technische Systeme durch den Einsatz der Fuzzy Logic meist übersichtlicher und effizienter realisieren lassen.

Es entspricht ganz der Tradition in Japan, für Technologien, die als entscheidend für das Land angesehen werden, große Programme („klotzen statt kleckern") zu starten. Dies war beim FGCS-Programm (Fifth-Generation-Computer-System) Anfang der achziger Jahre der Fall und nun ebenso bei der Fuzzy Logic. Interessant sind dabei folgende Gründungen:

- Gründung des IFSA (International Fuzzy Systems Association) Japan Chapter im Jahre 1985
- Gründung folgender Gesellschaften und Organisationen zur Verbreitung der Fuzzy-Technologie
    - Japan Society for Fuzzy Theory and Systems (SOFT)
    - Biomedical Fuzzy Systems Association (BMFSA)
    - Laboratory for International Fuzzy Engineering Research (LIFE)
    - Fuzzy Logic Systems Institute Iizuka (FLSI)
    - Center for Promotion of Fuzzy Logic an der TITech

Am bedeutendsten ist hier sicherlich das LIFE-Institut, das über ein Jahresbudget von ca. 60 Mill. DM verfügt. Finanziert wurde dieses Budget je zur Hälfte vom MITI, dem japanischen Industrie- und Handelsministerium, und von im Fuzzy-Bereich tätigen Industrieunternehmen wie NTT, Fujitsu, Honda, Omron usw.

Als sichtbare Ergebnisse der Bemühungen der Japaner wurden 1989 erste Geräte aus den Bereichen Unterhaltungselektronik (Camcorder), Haushaltsgeräte (Mikrowelle, Waschmaschine) und Kraftfahrzeuge (Antiblockiersystem, Automatikgetriebe) auf den Weltmärkten angeboten.

In der Tabelle 3.9 ist zusammengefaßt, in welchen verschiedenen Bereichen japanische Unternehmen Patente für Fuzzy Logic-Produkte angemeldet haben (nach [ALT95], S. 10).

Tabelle 3.9: Applikationsfelder japanischer Patente im Fuzzy-Bereich von 1987-1990, Quelle Omron

Applikationsbereich	Zahl der Patente
Prozeßregelung	49
Hausgeräte	8
Meßtechnik/Sensorik	29
Automobilelektronik	46
Robotik	19
Bilderkennung/Bilddatenverarbeitung	31
Diagnose	16
Sonstige	121
Summe	319

Wenn man Tabelle 3.9 betrachtet, so sieht man, daß hier keineswegs – wie man vielleicht vermuten würde – die Bereiche Unterhaltungselektronik und Haushaltsgeräte vorherrschend sind, sondern die Felder Prozeßleittechnik, Industrieautomation, KFZ und Sensorik. Es gibt einige Gründe, warum Produkte aus diesen Feldern wesentlich weniger auf dem Weltmarkt sichtbar sind:

1. Fuzzy-Systeme im Bereich Prozeßsteuerung verlassen Japan normalerweise nicht. Dazu kommt noch, daß Ergebnisse in diesem Bereich aus Geheimhaltungsgründen selten publiziert werden.
2. Im Automobilbereich herrscht auch die Angst vor, den Käufer zu verschrecken. Wirbt man etwa mit einer „fuzzy"-Steuerung im Auto, so könnte dies mißverstanden werden. Der Käufer eines Automobils könnte vielleicht meinen, daß eine „unscharfe" Steuerung weniger Sicherheit bietet als eine herkömmliche Steuerung. Derartige irrationale Argumente müssen im Marketingbereich bedacht werden.
3. Die Produktlebenszyklen in den Bereichen Prozeßtechnik und Industrieautomation sind länger als im Haushalts- und Unterhaltungselektronikbereich.

3.5.6   Die „westliche" Fuzzy-Welle (ab 1990)

Die „westliche" Fuzzy-Welle läßt sich ab 1990 in die Teilphasen Entdeckung, Aufbruch, Koalitionen, Applikationen und Reife gliedern.

Die Entdeckung (1990)

Nach dem massiven Einsatz von Fuzzy-Technologien in Japan würde man eigentlich meinen, eine ähnliche Entwicklung in Europa, und hier insbesondere in den technologiestarken Ländern wie der BRD, beobachten zu können. Die Fuzzy-Welle in Europa war allerdings nicht so stark wie in Japan und die Entwicklung von Produkten in den einzelnen Anwendungsfeldern stark unterschiedlich.

- In der Unterhaltungselektronik gibt es in der BRD z.B. kaum bedeutende Produzenten. Dementsprechend wurden hier auch keine neuen Fuzzy-Anwendungen entwickelt.
- Anders ist die Situation im Haushaltsgerätesektor. Hier kam es sehr wohl zur Entwicklung von Fuzzy-Produkten, allerdings waren sich die Hersteller – wie zuvor in Japan im Automobilbereich – uneinig, ob man die Produkte auch tatsächlich als „fuzzy" kennzeichnen soll.
- Im Automobilbereich, dem dritten Haupteinsatzgebiet der Fuzzy-Technik, wurde diese neue Technologie von den deutschen Herstellern sehr ernst genommen. Hier liegen allerdings aufgrund der langen Entwicklungszeiten von Fuzzy-Produkten und der Geheimhaltungspolitik der Autokonzerne lediglich Ergebnisse aus Forschungsprojekten vor, die keinen genauen Aufschluß über die Entwicklung in diesem Bereich zulassen.

Der Aufbruch (1991)

Im Jahr 1991 kam es zu einer Unmenge an Publikationen über Fuzzy Logic in technisch oder wirtschaftlich orientierten Zeitschriften. Diese Publikationen verstärkten einerseits das öffentliche Interesse und weckten andererseits Erwartungen, die keine Technologie erfüllen konnte. In einigen Artikeln wurde außerdem über die Fuzzy Logic enthusiastisch und unwissenschaftlich berichtet und z.B. die Meinung vertreten, die Fuzzy-Regelung ersetze vollständig herkömmliche Regelungstechniken. Eine derartige Berichterstattung führte natürlich auch zu einer Polarisierung zwischen Regelungstechnikern alter Schule und Fuzzy-Anhängern.

Diesem großen Mangel an sachlich fundierter Information versuchte man mit Seminaren, Diskussions- und Informationsveranstaltungen zu begegnen. In der BRD wurden u.a. folgende Initiativen gestartet:

- das erste Aachener Fuzzy-Symposium, das von der Redaktion highTech und der Firma INFORM veranstaltet wurde
- die Gründung der Arbeitsausschüsse für „Fuzzy Logic" in der GMA (VDI/VDE - Gesellschaft für Meß- und Automatisierungstechnik) und der GI (Gesellschaft für Informatik)
- die Gründung der Förderinitiative „Fuzzy in Nordrhein-Westfalen", mit der auch die Basis für das ELITE (European Laboratory for Intelligent Techniques in Engineering)-Laboratorium gelegt wurde, das das Ziel hat, die Fuzzy-Forschung europaweit zu koordinieren

Während man in Europa gerade dabei war, die organisatorische Infrastruktur für die Fuzzy-Forschung zu entwickeln, erreichte die zweite japanische Fuzzy-Welle den Weltmarkt. Dabei ist zu beobachten, daß auch vermehrt Produkte aus dem Anlage- und Maschinenbereich mit Fuzzy-Technologie angeboten wurden.

Die Koalitionen (1992)

Im Jahr 1991 hatten erste erfolgreiche Anwendungen in Europa und der USA gezeigt, wie vielversprechend diese neue Technologie ist. Fuzzy Logic war damit zu einem Marktfaktor geworden. 1992 begannen nun die Unternehmen der Elektronikbranche den Fuzzy-Markt aufzuteilen. Aufzuteilen waren folgende Märkte:

- Fuzzy-Werkzeuge
- Fuzzy-"know-how"
- Fuzzy-Anwendungen

Das meiste Fuzzy-"know-how" gehörte kleineren, innovativen Firmen. Diese Firmen hatten aber weder den finanziellen Hintergrund, noch das geeignete Marketing wie die großen Elektronikkonzerne, um am Weltmarkt mitspielen zu können. Daher waren Koalitionen zwischen den kleinen „fuzzy"-Firmen und den Elektronikgiganten fast zwingend.

Im folgenden sind einige Beispiele angeführt:

- Kooperation von OMRON (Japan), einer innovativen Fuzzy-Firma, mit NEC (Japan) zur gemeinsamen Entwicklung und Vermarktung von Fuzzy-Prozessoren auf der Basis der NEC-Mikrocontroller
- Kooperation von INTEL (USA) mit INFORM (BRD) zur Entwicklung und Vermarktung von Fuzzy-Entwicklungswerkzeugen für Standardmikrocontroller
- Kooperation von SIEMENS HALBLEITER (BRD) mit INFORM (BRD) zur Entwicklung eines Fuzzy-Prozessors auf der Basis eines Standardmikrocontrollers

In Deutschland wurden im Jahr 1992 u.a. folgende Fuzzy-Anwendungen realisiert [KLE96]:

- Regelung einer Reibungskupplung (TH Darmstadt)
- echtzeitfähige Hydrauliksteuerung (Firma ROTEC Industrieautomation GmbH, Rastatt)
- Steuerung der Fertigung von Textilmaschinen (INFORM GmbH, Aachen)
- Regelung einer Kunststoffspritzmaschine (Siemens AG, Erlangen)
- Regelung einer Senkerodiermaschine (Mitsubishi Electric Europe GmbH, Ratingen)
- Regelung von Gasgemischen in Containern (ATP GmbH + Co. KG, Berlin)
- Anwendung in Destillationskolonnen (BASF AG, Ludwigshafen)

Die Applikationen (1993)

Im Jahr 1992 kamen die ersten Fuzzy-Produkte von europäischen und amerikanischen Herstellern auf den Markt. Ein Jahr darauf konnten diese Hersteller bereits Lösungen für verschiedene industrielle Bereiche anbieten. Da die meisten Unternehmen aber sich nicht so lange mit der Fuzzy-Technologie auseinandergesetzt hatten, entstammt der überwiegende Teil der Anwendungen aus Bereichen mit relativ kurzen Entwicklungszeiten.

Die Reife (1995)

In den Jahren 1990 bis 1995 wurde der praktische Nutzen der Fuzzy Logic durch eine Viel-zahl von Applikationen bewiesen. Dies hat auch dazu beigetragen, daß die akademische Diskussion über Sinn der Fuzzy Logic aus theoretischer Sicht deutlich abgenommen hat. In der praktischen Anwendung besitzt die Fuzzy Logic u.a. folgende Vorteile:

- deutliche Reduzierung der Entwicklungszeiten
- direkte Umsetzung von Erfahrung und Testergebnissen in die Lösung
- einfachere Bedienung des fuzzybasierten Produkts (z.B. Einknopfwaschmaschine)
- effiziente Automatisierung von Mehrgrößensystemen
- Umsetzung komplexer Lösungen durch regelungstechnische Laien

# 3.6	Zusammenfassung

Die Fuzzy Logic ist ein mathematisches Konzept zur Beschreibung unscharfer Begriffe. Zentraler Begriff ist die Zugehörigkeitsfunktion, mit der reellwertige Ausprägungen eines unscharfen Begriffes auf Zugehörigkeitswerte im Intervall [0,1] abgebildet werden. Ein unscharfer Begriff kann aus mehreren sog. Termen zusammengesetzt werden. Der Begriff „Alter" etwa könnte die Terme „jung", „mittleres Alter" und „alt" umfassen. Jeder Term wird durch eine geeignete Zugehörigkeitsfunktion definiert.

Elementare Operationen mit Zugehörigkeitsfunktionen sind das Komplement einer Menge (Negations-Operator), die Durchschnittsbildung zweier Mengen (Minimum-Operator) und die Vereinigung zweier Mengen (Maximum-Operator). In der Fuzzy Logic ist der „Satz vom ausgeschlossenen Dritten" nicht erfüllt.

Bei der Fuzzy Logic (possibility theory) und der Wahrscheinlichkeitsrechnung (probability theory) handelt es sich um unterschiedliche Kalküle. Beide Kalküle können aber in einer Fuzzy-Wahrscheinlichkeitsrechnung kombiniert werden.

Die Fuzzy Logic bildet den begrifflichen Rahmen für regelbasierte Fuzzy-Systeme, mit denen z.B. Steuerungsaufgaben (Fuzzy Control) durchgeführt werden können. Für Fuzzy-Systeme existiert nur ein einziges Modell, das aus den Phasen Fuzzifizierung, Fuzzy-Inferenz und Defuzzifikation besteht. In der Fuzzifizierungsphase definiert man die unscharfen Begriffe (linguistischen Variablen), Terme und Zugehörigkeitsfunktionen. In der Fuzzy-Inferenz werden approximative Schlüsse gezogen und in der Defuzzifikationsphase errechnet man aus dem Ergebnis der Fuzzy-Inferenz einen scharfen Wert. Die einzelnen Fuzzy-Systeme unterscheiden sich in der Definition der Zugehörigkeitsfunktionen, den verwendeten Fuzzy-Operatoren bei der Inferenz (Aggregation und Komposition) sowie den Defuzzifikationsmethoden.

Fuzzy-Systeme können in Hardware (Fuzzy-Prozessoren) und Software implementiert werden. Derzeit sind noch Softwarelösungen vorherrschend. Diese können in graphische Entwicklungsumgebungen, Reglerentwurfswerkzeuge mit Fuzzy-Methoden, Prozeßleitsysteme und Speicherprogrammierbare Steuerungen (SPS) klassifiziert werden.

Fuzzy-Systeme können überall dort eingesetzt werden, wo Probleme mit mathematischen Verfahren nicht in den Griff zu bekommen sind und ausreichend Wissen vorhanden ist, um eine Regelbasis basierend auf unscharfen Begriffen aufzubauen. Anwendungsgebiete sind die Regelungstechnik (Fuzzy Control), die Sensorik und die Datenanalyse/Entscheidungsunterstützung. Das wichtigste Anwendungsgebiet stellt die Fuzzy Control dar. Hier stehen Fuzzy-Methoden in Konkurrenz zu Künstlichen Neuronalen Netzen.

3.7 Übungsbeispiele

1. Geben Sie einige Beispiele für unscharf definierte Begriffe in der Realität.

2. Skizzieren Sie das Konzept der Zugehörigkeitsfunktion in der Fuzzy Logic (mit graphischer Darstellung).

3. Zeigen Sie graphisch anhand eines Beispiels die „und"- sowie die „oder"-Verknüpfungen zweier beliebiger Fuzzy-Mengen.

4. Wodurch entstehen Paradoxien in der Fuzzy Logic?

5. Erklären Sie den grundsätzlichen Unterschied zwischen der Theorie der Possibilitäten (possibility theory) und der Wahrscheinlichkeitstheorie (probability theory) anhand eines Beispiels.

6. Erläutern Sie die Vorgangsweise in einem regelbasiertem Fuzzy-Expertensystem (von den scharfen Eingangswerten bis zu den scharfen Ausgangswerten).

7. Was ist gemeint, wenn man davon spricht, daß bei Fuzzy-Systemen eigentlich nur ein einziges Modell existiert?

8. Was versteht man unter linguistischen Variablen und Termen?

9. Geben Sie einige Beispiele für Fuzzy-Regeln. Wodurch unterscheiden sich Fuzzy-Regeln z.B. von prädikatenlogischen Formeln oder Produktionsregeln?

10. Erläutern Sie die Aggregation und Komposition bei der Fuzzy-Inferenz.

11. Was versteht man unter MAX/MIN-Inferenz?

12. Was passiert in der Defuzzifikationsphase eines Fuzzy-Systems? Geben Sie ein Beispiel für ein Defuzzifikationsverfahren.

13. Welche Phasen werden bei der Entwicklung eines fuzzybasierten Systems durchlaufen?

14. Welchen Vorteil bietet der Einsatz des Gamma-Operators?

15. Welche Operatoren können für die Komposition eingesetzt werden?

16. Geben Sie ein Beispiel für eine unnormalisierte Fuzzy-Regel.

17. Worin liegt der Vorteil des Einsatzes von Fuzzy-Hardware?

18. Worin liegt der Unterschied zwischen den Klassen „bester Kompromiß" und „plausibelste Lösung" bei den Defuzzifikationsoperatoren?

19. Wann ist der Einsatz von Fuzzy-Systemen zu empfehlen und wann nicht?

20. Skizzieren Sie ein Fuzzy System zur Entscheidungsunterstützung.

21. Geben Sie drei Beispiele, wie die Fuzzy Logic für betriebswirtschaftliche Problemstellungen eingesetzt werden kann.

22. Erläutern Sie das Konzept der prototypischen Fuzzy-Steuerung einer Dampfmaschine durch Mamdani/Assilian. Worin liegt die Bedeutung dieses Modells?

23. Welche Ereignisse waren während der sog. „westlichen" Fuzzy-Welle zu beobachten?

4 Künstliche Neuronale Netze

Dieses Kapitel führt in die grundlegenden Konzepte Neuronaler Netze ein und ist folgendermaßen aufgebaut:

In Abschnitt 4.1 werden zu Beginn die Thesen der sog. sub-symbolischen KI vorgestellt. Als Systeme zur konkreten Umsetzung sub-symbolischer KI können Künstliche Neuronale Netze (KNN) diesen. In Abschnitt 4.1 wird darüber hinaus – aufbauend auf den biologischen Grundlagen – der grundsätzliche Lösungsansatz mit KNN vorgestellt.

In der Modellierungsebene (Abschnitt 4.2) werden von der Vielzahl existierender neuronaler Modelle das Perceptron, das Multilayer-Netz oder Multilayer-Perceptron (MLP) mit Backpropagation-Lernverfahren, die Kohonen Feature Map, das Hopfield-Modell und die Boltzmann-Maschine näher betrachtet. Diese Auswahl erfolgte aus folgenden Überlegungen. MLP mit Backpropagation-Lernverfahren sind mit Abstand die gebräuchlichsten Netze in der Praxis. Die Kohonen Feature Map ist jenes Netz, wo man am besten sieht, daß KNN Modelle sind, die an Prinzipien der biologischen Informationsverarbeitung angelehnt sind. Beim Hopfield-Netz und der Boltzmann-Maschine wird der Leser erkennen, wie Wissen über thermodynamische Systeme für den Aufbau von KNN genutzt werden kann. Diese Netze eröffnen neben den klassischen Gebieten wie der Mustererkennung auch neue Anwendungsfelder, wie etwa die Lösung von Optimierungsaufgaben.

Die Ausführungen in der Entwicklungs- und Implementierungsebene (Abschnitt 4.3) lassen sich in drei Bereiche gliedern. In Abschnitt 4.3.1 ist beschrieben, welche Phasen bei der Entwicklung eines neuronalen Systems durchlaufen werden. In Abschnitt 4.3.2 werden im Überblick verschiedene Implementierungsvarianten vorgestellt. Abschließend in Abschnitt 4.3.3 wird veranschaulicht, wie ausgewählte Probleme mit dem Neurosimulator Stuttgart Neural Network Simulator (SNNS©) gelöst werden können.

In der Einsatzebene (Abschnitt 4.4) werden zum einen Vor- und Nachteile von KNN zusammengefaßt und es wird erläutert, welche Eigenschaften ein Problem besitzen muß, damit der Einsatz von KNN zielführend ist. Weiters werden wichtige Anwendungsgebiete von KNN genannt.

4.1   KNN als Lösungsansatz

In Kapitel 2 (Abschnitt 2.1) wurden die Grundannahmen der symbolischen KI vorgestellt. Dabei wurde erwähnt, daß es natürlich zu den Fähigkeiten des Menschen als intelligentes Wesen gehört, Symbole und Symbolstrukturen zu verwenden. Der Mensch besitzt nun auch Fähigkeiten im Bereich der Perzeption, das sind assoziative und ganzheitliche Erkennungsvorgänge. In Abschnitt 2.3 wurden etwa das Erkennen einer Person oder das Lesen einer Handschrift als perzeptive Vorgänge genannt. Wir stimmen nun mit [DOR91], S. 11 überein, daß diese perzeptiven Vorgänge genauso zum Bereich der Intelligenz gehören und mit reinen symbolverarbeitenden Mechanismen nur sehr schwer beschreibbar sind.

Sub-symbolische KI nach Dorffner [DOR91], S. 11ff. heißt nun, daß diese unbewußten assoziativen Vorgänge mit einem eigenen Formalismus repräsentiert werden. Dabei soll aber nicht zwischen bewußten symbolischen Vorgängen und der unbewußten Ebene eine Trennlinie gezogen werden, sondern die symbolischen Vorgänge – deren Existenz keineswegs abgestritten wird – sollen in den assoziativen Grundmechanismus eingebettet gesehen werden.

Die Sichtweise des sub-symbolischen Ansatzes läßt sich daher folgendermaßen zusammenfassen:

• Der symbolischen und der unbewußten Ebene werden verschiedene Mechanismen der Repräsentation zugeordnet.
• Die unbewußte assoziative Ebene wird als die zugrundeliegende Ebene angesehen. In diese Ebene muß ein bewußter Symbolmechanismus eingebettet sein bzw. aus dieser hervorgehen.
• Mit dem sub-symbolischen Ansatz gelingt eine adäquatere Modellierung von assoziativen und intuitiven Prozessen.
• Es wird eine ganzheitlichere Modellvorstellung der Intelligenz realisiert.
• Ein kognitives System wird nicht bloß als symbolverarbeitende Maschine, sondern als lernendes und sich selbstorganisierendes System betrachtet.

Es ist wichtig darauf hinzuweisen, daß die folgenden Annahmen zu einem gewissen Grad erhalten bleiben:

• Die erste Annahme besteht darin, daß auch in der sub-symbolischen KI das System wissensbasiert ist. Wir werden später bei der Diskussion der einzelnen neuronalen Modelle sehen, daß Wissen im sub-symbolischen Lösungsansatz implizit und nicht explizit gespeichert ist.
• Die zweite Annahme bezieht sich darauf, daß in der sub-symbolischen KI keine Modellierung auf der Ebene der Neuronen, der biologischen Basis intelligenter Vorgänge, stattfindet.

Der wesentliche Unterschied zwischen der symbolischen und der sub-symbolischen KI besteht darin, daß bei ersterer der Ausgangspunkt die auf Logik beruhenden Denkleistungen sind (Intelligenz = Ablaufen eines Progamms in einem von-Neumann-Rechner), während man bei letzerer von scheinbar so trivialen Aufgaben wie dem Erkennen, intuitiv Schließen oder Assoziieren ausgeht. Der Mensch kann spielerisch eine Unmenge von Eindrücken gleichzeitig verarbeiten, bevor ihm diese Vorgänge bewußt werden und er diese damit auf eine bewußte, symbolische Ebene bringt. Mit der sub-symbolischen KI wird nun versucht, die KI quasi auf eine natürliche Basis zu stellen und damit das Forschungsgebiet der natürlichen künstlichen Intelligenz begründet.

Die Unterschiedlichkeit zwischen der symbolischen und der sub-symbolischen KI wird auch durch Aussagen von führenden KI-Wissenschaftlern deutlich. In [DOR91], S.13f. wird z.B. erwähnt, daß der Computerwissenschaftler D. Hofstadter in einem seiner Bücher H. Simon zitiert, der meint, daß in der Kognitionsforschung jene Vorgänge interessant seien, die jenseits der 300ms-Grenze liegen. Jene Vorgänge, die unterhalb dieser Grenze liegen, also alles das, was „automatisch" abläuft, wie Mustererkennung auf niedrigem Niveau und Spracherkennung, sind kaum von Interesse für die KI. Diese Meinung wird leider von vielen KI-Wissenschaftlern geteilt.

Hofstadter hält dem Standpunkt von Simon entgegen, daß es eigentlich genau umgekehrt sei, daß sich also alle interessanten Vorgänge unterhalb von 300ms abspielen. Hofstadter ist der Meinung, daß erst mit dem Begreifen von Fähigkeiten wie dem Erkennen von Buchstaben in verschiedenartiger Darstellung (unterschiedliche Zeichensätze, Maschin- oder Handschrift) ein Verständnis kognitiver Prozesse möglich ist. Das, was danach kommt, also die bewußte Anwendung symbolischer Ausdrücke, sei im Vergleich zu den assoziativ intuitiven Fähigkeiten eher trivial. Dieser Standpunkt entspricht genau der Sichtweise der sub-symbolischen KI, wie diese hier vorgestellt wurde.

Ein Paradigma zur Realisierung der sub-symbolischen KI sind die KNN. Diese werden manchmal auch als konnektionistische Systeme bezeichnet. In den folgenden Abschnitten werden solche Systeme einer eingehenden Betrachtung unterzogen.

4.1.1   Vorbild biologisches Neuron

Die Ursprünge der KNN reichen bis in die 40er Jahre zurück, doch haben die KNN wegen der Konkurrenzsituation mit der symbolischen KI erst zu Beginn der 80er Jahre den richtigen Durchbruch erzielt. Heute werden KNN für eine Vielzahl von Anwendungen eingesetzt. Die enorme Bedeutung der Neuroinformatik wird auch durch die große Zahl von Konferenzen, Workshops und Publikationen in Journalen verdeutlicht.

Die KNN können von den Wissenschaftlern aus unterschiedlichen Blickwinkeln heraus betrachtet werden. Der Biologe oder Neurophysiologe benutzt sie, um sein Verständnis der biologischen Vorgänge und Organisationsprinzipien im Gehirn zu verbessern. Der Physiker verwendet sie für die Modellierung physikalischer Strukturen, wobei die Analogiebildung zwischen Atom und Neuron die Grundlagen dafür liefert. Der Informatiker schließlich – und das ist der Gesichtspunkt, aus dem dieses Kapitel heraus geschrieben ist – betrachtet KNN als hochgradig parallel arbeitende, lernfähige und fehlertolerante Systeme der Informationsverarbeitung.

Für KNN existiert eine Vielzahl unterschiedlicher Definitionen. Eine sehr treffende stammt von T. Kohonen [KOH84] (zitiert nach [KÖH90], S. 11):

Künstliche Neurale Netze sind massiv parallel verbundene Netzwerke aus einfachen (üblicherweise adaptiven) Elementen in hierarchischer Anordnung oder Organisation, die mit der Welt in der selben Art wie biologische Nervensysteme interagieren sollen.

Ein KNN ist also eine verteilte Informationsverarbeitungsstruktur, die auf Funktions- und Architekturprinzipien des menschlichen Gehirns beruht. Das menschliche Gehirn besteht aus etwa 10^{11} Neuronen, die eng miteinander vernetzt sind und parallel arbeiten. Die Informationsverarbeitung beruht im wesentlichen auf der Übertragung von Erregung zwischen den zahlreichen Neuronen. Wie Information in unserem Sinn verwaltet wird und wie die verschiedenen Abstraktionsniveaus gebildet werden, ist jedoch noch weitgehend unerforscht.

Im folgenden soll auf das biologische Neuron, das als Vorbild für alle künstlichen Netzarchitekturen dient, genauer eingegangen werden. Jedes biologische Neuron ist eine komplexe Zelle und besteht aus (siehe Abbildung 4.1) folgenden Komponenten:

- Dendriten (entspricht der Eingabe)
- Zellkörper (Soma) (entspricht der Verarbeitung)
- Axon (entspricht der Ausgabe)

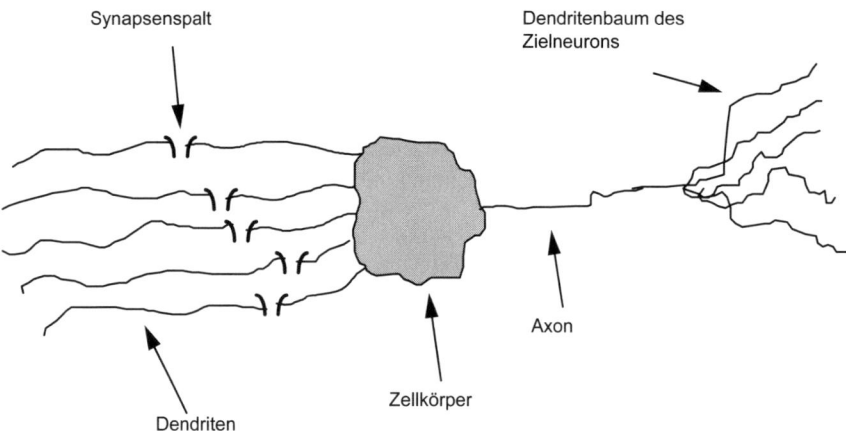

Abbildung 4.1: Schematische Darstellung eines biologischen Neurons

Jedes Neuron ist in der Regel mit Tausenden anderen Neuronen verbunden, wobei die Art der Verbindung durch den Synapsentyp festgelegt wird. Es gibt exzitatorische (erregende) und inhibitorische (hemmende) Verbindungen. Der Informationsfluß [PAT96a], S.19f. verläuft immer von den Dendriten zum Zellkörper und weiter zu den Axonen. Die neuronale Aktivität wird bestimmt durch die Entstehung eines internen Potentials, des sog. Membranpotentials. Die Dendriten summieren die Ausgabesignale der vorgeschalteten Neuronen und leiten sie in Form eines elektrochemischen Potentials dem Zellkörper zu. Den Synapsen kommt dabei die Aufgabe zu, dieses Potential entweder zu verstärken oder abzuschwächen.

Übersteigt nun das durch die Eingaben veränderte Membranpotential einer Zelle einen gewissen Schwellwert, so erzeugt der Zellkörper einen kurzfristigen elektrischen Impuls, das Aktionspotential. Das Neuron „feuert" und schüttet das Aktionspotential über tausende Axone aus. Der Impuls hat zur Folge, daß eine bestimmte chemische Substanz, der Neurotransmitter, an die Synapsen weitergegeben wird, die wiederum andere Neuronen erregen oder hemmen können. Die Synapsen regeln somit die Kommunikation zwischen den Neuronen und stellen einen wichtigen Informationsträger dar.

Die Häufigkeit der Informationsübertragung bestimmt ganz entscheidend die Art und Weise der Aktivitätsübertragung. Synapsen haben bei häufigem Gebrauch die Eigenschaft zu wachsen. Bei seltener Benutzung hingegen degenerieren sie. Das nachgeschaltete Neuron wird dann dementsprechend stärker oder schwächer beeinflußt. Dieses Phänomen wird als synaptische Elastizität bezeichnet und ist schon seit 1949 bekannt. Damals hat der Psychologe D. Hebb [HEB49] die nach ihm benannte Hypothese formuliert, daß Lernen neurophysiologisch zurückgeführt werden kann auf das Wachstum von Synapsen bei gleichzeitiger Aktivität der verbundenen Neuronen.

Die Informationsverarbeitung in menschlichen Gehirnen spielt sich somit auf zwei Ebenen ab, die sich in ihrer Zeitskala unterscheiden [MEC95], S. 60:

- schnelle Ebene
  Diese Ebene wird vom augenblicklichen Aktivitätszustand der einzelnen Neuronen gebildet. Information wird durch die ständig ändernden raum-zeitlichen Aktivitätsmuster codiert. Man vermutet heute, daß u.a. auch das Kurzzeitgedächtnis auf dem kurzfristigen Aufrechterhalten von Aktivationsmustern beruht.
- langsame Ebene
  Diese Ebene der Informationsverarbeitung ist durch die Veränderung der Verbindungsstruktur gekennzeichnet. Dies geschieht durch Modifizierung der Effizienz der synaptischen Übertragung und bildet damit die Basis für die Lernfähigkeit des Gehirns. Das Langzeitgedächtnis ist dieser Ebene der Informationsverarbeitung zuzuordnen.

Die Veränderungen auf der schnellen und langsamen Ebene sind in beide Richtungen gekoppelt. Die Neuronenaktivitäten formen so allmählich das Netzwerk der Neuronenverbindungen. Auf diesen beiden gekoppelten Dynamiken der Neuronenaktivität und der synaptischen Übertragung beruhen nach heutiger Auffassung die Funktionen des Gehirns.

4.1.2   Konzeption eines KNN

KNN stellen Abstraktionen ihrer biologischen Vorbilder dar, d.h. es wird versucht, die zentralen Elemente neuronaler Informationsverarbeitung im Menschen modellhaft abzubilden. Um den Leser mit dem Begriff Neuronale Netze nicht zu verwirren, werden in diesem Lehrbuch die Künstlichen Neuronalen Netze immer mit KNN abgekürzt. Manche Autoren [HER91], S. 5 schlagen auch vor, für die KNN auf den Begriff „Neuron" gänzlich zu verzichten und statt dessen den Begriff „unit" zu verwenden. An dieser Stelle sei angemerkt, daß kein KNN jemals auch nur annähernd die Leistungsfähigkeit des menschlichen Gehirns erreichen wird. Dies sei nur anhand folgender drei Punkte verdeutlicht:

- Neuronenzahl
  Ein KNN hat maximal einige tausend Neuronen. Der Unterschied zu den oben erwähnten 10^{11} Neuronen ist gewaltig, womit das Gehirn natürlich um Größenordnungen komplexere Aufgaben lösen kann.
- Neuronentyp
  Im menschlichen Gehirn existieren über tausend verschiedene Neuronenarten, in einem künstlichen Netz verwendet man üblicherweise nur einen Typ.
- Informationsverarbeitung
  Bei der Verarbeitung von Information im Gehirn sind zahlreiche organische Stoffe (z.B. Neurotransmitter) beteiligt, die unterschiedliche chemische Prozesse auslösen. Ein KNN reduziert dies alles auf rein quantitative Verarbeitungsmechanismen (Manipulation von Matrizen, Vektoren usw.).

Zentraler Gegenstand des Konnektionismus ist die Modellierung neuronaler Systeme. Unter einem konnektionistischen System wird im folgenden ein System verstanden, das aus einer mittleren bis sehr großen Anzahl einfacher Verarbeitungselemente besteht, die in Anlehnung an die Biologie Neuronen genannt werden und sich entlang der Verbindungsstruktur des Netzwerkes gegenseitig beeinflussen.

Die wesentlichen Elemente eines jeden KNN sind

- die Informationsverarbeitung im Knoten
- die Netztopologie
- das Lernverfahren

Diese Punkte werden nun im einzelnen näher betrachtet.

Informationsverarbeitung im Knoten (Knotendynamik)

Hier wird spezifiziert, welche Aktivitäten in einem künstlichen Neuron ablaufen. Die Informationsverarbeitung in einem künstlichen Neuron ist ein mathematisches Modell, das angibt, wie für einen bestimmten Nettoinput die Ausgabe eines Neurons zu errechnen ist.

Betrachten wir dazu Abbildung 4.2 (in Anlehnung an [KRU91], S. 26).

Künstliche Neuronen sind uniforme, primitive Einheiten, in denen alle die gleichen Prozesse ablaufen. Wie in der Abbildung 4.2 dargestellt sind das die Berechnungen von

- Nettoinput
- Aktivierung
- Ausgabe

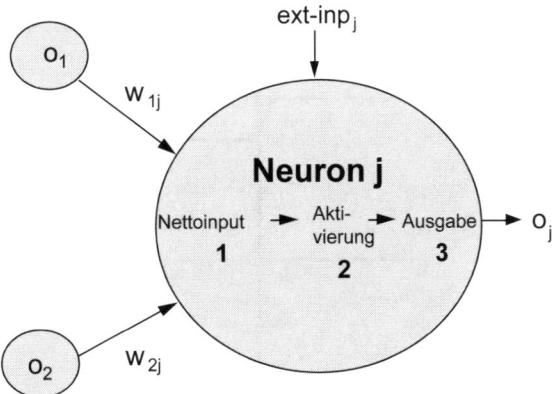

Abbildung 4.2: Schema eines künstlichen Neurons

Der Berechnung des Nettoinputs entspricht in der Biologie die Summation der elektrochemischen Potentiale über die Dendriten. Den Synapsen in der Biologie entsprechen dabei die Gewichte zwischen den Neuronen. Für das Neuron j ergibt sich üblicherweise folgender Nettoinput über die sog. Propagierungsfunktion

$$net_j = \sum_{i=1}^{n} w_{ij} * o_i$$

Dies bedeutet, daß sich der Nettoinput für Neuron j aus der Summe der Produkte aus den Ausgaben der vorgeschalteten i-Neuronen mit den jeweiligen Verbindungsgewichten ergibt.

Der nächste Schritt besteht in der Berechnung der Neuronenaktivierung. Wenn wir diesen Prozeß wieder mit der Biologie vergleichen, so entspricht dies der Erzeugung des Aktionspotentials im Zellkörper. Für die Berechnung der Aktivierung eines Neurons stehen unterschiedliche mathematische Funktionen zur Verfügung. Einige Aktivierungsfunktionen sind in Abbildung 4.3 (nach [KRU91], S. 33) dargestellt.

Die Aktivierung eines Neurons j wird mit a_j bezeichnet und ist durch die verwendete Aktivierungsfunktion F festgelegt, also

$a_j = F(net_j)$

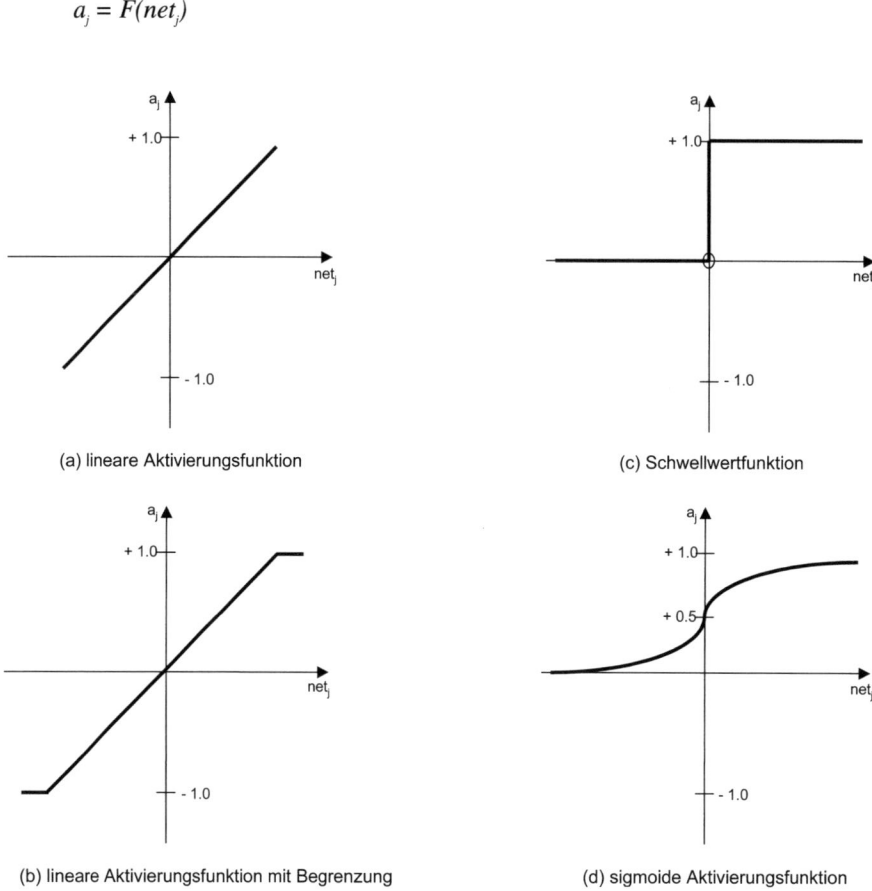

Abbildung 4.3: Beispiele von Aktivierungsfunktionen

Betrachten wir zunächst die in Abb. 4.3 (a) dargestellte lineare Aktivierungsfunktion. Diese wird beim Perceptron-Modell eingesetzt, das in Abschnitt 4.2.1 beschrieben ist. Eine derartige lineare Aktivierungsfunktion besitzt allerdings den Nachteil, daß sehr kleine oder sehr große Aktivierungswerte entstehen können, was sich ungünstig auf das Lernen auswirken kann. Um diesem Nachteil zu begegnen, empfiehlt sich die Verwendung der in Abb. 4.3 (b) dargestellten linearen Aktivierungsfunktion mit Begrenzung, wo auftretende Aktivierungswerte auf das Intervall [-1,+1] beschränkt sind.

In Abb. 4.3 (c) ist die sog. Schwellwertfunktion (threshold function) dargestellt. Dabei sind nur zwei Aktivierungszustände möglich, Null oder Eins. Für Nettoinputs kleiner oder gleich Null wird der Aktivierungswert Null angenommen, für Nettoinputs größer als Null „springt" die Aktivierung auf Eins. Solche Schwellwertfunktionen eignen sich sehr gut für logische Entscheidungen [KRU91], S. 32. In Abb. 4.3 (d) ist die sog. sigmoide Aktivierungsfunktion dargestellt. Im Verhalten ist sie vergleichbar mit der Schwellwertfunktion, hat aber den Vorteil, an jeder Stelle stetig und damit differenzierbar zu sein. Eine derartige Aktivierungsfunktion wird nötig, wenn im Lernverfahren Ableitungen der Aktivierungsfunktion auftreten, wie das beim Backpropagation-Lernverfahren der Fall ist, das in Abschnitt 4.2.2 vorgestellt wird.

Zur Berechnung der Aktivierung a_j kann zum Nettoinput net_j gegebenenfalls noch ein sog. externer Input ex_inp_j hinzukommen, der als Aktivationsfluß von außen angesehen werden kann.

Nach der Berechnung der Aktivierung a_j besteht der letzte Schritt in der Errechnung der Ausgabe o_j. Der Ausgabewert wird auch an nachfolgende Neuronen weitergegeben. Üblicherweise wird für die Ausgabeberechnung als Ausgabefunktion f die Identitätsfunktion (vgl. Abb. 4.4) herangezogen, also

$$o_j = f(a_j) = a_j$$

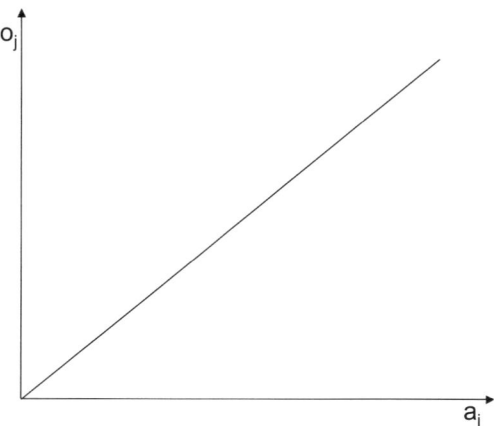

Abbildung 4.4: Identitätsfunktion als Ausgabefunktion

Netztopologie

Natürlich besteht ein KNN nicht nur aus einem einzelnen Neuron. Die Topologie beschreibt, wie die Neuronen strukturiert sind, in welcher Art sich die Aktivität im Netz ausbreitet und inwieweit die Verbindungsstruktur modifizierbar ist [MEC95], S. 61f.:

- Strukturierung
  Prinzipiell unterscheidet man geschichtete und ungeschichtete Modelle. Bei geschichteten Modellen werden Neuronen mit einheitlichen Aufgaben in einer Neuronenschicht (layer) zusammengefaßt. Die Eingabeneuronen (Eingabeschicht) dienen zur Aufnahme von an das Netz angelegten Mustern; an den Ausgabeneuronen (Ausgabeschicht) kann das Ergebnis der Verarbeitung abgelesen werden. Darüber hinaus können gegebenenfalls

eine oder mehrere Schichten mit sog. „verdeckten" (hidden) Neuronen existieren, die von außen nicht direkt zugänglich oder beeinflußbar sind. In ungeschichteten Modellen findet keine Strukturierung der Neuronen nach Aufgaben statt. Eingabemuster werden an alle Neuronen angelegt und nach Ende der Verarbeitung wird die Ausgabe des Systems auch wieder an allen Neuronen abgelesen.

• Richtung der Aktivationsausbreitung
  In Feedforward-Modellen (vgl. Abbildung 4.5) erfolgt die Aktivationsausbreitung nur in eine Richtung und zwar von der Eingabeschicht über die verdeckten Schichten zur Ausgabeschicht. Rückkopplungen können keine auftreten. In Feedback-Modellen kann die Aktivationsausbreitung zwischen zwei Neuronen generell in beiden Richtungen erfolgen. Es kommt somit zu Rückkopplungen (vgl. Abbildung 4.6).

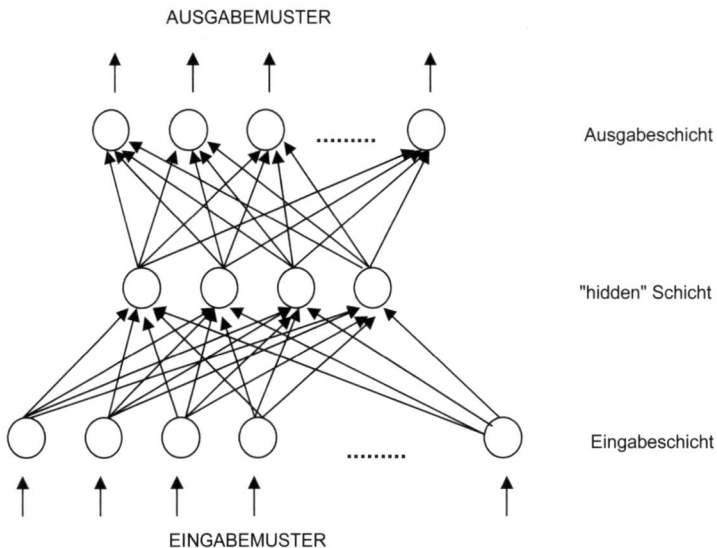

Abbildung 4.5: Struktur eines Feedforward-Netzes

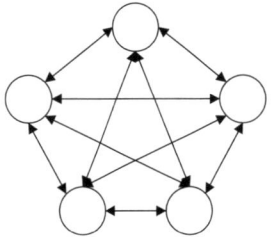

Abbildung 4.6: Struktur eines Feedback-Netzes

- Veränderbarkeit der Verbindungsstruktur
  In fixierten Modellen erfolgt kein Lernen i.e.S., sondern die Gewichte werden nach heuristischen Überlegungen berechnet und sind fix vorgegeben. In adaptiven Modellen hingegen werden die Verbindungsgewichte zur Lösung einer Problemstellung in einem iterativen Prozeß selbständig erlernt.

Vorhin wurde die Informationsverarbeitung im Knoten mit den Phasen Berechnung des Nettoinputs, der Aktivierung und der Ausgabe erörtert. Auf den Ausgabewert eines Neurons hat neben den darin festgelegten Funktionen aber auch der Zeitpunkt der Berechnung des Ausgabewertes Einfluß. Im Prinzip lassen sich zwei Arten der Verarbeitungsabfolge unterscheiden, die synchrone und die asynchrone Verarbeitung [MEC95], S. 64f.

Bei der synchronen Verarbeitung berechnen zuerst alle Neuronen einer Schicht synchron, d.h. unabhängig, ihren Nettoinput und erst in einem zweiten Schritt synchron ihren neuen Aktivierungs- und Ausgabewert.

Bei der asynchronen Verarbeitung hingegen berechnet ein zufällig ausgewähltes Neuron seinen Nettoinput, seine Aktivierung und Ausgabe. Dieses Ergebnis geht dann bei der Berechnung des Nettoinputs und der Ausgabe des nächsten zufällig ausgewählten Neurons ein. Da die Ausgabe letzteren Neurons aber wiederum den Nettoinput des ersten Neurons beeinflußt, kommt es zu Rückkopplungen. Eine derartige asynchrone Verarbeitung besteht also u.U. aus einem sehr langwierigen Einschwingprozeß, der erst zu einem Ende kommt, wenn die Ausgaben aller Neuronen im Netz konstant bleiben.

Lernalgorithmen

Das Lernen ist sicherlich die interessanteste Komponente von KNN. Im Gegensatz zur symbolischen Wissensverarbeitung ist das Wissen über ein Konzept in einem KNN nicht explizit an einer bestimmten Stelle (z.B. Knoten in Semantischem Netz, bestimmte Regel usw.), sondern verteilt über das ganze Netz gespeichert. Theoretisch existieren sehr viele Arten, wie ein KNN lernen kann [ZEL97], S. 84:

1. Entwicklung neuer Verbindungen
2. Löschen existierender Verbindungen
3. Modifikation der Stärke w_{ij} von Verbindungen
4. Modifikation des Schwellwertes von Neuronen
5. Modifikation der Aktivierungs-, Propagierungs- oder Ausgabefunktionen
6. Entwicklung neuer Zellen
7. Löschen von Zellen

Betrachten wir diese Lernalternativen etwas genauer [ZEL97], S. 84. Prinzipiell kann jede dieser Alternativen einzeln oder in Kombination angewendet werden. Die häufigste Lernvariante ist sicherlich Nr. 3, also die Modifikation des Gewichts w_{ij} zwischen zwei Neuronen i und j. Über die Variante 3 können auch die Varianten 1 und 2 realisiert werden. Eine neue Verbindung zwischen zwei Neuronen i und j erzeugt man dann einfach dadurch, indem das Verbindungsgewicht w_{ij} von Null auf einen von Null verschiedenen Wert gesetzt wird. Umgekehrt wird eine Verbindung gelöscht, indem das Gewicht w_{ij} einfach auf Null gesetzt wird, mit der Auflage, fortan nicht mehr trainiert zu werden. Variante 4, die Modifikation des Schwellwertes von Neuronen, kann prinzipiell genauso behandelt werden wie die Modifikation von Gewichten und ist daher ohne Probleme. Variante 5, die Modifikation der Aktivierungs-, Propagierungs- oder Ausgabefunktionen ist noch nicht so verbreitet, biologisch aber auch nicht gut motiviert. Besonders interessant sind die Variante 6, die Entwicklung neuer Zellen, und Variante 7, das Löschen von Zellen, die nicht intensiv genutzt werden. Diese beiden Varianten, die neben einer Einstellung der Gewichte zur Lösung einer Aufgabe auch eine möglichst optimale – d.h. minimale – Netztopologie mitliefern, werden in der Zukunft vermutlich an Bedeutung gewinnen.

Im folgenden wird auf die Lernvariante 3 etwas näher eingegangen. ([ZEL97], S. 84f.)

Hebb'sche Lernregel

Die Hebb'sche Lernregel wurde in ihrer ursprünglichen Form bereits 1949 von Donald O. Hebb formuliert. Diese Lernregel ist biologisch motiviert und bildet die Grundlage für die meisten komplexeren Lernregeln. Die Hebb'sche Lernregel lautet:

Wenn Zelle j eine Eingabe von Zelle i erhält und beide gleichzeitig stark aktiviert sind, dann erhöhe das Gewicht w_{ij} (die Stärke der Verbindung von i nach j).

Mathematisch kann man die Hebb'sche Lernregel folgendermaßen anschreiben:

$$\Delta w_{ij} = \varepsilon * o_i * a_j$$

Dabei ist Δw_{ij} die Änderung von Gewicht w_{ij}, ε eine Konstante (Lernrate), o_i die Ausgabe von Neuron i und a_j die Aktivierung von Neuron j. Die Hebb'sche Lernregel wird häufig mit den binären Aktivierungswerten 0, 1 verwendet. Dabei gilt es jedoch zu beachten, daß in diesem Fall entweder keine oder eine positive Gewichtsänderung auftritt. Die Gewichte können also nur wachsen. Übergroße Gewichte können die Qualität des KNN hinsichtlich Reproduktion gespeicherter Muster negativ beeinflussen. Deshalb werden häufig die Aktivierungswerte + 1 und – 1 eingesetzt, weil es dann im Falle einer Nichtübereinstimmung von Vorgänger- und Nachfolgerzelle zu einer Gewichtsverringerung kommt, andernfalls zu einer positiven Verstärkung.

Auf die Hebb'sche Lernregel wird noch in Abschnitt 4.2.4 bei der Diskussion des Hopfield-Modells eingegangen.

Delta-Regel

Bei der Delta-Regel – manchmal auch als Widrow-Hoff-Regel bezeichnet – ist die Gewichtsänderung proportional zur Differenz zwischen tatsächlicher und erwarteter Ausgabe (Targetwert) eines Neurons j.

Mathematisch kann man die Delta-Regel wie folgt anschreiben:

$$\Delta w_{ij} = \varepsilon * o_i * (t_j - o_j) = \varepsilon * o_i * \delta_j$$

In dieser Form kann die Delta-Regel allerdings nur für Feedforward-Netze eingesetzt werden, wo keine versteckten Neuronen existieren. Gibt es versteckte Neuronen, so muß in der

Lernregel definiert sein, wie für diese der Fehler errechnet wird. Dies wird in der sog. verallgemeinerten Delta-Regel definiert.

Die Delta-Regel wird beim Perceptron-Modell (Abschnitt 4.2.1), die verallgemeinerte Delta-Regel bei MLPs mit Backpropagation-Lernverfahren (Abschnitt 4.2.2) diskutiert.

4.1.3   Klassifikation von KNN

Die KNN lassen sich nach unterschiedlichen Kriterien klassifizieren. Das gebräuchlichste Kriterium stellt die Netztopologie dar, wie auch in Abbildung 4.7 gezeigt (aus [SCH90], S. 75). Feedforward-Netze werden in der Praxis am häufigsten eingesetzt, wohl auch deswegen, weil sich mit ihnen allgemeine Klassifikationsaufgaben am besten lösen lassen. Feedback-Netze sind mathematisch anspruchsvoller und finden vor allem im Bereich Mustererkennung (Autoassoziation) Verwendung. Jene Modelle, die grau markiert sind, werden in diesem Kapitel näher besprochen.

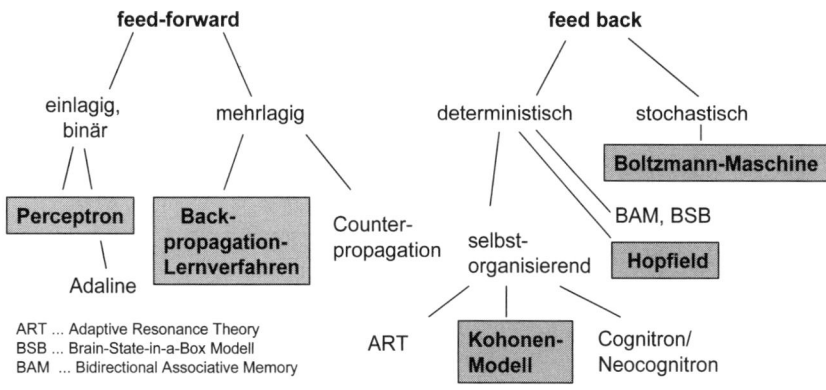

Abbildung 4.7: Taxonomie von KNN

4.2   Ausgewählte Modelle Neuronaler Netze

In diesem Abschnitt sind einige bekannte KNN-Modelle beschrieben, die die Basis für die meisten industriellen Anwendungen bilden.

4.2.1   Das Perceptron

Das Perceptron wurde von F. Rosenblatt 1958 [ROS58] entwickelt und ist der Vorläufer aller modernen Feedforward-Netzarchitekturen. Sein Verständnis ist grundlegend für die MLPs und die dabei verwendeten Lernverfahren.

Das Perceptron besteht aus zwei Schichten, einer Ein- und einer Ausgabeschicht, und ist in die Klasse der Musterassoziatoren einzuordnen. Musterassoziatoren können darauf trainiert werden, die Abbildungsrelation zwischen Mustern zu erlernen [KRU91], S. 87. Zwei Muster sind genau dann miteinander assoziiert, wenn das eine Muster (Eingabemuster) das andere Muster (Ausgabemuster) hervorruft. Bei mehreren Musterpaaren bedeutet dies, daß die Menge der Eingabemuster auf die Menge der Ausgabemuster abgebildet wird, also ein funktionaler Zusammenhang erlernt wird. Die Neuronen im Perceptron sind einfache, binäre Schwellwertelemente [SCH90], S. 76. Über die in Abschnitt 4.1.2 definierte Propagierungsfunktion summieren die Neuronen den gewichteten Input auf und berechnen ein Ausgabesignal. Ist der eingehende Input größer als ein vordefinierter Schwellwert, so „feuert" das Neuron und produziert die Ausgabe 1, andernfalls wird 0 weitergegeben, d.h. es wird eine Schwellwertfunktion für die Berechnung des Outputs verwendet (vgl. Abb. 4.8 links, aus [SCH90], S. 77).

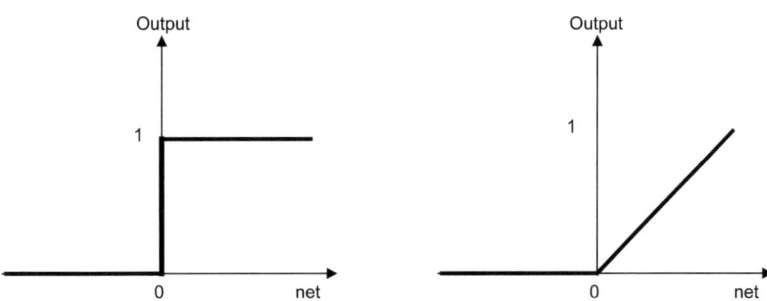

Abbildung 4.8: Outputfunktionen im Perceptron

Neben der Schwellwertfunktion kann auch eine lineare Ausgabefunktion (vgl. Abb. 4.8 rechts, aus [SCH90], S. 77) eingesetzt werden. Die gewählte Ausgabefunktion bestimmt auch das Aussehen der entsprechenden Lernregel. Bei Schwellwertneuronen kommt man zur Perceptron-Lernregel, bei linearen Units zur sog. Delta-Regel. Beide Lernregeln sind im Prinzip ident, haben aber unterschiedliche mathematische Herkunft. Die Perceptron-Lernregel wird aus der Hebb'schen Lernregel abgeleitet und die Delta-Regel ergibt sich aus der Berechnung der Fehlergradienten der Gewichte im Netz.

In der ursprünglichen Formulierung von Rosenblatt ist das Perzeptron als 3-Schichten-Modell entworfen [SCH90], S. 78 (vgl. Abbildung 4.9, aus [SCH90], S. 77). Die Neuronen in der S-Schicht (Stimulus-Schicht) sind über feste, zufällige Gewichte mit den Neuronen in der A-Schicht (Assoziationsschicht) verbunden. Die Verbindungen zwischen diesen beiden Schichten sind unveränderlich und werden auch durch das Lernverfahren nicht geändert. Die R-Schicht (Response-Schicht), die auch manchmal als Perzeptron-Schicht bezeichnet wird, enthält die Ausgabeneuronen. Die Gewichte zwischen der A- und der R-Schicht sollen derart gemäß der Perceptron-Lernregel verändert werden, daß alle Muster aus der Trainingsmenge zufriedenstellend gelernt werden.

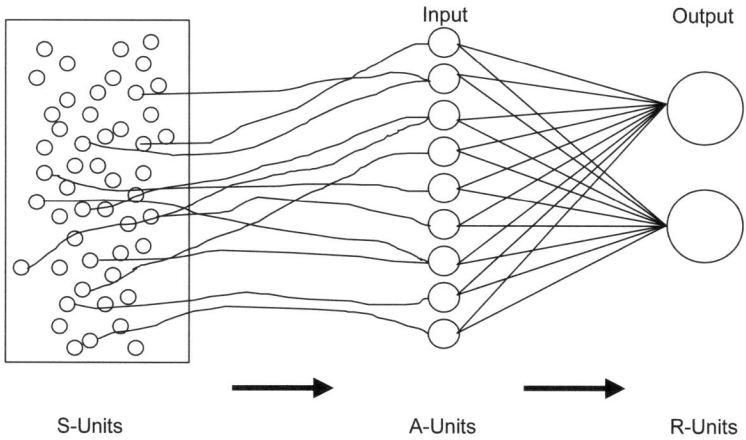

Abbildung 4.9: Das Perceptron-Modell

Um eine korrekte Musterassoziation zu erhalten, ist es notwendig, daß das Netz in geeigneter Weise trainiert wird. Dazu wird folgende Vorgangsweise gewählt. Ein beliebiges Eingangs-muster wird an das Perceptron angelegt und durch das Netz propagiert. Die Werte in den Ausgabeneuronen werden mit den entsprechenden Zielwerten verglichen. Die Information über die Abweichungen kann nun dazu benutzt werden, um die Gewichte sukzessive so zu verändern, daß bei nachfolgender Präsentation des Musters der Fehler geringer ist. Das Ver-fahren terminiert dann, wenn der Fehler für alle Ausgabeneuronen in den zu lernenden Mus-tern unter einen zulässigen Wert gesunken ist.

Die Abbildung 4.10 soll nochmals die grundsätzliche Vorgangsweise verdeutlichen:

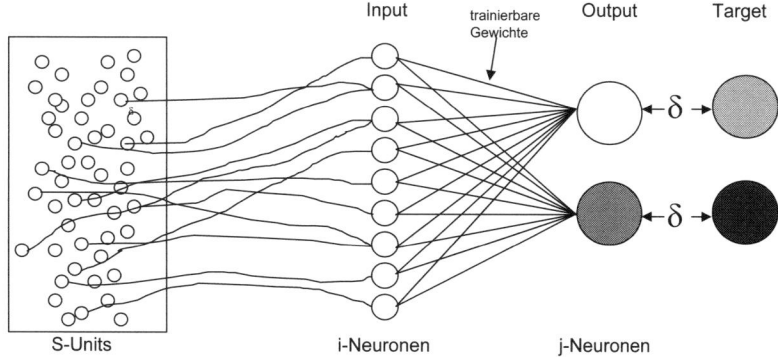

Abbildung 4.10: Lernen im Perceptron

Durch die Verwendung von Zielmustern (Targets) kann man das Lernen im Perceptron in die Klasse des überwachten Lernens einordnen. Als Lernalgorithmus wird die Perceptron-Lernregel verwendet:

$$\Delta w_{ij} = \varepsilon * o_{i,p} * (t_{j,p} - o_{j,p})$$

Der Parameter ε ist die Lernrate und gibt den Grad der Anpassung der Gewichte vor. Der Index i bezeichnet die Neuronen der Eingabeschicht (A-Schicht) und der Index j bezeichnet die Neuronen der Ausgabeschicht (R-Schicht). p steht für das jeweilige zu trainierende Muster. Der komplette Lernalgorithmus für das Perceptron nach der Festlegung der Netztopologie kann in Pseudocode folgendermaßen beschrieben werden:

1. Wähle für die Gewichte w_{ij} zwischen Ein- und Ausgabeschicht kleine zufällige Werte (z.B. im Intervall [0,1]).
2. Lege ein zu assoziierendes Eingabemuster p (zufällig ausgewählt) an die Eingabeschicht an.
3. Verändere die Gewichte mit der Perceptron-Lernregel.
4. Fahre fort mit Schritt [2], bis der Fehler für alle Muster p unter einen zulässigen Wert gesunken ist.

Gehen wir nun auf die Frage ein, für welche Probleme, oder besser welche Problemklassen ein linearer Musterassoziator wie das Perceptron genutzt werden kann. Zu diesem Zweck betrachten wir das sog. XOR-Problem („Parity"-Problem). Beim XOR-Problem (vgl. Tabelle 4.1) wird ein binäres Wertepaar (die aussagenlogischen Variablen x, y) auf einen ebenfalls binären Wert z abgebildet. Die Wertetabelle mit den vier Musterpaaren ist untenstehend angeführt:

Tabelle 4.1: Wertetabelle für das XOR-Problem

x	y	z
1	1	0
1	0	1
0	1	1
0	0	0

Starten wir zunächst einen Versuch, das XOR-Problem mit einem Perceptron zu lösen. Beim Perceptron werden alle Ausgaben in zwei Klassen („0", „1") unterteilt. Es muß also eine Gerade

$$S = net = w_1 x + w_2 y$$

existieren, die die sog. Schwellwertgerade, die die „0"-Ergebnisse von den „1"-Ergebnissen trennt. S ist dabei der Schwellwert.

Für die vier Wertepaare müssen daher die folgenden vier Ungleichungen erfüllt sein (vgl. Tabelle 4.1):

$(1)\ x + y < S$

$(2)\ x >= S$

$(3)\ y >= S$

$(4)\ 0 < S$

Die Summation der zwei Ungleichungen (2) und (3) führt zur Ungleichung

$(5)\ x + y >= 2S$

Kombiniert man die Ungleichungen (1) und (5), so erhält man

$S > x + y >= 2S$

Daraus kann man S >= 2S ableiten. Dies gilt allerdings lediglich für S < 0 und steht damit im Widerspruch zu Ungleichung (4). Wir sehen also, daß nicht alle vier Ungleichungen erfüllt sind. Es gibt also keine Gerade, die die „0"-Ergebnisse von den „1"-Ergebnissen beim XOR-Problem trennt. Damit ist das XOR-Problem aber nicht mit einem linearen Musterassoziator lösbar. Wir sehen also, daß es Probleme gibt, die mit einem Perceptron wie von F. Rosenblatt entwickelt, nicht lösbar sind. Diese Problematik wurde von M. Minsky und S. Papert erstmals in ihrem berühmten Buch „Perceptrons" [MIN69] aufgeworfen und führte zu einem großen Rückschlag in der Neuroinformatik-Forschung.

In der Abbildung 4.11 ist die Situation noch einmal graphisch veranschaulicht. Es gibt keine Gerade, die die „0"-Ausgaben von den „1"-Ausgaben trennt. Die Schwierigkeit für den linearen Musterassoziator liegt darin, daß der Monotoniesprung in der Abbildung (Nichtlinearität), wo das Wertepaar (1,1) auf den Wert 0 abgebildet wird, nicht umgesetzt werden kann. Derartige Probleme bezeichnet man als nicht linear trennbar. Mit dem Perceptron als linearen Musterassoziator kann man also nur Probleme lösen, die linear trennbar sind.

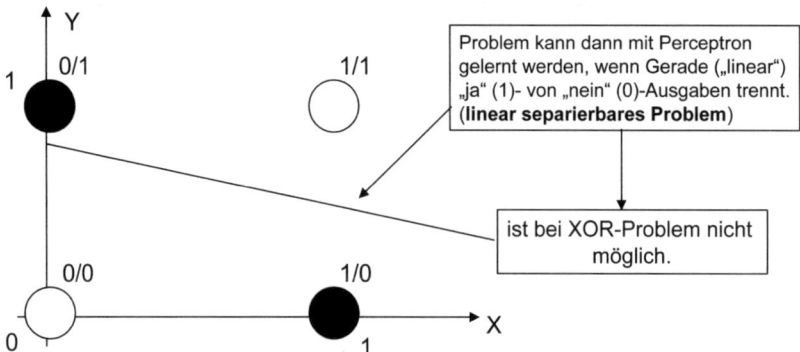

Abbildung 4.11: Perceptron und XOR-Problem

Verwendet man nun ein MLP (wo es versteckte Neuronen gibt) mit dem Backpropagation-Lernverfahren – das im folgenden Abschnitt einer genauen Betrachtung unterzogen wird –, so kann das XOR-Problem gelöst werden. Darüber hinaus kann gezeigt werden, daß MLPs mit Backpropagation-Lernverfahren derart mächtig sind, daß alle denkbaren Klassifikationsprobleme prinzipiell gelöst werden können.

4.2.2   MLPs mit Backpropagation-Lernverfahren

MLPs mit Backpropagation-Lernverfahren sind das Standardmodell im Bereich der KNN. Der Backpropagation-Lernalgorithmus ist in [RUM86] beschrieben, die Grundlagen dafür wurden jedoch schon durch Arbeiten von P. Werbos und anderen Wissenschaftlern in den siebziger Jahren gelegt. Häufig ist in der Literatur von Backpropagation-Modell oder Backpropagation-Netz die Rede. Dies ist nicht korrekt, da Backpropagation ein Lernverfahren (Gradientenverfahren), nicht aber ein Netztyp ist. Prinzipiell kann als Lernalgorithmus für MLPs statt dem Gradientenverfahren jedes andere Optimierungsverfahren eingesetzt werden [HER91], S. 124ff. Backpropagation ist in [PAT96a], S. 162ff., [KRU91], S. 103ff. und [HER91], S. 115ff. ausführlich beschrieben.

Die Ausführungen über MLPs mit Backpropagation-Lernverfahren sind folgendermaßen gegliedert: Zuerst wird die Topologie von Multilayer-Netzen vorgestellt, anschließend wird das Backpropagation-Lernverfahren erläutert. Es folgt eine Vorstellung einer Verbesserung des Standardverfahrens. Den Abschluß dieses Kapitels bildet ein Überblick über wichtige Anwendungsgebiete.

Netztopologie

In Abbildung 4.12 ist ein einfaches MLP dargestellt. Jedes MLP besteht aus einer Ein- und Ausgabeschicht und mindestens einer sog. hidden-Schicht. Zwischen den Schichten existieren Vollverbindungen, d.h. jedes Neuron der Schicht x ist mit jedem Neuron der Schicht x+1 verbunden. Innerhalb einer Schicht sind jedoch keine Verbindungen erlaubt.

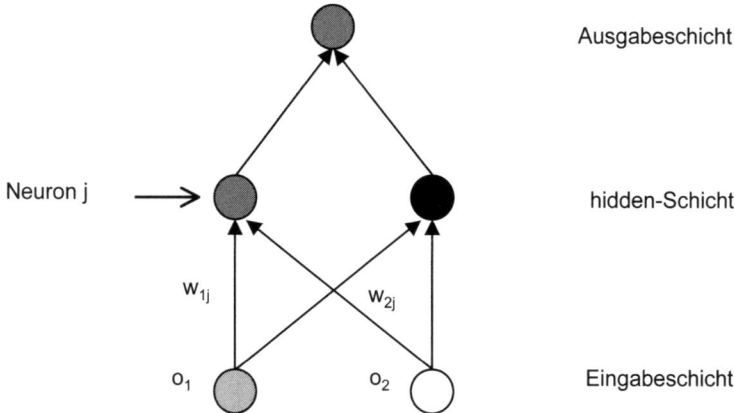

Abbildung 4.12: Einfaches MLP

Im folgenden werden nun die einzelnen Schichten näher erläutert:

- Eingabeschicht: Sie dient zur Aufnahme der Eingabewerte.
- hidden-Schicht: Diese Schicht ist neu im Vergleich zum Perceptron (Abschnitt 4.2.1). In dieser Schicht erfolgt eine interne Repräsentation der Eingaben. Auf diese interne Repräsentation hat jedoch der Anwender keinen Einfluß; sie wird vom Netz selbständig durchgeführt. Zur Lösung des XOR-Problems ist zumindest ein sog. verstecktes Neuron erforderlich. Für die Festlegung der Größe des hidden-Layers gibt es keine exakten Algorithmen, sondern lediglich Faustregeln. Grundsätzlich gilt, daß je komplexer ein Problem ist, eine größere Anzahl von versteckten Neuronen – eventuell aufgeteilt auf mehrere Layer – sinnvoll ist, um das Problem innerhalb einer bestimmten Zeit zu lösen.
- Ausgabeschicht: Hier können die Ergebnisse abgelesen werden.

Das Backpropagation-Lernverfahren

Genauso wie beim Perceptron-Netz möchte man auch hier Verbindungsgewichte w_{ij} bestimmten, so daß eine Menge von Eingabemustern möglichst fehlerfrei auf die entsprechenden Zielmuster abgebildet wird (Musterassoziation). Für jedes Muster muß also ein Zielmuster (Target) existieren, Backpropagation-Lernen gehört daher zum überwachten Lernen.

Das Backpropagation-Lernverfahren gibt nun vor, wie für jedes Muster die Verbindungsgewichte modifiziert werden müssen, damit der Fehler möglichst klein wird. Backpropagation zerfällt in zwei Phasen (vgl. Abbildung 4.13):

- Vorwärtspropagierung eines Musters
- Backpropagierung des auftretenden Fehlers

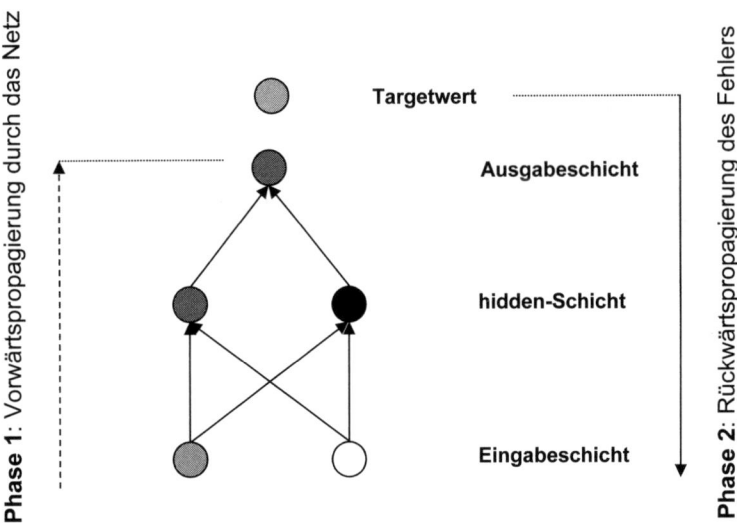

Abbildung 4.13: Phasen beim Backpropagation-Lernverfahren

Betrachten wir zunächst die Phase Vorwärtspropagierung zur Errechnung von Ausgaben für bestimmte Eingabewerte. Dabei werden für die Knoten der hidden-Schicht(en) in synchroner Verarbeitungsreihenfolge zunächst die Nettoinputs und anschließend die Aktivierungen und Ausgaben ermittelt. Das gleiche geschieht dann nochmals für die Ausgabeschicht. Als Aktivierungsfunktion wird üblicherweise die uns schon bekannte sigmoide Funktion und als Ausgabefunktion die Identitätsfunktion verwendet.

Sind die Ausgaben für die Muster einmal berechnet, so kann der Fehler ermittelt werden. Dieser wird zu Trainingsbeginn recht hoch sein, da die Verbindungsgewichte anfänglich mit zufälligen, kleinen Werten initialisiert werden. Um zu verhindern, daß sich positive und negative Fehler auslöschen, wird der Fehler E über alle Muster und für alle Ausgabeneuronen folgendermaßen angeschrieben:

$$E = \sum_{p} \sum_{j} (t_j^p - o_j^p)^2$$

Dabei ist p der Index für ein Muster, j für ein Ausgabeneuron, t_j ist der Zielwert und o_j die tatsächliche Ausgabe für Neuron j. Diesen Fehler gilt es nun im Laufe des Trainings möglichst gegen Null gehen zu lassen. Ideal wäre nun eine Lernstrategie, wo die Gewichte derart eingerichtet werden, daß der Fehler über alle Muster simultan reduziert wird. Dies ist aber nicht möglich, weil die einzelnen Muster ja in sequentieller Reihenfolge dem Netz präsentiert werden.

Daher liegt es nahe [KRU91], S. 104, zuerst für jedes einzelne zu lernende Muster p Verbindungsgewichte zu bestimmen, die den Lernfehler des Musters E_p reduzieren. Beim Backpropagation-Lernverfahren werden nun über das sog. Gradientenabstiegsverfahren Werte für die Verbindungsgewichte w_{ij} gefunden, die den Lernfehler eines Musters reduzieren. Mit dieser Strategie hofft man in die Nähe des globalen Fehlerminimums zu kommen. Abweichungen vom globalen Fehlerminimum durch die lokale Betrachtung jedes einzelnen Musters sind üblicherweise nicht dramatisch, die Performance von MLPs mit Backpropagation-Lernverfahren ist im allgemeinen sehr gut (vgl. [ZEL97], S. 112).

Betrachten wir das Gradientenverfahren etwas genauer (vgl. Abbildung 4.14).

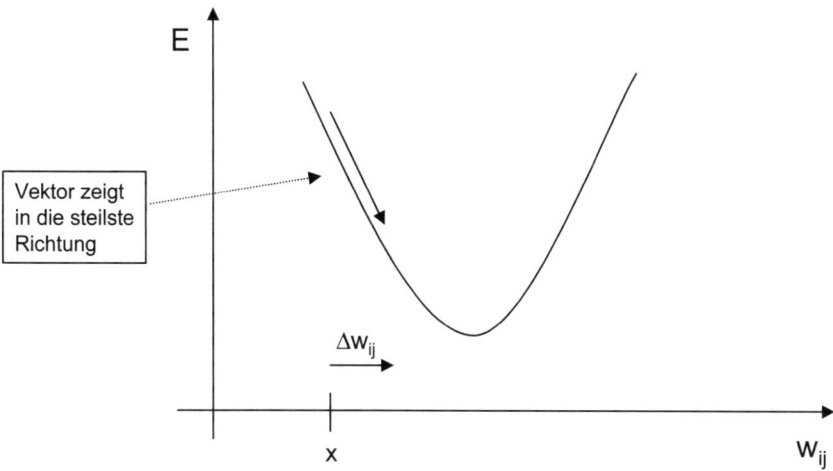

Abbildung 4.14: Prinzip des Gradientenverfahrens

Der Betrag der Gewichtsänderung Δw_{ij} in Richtung eines minimalen Gesamtfehlers E_p ist beim Backpropagation-Lernverfahren gegeben durch

$$\Delta w_{ij} = -\varepsilon * \frac{\partial E}{\partial w_{ij}}$$

- Der zweite Term, also die Ableitung des Fehlers E nach dem Gewicht w_{ij}, ist der Fehlergradient (= Steigung der Fehlerkurve). Dem Gradientenverfahren liegt die Idee zugrunde, die Veränderung der Verbindungsgewichte proportional zur Steigung der Fehlerfunktion zu gestalten. Um jetzt die Veränderung eines Verbindungsgewichtes in Richtung eines minimalen Gesamtfehlers E_p zu erreichen, muß die Steigung der Fehlerfunktion negiert werden. Dies ist aus dem negativen Vorzeichen in obiger Gleichung zu ersehen. Ein einzelnes Verbindungsgewicht w_{ij} wird daher bei einer positiven Steigung der Fehlerfunktion reduziert und bei einer negativen erhöht [KRU91], S. 104. Dies ist auch aus Abbildung 4.14 ersichtlich.

- Mit ε wird die Lernschrittweite spezifiziert, die üblicherweise im Intervall [0,1] gewählt wird. Für manche Lernaufgaben werden auch größere Lernschrittweiten verwendet. Während der Gradientenvektor die Richtung der Gewichtsveränderung vorgibt, definiert die Lernschrittweite, wie weit „abgestiegen" werden soll.

Nach Durchführung einiger Umformungen (vgl. dazu [KRU91], S. 245) erhalten wir für die Gewichtsveränderung Δw_{ij}

$$\Delta w_{ij} = \varepsilon * o_i * (t_j - o_j) * F'(net_j) =$$

$$\Delta w_{ij} = \varepsilon * o_i * \delta_j \; mit$$

$$\delta_j = (t_j - o_j) * F'(net_j)$$

Diese Lernregel ist der Perceptron- oder Delta-Lernregel, wie wir sie in Abschnitt 4.2.1 bei der Diskussion des Perceptrons kennengelernt haben, nicht unähnlich. Die „einfache" Delta-Regel kann aus zwei Gründen für das Backpropagation-Lernen nicht eingesetzt werden:

- Es gibt jetzt versteckte Neuronen, für die die einfache Delta-Regel kein Fehlersignal definiert.
- Mit der sigmoiden Funktion wird ja eine nichtlineare Aktivierungsfunktion eingesetzt (vgl. Ableitungsterm $F'(net_j)$).

Wir formen obige Lernregel noch etwas um und bekommen

$$\Delta w_{ij} = \varepsilon * o_i * (t_j - o_j) * F'(net_j) =$$

$$\Delta w_{ij} = \varepsilon * o_i * (t_j - o_j) * a_j * (1 - a_j)$$

Weil wir ja die Identitätsfunktion als Ausgabefunktion einsetzen, können wir weiter schreiben [KRU91], S. 106

$$\Delta w_{ij} = \varepsilon * o_i * (t_j - o_j) * o_j * (1 - o_j)$$

Diese verallgemeinerte Form der Delta-Regel (Formel 1) können wir für die Ausgabeknoten, d.h. zur Berechnung der neuen Gewichte zwischen hidden- und Ausgabeschicht gemäß Backpropagation-Lernverfahren einsetzen. Der Index i bezieht sich dabei auf Neuronen der hidden-Schicht und der Index j auf Neuronen der Ausgabeschicht.

Für die hidden-Schicht können wir diese Form der verallgemeinerten Delta-Regel hingegen nicht verwenden, weil für die versteckten Neuronen kein korrekter Zielwert t_j definiert ist. Um das Fehlersignal eines hidden-Neurons berechnen zu können, muß der Lernfehler für

Ausgabeneuronen durch einen äquivalenten Faktor ersetzt werden. Durch Anwendung der Kettenregel (zur Ableitung siehe [KRU91], S. 247f.) kann der Lernfehler eines hidden-Neurons rekursiv aus dem Produkt des Fehlersignals übergeordneter Neuronen und den entsprechenden Verbindungsgewichten bestimmt werden. Für alle Neuronen der hidden-Schicht(en) ergibt sich daher als Fehlersignal [KRU91], S. 106:

$$\delta_j = (\sum_k w_{jk} * \delta_k) * F'(net_j)$$

Damit können wir die zweite Variante (Formel 2) für die verallgemeinerte Delta-Regel anschreiben:

$$\Delta w_{ij} = \varepsilon * o_i * (\sum_k w_{jk} * \delta_k) * F'(net_j)$$

Der Index i bezieht sich dabei auf Neuronen der Eingabeschicht, der Index j auf Neuronen der hidden-Schicht und der Index k auf Neuronen der Ausgabeschicht. Durch Einsatz dieser Formel können wir die Verbindungsgewichte w_{ij} zwischen Eingabe- und hidden-Schicht modifizieren.

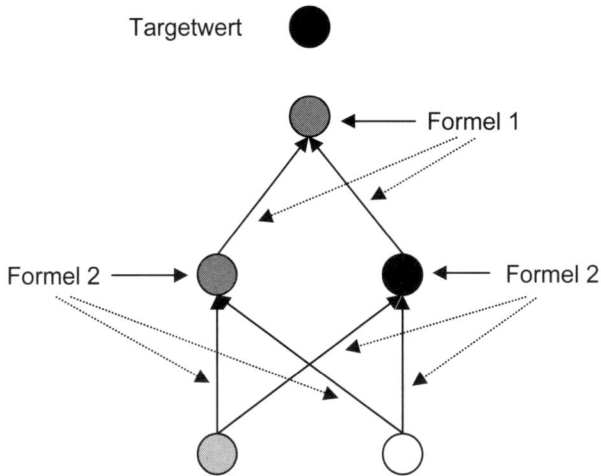

Abbildung 4.15: Gewichtsveränderungen bei Backpropagation

Der Ablauf bei den Gewichtsveränderungen bei Backpropagation (Formeln 1, 2) ist nochmals in Abbildung 4.15 zusammengefaßt.

Damit ist die zweite Phase, also die Rückwärtspropagierung des Fehlers von der Ausgabe- zur Eingabeschicht für das betrachtete Muster abgeschlossen. In der Folge wird das Backpropagation-Lernverfahren mit den beiden Phasen Vorwärtspropagierung der Eingabe und Rückwärtspropagierung des Fehlers für alle Ein- und Ausgabemuster durchgeführt. Dabei genügt es nicht, jedes Muster nur einmal zu trainieren, über die Anzahl der Zyklen (Epochen) wird festgelegt, wie oft jedes Muster dem Netz präsentiert wird. Als Abbruchkriterium für Backpropagation dient entweder eine bestimmte Anzahl von Zyklen, die durchlaufen werden oder ein zu Trainingsbeginn festgelegter erlaubter Fehler E.

Die Anpassung der Verbindungsgewichte kann dabei nach jedem einzelnen gelernten Muster (musterweises Lernen), als auch nach einem Durchlauf aller zu lernenden Muster (epochenweises Lernen) erfolgen. Beim epochenweisen Lernen werden die Veränderungen der einzelnen Verbindungsgewichte nach jedem gelernten Muster aufsummiert und erst nach dem letzten zu lernenden Muster werden die Gewichte angepaßt.

Nach Abschluß des Trainings kann das Netz nicht nur die gelernten Muster reproduzieren (Memorization), sondern auch für neue, unbekannte Muster, die mit den gelernten Mustern eine gewisse Ähnlichkeit aufweisen, sinnvolle Ausgaben produzieren (Generalization). Auf diese herausragende Eigenschaft von KNN wird noch in Abschnitt 4.4.1 eingegangen.

Verbesserung von Standard-Backpropagation

Für den oben beschriebenen Backpropagation-Lernalgorithmus wurden zahlreiche Erweiterungen und Modifikationen entwickelt. Backpropagation besitzt zwei grundsätzliche Nachteile [HER91], S. 120f.:

- Steckenbleiben in lokalen Minima
- langsame Konvergenz

In [ZEL97], S. 112f. werden vier bekannte Probleme von Backpropagation erläutert und graphisch dargestellt (vgl. Abbildung 4.16).

In Abbildung 4.16 links oben konvergiert das Netz gegen ein lokales Minimum. Wie oben schon erwähnt, ist für Backpropagation keine Konvergenz in einem globalen Optimum garantiert, wie dies beim Perceptron der Fall war (Perceptron-Konvergenz-Theorem), vgl. [PAT96a], S. 46. Der Prozeß findet dort ein lokales Minimum, wo er steckenbleibt. Das Grundproblem von KNN besteht darin, daß mit wachsender Größe des Netzes (Anzahl der Verbindungen) die Fehlerfläche immer zerklüfteter wird und daher die Wahrscheinlichkeit zunimmt, in einem lokalen Minimum steckenzubleiben. Wie ebenfalls schon oben erwähnt, leidet aber die Performance des Netzes im allgemeinen nicht darunter.

In Abbildung 4.16 rechts oben kommt Backpropagation fast zum Stillstand, da ein flaches Plateau erreicht ist, d.h. das Lernverfahren führt sehr kleine Gewichtsänderungen durch und braucht daher sehr viele Iterationsschritte. Ist das Plateau vollständig eben, so kommt das Lernverfahren überhaupt zum Stillstand. Ungünstig an einer solchen Situation ist, daß man normalerweise nicht erkennen kann, ob man sich dann in einem flachem Plateau, einem lokalen oder globalen Minimum befindet. Zur Behebung einer derartigen Situation gibt es mit dem flat spot elimination value und dem Momentum-Term zwei Lösungsmöglichkeiten. Der flat spot elimination value ist ein sehr kleiner Wert, der zur Ableitung der Aktivierungsfunktion hinzugezählt wird und so ein künstliches Rauschen erzeugt. Dadurch wird es möglich, das flache Plateau schneller zu überwinden. Die Verwendung des Momentum-Terms wird weiter unten erläutert.

Die Situationen in der Abbildung 4.16 links und rechts unten sind zwar selten, können aber dennoch auftreten. In der Abbildung 4.16 links unten kommt es zu Oszillationen in einer steilen Schlucht. Dies tritt dann auf, wenn der Fehlergradient am Rande einer Schlucht so groß ist, daß man durch die Gewichtsänderung auf die gegenüberliegende Seite der Schlucht springt. Ist die Schlucht dort genauso steil, so springt man – da der Gradient jetzt in die andere Richtung zeigt – wieder zurück auf die erste Seite. Durch den Einsatz des Momentum-Verfahrens können Oszillationen entweder gedämpft oder gar eliminiert werden.

Eine weitere unglückliche Situation ist in Abbildung 4.16 rechts unten dargestellt. Ist das Tal der Fehlerfläche sehr eng, so kann es passieren, daß der Betrag des Gradienten so groß ist, daß man durch die Gewichtsänderung aus dem guten Minimum herausspringt und sich einer weniger guten Lösung zubewegt. Dies passiert aber glücklicherweise sehr selten.

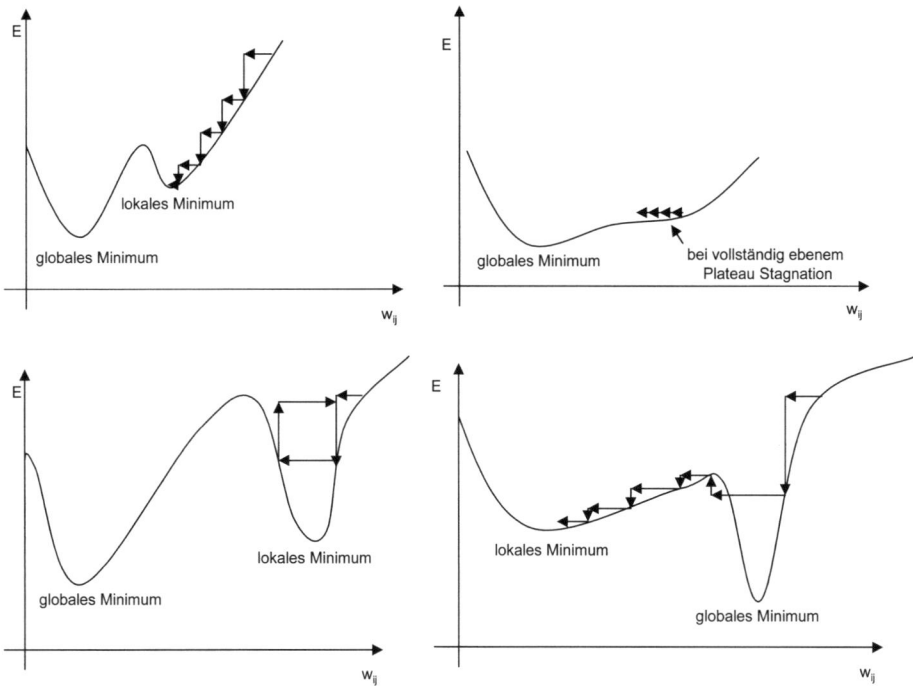

Abbildung 4.16: Probleme beim Backpropagation-Lernalgorithmus

Von der Vielzahl existierender Verbesserungsmöglichkeiten von Standard-Backpropagation [HER91], S. 120ff. wird im folgenden – wie schon angesprochen – der Momentum-Term [KRU91], S. 107f., [HER91], S. 123) diskutiert.

Es wurde bei der Vorstellung des Standard-Backpropagation-Lernalgorithmus erwähnt, daß mit der Lernschrittweite ε bestimmt wird, wie weit „abgestiegen" wird. Wird ε klein gewählt, so wird sehr langsam „hinuntergestiegen" und der Fehlerwert wird daher auch langsam sinken. Daher ist es adäquat, für ε einen großen Wert zu wählen. Bei einer Lernrate von 1 kann es jedoch passieren, daß der Fehlerwert über das Minimum der Fehlerfunktion hinausläuft und beim nächsten Zyklus eine Gewichtsveränderung in die genau entgegengesetzte Richtung nötig wird. Tritt dieser Effekt öfters auf, so kommt es zu unerwünschten Oszillationen um das Minimum der Fehlerfunktion.

Eine Möglichkeit, diesen Oszillationen zu begegnen, besteht darin, statt dem Gradientenverfahren ein anderes Minimierungsverfahren (z.B. Newton-Verfahren, line-search-Methoden) auszuwählen [HER91], S. 123. Da diese Verfahren aber zum Teil mathematisch sehr anspruchsvoll sind, haben sie sich in der konkreten Implementation nicht durchgesetzt.

Eine viel einfachere und häufig benutzte Methode zur Vermeidung von Oszillationen ist die Verwendung des Momentum-Terms. Dabei wird die alte Gewichtsveränderung in die aktuelle Gewichtsveränderung mit einbezogen. Wie stark diese „Erinnerung" ist, wird über die Momentum-Konstante α geregelt. Mathematisch kann dies folgendermaßen formuliert werden [KRU91], S. 108:

$$\Delta w_{ij}(t+1) = \varepsilon * \delta_j * o_i + \alpha * \Delta w_{ij}(t)$$

Der Effekt des Momentum-Terms besteht darin, daß die Gewichte w_{ij} sich in Richtung der „average downhill force" [HER91], S. 123 bewegen, statt wild zu oszillieren. Die effektive Lernrate kann dabei mit dem Momentum-Term vergrößert werden. Üblicherweise wird für den Momentum-Term der Wert 0,9 gewählt.

Überblick über Anwendungsgebiete

MLPs mit Backpropagation-Lernverfahren stellen mit Abstand das beliebteste Netzwerkmodell dar. Dafür lassen sich folgende Gründe angeben:

- Es ist einfach zu implementieren.
- Mit diesem Modell können beliebige Abbildungen gelernt werden (universeller Funktionsapproximator).
- Das Modell ist in jedem Softwaresimulator implementiert.

Voraussetzung für eine erfolgreiche Problemlösung mit diesem Modell sind allerdings eine geeignete Trainingsmenge und das Vorhandensein von Targetdaten. MLPs mit Backpropagation können für alle Anwendungskategorien eingesetzt werden, wie sie in Abschnitt 4.4.2 beschrieben sind. Wichtige Anwendungsbereiche sind nach [PAT96a], S. 234ff. (für jeden Bereich werden einige aktuelle Beispiele angegeben):

- Klassifizierung und Diagnose
  - Diagnose von elektronischen oder mechanischen Systemen
  - Qualitätsprüfung

- Steuerung und Optimierung
  - Steuerung führerloser Fahrzeuge
  - intelligenter Controller für die Stahlproduktion
  - Netzwerk-Controller für Konsumprodukte (Klimaanlagen, elektrische Ventilatoren, Mikrowellenöfen, Kühlschränke usw.). Neuronale Netze werden hier entweder unabhängig oder in Kombination mit Fuzzy-Technologie eingesetzt.
- Vorhersage
  - Vorhersage des Absatzes von Konsumprodukten
  - Vorhersage finanztechnischer Zeitfolgen
  - Vorhersage einzelner Aktiengewinne
  - Vorhersage chaotischer Zeitfolgen
  - Vorhersage der Ergebnisse von Sportereignissen
  - Sensordatenfusion (vgl. Abschnitt 4.4.2) und Fehlervorhersage
  - Vorhersage der Kreditwürdigkeit
- Mustererkennung
  - Erkennung handschriftlicher Zeichen
  - Erkennung epileptischer Anfälle
  - automatische Erkennung von Menschen

4.2.3 Die Kohonen Feature Map (KFM)

In der Neuroinformatik wird Informationsverarbeitung basierend auf den Verarbeitungsprinzipien des Gehirns durchgeführt. In den vorigen zwei Abschnitten bei der Diskussion von Feedforward-Modellen war dies aber nicht evident. Der Grund liegt darin, daß diese Modelle einen mathematischen und keinen biologischen Hintergrund haben. In diesem Abschnitt wird mit der KFM ein neuronales Modell vorgestellt, das eng an biologische Verarbeitungsprinzipien angelehnt ist. Entwickelt wurde dieses KNN vom finnischen Neuroinformatiker Teuvo Kohonen Anfang der achziger Jahre. Eine ausführliche Darstellung der Kohonen Feature Map findet sich in [KOH89] und [KOH97]. Kurzgefaßte Darstellungen findet man in [KRU91], S. 127ff., [HER91], S. 232ff. und [PAT96a], S. 411ff. Die nun folgende Beschreibung der KFM ist an die Darstellung in [KRU91], S. 127ff. angelehnt.

Hintergrund: Organisationsprinzipien im Gehirn

Bei der Diskussion der beiden Feedforward-Netze haben wir gesehen, daß die Bedeutung eines einzelnen Neurons durch die Lage in einer bestimmten Schicht determiniert wurde. Ein Eingangsneuron hatte z.B. eine ganz andere Funktion als ein hidden- oder Ausgangsneuron. Allerdings haben wir auch gesehen, daß es völlig egal war, ob ein Inputneuron links oder ganz rechts im Inputlayer positioniert wurde, mit anderen Worten, die räumliche Positionierung eines Neurons war ohne Bedeutung.

In diesem Abschnitt werden wir mit der KFM ein neuronales Modell kennenlernen, wo die räumliche Position eines Neurons von zentraler Bedeutung ist. Ausgangspunkt unserer Überlegungen ist die Verschaltung der Neuronen im Gehirn. Dabei konnte beobachtet werden, daß sich die Großhirnrinde des Menschen aufgrund der Dichte, Anordnung und Form der Neuronen in verschiedene Felder einteilen läßt. Diese sog. Rindenfelder im Neocortex des Gehirns nehmen dabei bestimmte Funktionen (z.B. Sehen, Hören usw.) wahr. Dies konnte primär durch Erfahrungen aus der Medizin (Läsionen) herausgefunden werden.

Da im Gehirn ein und die gleiche Information mehrmals gespeichert ist, sind Verknüpfungen zwischen den Rindenfeldern vonnöten. Diese Verknüpfungen werden über Bündel von Neuronen realisiert. Dabei konnte beobachtet werden, daß benachbart liegende Neuronen des einen Feldes nahezu immer mit benachbart liegenden Neuronen des anderen Rindenfeldes verbunden sind.

Das gleiche Verschaltungsprinzip läßt sich nicht nur zwischen Rindenfeldern, sondern auch z.B. zwischen Nervenzellen eines Sinnesrezeptors, etwa den Tastsensoren unserer Haut und den entsprechenden Rindenfeldern im Gehirn beobachten. Bildet man die Sinnesoberfläche auf die verschiedenen Rindenfelder der Großhirnrinde ab, so erhält man auf der Großhirnrinde praktisch eine Landkarte der sensorischen Bezirke.

Durch diese Art der Verschaltung, daß benachbart liegende Neuronen im Ausgangsfeld (z.B. rezeptives Feld oder Rindenfeld) mit benachbart liegenden Neuronen im Zielfeld (Rindenfeld) verbunden sind, wird eine topographische Ordnung begründet. Man kann auch sagen, daß durch dieses Verschaltungsprinzip eine optimale Umsetzung von Signalähnlichkeit der Eingangsreize in Lagenachbarschaft erregter Neuronen auf dem Rindenfeld durchgeführt wird. Warum ist dieses Verschaltungsprinzip biologisch sinnvoll? Wenn Neuronen mit ähnlichen Aufgaben (z.B. Motorik) die notwendige Kommunikation untereinander über möglichst kurze Verbindungswege durchführen, werden diese Aufgaben schneller gelöst werden. Durch die Propagierung der Information über möglichst kurze Verbindungswege wird quasi das Optimierungsproblem „möglichst schnelle Kommunikation zwischen Neuronen" gelöst. Wir werden später sehen, daß die KFM daher auch zur Lösung von Optimierungsproblemen in der Praxis eingesetzt werden kann.

Topologie und Knotendynamik der KFM

Es wurde erwähnt, daß vom Gehirn zu verarbeitende ähnliche Signale – gleich welcher Art diese sein mögen – zur Aktivierung benachbart liegender Neuronen in einem Rindenfeld führen. Dieses biologisch begründete Verschaltungsprinzip bildet die Basis der von T. Kohonen entwickelten KFM. Zunächst betrachten wir die Topologie (vgl. Abbildung 4.17, nach [KRU91], S. 131).

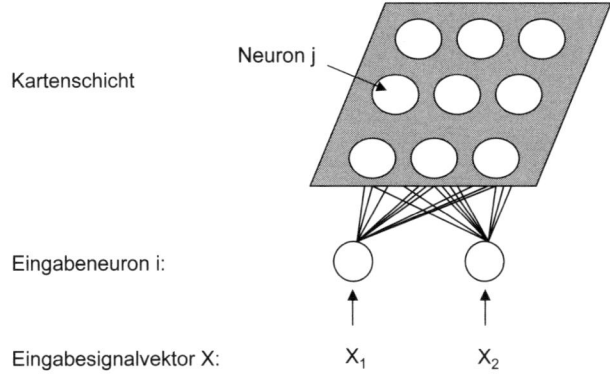

Abbildung 4.17: Topologie der KFM

Die KFM ist im Prinzip aufgebaut wie ein zweischichtiger Musterassoziator. An die Einga-beschicht werden die Eingabesignalvektoren angelegt. Diese können beliebige Dimension aufweisen. Von der Eingabeschicht wird die Aktivation hin ausgebreitet zur Ausgabeschicht, die man auch als Kartenschicht bezeichnet. In der Kartenschicht findet die eigentliche Verar-beitung statt. Diese Kartenschicht ist aus Gründen der Visualisierung in der Regel zwei- (vgl. Abbildung 4.17) oder dreidimensional. Die Analogie zwischen der KFM und biologischen Verschaltungsprinzipien kann wie folgt hergestellt werden: Den Reizen entsprechen die Eingabesignalvektoren und dem Rindenfeld entspricht die Kartenschicht. Was wir noch nicht betrachtet haben, ist die Verbindungsstruktur zwischen den Neuronen. Wie aus der Abbil-dung 4.17 ersichtlich, ist jede Komponente x_i des Eingabesignalvektors mit jedem Neuron auf der Kartenschicht verbunden. Die Neuronen der Kartenschicht sind untereinander eben-falls vollständig verbunden. Dies ist aus Gründen der Übersichtlichkeit in Abbildung 4.17 nicht dargestellt.

Betrachten wir als nächstes die Knotendynamik, also die Funktionsweise der Kartenneuro-nen. Das in der Abbildung 4.17 markierte Kartenneuron j erhält folgenden Nettoinput, der sich aus drei Termen zusammensetzt:

$$net_j = \sum_i w_{ij} * o_i + \sum_k w_{kj} * o_k + \theta_j$$

- Im ersten Term wird jener Input für das Neuron j betrachtet, der sich aus dem Anlegen eines externen Signals (Eingabesignalvektor x) ergibt. Der Ausgabewert des i-ten Neu-rons (o_i) der Eingabeschicht entspricht der i-ten Komponente x_i des Eingabesignalvektors. Diese Werte o_i werden mit den entsprechenden Verbindungsgewichten w_{ij} zum Neuron j multipliziert und anschließend die Summe über diese Multiplikationen berechnet.
- Der zweite Term berücksichtigt jenen Input für das Kartenneuron j, der sich aus den Verknüpfungen auf der Kartenschicht ergibt. Alle Kartenneuronen sind ja untereinander vollständig vermascht. Mit w_{kj} wird das Verbindungsgewicht zwischen den Kartenneuro-nen j und k bezeichnet und mit o_k der Output eines Kartenneurons.

- Der dritte Term ist der Bias θ_j, der als externes Verbindungsgewicht mit dem konstanten Wert 1 zum Kartenneuron j interpretiert werden kann. Damit kann erzwungen werden, daß das Kartenneuron j feuert.

Der nächste Schritt ist die Berechnung der Aktivierung des Kartenneurons j. Dies geschieht unter Zuhilfenahme der Aktivierungsfunktion F, die schon vom Backpropagation-Lernverfahren her bekannt ist:

$$a_j = F(net_j) = 1/(1 + exp(-net_j))$$

Für die Berechnung des Outputs o_j des Kartenneurons j verwenden wir – ebenfalls wie bei Backpropagation – die Identitätsfunktion f:

$$o_j = f(a_j) = a_j$$

Der Lernalgorithmus

Ein vom Gehirn zu verarbeitender Reiz führt zu einer räumlichen Begrenzung der Aktivierung von Neuronen auf der Großhirnrinde. Wie kommt es aber zu dieser räumlichen Begrenzung? Der Grund liegt in einem allgemeinen Arbeitsprinzip des Nervensystems, das darin besteht, daß aktivierte Nervenzellen ihre Wirksamkeit dadurch erhöhen, indem sie andere Gruppen in ihrer Umgebung in ihrer Wirksamkeit hemmen (Prinzip der lateralen oder Umfeldhemmung). Da aber andere Gruppen von Nervenzellen diesem Prinzip ebenso unterworfen sind, kommt es zu einem ständigen Wettbewerb um die Vorherrschaft. Physiologische Untersuchungen haben eine Verlaufskurve der Umfeldhemmung nahegelegt, wie sie in Abbildung 4.18 (nach [KRU91], S. 133) zu sehen ist. In der Mitte der Verlaufskurve ist das Erregungszentrum z. Dort ist das am stärksten aktivierte Neuron lokalisiert. Mit zunehmendem Abstand vom Erregungszentrum sinkt die Erregung bis sie Null wird und schließlich in Hemmung umschlägt. Die Verlaufskurve der Umfeldhemmung wird wegen ihrer Form „Mexican-Hat-Funktion" genannt. Um Lernen in der KFM möglich zu machen, muß das Prinzip der Umfeldhemmung berücksichtigt werden. T. Kohonen orientierte sich dabei am biologischen Vorbild und ließ die synaptischen Verbindungsgewichte w_{kj} der auf sich selbst rückgekoppelten Kartenschicht vom Erregungszentrum weg langsam gegen Null gehen.

Das Ziel des Abbildungsprozesses mit der KFM besteht ja darin, daß jedem Eingabesignalvektor genau ein Neuron zugeordnet ist, das am stärksten aktiviert ist. Dann ist die Abbildung der Eingabesignalvektoren auf die Neuronen der Kartenschicht topologisch korrekt durchgeführt. Voraussetzung dafür allerdings ist, daß das Erregungszentrum bestimmt wird. Dies ist aber keine triviale Aufgabe, da ja Rückkopplungseffekte auf der Kartenschicht vorliegen. Kohonen vereinfachte das Auffinden des Erregungszentrums derart, daß er eben diese Rückkopplungseffekte vernachlässigte. Als Erregungszentrum z wird jenes Kartenneuron bestimmt, dessen Gewichtsvektor w_j dem Eingabesignalvektor x am ähnlichsten ist. Der Ähnlichkeitsvergleich erfolgt dabei über die Berechnung der euklidischen Distanz zwischen den beiden Vektoren Eingabesignalvektor und Gewichtsvektor.

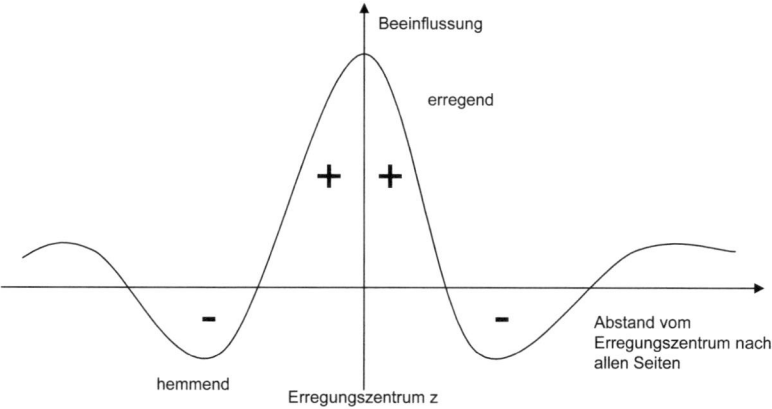

Abbildung 4.18: Verlaufskurve der Umfeldhemmung

Jener Gewichtsvektor w_z ist dem Eingabesignalvektor x am ähnlichsten, wenn er folgende Bedingung erfüllt:

$\|x - w_z\| = min \|x - w_j\| \; \forall j$

Die euklidische Distanz zweier Vektoren ist ja bekanntlich definiert durch:

$$\| x - w_j \| = \sqrt{\sum_i (x_i - w_{ij})^2}$$
$$x = (x_1,...,x_n)$$
$$w_j = (w_{1j},...,w_{nj})$$

Wir können damit den Lernalgorithmus für die KFM formulieren:
- Initialisierung: Starte mit geeigneten Anfangswerten für die Synapsenstärken w_{ij}. In Abwesenheit von a-priori-Information können die w_{ij} auch zufällig bestimmt werden.
- Stimuluswahl: Wähle entsprechend der Wahrscheinlichkeitsdichte P(x) (häufig Gleichverteilung) einen zufälligen Vektor x, der ein „sensorisches" Signal repräsentiert.
- Response: Bestimme das entsprechende Erregungszentrum z aus der Bedingung

$\|x - w_z\| = min \|x - w_j\| \; \forall j$

- Adaptionsschritt: Führe einen Lernschritt durch Veränderung der Synapsenstärken gemäß

$$w_j^{neu} = w_j^{alt} + \varepsilon * h_{jz} * (x - w_j^{alt}) \; für \; j \in \sigma_z$$

$$w_j^{neu} = w_j^{alt} \; für \; j \notin \sigma_z$$

wobei $0<=\varepsilon<=1$ gilt. $h_{jz}>0$ ist eine vom Abstand j-z abhängige, unimodale Funktion mit Maximum bei j=z, die für große Abstände gegen Null strebt. Für h_{jz} kann etwa die Gaußverteilung

$$h_{jz} = \exp(-(j-z)^2 / 2 * \sigma_z^2)$$

gewählt werden.

- Fahre fort mit Schritt Stimuluswahl.

Die Schritte des Lernalgorithmus werden nun im einzelnen besprochen. Der Kohonen-Lernalgorithmus ist ein iterativer Algorithmus, wo versucht wird, zufällige Eingangssignale topologisch korrekt auf eine Kartenschicht abzubilden. Die Abbildung ist genau dann korrekt, wenn jedem Eingangssignal ein eigenes Kartenneuron entspricht.

In der Initialisierungsphase werden die Gewichte w_{ij} üblicherweise mit zufälligen Werten belegt. Der nächste Schritt besteht in der Auswahl eines geeigneten Stimulus. Dieser wird zufällig nach einer Gleichverteilung P(x) ausgewählt. Man beachte, daß der Abbildungsprozeß auf der Karte damit jedesmal anders verlaufen kann. Die Qualität der Abbildung leidet im allgemeinen nicht darunter. In der Responsephase wird das Erregungszentrum bestimmt, also jenes Kartenneuron gesucht, das dem Eingangssignalvektor „am nächsten" liegt. Im Adaptionsschritt wird das am stärksten erregte Neuron samt einiger Neuronen aus der Umgebung in Richtung zum Eingangssignal „hinbewegt". Dies ist aus der Kohonen-Lernregel ersichtlich:

$$w_j^{neu} = w_j^{alt} + \varepsilon * h_{jz} * (x - w_j^{alt}) \ für \ j \in \sigma_z$$

Die beiden Einflußfaktoren für das Ausmaß des Hinbewegens der Gewichtsvektoren w_j zum Eingabesignal sind die Parameter ε (Lernschrittweite) und h_{jz} ($\approx$ Verlaufskurve der Umfeldhemmung).

- Die Lernschrittweite wird im Intervall [0,1] gewählt und gibt an, wie schnell gelernt wird, also in welchem Ausmaß ein Neuron zum Eingabesignal „hingezogen" wird.
- Die Verlaufskurve der Umfeldhemmung bestimmt, wie viele Neuronen in welchem Ausmaß in die Adaption einbezogen werden sollen. σ_z ist der Abstand vom Symmetriezentrum der Gaußkurve zu den Wendepunkten (= Adaptionsradius, vgl. strichlierter Bereich in Abbildung 4.19). Innerhalb dieses Bereiches wird adaptiert, außerhalb von σ_z findet keine Adaption statt. In Abbildung 4.19 sind zwei Varianten dargestellt, die zu verschiedenen Phasen des Lernens eingesetzt werden.

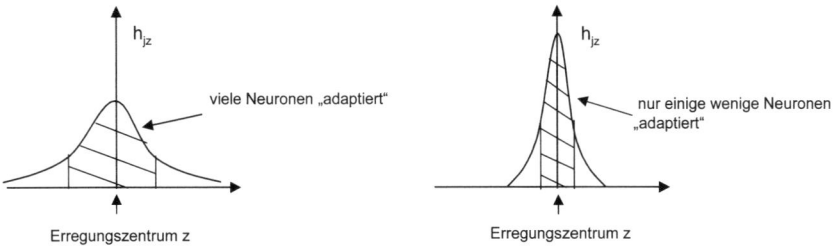

Abbildung 4.19: Varianten für die Funktion h_{jz}

Es stellt sich nun die Frage, wie ε und die Funktion h_{jz} im Verlauf des Lernens gewählt werden sollen, um eine Konvergenz der Gewichte zu erreichen. Im Anfangsstadium des Lernens wird zunächst versucht, eine Grobstruktur der Karte auszubilden. Die Lernschrittweite wird daher entsprechend groß gewählt (große Adaptionen) und die Funktion h_{jz} wird in diesem Stadium sinnvollerweise eine große Varianz aufweisen, damit viele Kartenneuronen adaptiert werden (vgl. Abbildung 4.19 links). Später wird die Lernschrittweite schrittweise reduziert, um Feinabstufungen in kleineren Bereichen durchzuführen. Die Funktion h_{jz} könnte dann so aussehen, wie in der Abbildung 4.19 rechts. Das Kohonen-Lernverfahren bricht genau dann ab (vgl. die Kohonen-Lernregel), falls entweder jeder Eingangssignalvektor auf ein eigenes Kartenneuron abgebildet ist, oder die Lernschrittweite ε Null ist.

Aus der obigen Darstellung des Kohonen-Lernalgorithmus geht auch hervor, daß etwa im Gegensatz zu den neuronalen Modellen in den Abschnitten 4.2.1 und 4.2.2 kein Targetwert verwendet wird. Daher zählt die KFM auch zu den unüberwachten Lernverfahren. Die einzelnen Neuronen auf der Kartenschicht stehen in einem ständigen Wettbewerb, für ein Eingabesignal das Erregungszentrum zu bilden. Ein derartiges Lernprinzip bezeichnet man auch als Wettbewerbslernen (competitive learning).

In der praktischen Anwendung wird als Abbruchkriterium eine gewisse Zahl von Lernzyklen vorgegeben (z.B. 10000), die dann durchlaufen werden. Die Durchführung des Abbildungsprozesses der Eingangssignalvektoren auf die Kartenneuronen benötigt viel Zeit. Dies gilt insbesondere für die Feinanpassungen.

Um dem Leser eine konkrete Vorstellung davon zu geben, was „räumliche Adaption" im Kohonen-Lernalgorithmus bedeutet, sind die Auswahl eines Eingangssignals und der anschließende Adaptionsschritt in den Abbildungen 4.20 und 4.21 graphisch veranschaulicht.

In Abbildung 4.20 ist die räumliche Position eines Eingabesignals auf der Kartenschicht dargestellt. Man sieht sehr schön, daß als ähnlichstes Neuron im Sinne der euklidischen Distanzmessung (Erregungszentrum) das Kartenneuron rechts oben ausgewählt werden wird.

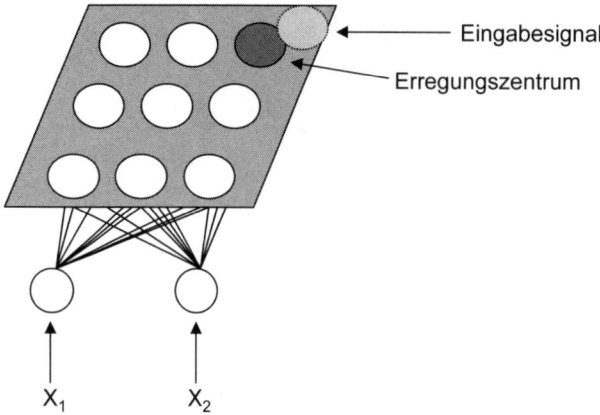

Abbildung 4.20: Auswahl eines Eingangssignals

Dieses ähnlichste Neuron (etwas dunkler markiert) wird natürlich am stärksten zum Eingangssignal hingezogen (vgl. Abbildung 4.21). Die anderen Neuronen innerhalb der Kurve,
die den Adaptionsradius σ_z visualisieren soll, werden etwas schwächer hinbewegt. Außerhalb der Kurve findet keine Adaption statt.

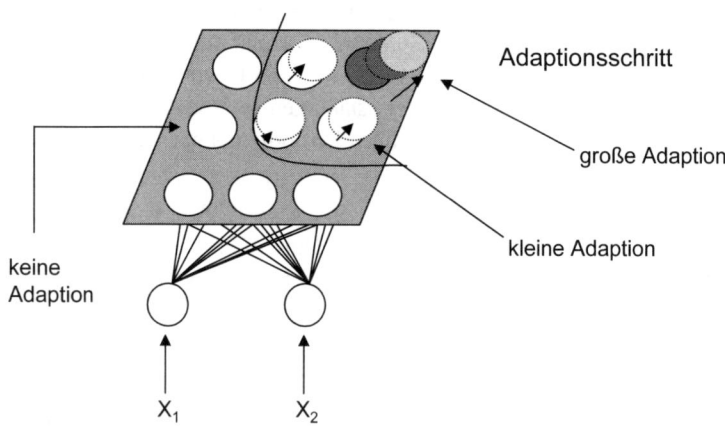

Abbildung 4.21: Graphische Veranschaulichung eines Adaptionsschrittes

Anwendungen der KFM

Zunächst ist es wichtig festzuhalten, daß in der KFM eine Datenkompression durchgeführt
wird. Es wurde ja erwähnt, daß der Eingangssignalraum (E) eine beliebige Dimension aufweisen kann. Die Dimension der Kartenschicht (K) – aus Gründen der Visualisierbarkeit

üblicherweise zweidimensional – kann bei Aufgaben der Datenkompression nur sinnvollerweise maximal so groß sein wie die Dimension des Eingangssignalraumes. Es gilt also:

$$dim(E) >= dim(K)$$

Auf der Kartenschicht werden die wesentlichen Ähnlichkeitsbeziehungen zwischen den
Eingangssignalen topographisch dargestellt. Dies soll anhand zweier Beispiele verdeutlicht
werden.

Im ersten Beispiel [HER91], S. 239 wird eine Abbildung vom R^1 in den R^1 durchgeführt,
eine eher seltene Anwendung für die KFM. Die Eingangssignale sind gleichverteilte Inputs
aus dem Intervall [0,1]. Die Kartenschicht ist eine Kette von 40 Neuronen. In Abbildung
4.22 (nach [HER91], S. 239) sind die verschiedenen Phasen beim Lernen dargestellt.

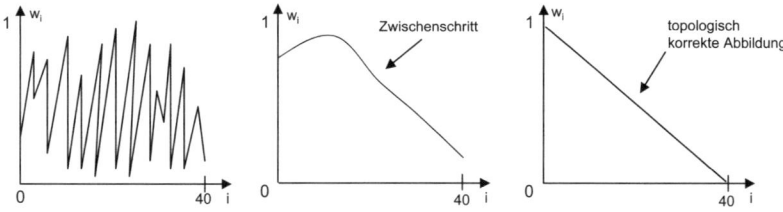

Abbildung 4.22: Beispiel für die KFM (1)

Für dieses Lernproblem gibt es prinzipiell zwei Lösungen. Die eine Lösung besteht darin,
daß die Neuronenkette linear von links oben nach rechts unten verläuft und bei der anderen
Lösung sind die einzelnen Neuronen linear von links unten nach rechts oben „aufgefädelt".
Am Anfang des Lernens ist klar erkennbar, daß überhaupt noch keine topographische Ordnung ausgebildet ist. Im mittleren Bild von Abbildung 4.22 hat sich der eine Teil der Neuronenkette für Lösung 1 und der andere Teil für Lösung 2 entschieden. Diese topographische
Anomalie (ein sog. „kink", vgl. [HER91], S. 243) ist in rechten Bild der Abbildung 4.22
ausgebügelt. Im rechten Bild ist dargestellt, daß jeder der gleichverteilten Inputs auf ein
eigenes Neuron in der Kette abgebildet ist.

Der Abbildungsprozeß vom R^1 in den R^1 ist eher von theoretischem Interesse. Für die praktische Anwendung bedeutender sind echte Datenkompressionen. Dazu betrachten wir folgendes Beispiel aus [KRU91], S. 139ff., bei dem deutlich wird, daß mit der KFM die semantische Organisation beliebiger Konzepte gelernt werden kann. Die Aufgabe besteht darin,
Ähnlichkeitsbeziehungen zwischen 16 Tieren graphisch auf einer zweidimensionalen Kartenschicht darzustellen. Jeder Eingabesignalvektor ist aus zwei Teilen zusammengesetzt:

- Eigenschaften-Codierung
  Zunächst werden 13 Eigenschaften zusammengestellt, anhand derer die Tiere klassifiziert
  werden sollen („klein", „mittel", „groß", zwei Beine", „vier Beine" usw.). Für jedes Tier

wird nun in einem binären Datenvektor mit einer „1" codiert, wenn diese Eigenschaft zutrifft und mit einer „0", falls diese Eigenschaft nicht zutrifft.

- Namens-Codierung
  Es ist aber auch notwendig, neben den Eigenschaften auch den Namen eines jeden Tieres
  entsprechend zu codieren. Da der Name eines jeden der sechzehn Tiere mit seinen Eigenschaften in keiner Beziehung steht, wird für die Namensrepräsentation jedes Tieres ein
  eigener sechzehnelementiger Vektor reserviert, wo für das i-te Tier an der i-ten Stelle ein
  bestimmter Wert eingetragen ist und sonst überall Null steht.

Der Datenvektor für jedes Tier besteht also aus 29 (13+16) Komponenten. Für die 16 Tiere
ergibt diese eine 16*29-Datenmatrix, die den Input für unsere Abbildung darstellt.

In der Abbildung 4.23 ist für einige Tiere veranschaulicht, wie das Ergebnis eines Trai-
ningslaufes aussehen könnte. Tiere, die benachbarte Knoten besetzen, können als Klasse
betrachtet werden. So könnten der Adler und Falke innerhalb der 16 Tiere die Klasse Raub-
vögel bilden.

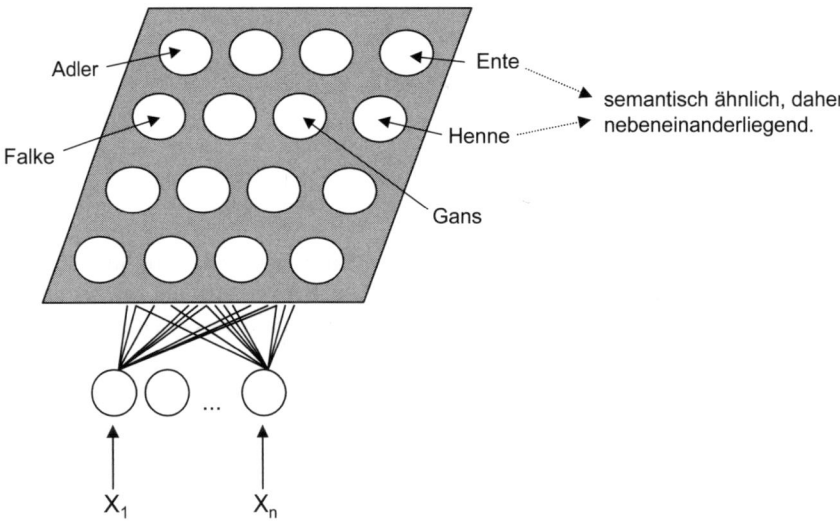

Abbildung 4.23: Beispiel für die KFM (2)

Da ja das Kohonen-Lernen einen stochastischen Prozeß darstellt (Markovprozeß), wird es
wegen der zufälligen Auswahl der Eingabesignale bei jedem Durchlauf zu einer anderen
Realisierung der Karte kommen, was aber die grundlegenden Beziehungen zwischen den
Tieren nicht verändert. So wäre es z.B. durchaus denkbar, daß die drei Tiere Ente, Henne
und Gans statt im oberen rechten Eck der Kartenschicht wo anders mit ähnlichen Beziehungen plaziert sind.

Durch die im Kohonen-Modell durchgeführte Datenkompression können natürlich nicht alle Beziehungen zwischen den Objekten auf der Kartenschicht erhalten bleiben. Abzulesen sind auf der Kartenschicht aber die hauptsächlichen Beziehungen zwischen den Objekten. Diese werden vom Neuronalen Netz eigenständig ohne Zutun des Anwenders entwickelt.

Abschließend werden die wichtigsten Anwendungsgebiete der KFM genannt und noch einmal die Vor- und Nachteile dieses Lernverfahrens zusammengefaßt.

Die KFM wird vorwiegend in folgenden Anwendungsbereichen eingesetzt [PAT96a], S. 418ff.:

- Spracherkennung
  T. Kohonen und Mitarbeiter an der Technischen Universität Helsinki haben Anfang der 80er Jahre ein auf der KFM basierendes Erkennungssystem entwickelt, das eine beliebige Sprache in orthographisch korrekten Text übersetzt. Die Gruppe um T. Kohonen hat für phonetische Sprachen wie Finnisch oder Japanisch bereits große Erfolge erzielt, aber es steht noch nicht fest, wie einfach es ist, diese Erfolge auf weniger phonetische Sprachen wie Englisch oder Russisch zu erweitern.
- Lösen von Optimierungsproblemen
  Die KFM kann auch zur Lösung des Travelling Salesman Problems (TSP) eingesetzt werden [ANG88], S. 289ff. Die Grundidee besteht darin, daß am Beginn des Lernens eine Kette von Neuronen zufällig (meist in Form eines Kreises) angeordnet ist. Die Eingangssignale sind die Städte der Rundreise. Genauso wie beim Standardmodell werden die in der Nähe der jeweilig ausgewählten Stadt befindlichen Neuronen je nach Abstand in unterschiedlichem Ausmaß zu dieser hingezogen. Das Verfahren ist beendet, wenn jede Stadt (Eingangssignal) auf ein eigenes Neuron abgebildet wird. Durch die Neuronenkette wird gewährleistet, daß eine gültige Rundreise abgelesen werden kann. Der Einsatz der KFM zur Lösung des TSP stellt eine interessante Heuristik dar. Allerdings ist anzumerken, daß mit der KFM nur das TSP, aber keine anderen kombinatorischen Optimierungsprobleme gelöst werden können.
- Mustererkennung
  Die Mustererkennung ist wie bei den anderen neuronalen Modellen sicher das häufigste Anwendungsgebiet. Implementierungen mit der KFM existieren etwa für die Qualitätsprüfung und die Prüfung von Unterschriften in Echtzeit.
- Steuerung
  In diesem Zusammenhang ist hier besonders die Steuerung eines Roboters mit der KFM zu nennen.

Der Einsatz der KFM bringt folgende Vorteile mit sich:

- Fähigkeit zur Datenkompression
- Die semantische Organisation beliebiger Konzepte kann gelernt werden
- effiziente Alternative zu anderen (statistischen) Verfahren der Clusteranalyse
- besserer Klassifikator als ein MLP mit Backpropagation-Lernverfahren
- durch die zwei- oder dreidimensionale Kartenschicht Möglichkeit zur Visualisierung

Folgende Nachteile können genannt werden:

- Es handelt sich hier um ein stochastisches Lernverfahren, weil ja die Eingabesignale zufällig ausgewählt werden. Damit müssen Trainingsläufe aber nicht zu identen Karten führen.

- Wie bei allen KNN existiert das Problem der richtigen Wahl der Parameter. Die Lernschrittweite ε sowie die Funktion h_{jz} müssen in den verschiedenen Phasen des Lernens korrekt gewählt werden. Wird etwa die Lernschrittweite zu schnell vermindert – was die Trainingszeit reduzieren würde –, so besteht die Gefahr, in einer schlechten Repräsentation steckenzubleiben („Freezing-Effekt").

4.2.4   Das Hopfield-Modell

In Abschnitt 4.2.3 wurde mit der KFM ein neuronales Modell vorgestellt, wo Konzepte aus der Biologie (Organisationsprinzipien in der Großhirnrinde) Verwendung finden. In diesem Abschnitt wird mit dem Hopfield-Modell ein System beschrieben, das Anleihen aus einem anderen Gebiet der Naturwissenschaften, der Physik (Festkörperphysik) nimmt. Das Hopfield-Modell wurde 1982 vom amerikanischen Physiker J. Hopfield entwickelt. Mit der Entwicklung dieses Modells wurde der Aufschwung der Neuroinformatik Anfang der achziger Jahre eingeleitet.

Der Abschnitt über das Hopfield-Modell ist in vier Teile gegliedert. Im ersten Teil wird ähnlich wie bei der KFM der naturwissenschaftliche Hintergrund beschrieben, im zweiten Teil wird das Modell in den wesentlichen Grundzügen skizziert, im dritten Teil wird ein kleines Mustererkennungsproblem gelöst und im vierten Teil werden Anwendungsgebiete vorgestellt und Vor- und Nachteile des Hopfield-Modells zusammengefaßt.

Hopfield hat das von ihm entwickelte Modell erstmals in [HOP82], S. 2554ff. beschrieben. Darstellungen des Hopfield-Modells finden sich in [BRA95], S. 182ff., [KIN94], S. 50ff., [PAT96a], S. 142ff., [KRU91], S. 165ff. und [SCH90], S. 108ff. Diejenigen Leser, die besonders an den mathematischen Grundlagen des Modells interessiert sind, seien auf [HER91], S. 11ff. und [ROJ93], S. 277ff. verwiesen. Die Beschreibung des naturwissenschaftlichen Hintergrunds des Hopfield-Modells und des Modells selber in diesem Abschnitt ist an [KRU91], S. 165ff. angelehnt.

Hintergrund: Festkörperphysik (Spingläser)

Auf den ersten Blick scheint es eigentlich verwunderlich, daß Konzepte aus der Physik, also der unbelebten Natur, zum Aufbau eines KNN Verwendung finden können, ist man doch der Meinung, daß die Funktionsweise von KNN an Arbeitsprinzipien des Gehirns angelehnt ist. Bei näherer Betrachtung jedoch sieht man, daß zwischen physikalischen Vielteilchensystemen und KNN strukturelle Ähnlichkeiten existieren, die man fruchtbringend ausnutzen kann. Es ist das besondere Verdienst von J. Hopfield, diese Ähnlichkeiten erkannt und zum Aufbau eines neuen KNN verwendet zu haben.

J. Hopfield ist Physiker und hat sich mit sog. Spingläsern beschäftigt. „Spingläser sind physikalische Vielteilchensysteme, deren Dynamik und Komplexität durch die ungeordnete magnetische Wechselwirkung vieler Atome gekennzeichnet ist." [KRU91], S. 165. Um die Funktionsweise von Spingläsern zu verstehen, ist es nötig, einige Grundlagen aus der Festkörperphysik zu wiederholen.

Wenn man einen ferromagnetischen Stoff, z.B. Eisen, betrachtet, so kann man beobachten, daß die Ising-Spins der Atome – das sind die Ausrichtungen der magnetischen Momente – parallel orientiert sind. Die Spins benachbarter Atome beeinflussen sich gegenseitig und führen zu dieser parallelen Orientierung. Die magnetische Gesamtenergie ist bei einem solchen Zustand minimal. Der Versuch, einen der beiden parallel orientierten Spins zweier benachbarter Eisen-Atome umzuklappen, also quasi in die andere Richtung zu bringen, ist, aufgrund des energetisch ungünstigeren Zustandes nur unter Energieaufwendung durchführbar.

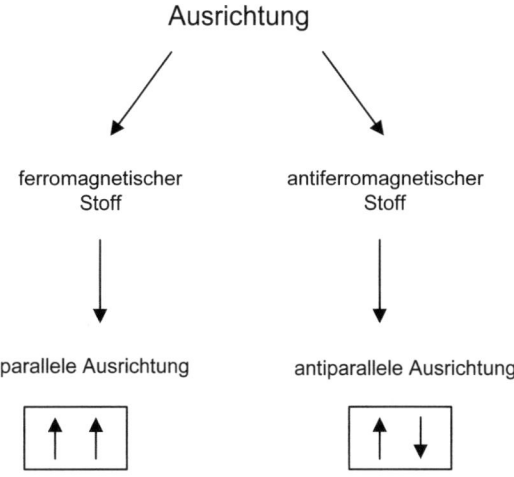

Abbildung 4.24: Ausrichtung der Spins in ferro- und antiferromagnetischen Stoffen

In antiferromagnetischen Stoffen, z.B. Chrom, sind hingegen die Spins antiparallel ausgerichtet. In der Abbildung 4.24 ist die parallele und antiparallele Ausrichtung noch einmal graphisch veranschaulicht.

Es ist nun interessant zu überlegen, welche Ausrichtung die Atome in einem Stoff annehmen, in dem sowohl ferro- als auch antiferromagnetische Atome existieren. Ein derartiger Stoff wird auch als Spinglas bezeichnet. Er entsteht dadurch, daß ein nichtmagnetisches Wirtsmetall (z.B. Kupfer) mit einigen magnetischen Atomen (z.B. Eisenatomen) dotiert wird. Hier kann beobachtet werden, daß die ferromagnetisch wechselwirkenden Eisenatome die Eigenschaft aufweisen, sich in Abhängigkeit vom Abstand zu den benachbarten Atome auch antiferromagnetisch zu verhalten. Warum dies so ist, kann hier nicht näher erläutert werden, die Ursachen liegen in den Details der Quantentheorie.

Da sich ein Spinglas ja aus ferro- und antiferromagnetischen Atomen zusammensetzt, können einige Atome ihre Ausrichtung nicht mehr eindeutig bestimmen, da widersprüchliche Beziehungen zu Nachbaratomen bestehen. Ein derartiges System wird auch als frustriertes System bezeichnet. Ein Beispiel für ein frustriertes System mit drei Atomen ist in Abbildung 4.25 (nach [KRU91], S. 167) dargestellt.

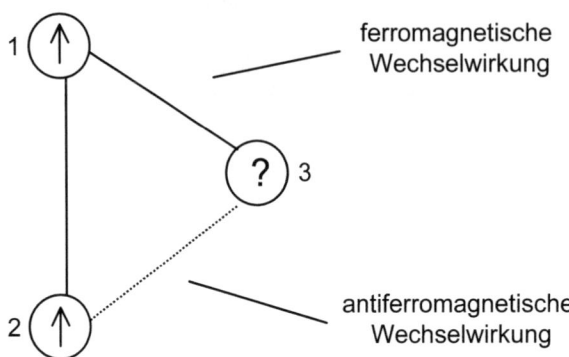

Abbildung 4.25: Beispiel für ein frustriertes System

Zwischen Atom 1 und Atom 2 besteht eine ferromagnetische Wechselwirkung. Daher sind die Spins beider Atome auch parallel ausgerichtet. Zwischen dem Atom 1 und dem Atom 3 existiert ebenfalls eine ferromagnetische Wechselwirkung, aber zwischen Atom 2 und Atom 3 eine antiferromagnetische. Dies begründet den Frustrationseffekt, da beide Wechselwirkungen nicht gleichzeitig erfüllt sein können. Bei Erfüllung der ferromagnetischen Wechselwirkung müßte in Atom 3 der Pfeil nach oben gerichtet sein und bei Erfüllung der antiferromagnetischen Wechselwirkung nach unten.

In einem frustrierten System sind nie alle Wechselwirkungen zwischen den Atomen erfüllt. Daher gibt es – im Gegensatz zum ferromagnetischen System – keinen Zustand mit eindeutiger minimaler Gesamtenergie. Wir können also zwischen zwei Systemen unterscheiden:

- ferromagnetisches System
  Alle Wechselwirkungen sind erfüllt, und es existiert ein eindeutiger Zustand mit minimaler Gesamtenergie.
- Spinglas
  Es sind nie alle Wechselwirkungen gleichzeitig erfüllt. Es gibt mehrere, energetisch günstige Zustände, von denen einer angenommen wird.

Das Aufsuchen des energetisch günstigsten Zustandes bei gegebenen Wechselwirkungen wird auch als Spinglas-Problem bezeichnet. Spingläser bestimmen den energetisch günstigsten Zustand über folgendes dynamische Verhalten. Es wird ein einzelnes Atom zufällig ausgewählt, das seinen Zustand asynchron derart bestimmt, daß möglichst wenig Wechselwirkungen verletzt sind. Die Ausrichtung des Spins beeinflußt aber das Gesamtsystem, das wiederum die Ausrichtung des zufällig ausgewählten Spins verändern kann. Es kommt also zu Rückkopplungseffekten. Das Spinglas durchläuft also einen Einschwingprozeß, wo ein Spin nur dann umklappt, wenn dadurch ein energetisch günstigerer Zustand erreicht wird. Die Gesamtenergie in einem Spinglas fällt also monoton (Beweis in [HER91], S. 21f.), bis ein Zustand mit gleichbleibender Energie erreicht ist. Diesen Zustand, der dann nicht mehr verlassen wird, bezeichnet man auch als thermisches Gleichgewicht. Graphisch kann man sich den Einschwingprozeß derart vorstellen, daß von einem beliebigen Punkt im Energiegebirge eine Abwärtsbewegung stattfindet, bis das nächstgelegene Tal erreicht ist. Dies ist in der Abbildung 4.26 (in Anlehnung an [KRU91], S. 169) veranschaulicht. Es wird darauf hingewiesen, daß die Abbildung 4.26 stark vereinfacht ist, da das Energiegebirge in Wirklichkeit hochdimensional ist.

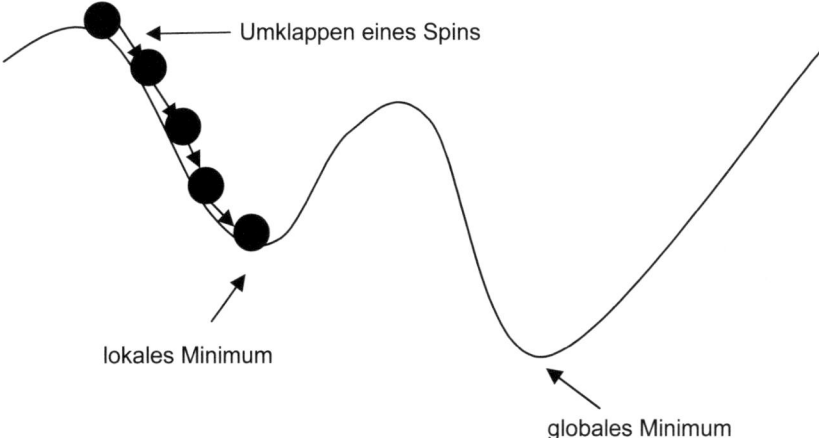

Abbildung 4.26: Einschwingprozeß bei einem Spinglas

Wie aus Abbildung 4.26 ersichtlich, muß der Einschwingprozeß, der an einer beliebigen Stelle im Energiegebirge gestartet wird, nicht immer zum absolut energetisch günstigsten Zustand (globales Minimum) führen. Im Beispiel aus Abbildung 4.26 wird eine Lösung mit einem etwas höheren Energieniveau gefunden (lokales Minimum). Da während des Einschwingprozesses immer nur Zustände mit geringerer Energie angenommen werden, besteht auch keine Möglichkeit, das globale Minimum zu erreichen. Dies kann durch eine Methode, die Tempern (wiederholtes Aufheizen und Abkühlen) genannt wird, erreicht werden. Das Tempern wird bei der Diskussion der Boltzmann-Maschine in Abschnitt 4.2.5 eingehend erläutert.

Das Hopfield-Netz

Wie kann das Wissen über die Spingläser und deren Dynamik beim Aufsuchen eines energetisch günstigen Zustandes nun verwendet werden, um ein KNN zu entwickeln? Es ist das besondere Verdienst von J. Hopfield erkannt zu haben, daß ein KNN, wo sich die Neuronen ähnlich verhalten wie die Atome im vorhin beschriebenen Spinglasmodell, für vielfältige Aufgaben eingesetzt werden kann. Gehen wir zunächst auf die Topologie des Hopfield-Netzes ein. In Abbildung 4.27 ist ein Hopfield-Netz mit 5 Neuronen dargestellt.

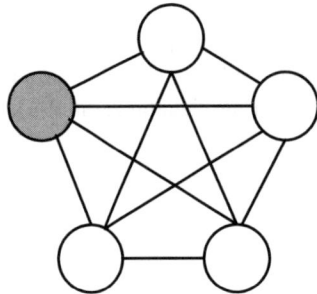

Abbildung 4.27: Hopfield-Netz mit 5 Neuronen

Alle Neuronen sind untereinander vernetzt. Man beachte, daß im Gegensatz zu den Feedforward-Netzen die einzelnen Neuronen nicht in Schichten angeordnet sind. Es handelt sich hier also um ein ungeschichtetes Modell. Das Hopfield-Modell zählt zur Klasse der Feedback-Netze, also der rückgekoppelten Netzwerke. Dies ist nötig, um die Dynamik des Einschwingprozesses abbilden zu können. Betrachten wir das grau markierte Neuron in der Abbildung 4.27. Die Ausgabe, die von diesem Neuron produziert wird, geht als Nettoinput in die anderen Neuronen ein. Diese Neuronen berechnen ihrerseits die Ausgaben, die wiederum als Input in das grau markierte Neuron eingeht. Damit kann aber wieder dessen Ausgabe verändert werden. Der Gleichgewichtszustand in einem Hopfield-Netz ist genau dann erreicht, wenn keines der Neuronen seine Ausgabe mehr verändert. Der Leser sieht sofort, daß dieser Zustand äquivalent mit dem Erreichen des thermischen Gleichgewichtes im Spinglasmodell ist.

Als nächstes betrachten wir die Gewichte im Hopfield-Netz. Es gilt:

$w_{ij} = w_{ji}$ *(Symmetrie der Gewichte)*

$w_{ii} = 0$ *(keine direkten Rückkopplungen)*

Natürlich ist in biologischen Nervensystemen eine Gewichtssymmetrie nicht gegeben. Im Hopfield-Modell wird es durch diese Annahme aber möglich, eine sog. Energiefunktion (Ljapunov function, Hamiltonian function) zu definieren, die für jeden Zustand des Netzes die Energie berechnet. G. Toulouse hat Hopfield's Annahme als einen „clever step backwards from biological realism" [HER91], S. 22 bezeichnet. Die Abkehr von der Biologie bringt also den Vorteil der Energiefunktion, mit der man zusätzliche Einsichten gewinnen kann.

Die Neuronen im Hopfield-Modell sind binäre Schwellwertelemente, die entweder der Wert 0 oder 1 annehmen können. Statt den Werten {0,1}, die in diesem Abschnitt verwendet werden, kann das Hopfield-Modell auch mit dem Wertepaar {-1,+1} formuliert werden. Beide Formulierungen sind gleichwertig. Wir halten also fest, daß die Menge der zulässigen Aktivierungs (A)- und Ausgabezustände (O) definiert ist durch

$$A = \{0,1\}, O = \{0,1\}$$

Die Dynamik des Hopfield-Modells wird durch folgende Propagierungsfunktion („weighted-sum-function") beschrieben, die schon aus Abschnitt 4.1.2 bekannt ist.

$$net_j(t) = \sum_i w_{ij} * o_i(t)$$

Als Aktivierungsfunktion kann natürlich keine sigmoide Funktion wie beim Backpropagation-Lernverfahren eingesetzt werden, da ja die Ausgaben diskrete Werte sein müssen. Daher ist die Aktivierungsfunktion jetzt eine Schwellwertfunktion. Der Aktivierungswert a_j ist also bestimmt durch

$$a_j(t+1) = 1, \text{ wenn } net_j(t) > \theta_j, \text{ sonst } 0$$

Als Ausgabefunktion wird die Identitätsfunktion verwendet:

$$o_j(t) = a_j(t)$$

Bei der Berechnung der Aktivierung $a_j(t+1)$ sieht man, daß der Aktivationszustand $a_j(t)$ in die Berechnung nicht eingeht. Daher kann auf die Verwendung eines Zeitindex verzichtet werden. Außerdem wird ja als Ausgabefunktion die Identitätsfunktion eingesetzt, so daß die Berechnung des Ausgabewertes o_j daher wie folgt zusammengefaßt werden kann:

$$o_j = 1, \text{ wenn } \sum_i w_{ij} * o_i - \theta_j > 0, \text{ sonst } 0$$

Nun ist noch die Rolle des Schwellwertes θ_j zu klären. Im Spinglasmodell kann dieser Schwellwert als Bias interpretiert werden und entspricht einem lokalen Feld, das den Spin eines Atoms unabhängig von den Wechselwirkungen zu anderen Atomen beeinflußt. Hopfield setzte der Einfachheit halber diesen Bias gleich Null. Damit ergibt sich für die Berechnung der Ausgabe eines Neurons im Hopfield-Modell folgende Formel:

$$o_j = 1, \text{ wenn } net_j > 0, \text{ sonst } 0$$

Es gibt nun verschiedene Modi, wie die Ausgaben der Neuronen im Hopfield-Netz berechnet werden [PAT96a], S. 143:

- synchrone Berechnung
  Bei diesem Modus werden die Ausgaben $o_j(t+1)$ der Neuronen simultan als Gruppe berechnet, bevor die Ausgaben an die Eingaben zurückgegeben werden.
- asynchrone Berechnung
  Bei dieser Berechnungsart werden die Ausgaben $o_j(t+1)$ sequentiell in einer bestimmten Reihenfolge oder gemäß einer Wahrscheinlichkeitsverteilung ermittelt, wobei die Ausgaben der Neuronen nach jedem Berechnungsschritt an die Eingaben zurückgegeben werden.
- kombiniert synchrones, asynchrones Berechnungsschema
  Beim kombinierten Berechnungsschema werden Untergruppen der Neuronen synchron aktualisiert und anschließend wird jede Gruppe nach einem asynchronen Auswahlverfahren aktualisiert.

Es wurde erwähnt, daß es durch die Restriktion der symmetrischen Gewichte im Hopfield-Modell möglich ist, analog zur magnetischen Gesamtenergie in einem Spinglas eine Energiefunktion (E) zu definieren. Diese kann allgemein folgendermaßen angeschrieben werden:

$$E = -\frac{1}{2} * \sum_i \sum_j w_{ij} * o_i * o_j + \sum_i \theta_i * o_i$$

Da ja im Hopfield-Modell der Bias θ für alle Neuronen gleich Null ist, können wir vereinfacht auch schreiben:

$$E = -\frac{1}{2} * \sum_i \sum_j w_{ij} * o_i * o_j$$

Die Neuronen im Hopfield-Modell verhalten sich genauso wie die Atome im Spinglasmodell, wenn diese versuchen, ihren Spin entsprechend den existierenden Wechselwirkungen auszurichten. Da das dynamische Verhalten im Spinglas- und Hopfield-Modell ja ident ist, wird ausgehend von einem beliebigen Anfangszustand die Gesamtenergie im Hopfield-Netz immer mehr abnehmen, bis schließlich ein lokales Minimum erreicht ist. Die Konvergenz gegen ein lokales Minimum ist deswegen garantiert, weil es ja nur eine endliche Anzahl von Zuständen gibt. Es stellt sich nun die Frage, wie man das Hopfield-Netz für bestimmte Aufgaben einsetzen kann und vor allem, welche Aufgaben man damit lösen kann. Betrachten wir dazu die Abbildung 4.28.

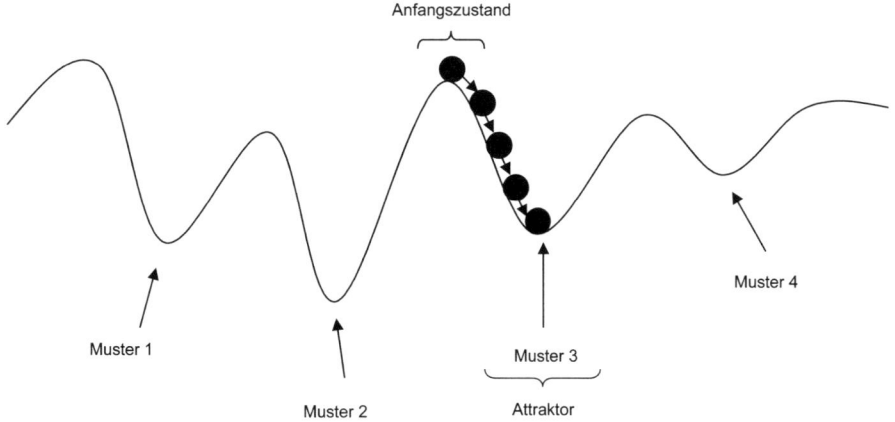

Abbildung 4.28: Musterassoziation mit dem Hopfield-Netz

Rufen wir uns nochmals das Spinglas-Problem in Erinnerung. Die Aufgabe bestand darin, aufgrund der existierenden Wechselwirkungen den energetisch günstigsten Zustand zu finden. Die umgekehrte Frage wird auch als inverses Spinglas-Problem bezeichnet [SCH90], S. 110 und kann folgendermaßen formuliert werden: „Wie müssen die Gewichte w_{ij} gewählt werden, damit die Energiefunktion die Minima an den richtigen Stellen hat?" Beim Spinglas-Problem waren also die Kopplungen bekannt und das Energieminimum gefragt und beim inversen Spinglas-Problem sind die Minima bekannt und die Gewichte gefragt. Wenn man nun fordert – wie Hopfield es getan hat –, daß den Energieminima gelernte Muster entsprechen, so kann das Hopfield-Netz zur Musterassoziation eingesetzt werden. Ein zufälliger Anfangszustand entspricht einem verrauschten Muster und das aufgesuchte Energieminimum – falls gewisse Rahmenbedingungen eingehalten wurden – dem ähnlichsten Muster. Da der Einschwingprozeß unabhängig von einem Lehrer vor sich geht, spricht man in diesem Zusammenhang auch von Autoassoziation.

Es stellt sich nun die Frage, wie die Gewichte w_{ij} bestimmt werden, damit die Minima der Energiefunktion die gelernten Muster (Fixpunkt-Attraktoren) sind. Beim Backpropagation-Lernverfahren wurden die geeigneten Gewichte durch ein iteratives Lernverfahren ermittelt, aber beim Hopfield-Modell ist dies deswegen nicht nötig, weil die geeigneten w_{ij} aus der Energiefunktion und deren Minima (1. Ableitung) ermittelt werden können. Man sieht also, daß zwischen dem Lernen in Feedforward-Netzen und rekurrenten Netzen (z.B. Hopfield-Netz) fundamentale Unterschiede bestehen. Diese können wie folgt charakterisiert werden:

- Feedforward-Netze
  - Lernen: Die Gewichte werden mit einem iterativen Lernverfahren derart „eingestellt" (z.B. Backpropagation), daß alle Trainingsmuster zufriedenstellend gelernt werden.
  - Musterassoziation: Diese wird in einem Schritt – bei der Vorwärtspropagierung – durchgeführt.
  - Komplexität: Die Komplexität dieser statistischen Netzwerke ist eher gering.

- Rekurrente Netze
  - Lernen: Es findet kein Lernen i.e.S. statt. Zu Beginn werden die Gewichte heuristisch definiert. Anschließend werden nur noch Vektor-Matrix-Multiplikationen zur Autoassoziation des verrauschten Musters durchgeführt.
  - Musterassoziation: Die ermittelten Ausgaben werden wieder als Eingaben an das Netz angelegt und führen zu neuen Ausgaben usw. Dieser Prozeß ist dann beendet, wenn sich das Netz stabilisiert hat.
  - Komplexität: Die Komplexität rekurrenter Netze ist höher als bei den Feedforward-Netzen. Man kann drei Fälle unterscheiden [PAT96a], S. 157: Ist die Gewichtsmatrix symmetrisch, so kann eine Energiefunktion definiert werden. Das Netzwerk konvergiert – wie bei der Spinglasdynamik – gegen einen Fixpunkt-Attraktor, der nicht mehr verlassen wird. Dieser stellt dann die Lösung dar. Ist die Gewichtsmatrix nicht symmetrisch, so kann entweder oszillierendes Verhalten, wo zwischen einer Reihe von Zuständen alternierend gewechselt wird (sog. Grenzzyklen), oder gar chaotisches Verhalten auftreten.

Wir können nun den Lernalgorithmus definieren. Dieser zerfällt – wie bei allen KNN – in zwei Phasen. Die erste Phase wird Lernphase und die zweite Phase Recall-, Reproduktions- oder Klassifikationsphase genannt. Zur exakten Formulierung des Lernalgorithmus führen wir folgende Variablen ein: Insgesamt sollen im Netz P Muster gespeichert werden. Jedes Muster besteht aus N Pixel mit den binären Werten 0 und 1. Mit x_i^p wird das i-te Pixel von Muster p bezeichnet. Der Pixelwert „0" kann etwa für die Farbe weiß und der Pixelwert „1" für die Farbe schwarz stehen. Es gibt also keine Graustufen.

- Lernphase: Initialisierung der Verbindungsgewichte w_{ij} derart, daß die Energiefunktion an den Minima die gelernten Muster hat.

$$w_{ij} = \sum_{p=1}^{P} x_i^p * x_j^p, \text{ für } i <> j \quad \forall\, i, j = 0,1,...,N-1$$

$w_{ii} = 0, \text{ für } i=j$

- Reproduktionsphase
  - Anlegen des Testmusters a

$$o_i^0 = a_i \quad \forall\, i = 0,1,...,N-1$$

  - Iteration bis Konvergenz

$$o_j^{t+1} = f(\sum_{i=0}^{N-1} w_{ij} * o_i^t) \quad \forall\, j = 0,1,...,N-1$$

f ist dabei die nichtlineare Schwellfunktion, wie vorhin skizziert.

Die Konvergenz ist dann erreicht, wenn für alle j Neuronen gilt:

$$o_j(t+1) = o_j(t)$$

Das Einstellen der Gewichte in der Lernphase wird mit der Hebb'schen Lernregel durchgeführt, die uns aus Abschnitt 4.1.2 bekannt ist. Wenn wir die Formel der Lernphase genauer betrachten, so sehen wir, daß eine Gewichtsvergrößerung nur dann stattfindet, wenn beide Pixelwerte den Wert „1" haben, also beide Neuronen feuern. Dies entspricht genau der Hebb'schen Lernregel, die besagt, daß die Verbindung zwischen zwei Neuronen dann verstärkt wird, wenn beide Neuronen aktiv sind.

Wir haben ausführlich gezeigt, daß zwischen dem Spinglasmodell und dem Hopfield-Modell ein Isomorphismus besteht. In der Tabelle 4.2 ist dargestellt, welche Äquivalenzen zwischen Begriffen aus der Spinglastheorie und dem Hopfield-Modell bestehen.

Tabelle 4.2: Äquivalenz zwischen Begriffen aus der Spinglastheorie und dem Hopfield-Modell

Spinglasmodell	Hopfield-Modell
Atom	Neuron
Ising-Spin	Ausgabe des Neurons
magnetische Wechselwirkung	Gewicht
magnetische Gesamtenergie	Wert der Energiefunktion
Einschwingprozeß	Finden des gelernten Musters
Energieminimum	gelerntes Muster

Anwendungsbeispiel: Mustererkennung

Es wurde gezeigt, daß sich das Hopfield-Netz zur Musterassoziation eignet, also ein verrauschtes Muster einem bekannten, gelernten Muster zugeordnet werden kann. In diesem Abschnitt wird der vorhin eingeführte Hopfield-Lernalgorithmus dazu verwendet, ein kleines Mustererkennungsbeispiel zu lösen.

Betrachten wir das Mustererkennungsproblem aus Abbildung 4.29. Wir stellen uns die Aufgabe, das verrauschte Muster wiederherzustellen, also jenes Muster (Muster 1, 2 oder 3) zu assoziieren, das am ähnlichsten ist.

In der Abbildung 4.29 ist auch gezeigt, wie die Pixel im Muster durchnumeriert sind.

Schritt 1: Errechnung der Gewichtsmatrix
Der erste Schritt besteht darin, die symmetrische Gewichtsmatrix W zu ermitteln. Dies ist in der Abbildung 4.30 durchgeführt, wobei MS-EXCEL®-Funktionen verwendet wurden. Der Leser möge die Berechnungen zur Kontrolle selbst durchführen. Beispielhaft wird gezeigt, wie das Gewicht von Neuron 2 zu Neuron 4, also Gewicht w_{24} bestimmt wird:

$$w_{24} = 1*1 + 1*0 + 0*1 = 1$$

Die für diese Operation benötigten Zellen sind in der Abbildung 4.30 grau markiert.

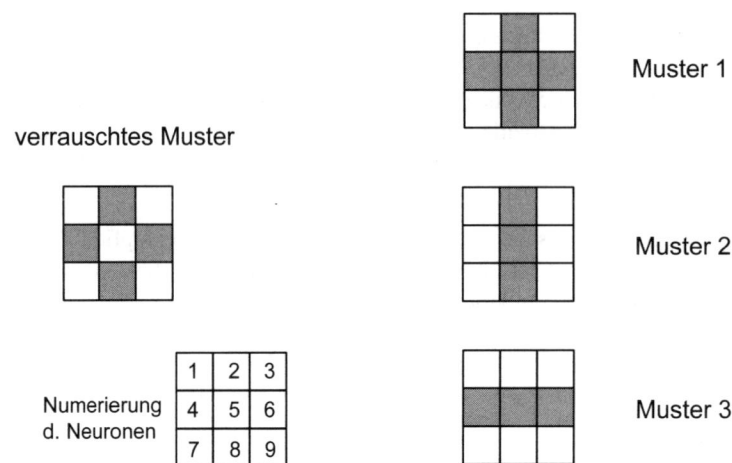

Abbildung 4.29: Mustererkennungsproblem

Die Information über unsere Originalmuster ist also jetzt in der Gewichtsmatrix W enthalten.

Schritt 2: Anlegen des verrauschten Musters
Der nächste Schritt besteht darin, das verrauschte Muster entsprechend der Vorschrift aus Abbildung 4.29 in einem Vektor zu codieren. Dies ist in Abbildung 4.30 durchgeführt.

Schritt 3: Durchführung der Assoziation
Die Assoziation des verrauschten Musters mit einem der gelernten Muster wird über Vektor-Matrix-Multiplikationen durchgeführt, wie die Formel

$$o_j^{t+1} = f(\sum_{i=0}^{N-1} w_{ij} * o_i^t) \quad \forall \ j = 0, 1, ..., N-1$$

aus dem Hopfield-Lernalgorithmus zeigt. Als Abbruchkriterium wählt man meist eine vorgegebene Anzahl von Berechnungen [SCH90], S. 111. Man beachte, daß die aktualisierten Ausgaben der Neuronen in unserem Beispiel synchron ermittelt werden. Dies wurde über die MS-EXCEL®-Funktion MMULT realisiert. Unsere Anwendung ist kein sehr komplexes Mustererkennungsproblem. Nach einem Iterationsschritt (vgl. Abbildung 4.30), d.h. einer Vektor-Matrix-Multiplikation, wurde bereits der Vektor „Muster 1" gefunden. Da in der Gewichtsmatrix vor der Vektor-Matrix-Multiplikation die Gewichte nicht normalisiert (auf {0,1}) wurden, tauchen – bedingt durch die Summationen – jetzt entsprechend höhere Zahlen auf, wenn ein Neuron aktiviert wird. Dies ist aber für die Interpretation der Lösung der

Mustererkennungaufgabe unerheblich. Probeweise (vgl. Abbildung 4.30) wurde auch noch eine zweite Iteration durchgeführt.

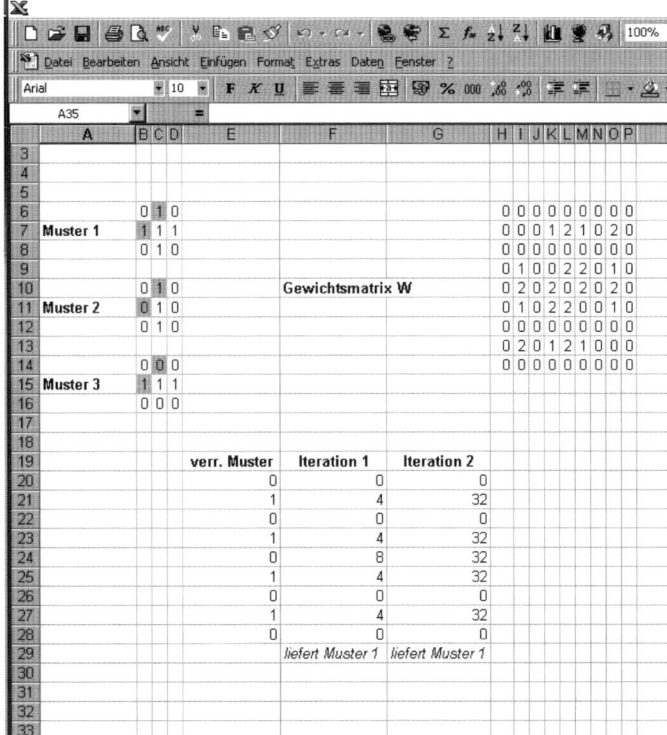

Abbildung 4.30: Lösung des Mustererkennungsproblems

Anwendungsgebiete des Hopfield-Modells

Abschließend werden noch Anwendungsgebiete des Hopfield-Netzes sowie Vor- und Nachteile diskutiert.

Hopfield-Netze eignen sich besonders gut für eine bestimmte Problemklasse, und zwar für Optimierungsprobleme mit Nebenbedingungen [KÖH90], S. 137. Derartige Problemstellungen tauchen in folgenden Anwendungsgebieten auf:

- Signalerkennung und -decodierung
- Mustererkennung
- Objekterkennung
- Spracherkennung
- Operations Research (kombinatorische Optimierungsprobleme)

Auf den letzten Punkt soll etwas genauer eingegangen werden. Die Lösung kombinatorischer Optimierungsprobleme, insbesondere des TSP, mit dem Hopfield-Modell wurde nach ersten experimentellen Ergebnissen von J. Hopfield und D. Tank [HOP85] in der Fachwelt heftig diskutiert (vgl. [HER91], S. 76ff.). Die Grundidee besteht darin, die Energiefunktion als Kostenfunktion zu interpretieren und über die Dynamik des Einschwingprozesses eine gute Lösung aufzufinden. Da beim Rundreiseproblem insgesamt N Städte besucht werden, benötigt man für die Repräsentation im Hopfield-Netz N^2 Neuronen, die vollständig miteinander verbunden sind. Ein Beispiel für eine gültige Rundreise bei fünf Städten (A, B, C, D, E) ist in folgender Abbildung 4.31 (aus [KÖH90], S. 138) gezeigt.

	1	2	3	4	5
A	0	1	0	0	0
B	0	0	0	1	0
C	1	0	0	0	0
D	0	0	0	0	1
E	0	0	1	0	0

Abbildung 4.31: Gültige Rundreise bei einem TSP mit fünf Städten

Definiert man in der Energiefunktion lediglich einen einzigen Term, der die Weglängen zwischen den Städten beschreibt, so kann es – etwa im Gegensatz zu konventionellen Optimierungsverfahren wie dem Branch-and-Bound-Verfahren – passieren, daß man eine ungültige Lösung erhält (weil zum Beispiel eine Stadt zweimal besucht wird). Daher ist es nötig, sog. Strafterme (penalty terms) zu definieren, die diese ungültigen Lösungen charakterisieren. Die Energiefunktion zur Lösung des TSP nach Hopfield beinhaltet also insgesamt vier Terme. Auf die formale Darstellung der Energiefunktion wird hier verzichtet. Sie kann in [KÖH90], S. 139 nachgelesen werden.

- 1. Term
  Jede Stadt darf nur einmal besucht werden.
- 2. Term
  Zu einem Zeitpunkt darf nur eine einzige Stadt besucht werden.
- 3. Term
  Es müssen genau N Städte besucht werden.
- Datenterm
  Während die ersten drei Terme nicht problemspezifisch sind, sondern für jedes TSP gelten, gibt der Datenterm die Entfernungen zwischen Städten für ein spezifisches TSP wieder.

Jeder dieser Terme wird mit einem Parameter gewichtet (Term 1 mit A, Term 2 mit B, Term 3 mit C und der Datenterm mit D). Das System reagiert sehr empfindlich auf die entsprechende Wahl der Parameter. Natürlich ist man interessiert, eine Rundreise mit geringer Weglänge zu erhalten. Gewichtet man demgemäß den Parameter D stark, kann es aber passieren, daß man eine ungültige Lösung bekommt. Verfährt man hingegen umgekehrt, so gewinnt man zwar eine gültige Rundreise, aber die Länge der Tour ist unbefriedigend hoch.

Insgesamt weist die Lösung des TSP mit dem Hopfield-Algorithmus folgende Schwachstellen auf:

- geeignete Wahl der Parameter A, B, C, D (Tuning)
- lokales Verfahren (suboptimale Lösung)

Zur Rechtfertigung der Hopfield-Netze muß allerdings angeführt werden, daß diese sich wegen ihrer analogen und parallelen Natur nicht zur Implementierung auf einem seriellen Rechner eignen, wie dies heute vorwiegend geschieht [KÖH90], S. 141.

Der Einsatz des Hopfield-Netzes bietet folgende Vorteile:

- praktikables Verfahren zur Mustererkennung
- Das Verfahren ist sehr schnell und kann auch direkt in Hardware implementiert werden.
- Das Verfahren kann auch mit anderen Techniken kombiniert werden. Innerhalb eines herkömmlichen Optimierungsverfahrens etwa kann es zur lokalen Suche eingesetzt werden.

Im praktischen Einsatz aber treten folgende Nachteile auf:

- geeignete Formulierung der Problemstellung über die Energiefunktion
- Das Hopfield-Netz ist sehr speicherintensiv. Die Anzahl der zu speichernden Gewichte beträgt bei N Neuronen N*(N-1)/2.

Es können nicht beliebig viele Muster in einem Hopfield-Netz vorgegebener Größe (N Neuronen) gespeichert werden. Damit ein verrauschtes Muster korrekt assoziiert werden kann, ist folgende 14 %-Regel zu berücksichtigen (zur Berechnung vgl. [HER91], S. 17ff.). Diese besagt, daß die Anzahl der Energieminima (gespeicherte Muster) maximal 14 % der Neuronenzahl N betragen darf. Wird diese Grenze überschritten, so kommt es im Energiegebirge zur Ausbildung zahlreicher stabiler Nebenminima (spurious states), die keinen gelernten Mustern entsprechen. Diese Nebenminima verhindern auch, daß ein verrauschtes Muster korrekt assoziiert wird. Man betrachte dazu die Abbildung 4.32. Im oberen Bild wurde die Faustregel M<=N/7 eingehalten (M ist Musterzahl). Ein verrauschtes Muster kann korrekt assoziiert werden. Im unteren Bild ist die 14 %-Fausregel verletzt und es bildet sich eine Art Mondlandschaft, die die korrekte Assoziation verhindert. Es besteht die Möglichkeit, die 14 %-Grenze zu erhöhen, indem man die Muster günstiger codiert und eine andere Regel zur Festlegung der Gewichte verwendet (vgl. [KRU91], S. 177). Man beachte, daß diese Faustregel auch beim gezeigten Mustererkennungsbeispiel verletzt wurde. Die korrekte Assoziation war aber deswegen möglich, weil die Muster sehr unterschiedlich waren und daher die Energieminima weit auseinander lagen.

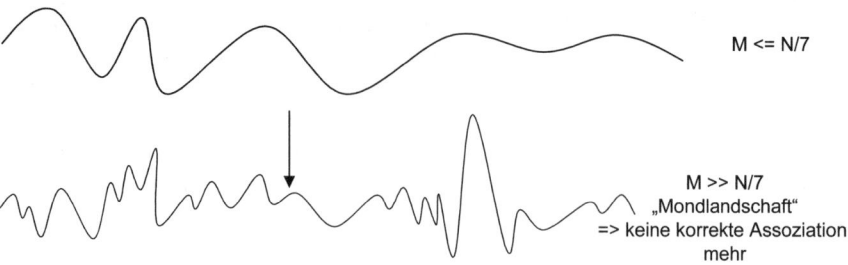

M <= N/7

M >> N/7
„Mondlandschaft"
=> keine korrekte Assoziation
mehr

Abbildung 4.32: Ausbildung von Nebenminima im Hopfield-Netz

4.2.5   Die Boltzmann-Maschine

Verwendet man das Hopfield-Modell zur Lösung von Optimierungsproblemen, so erhält man eine relativ gute Lösung in geringer Zeit. Bei Aufgaben der Mustererkennung ist es – wie wir in Abschnitt 4.2.4 gesehen haben – ausreichend, daß das nächste lokale Minimum aufgesucht wird. Es gibt jedoch Problemstellungen, z.B. kombinatorische Optimierungsprobleme, wo das Auffinden des globalen Minimums gewünscht wird. Dazu ist aber ein Mechanismus notwendig, der es erlaubt, daß ein einmal gefundenes lokales Minimum wieder verlassen werden kann. Die Dynamik des Hopfield-Modells mit monoton sinkender Energie hat dies nicht zugelassen. In diesem Abschnitt werden wir mit der Boltzmann-Maschine ein KNN kennenlernen, wo es prinzipiell möglich ist, globale Minima zu finden. Der Mechanismus in der Boltzmann-Maschine, der dies ermöglicht, heißt Simulated Annealing.

Darstellungen der Boltzmann-Maschine findet man etwa in [SCH90], S. 125ff., [KRU91], S. 195ff., [KIN94], S. 71ff., [KÖH90], S. 104ff., [PAT96a], S.301ff. Der an mathematischen Grundlagen interessierte Leser sei auf [HER91], S. 163ff. und [ROJ93], S. 331ff. verwiesen.

Hintergrund: Simulated Annealing

Genauso wie die Organisationsprinzipien im Neocortex des Gehirns die Grundlage für das Kohonen-Modell und die Spinglastheorie die Grundlage für das Hopfield-Modell bilden, ist das Simulated Annealing der der Boltzmann-Maschine zugrundeliegende Mechanismus.

Das Simulated Annealing (simuliertes Ausglühen oder simuliertes Kühlen) ([SCH90], S. 117ff.) ist ein allgemein einsetzbares Optimierungsverfahren, dessen Verwendung nicht auf KNN beschränkt ist. Es wurde von Metropolis 1953 [MET53], S. 1087ff. entwickelt, um das globale Optimum einer Funktion mit vielen Parametern zu finden. 1983 veröffentlichten Kirkpatrick u.a. eine mittlerweile berühmt gewordene Arbeit [KIR83], S. 671ff., in der sie zeigten, wie Optimierungsaufgaben mit Hilfe des Simulated Annealing gelöst werden können.

Die Grundlage des von Metropolis entwickelten Optimierungsverfahrens bildet ein Gebiet aus der Thermodynamik (statistische Mechanik), die Kristallzüchtung. Die Vorgangsweise bei der Kristallzüchtung wird im folgenden beschrieben.

Damit ein Kristall eine perfekte Struktur mit wenigen Fehlern bekommt (~ globales Minimum), muß man ihn langsam abkühlen. Nur dann haben die Atome genügend Zeit, jene
Plätze in der Gitterstruktur zu finden, wo die Gesamtenergie minimal ist. Solange die Temperatur hoch genug ist, können einzelne Atome ihren Zustand auch so ändern, daß die Gesamtenergie wieder zunimmt. Die Wahrscheinlichkeit dafür, daß auf diese Weise lokale
Minima wieder verlassen werden, nimmt aber mit sinkender Temperatur ab. Wird die Temperatur zu schnell abgekühlt („Freezing-Effekt") [SCH90], S. 66, so haben die Atome nicht
genügend Zeit, jene Positionen einzunehmen, die dem globalen Minimum der Potentialener-
gie entsprechen. In diesem Fall wird eine Struktur ausgebildet, die nur ein lokales Energieminimum darstellt. Der Kristall weist zwar im großen und ganzen eine regelmäßige Struktur
auf, es gibt aber sehr viele Gitterfehler. So fehlen an manchen Plätzen die Atome, andere
Atome sitzen an sog. Zwischengitterplätzen und die Gitterebenen sind gegeneinander nicht
symmetrisch, sondern stufen- oder schraubenförmig versetzt.

Die Analogie zur Lösung bei einem Optimierungsproblem liegt auf der Hand. Wird der im
Modell künstlich eingeführte Parameter Temperatur zu schnell reduziert, so wird nur ein
lokales Optimum gefunden. Reduziert man die Temperatur entsprechend langsam, so besteht
eine größere Wahrscheinlichkeit, das globale Optimum aufzufinden. Mit Sicherheit wird das
globale Optimum nur dann erreicht, wenn die Temperatur unendlich langsam abgesenkt
wird. Da dies in der Praxis aber klarerweise nicht möglich ist, ist es nötig, daß die Energiefunktion globale Minima mit ausgeprägten Attraktionsbecken besitzt, damit die Wahrscheinlichkeit, daß diese globalen Minima auch gefunden werden, entsprechend hoch ist [ROJ93],
S. 333. Leider ist dies für viele kombinatorische Optimierungsprobleme wie das TSP oder
das Acht-Damen-Problem nicht unbedingt garantiert. Solche Optimierungsprobleme haben
folgende unangenehme Eigenschaften [ROJ93], S. 333:

- Globale Minima sind selten und befinden sich außerdem in Bereichen mit einer großen
  Zahl lokaler Minima.
- Die Attraktionsbecken der globalen Minima sind nicht sonderlich groß im Vergleich zu
  denen der lokalen Minima, woraus folgt, daß die Boltzmann-Maschine eigentlich keine
  deutlichen Verbesserungen der Resultate bringen kann.

So gesehen ist die Bedeutung der Boltzmann-Maschine mehr theoretischer Art, da man hier
untersuchen kann, wie Lernen in stochastischen Maschinen abläuft.

Die Lernregel für die Boltzmann-Maschine wurde 1985 von Ackley, Hinton und Sejnowski
[ACK85], S. 147ff. entwickelt. Die Boltzmann-Maschine kann allgemein als Weiterentwicklung des Hopfield-Netzes gesehen werden. Im Vergleich zum Hopfield-Modell existieren folgende Unterschiede:

- Die Boltzmann-Maschine zählt zu den überwachten Lernverfahren.
- Die Gewichte im Netz werden nicht heuristisch, sondern nach einem Lernverfahren bestimmt.

Da die Boltzmann-Maschine und insbesondere das verwendete Lernverfahren recht komplex sind, wird dieses KNN in mehreren Abschnitten (Topologie, Knotendynamik, Lernverfahren, Betrieb, Vor- und Nachteile) besprochen.

Topologie der Boltzmann-Maschine

Die Topologie der Boltzmann-Maschine [SCH90], S. 125 ist genauso wie beim Hopfield-Netzwerk:

- rückgekoppeltes Netzwerk
- ungeschichtetes Netzwerk mit einer Schicht von N Neuronen
- binäre Neuronen mit den Zuständen $o_j = 0$ (inaktiv) und $o_j = 1$ (aktiv)
- Vollverbindungen
- symmetrische Gewichte ($w_{ij} = w_{ji}$)
- keine Rückkopplung, also $w_{ii} = 0$

Die vollständig verbundenen Neuronen können nach ihrer Funktion unterteilt werden in sichtbare (visible units) und verdeckte (hidden units) Neuronen. Die sichtbaren Neuronen sind für die Ein- und Ausgabe zuständig und die verdeckten Neuronen haben die gleiche Funktion wie in den Feedforward-Netzen, also eine interne Repräsentation der Eingabemuster.

- Eingabeneuronen (input units)
  An diese Neuronen wird der Eingabevektor angelegt. Jedes Eingabeneuron nimmt dabei eine Komponente des Eingabevektors auf. Wichtig dabei ist, daß diese Neuronen ihre Werte während der Zeit, die das Netz für die Errechnung der Antwort braucht, nicht verändern dürfen.
- verdeckte Neuronen (hidden units)
  Wie schon erwähnt, sind diese Neuronen für die interne Abstraktionsleistung zuständig. Hidden units werden immer dann eingesetzt, wenn das Problem eine Komplexität besitzt, so daß paarweise Beziehungen zwischen Ein- und Ausgabeneuronen nicht mehr ausreichen. Es ist wichtig festzuhalten, daß in der Boltzmann-Maschine niemals die Aktivitäten der verdeckten Neuronen von außen beeinflußt werden.
- Ausgabeneuronen (output units)
  Genauso wie im Hopfield-Modell kann eine Ausgabe dann als Lösung interpretiert werden, wenn der Ausgabevektor stabil ist, sich also nicht mehr ändert. Im Unterschied zum Hopfield-Modell müssen aber nicht alle Neuronen stabile Werte aufweisen, sondern lediglich die sichtbaren Neuronen. Die verdeckten Neuronen können ihre Werte auch weiterhin ändern.

In Abbildung 4.33 ist die Topologie der Boltzmann-Maschine veranschaulicht.

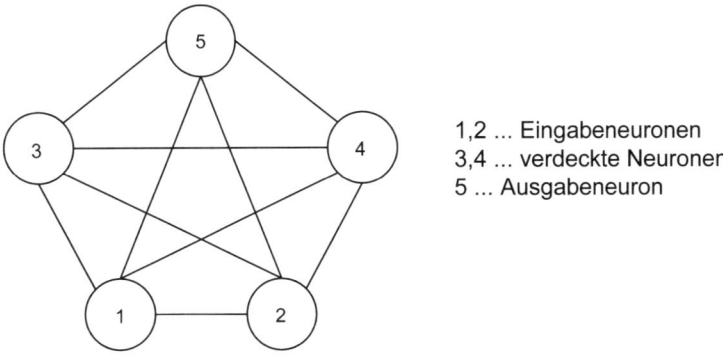

1,2 ... Eingabeneuronen
3,4 ... verdeckte Neuronen
5 ... Ausgabeneuron

Abbildung 4.33: Topologie der Boltzmann-Maschine mit Eingabeneuronen, vedeckten Neuronen und Ausgabeneuron

Knotendynamik in der Boltzmann-Maschine

In diesem Abschnitt wird die Knotendynamik der Boltzmann-Maschine erläutert (vgl. [KRU91], S. 196ff.). Der Nettoinput eines Neurons j wird wie beim Hopfield-Modell berechnet, also

$$net_j = \sum_i w_{ij} * o_i + \theta_j$$

Der Bias θ_j kann wieder als externe Anregung von außerhalb interpretiert werden. Die Aktivierung a_j eines Neurons j im Hopfield-Modell wurde durch eine Schwellwertfunktion bestimmt, die nur die zwei Zustände $\{0,1\}$ zuläßt. Bei der Boltzmann-Maschine hingegen sind kontinuierliche Aktivierungszustände möglich, also

$$A = [0,1]$$

Als Aktivierungsfunktion wird die schon vom Backpropagation-Lernverfahren her bekannte sigmoide Funktion verwendet, die noch um den Parameter Temperatur T zur Durchführung des Simulated Annealing erweitert wird:

$$a_j = 1/(1 + exp(-net_j)/T)$$

Während beim Hopfield-Modell die Neuronen-Ausgaben o_j deterministisch über die Identitätsfunktion berechnet werden, ist bei der Boltzmann-Maschine die Ausgabefunktion stochastisch. Die Boltzmann-Maschine gehört damit zu den KNN, wo stochastisches Lernen durchgeführt wird. Die Ausgabe eines Neurons j ergibt sich durch den Vergleich der aktuellen Aktivierung a_j mit einer Pseudozufallszahl (random) aus dem Intervall $[0,1]$:

$$o_j = 1, wenn\ a_j > random,\ sonst\ 0$$

Die Knotendynamik der Boltzmann-Maschine kann daher als Wahrscheinlichkeitsfunktion $P(o_j)$ folgendermaßen angeschrieben werden:

$$P(o_j = 1) = 1/(1 + exp(-net_j)/T)$$

Die Aktivierungsfunktion der Boltzmann-Maschine ist für verschiedene Werte T in der Abbildung 4.34 (nach [KRU91], S. 197) dargestellt:

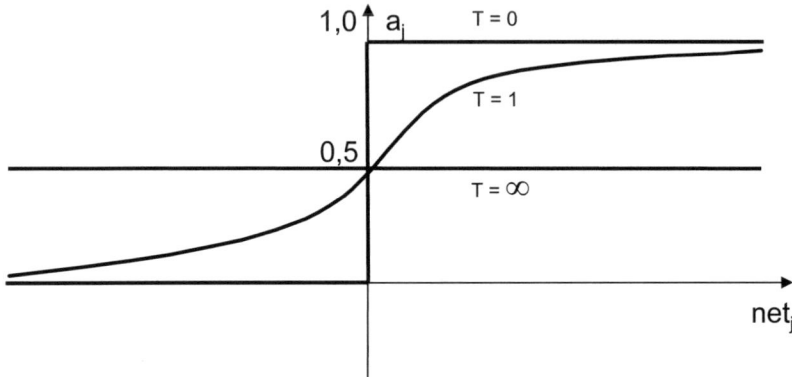

Abbildung 4.34: Verlauf der Aktivierungsfunktion in der Boltzmann-Maschine für verschiedene T

Die Wahrscheinlichkeit, daß ein Neuron den Zustand $o_j = 1$ annimmt, wird also durch den Nettoinput und die Temperatur bestimmt. Der Verlauf der Aktivierungsfunktion wird durch den Wert des Parameters T determiniert:

• Ist die Temperatur sehr hoch, so ist es unabhängig vom Nettoinput in etwa gleich wahrscheinlich (siehe den Wert 0,5 für die Aktivierung in der Abbildung 4.34 bei T=∞), ob ein Neuron aktiviert ist oder nicht.

• Hat die Temperatur den Wert 1, so ergibt sich, wie man leicht sieht, die sigmoide Aktivierungsfunktion.

• Bei der Temperatur T = 0 schließlich, erhält man die vom Hopfield-Netz her bekannte Schwellwertfunktion.

Damit ist es jetzt auch möglich, den Namen Boltzmann-Maschine zu erklären. Die Boltzmann-Verteilung – benannt nach dem berühmten österreichischen Physiker Ludwig Boltzmann – gibt für zwei unterschiedliche Zustände A und B eines thermodynamischen Systems mit zugehörigen Energieniveaus E_A und E_B bei gegebener Temperatur T die relative Wahrscheinlichkeit an, mit der diese Zustände im thermischen Gleichgewicht auftreten:

$$P_A/P_B = exp((E_B - E_A)/T)$$

Die Autoren zeigen nun anhand bestimmter Werte von T, wie wahrscheinlich es ist, daß ein bestimmter Zustand angenommen wird. Nehmen wir zuerst an, die Temperatur T sei sehr groß. Es möge außerdem $E_A > E_B$ gelten. Dann wird der Ausdruck auf der rechten Seite

$exp((E_B - E_A)/T)$

annähernd 1 sein.

Damit gilt dann:

$P(A) \approx P(B)$

Dies bedeutet, daß unabhängig vom Energieniveau beide Zustände A und B gleich wahrscheinlich sind. Es ist also durchaus möglich, daß ein Zustand mit höherer Energie angenommen wird, sofern die Temperatur genügend hoch ist.

Wenn umgekehrt die Temperatur niedrig ist (etwa 1), so erhält man

$P_A/P_B = exp(E_B - E_A)$

Die Wahrscheinlichkeit, daß bei genügend großer Differenz der Energieniveaus der Zustand höherer Energie E_A angenommen wird, ist dann verschwindend gering. Es wird dann fast immer der Zustand mit geringerer Energie bevorzugt.

Wir sehen also, daß es durch die stochastische Ausgabefunktion möglich wird, daß Zustände mit höherer Energie angenommen werden. Dies ist die Grundidee beim Simulated Annealing. Analog zum Hopfield-Modell kann auch in der Boltzmann-Maschine eine Energiefunktion definiert werden [KRU91], S. 198:

$$E = -\frac{1}{2} * \sum_i \sum_j w_{ij} * o_i * o_j + \sum_i \theta_i * o_i$$

Lernen in der Boltzmann-Maschine

Wir haben in den vorigen Abschnitten die Topologie und die Knotendynamik der Boltzmann-Maschine definiert. Bevor wir auf das eigentliche Lernverfahren der Boltzmann-Maschine eingehen, betrachten wir, wie das allgemeine Prinzip des Simulated Annealing für die Zwecke des Einsatzes in einem Neuronalen Netz adaptiert wird (in Anlehnung an [KRU91], S. 198ff.).

Simulated Annealing in der Boltzmann-Maschine

Das Ziel der Verarbeitung in der Boltzmann-Maschine besteht darin, das Netz in einen Zustand mit global minimaler Energie überzuführen. Dies wird durch folgenden aus dem Simulated Annealing übernommenen Algorithmus gewährleistet:

- Zu Beginn wird ein genügend großer Wert des Kontrollparameters T fixiert. Anschließend wird ein Neuron zufällig ausgewählt und Verarbeitungsschritte solange durchgeführt, bis das Netz das thermische Gleichgewicht erreicht hat. In diesem Zustand ist das Netz zwar noch nicht stabil – dies ist erst bei einer Temperatur nahe Null möglich – doch das Energieniveau ist im Mittel konstant.

• Anschließend wird die Temperatur verringert und erneut die Verarbeitung bis zum Errei-chen eines neuen thermischen Gleichgewichtes fortgesetzt. Das Verfahren bricht dann ab, wenn das Netz bei sehr niedriger Temperatur einen stabilen Zustand erreicht hat.

Bei sehr hoher Temperatur können die Neuronen ihren Zustand frei bestimmen, und es kön-nen beliebige Energieniveaus angenommen werden. Senkt man die Temperatur langsam ab, so wird die Energielandschaft anfangs nur langsam nach Bereichen mit relativ niedriger Energie abgesucht. Erst wenn die Temperatur schon sehr klein ist, wird innerhalb des Berei-ches, wo man sich gerade befindet, eine lokale Suche durchgeführt. Idealerweise ist diese Lösung dann das globale Energieminimum.

Dieses Verarbeitungsschema ist in folgendem Pseudocode-Algorithmus exakt formuliert. Man beachte, daß in der inneren REPEAT-Schleife ein Neuron ausgewählt wird und so lange fortgefahren wird, bis das thermische Gleichgewicht erreicht ist. Die äußere REPEAT-Schleife dient zum sukzessiven Absenken der Temperatur.

```
begin
    Wähle genügend großen Temperaturstartwert
    repeat

        repeat
            Wähle zufällig ein Neuron i aus
            Bestimme den neuen Ausgabewert o_i gemäß der
            stochastischen Ausgabefunktion
        until thermisches Gleichgewicht erreicht

        Verringere Temperatur

    until stabiler Zustand erreicht
end
```

Es ist mathematisch bewiesen, daß mit der Boltzmann-Maschine unter Verwendung des Simulated Annealing-Mechanismus das globale Optimum gefunden wird. Allerdings müssen dabei zwei Bedingungen erfüllt sein:

• Das Netzwerk muß auf jedem Temperaturniveau unendlich lange Zeit haben, das thermi-sche Gleichgewicht zu finden.

• Die Temperatur muß sehr langsam reduziert werden.

In der praktischen Implementierung auf einem Rechner ist dieses Simulated Annealing mit unendlich langsamer Abkühlzeit natürlich nicht durchführbar. Daher muß ein pragmatischer

Weg gefunden werden und der besteht in der Festlegung eines sog. Abkühlplans (cooling schedule). Dieser Abkühlplan läuft nach folgendem Algorithmus ab:

- Startwert des Kontrollparameters T_0
- Anzahl der Verarbeitungsschritte L_T bei gegebenem Temperaturniveau T
- Vorschrift zur Senkung der Temperatur nach Beendigung von L_T Verarbeitungsschritten
- Abbruchkriterium (untere Schranke des Kontrollparameters)

Mit einem derartigen Abkühlplan kann natürlich nicht mehr garantiert werden, daß das globale Minimum gefunden wird. Ein derartiger Plan stellt aber einen sinnvollen Kompromiß zwischen Rechenaufwand und Qualität der Lösung dar. Genaue Vorschriften, wie der Temperaturstartwert für jedes Neuron und die Temperaturreduktion nach L_T Verarbeitungsschritten festgelegt wird, sind aus [KRU91], S. 200 zu entnehmen.

Lernregel in der Boltzmann-Maschine
Prinzipiell kann man das Lernen in KNN in zwei Klassen gliedern [SCH90], S. 126. Beim sog. easy learning sind die gewünschten Zustände aller Prozessoreinheiten bekannt. Beispiele hierfür sind das Perceptron, wo mit der Delta-Regel gelernt wird. Ein anderes Beispiel ist das in Abschnitt 4.2.4 vorgestellte Hopfield-Modell. Es gibt aber auch KNN mit hard learning. Bei dieser Lernart gibt es Neuronen, die sog. verdeckten Neuronen, für die kein Zielzustand existiert. Das Netz muß selbständig bestimmen, welche Aufgaben die verdeckten Neuronen zum Erreichen der korrekten Ausgabe übernehmen, also welches verdeckte Neuron für welche Abstraktionsleistung (Aufbereitung der Information von der Eingabeschicht) zuständig ist. Beim hard learning tritt das sog. credit assignment problem (Zuordnung der Bewertung) auf. Da ja das Netz nicht von außen beeinflußbar ist, weiß man nicht, welches verdeckte Neuron für eine korrekte und welches für eine falsche Ausgabe verantwortlich ist.

Um das Lernen in der Boltzmann-Maschine besser zu verstehen, werden die wesentlichen Unterschiede im Vergleich zum Hopfield-Lernen angeführt. Das Lernen im Hopfield-Modell war charakterisiert durch:

- nicht überwachtes Lernen
- easy learning (keine verdeckten Neuronen)
- Festlegung der Gewichte über eine Heuristik (Hebb'sche Lernregel)

Ackley, Hinton und Sejnowski haben nun 1985 einen Lernalgorithmus für die Boltzmann-Maschine mit folgenden Eigenschaften entwickelt:

- überwachtes Lernen (Verwendung eines Zielvektors)
- hard learning (verdeckte Neuronen)
- Festlegung der Gewichte über ein adaptives Lernverfahren

Dem Leser sei aber in Erinnerung gerufen, daß die verdeckten Neuronen keine eigene Schicht wie bei den MLPs bilden. Wie oben definiert, sind die Neuronen genauso wie beim Hopfield-Netz ungeschichtet.

Im folgenden wird der Boltzmann-Lernalgorithmus in Anlehnung an [SCH90], S.126ff. und [KRU91], S.205ff. eingehend erläutert. Der Lernalgorithmus zerfällt in zwei Phasen, in die

- positive, Plus- oder Erfahrungsphase: In dieser Phase werden an die Eingabeneuronen das Eingabemuster und an die Ausgabeneuronen das Zielmuster angelegt (clamped). Ein- und Ausgabeneuronen müssen während der folgenden Verarbeitung konstant bleiben – d.h. sie dürfen ihren Wert nicht ändern –, und die verdeckten Neuronen werden durch Simulated Annealing in einen Gleichgewichtszustand übergeführt. Nach Eintreten des stabilen Zustandes wird für jedes Gewicht w_{ij} ein gewichtsspezifischer Aktivationszähler a_{ij}^+ erhöht, falls die beiden miteinander verbundenen Neuronen i und j jeweils den Wert 1 haben. Dieser Vorgang wird für eine bestimmte Zahl N zufällig ausgewählter Lernmuster wiederholt. Dann ist es möglich, für jedes Gewicht w_{ij} die Wahrscheinlichkeit p_{ij}^+ über alle Lernmuster zu ermitteln, mit der es im Gleichgewichtszustand in der Erfahrungsphase aktiv ist.

- negative, Minus- oder Prognosephase: In der negativen Phase werden keine Lernmuster angelegt. Beginnend mit einem zufälligen Anfangszustand überführt man alle Neuronen durch Simulated Annealing in einen Gleichgewichtszustand. Das bedeutet, daß auch die sichtbaren Neuronen (Ein- und Ausgabeneuronen) ihren Zustand während des Simulated Annealing ändern können. Man bezeichnet diese Art von Lernen auch als frei (free running). Genauso wie in der Erfahrungsphase für jedes Gewicht der Wert a_{ij}^+ kann in der negativen Phase ein Wert a_{ij}^- ermittelt werden. Über alle zufälligen Läufe berechnet man dann wieder einen Wert p_{ij}^-, der die Aktivationswahrscheinlichkeit für jedes Gewicht im stabilen Zustand angibt.

Das Ziel des Lernalgorithmus besteht darin, die Gewichte w_{ij} derart zu justieren, daß zwei Neuronen im Gleichgewicht immer mit der gleichen Wahrscheinlichkeit p_{ij} aktiv sind und es dabei keine Rolle spielt, ob das Netz in der Plus- oder Minus-Phase läuft. Es soll also gelten

$$p_{ij}^+ = p_{ij}^-$$

Dieses Prinzip des Lernens wird auch als Maximum Likelihood (maximale Ähnlichkeit) bezeichnet (vgl. dazu das Maximum-Likelihood-Prinzip in der Statistik). Man versucht also die Gewichte im Netz derart zu wählen, daß jeder mögliche Zustand im Netz mit angelegtem Eingabevektor die gleiche Wahrscheinlichkeit hat, wie wenn das Netz frei läuft. In diesem Fall, wo die Korrelation zweier Neuronen in der Plus- und Minusphase gleich ist, sind die Antworten auf die Eingaben im Netz, also das zu lernende Wissen, optimal in den verdeckten Neuronen abgebildet. Diesem idealen Zustand versucht man mit dem von Ackley, Hinton und Sejnowski entwickelten Lernalgorithmus so nahe wie möglich zu kommen.

Dieser Lernalgorithmus für die Boltzmann-Maschine kann in Pseudocode folgendermaßen formuliert werden (vgl. [SCH90], S. 127):

1. Initialisierung: Initialisiere zu Beginn die Gewichte mit zufälligen, kleinen Anfangswerten. Dies hat sich als praktikabel erwiesen.

2. Lernmuster: Lege ein zu lernendes Input-Output-Muster an.

3. Simulated Annealing: Finde das thermische Gleichgewicht bei kleinem T mit Simulated Annealing.

4. *Aktivationszähler:* Ermittle für jede Verbindung w_{ij} den Wert a_{ij}^+

5. *Lernmuster:* Führe die Schritte (2) bis (4) N mal durch (Anzahl der Kühlsimulationen bzw. Lernmuster)

6. *Mittelwert:* Berechne für jedes Gewicht den Mittelwert der Verbindung p_{ij}^+

7. *Minus-Phase:* Führe N mal Simulated Annealing in der Minus-Phase durch und ermittle p_{ij}^-

8. *Gewichtsänderung nach der Formel*

$$w_{ij}(neu) = w_{ij}(alt) + \varepsilon * (p_{ij}^+ - p_{ij}^-)$$

9. *Iteration:* Beginne von vorn, bis das Netz das gewünschte Verhalten zeigt, also keine nennenswerten Gewichtsänderungen mehr auftreten, also $p_{ij}^+ \approx p_{ij}^-$.

Betrachten wir diesen Lernalgorithmus etwas genauer [SCH90], S. 127f.:

- Lernschrittweite: Dieser Parameter ε ist uns ja schon vom Backpropagation- und Kohonen-Lernen bekannt. ε wird im Intervall [0,1] gewählt und gibt an, wie stark ein Durchlauf des Lernalgorithmus zur Gewichtsveränderung beiträgt. Wird ε zu groß gewählt, so kommt es zu oszillierendem Verhalten der Lernregel. Die Gewichte werden dermaßen stark verändert, daß nach dem nächsten Lernschritt eine Gegenbewegung in die umgekehrte Richtung nötig wird. Wird ε hingegen zu klein gewählt, so verzögert sich der Lernprozeß und das Lernen in der Boltzmann-Maschine wird noch zeitaufwendiger, als es ohnedies schon ist. Wie bei anderen Lernverfahren, die eine ähnlich aussehende Lernregel einsetzen, hat es sich als günstig herausgestellt, daß zuerst mit einem großen ε gestartet wird und ε dann schrittweise abgesenkt wird.

- Freezing: Es ist wichtig, daß während des Lernens die Temperatur T niemals so klein wird, daß das Netz einfriert. Man spricht in diesem Zusammenhang auch vom Freezen. Umgekehrt muß aber T doch so niedrig sein, daß der Unterschied zwischen den tatsächlich angenommenen und den stabilen Zuständen nicht zu groß wird.

- Lokale Lernregel: Wenn man die Lernregel betrachtet, so sieht man, daß zur Gewichtsänderung von w_{ij} neben dem für alle Neuronen einheitlichen ε nur auf die beiden Neuronen i und j bezogene Information eingeht. Damit eignet sich die Boltzmann-Maschine hervorragend für parallele Implementierungen.

Der Lernalgorithmus, wie er oben formuliert wurde, weist im wesentlichen zwei Problemkreise auf:

- Zahl der Kühlsimulationen (N) [SCH90], S. 128f.: Es gibt im allgemeinen keine Regel dafür, wie viele Kühlsimulationen für die Ermittlung der Werte p_{ij}^+ und p_{ij}^- benötigt werden. Es kann nun passieren, daß eine zu kleine Zahl von Simulationen zu stark abweichenden Werten p_{ij}^+ und p_{ij}^- führt. Es kann aber gezeigt werden, daß dies nicht unbedingt ein Nachteil sein muß. Der Lernalgorithmus versucht ja die Abweichungen zwischen p_{ij}^+

und p_{ij}^- dadurch zu minimieren, indem die Gewichte um kleine Beträge geändert werden. Ist eine Verbindung in der Minus-Phase im Vergleich zum gewünschten Verhalten in der Plus-Phase nicht häufig genug aktiv [KRU91], S. 207, so wird das Gewicht dieser Verbindung etwas verstärkt. Ist umgekehrt die Verbindung in der Minus-Phase häufiger aktiv als gewünscht, so wird das Gewicht der Verbindung etwas verringert. Dabei können bei der Einstellung der Gewichte lokale Minima auftreten, wo sich der Lernalgorithmus verfängt. Eine geringe Zahl von Kühlsimulationen führt also quasi dazu, daß die Korrelationen statistisch verrauscht sind. Dies kann dazu beitragen, daß der Lernalgorithmus aus dem lokalen Minimum entweicht. Voraussetzung für ein Entweichen ist allerdings, daß die Lernrate entsprechend klein gewählt wird.

- unendlich hohe Gewichte [SCH90], S. 128f, [KRU91], S. 208: In der Plus-Phase sind ja die Zustände der Ein- und Ausgabeneuronen durch die gewählten Lernmuster fix vorgegeben. Gewisse Zustände können also hier niemals auftreten. In der Minus-Phase hingegen besteht zwar eine kleine, aber doch vorhandene Wahrscheinlichkeit, daß Zustände, die in der Plus-Phase nicht auftreten können, doch eintreten. Damit ist aber auch klar, daß zwischen den Korrelationen p_{ij}^+ und p_{ij}^- immer eine gewisse Differenz besteht. Nach der Lernregel führt dies zur Änderung von Gewichten, von denen einige immer größer werden. Da Zustände unendlich hohe Energie haben müssen, damit sie niemals als Ausgabe auftreten können, und nur unendlich große Gewichte bewirken, daß ein Zustand unendlich hohe Energie hat, werden die permanenten Gewichtsänderungen zu unendlich hohen Gewichten führen. Wie kann man sich nun hier behelfen? In der Praxis wird ein Verfahren eingesetzt, das noisy clamping heißt. Dabei werden neben den originalen Lernmustern auch leicht verrauschte Lernmuster angelegt, wo einige Bits zufällig umgeklappt sind. Damit wird erreicht, daß in der Plus-Phase jedes Muster eine gewisse Eintrittswahrscheinlichkeit besitzt, wodurch Zustände mit unendlich hoher Energie und damit auch unendlich große Gewichte unterbleiben werden. Noisy clamping führt zu einer Abflachung des Energiegebirges, d.h. die Unterschiede in den Niveaus zwischen Gipfeln und Tälern des Gebirges nehmen ab. Statt dessen werden die Täler, wo die Ein- und -Ausgabe-Paare liegen, verbreitert, was die angenehme Konsequenz hat, daß das Netz das gewünschte Verhalten leichter erlernen kann. Die Wahrscheinlichkeit, beim Recall das globale Minimum aufzufinden, wird höher. Die Wirkung des noisy clamping auf das Aussehen des Energiegebirges ist in Abbildung 4.35 (nach [SCH90], S. 129) gezeigt.

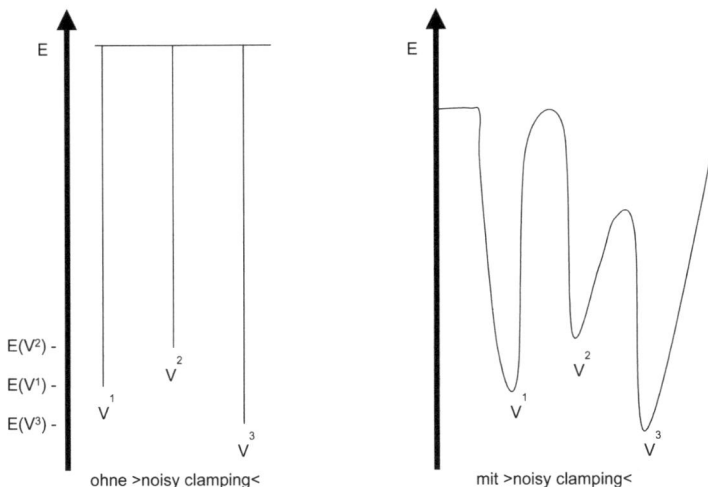

Abbildung 4.35: Noisy clamping und Energiegebirge

Das hier allgemein skizzierte Lernverfahren mit Plus- und Minus-Phasen kann in verschiedenen Varianten implementiert werden. Der interessierte Leser sei diesbezüglich auf [KRU91], S. 208f. verwiesen.

Betrieb der Boltzmann-Maschine

Im vorigen Abschnitt wurde eingehend beschrieben, wie die Gewichte im Netz über ein Lernverfahren eingestellt werden, so daß die Lernmuster zufriedenstellend gelernt werden. In der Anwendungs- oder Recallphase soll die Boltzmann-Maschine nun zu einem gelernten oder verrauschen Muster eine Ausgabe generieren. Dazu wird an die Eingabeneuronen das Eingabemuster angelegt. Die Eingabeneuronen dürfen während des gesamten Prozesses ihren Zustand nicht verändern. Anschließend wird Simulated Annealing durchgeführt, bis sich die Zustände der Ausgabeneuronen nicht mehr ändern. An den Ausgabeneuronen kann dann auch die Lösung abgelesen werden. Wie schon beim Abschnitt über die Topologie erwähnt, ist es nicht notwendig, daß das gesamte Netz stabil ist. Es ist ausreichend, wenn die Ausgabeneuronen im Gleichgewichtszustand sind, die Zustände der verdeckten Neuronen können sich hingegen weiter ändern.

Vor- und Nachteile der Boltzmann-Maschine

Abschließend werden die Vor- und Nachteile des Einsatzes der Boltzmann-Maschine zusammengefaßt. Folgende Vorteile können genannt werden:

- Die Boltzmann-Maschine ist ein KNN, das es erlaubt, allgemein zu untersuchen, wie Lernen in stochastischen Maschinen abläuft.
- Mit der Boltzmann-Maschine ist es zumindest prinzipiell möglich, das globale Optimum zu finden. Damit eignet sich dieser Netztyp besonders zur Lösung (kombinatorischer)

Optimierungsprobleme. Die Wahrscheinlichkeit, dieses globale Optimum zu finden, hängt dabei nicht nur vom Lernprozeß, sondern auch vom spezifischen Problem ab.

- Die Boltzmann-Maschine eignet sich wegen ihrer lokalen Lernregel besonders gut zur Implementierung in Parallelrechnern.

Die Boltzmann-Maschine hat folgenden Nachteil (vgl. [KRU91], S. 210):

- Die Boltzmann-Maschine ist sehr rechenintensiv. Dies liegt im stochastischen Charakter der Boltzmann-Maschine begründet, wobei besonders die zahlreichen Simulated Annealing-Prozesse sehr zeitintensiv sind. Für eine Simulation auf dem PC ist die Boltzmann-Maschine wohl nicht geeignet. Wird das Boltzmann-Lernverfahren aber in Parallelrechnern oder direkt in Hardwarechips implementiert, so ist die Boltzmann-Maschine für den praktischen Einsatz geeignet.

Eine andere Möglichkeit, das Lernverfahren zu beschleunigen, besteht darin, den stochastischen Einschwingprozeß des Simulated Annealing durch deterministische Berechnungen zu ersetzen. Eine derartige Technik wird Mean Field Annealing genannt. Dabei wird die Wahrscheinlichkeit, daß eine Verbindung im thermischen Gleichgewicht aktiv ist, mit Hilfe der Boltzmann-Verteilung direkt berechnet. Damit kann eine deutliche Verkürzung der Lerndauer erzielt werden.

4.3 Entwicklung und Implementierung von KNN

In diesem Abschnitt werden Aspekte der Entwicklung und Implementierung von KNN erläutert. In Abschnitt 4.3.1 wird gezeigt, welche Phasen bei der Entwicklung eines neuronalen Systems durchlaufen werden. Abschnitt 4.3.2 stellt im Überblick Implementierungsvarianten für KNN vor und in Abschnitt 4.3.3 kann der Leser verfolgen, wie ausgewählte Beispiele konkret mit der Neurosimulatorsoftware SNNS gelöst werden.

4.3.1 Phasen bei der Entwicklung eines neuronalen Systems

Welche Schritte bei der Entwicklung eines neuronalen Systems sind nun im einzelnen notwendig? Nach [SCH97a], S. 210 werden folgende Entwicklungsphasen unterschieden, die unabhängig vom gewählten Netztyp durchlaufen werden:

- Datenmodellierung
- Klassifikatorerstellung
- Test

Nach Abschluß des Testens gilt es, die fertige Neuroanwendung in die Zielplattform des Unternehmens zu integrieren. Die einzelnen Phasen werden nun im folgenden nach [SCH97a], S. 210ff. beschrieben.

Datenmodellierung

In der Datenmodellierungsphase wird das Anwendungsproblem näher untersucht. Dabei erfolgt zum einen eine Auswahl der Datensätze, mit denen das Netz dann trainiert werden soll, und zum anderen werden aussagekräftige Merkmale ausgewählt.

Auswahl der Daten

KNN sind in der Lage, aufgrund von Beispieldaten in gewissem Umfang eigenständig zu lernen. Für eine erfolgreiche Anwendung ist allerdings Voraussetzung, daß das zur Verfügung stehende Datenmaterial sorgfältig analysiert wird. Ob Daten für das Training verwendet werden, hängt im wesentlichen davon ab, ob diese folgenden Kriterien genügen:

- Repräsentativität
  Die Datensätze, die eine bestimmte Klasse beschreiben, müssen für diese repräsentativ sein. Wird dieses Kriterium der Repräsentativität verletzt, so ist keine Verallgemeinerung möglich.
- Überdeckung des Musterraumes
  Weiters ist erforderlich, daß die ausgewählten Daten den gesamten Musterraum überdecken, damit nicht das Netz für Teilräume überspezialisiert ist, während für andere Bereiche des Musterraumes keine gesicherte Klassifikation durchgeführt werden kann.
- Qualität
  Ganz entscheidend für die Qualität jeder, und damit auch der neuronalen Klassifikation, ist die Qualität des zur Verfügung stehenden Datenmaterials. Obwohl KNN fehlerhafte und widersprüchliche Daten bis zu einem gewissen Grad tolerieren, darf dies nicht zu einer Verschiebung der aus den Daten abstrahierbaren Klassifikationsgrenzen führen. Die Qualität der Daten kann durch Erhebungsunsicherheiten oder durch Meß- oder Aufzeichnungsfehler reduziert werden.

Auswahl und Repräsentation der Merkmale

Die Qualität einer Neuroanwendung wird ganz entscheidend von der Auswahl und Repräsentation der Merkmale beeinflußt. Bezüglich der Auswahl der Merkmale ist zu sagen, daß es eine der vorrangigen Aufgaben des Anwendungsentwicklers ist, die entscheidenden Merkmale zu erkennen und jene Merkmale wegzulassen, die für die Problemstellung keine Bedeutung besitzen. Was die Repräsentation der Merkmale betrifft, so möchten die Autoren darauf hinweisen, daß im Prinzip zwei unterschiedliche Repräsentationsformen existieren. Bei der globalen Repräsentation wird ein Konzept in einem einzigen Knoten gespeichert. Bei der lokalen Repräsentationsform hingegen wird die Speicherung eines Konzeptes auf mehrere Knoten verteilt. Welche Repräsentationsform im einzelnen adäquat ist, wird von der Anwendung bestimmt. Generell sind für die Auswahl und Repräsentation folgende Kriterien wichtig:

- Kompaktheit
  Die Eingabevektoren sollen möglichst kompakt sein, d.h. sich auf die problembezogenen relevanten Merkmale beschränken. Sind die Eingabevektoren nicht kompakt, so entsteht eine übergroße Zahl von Freiheitsgraden, was sich nachteilig auf die Performance des Netzes auswirken kann.

- Informationserhaltung
  Bei der Codierung soll auch keine Information, die zur Problemlösung nötig ist, verloren gehen.
- Separierbarkeit
  Bei der Transformation der Daten in entsprechende Trainingsvektoren ist darauf zu achten, daß Trainingsbeispiele, die zu einer Gruppe gehören, eine ähnliche Repräsentation aufweisen, zu unterschiedlichen Gruppen gehörende Beispiele möglichst verschiedene.

Klassifikatorerstellung

Die Erstellung eines KNN zur Klassifikation läuft im wesentlichen in folgenden Schritten ab. Zuerst wird ein geeignetes Netz zur Klassifikation ausgewählt, anschließend wird versucht, die optimalen Parameter für das Trainieren zu bestimmen und schließlich wird das KNN mit den Trainingsdaten trainiert.

Klassifikatorauswahl

In Abhängigkeit von der gewählten Problemstellung sind die in diesem Kapitel vorgestellten Netzwerktypen unterschiedlich geeignet. Es muß darauf hingewiesen werden, daß kein „Königsweg" zur Auswahl eines geeigneten Netztyps für ein bestimmtes Problem existiert. Eine mögliche Vorgangsweise kann darin bestehen, die Literatur nach ähnlich gelagerten Problemstellungen und den dort vorgestellten Lösungswegen zu durchsuchen. Sind in der Fachliteratur keine ähnlich gelagerten Probleme beschrieben, so bleibt nur mehr das Experimentieren mit verschiedenen Netztypen.

Parametrisierung

Nachdem ein bestimmter Netztyp einmal ausgewählt ist, beginnt die Suche nach den optimalen Einstellungen für die Parameter (Freiheitsgrade). Dies ist in der Regel ein sehr mühevoller Prozeß, da viele Parameter (Netztopologie, Lernparameter usw.) variiert werden müssen und man damit zu einer kombinatorischen Explosion möglicher Einstellungen kommt. In [MEC95], S. 72 ist ausgeführt, daß durch die Tatsache, daß die Leistungsfähigkeit von KNN im entscheidenden Maß vom Umfang sowie der Qualität der zur Verfügung stehenden Daten und den aktuellen Parametereinstellungen bestimmt wird, der bewährte methodische Rahmen der Softwareentwicklung in Frage gestellt ist. Die Erstellung von Neurosoftware sei damit eher ein Vabanquespiel als ein ingenieursmäßiger Entwicklungsvorgang. Hierzu ist zu sagen, daß diese Nachteile in Kauf genommen werden müssen, wenn man den Boden der expliziten Modellierung verläßt. Um ein qualitativ hochwertiges Ergebnis mit dem KNN zu erzielen, ist es auf jeden Fall notwendig, sich bewußt zu machen, daß die Parametrisierung ein ganz entscheidender Faktor ist.

Trainieren

Nachdem der Netztyp ausgewählt ist und die Parametereinstellungen gewählt wurden, kann das Netz trainiert werden. Das Ergebnis des Trainings ist in der Regel eine Gewichtsmatrix, die beschreibt, wie sich ein Klassifikator für eine gegebene Trainingsmenge verhält.

Abschließend ist festzuhalten, daß die Phasen Parametrisierung und Training in der Regel nicht nur einmal, sondern iterativ durchgeführt werden, bis der Klassifikator die gewünschten Ergebnisse zeigt.

Testen

Die Fähigkeit zur Generalisierung ist die herausragende Eigenschaft von KNN. Im folgenden werden drei Methoden zur Leistungsbewertung neuronaler Klassifikatoren besprochen:

- Train- und Testmethode
  Dies ist die Standardmethode zur Überprüfung der Generalisierungsleistung. Das zur Verfügung stehende Datenmaterial wird in zwei Mengen unterteilt. Mit der ersten Menge, der sog. Trainingsmenge, wird das Netz trainiert. Anschließend wird mit der zweiten Menge, der Testmenge, überprüft, wie gut die Qualität des Netzes hinsichtlich unbekannter Eingaben ist. In der Praxis herrscht oft das Problem vor, daß nicht genügend Daten vorhanden sind, um das Netz ausreichend zu trainieren und zu testen. Es hat sich dabei als sinnvoll erwiesen, das vorhandene Datenmaterial im Verhältnis 2:1 aufzuteilen, d.h. mit 2/3 der Daten wird trainiert und 1/3 wird zum anschließenden Testen eingesetzt. Welche Daten dabei zum Training und welche zum Testen verwendet werden, soll dabei zufallsgesteuert sein.

- Die „Random Subsampling"-Methode
  Durch eine schlechte Verteilung der Daten auf die Trainings- und Testmengen kommt man zu einem unnötig schlechten Klassifikator. Um diesem Problem zu entgehen, wird in der „Random Subsampling"-Methode die oben beschriebene Train- und Testmethode iteriert angewendet. Dabei wird zufällig eine Reihe von Verteilungen der Daten auf die Trainings- und Testmengen ermittelt und anschließend dann die Leistung der sich daraus ergebenden Klassifikatoren ermittelt. Mit dieser Methode ist eine bessere Einschätzung der Klassifikatorleistung möglich.

- Crossvalidation
  Bei dieser Methode wird das zur Verfügung stehende Datenmaterial in k disjunkte Teilmengen unterteilt. Recht häufig findet man für k = 10. Das Netz wird nun mit 9 der 10 Teilmengen trainiert und mit der verbleibenden Menge ausgetestet. Dies wird solange iteriert, bis jede der k Teilmengen einmal Testmenge war. Daraus wird dann der gemittelte Fehler, der sog. kreuzvalidierte Fehler, berechnet. Dieser gilt dann als Maß für die Qualität des neuronalen Klassifikators.

Liefert der neuronale Klassifikator zufriedenstellende Ergebnisse, so kann er entweder als „stand-alone"-System betrieben werden oder, falls eine Weiterverarbeitung der Daten beabsichtigt ist, mit anderen Softwarekomponenten gekoppelt werden. Liefert der Klassifikator hingegen nicht das gewünschte Ergebnis, so kann das zwei Ursachen haben. Die erste mögliche Ursache ist eine inkorrekte Datenrepräsentation. Es kann also sein, daß die Eigenschaften des Eingabevektors nicht relevant für das Problem sind oder Fehler bei der Datenerhebung gemacht wurden. Dieses Manko kann in der nachfolgenden Phase, der Parameterwahl, nicht behoben werden. Es wird also in einer derartigen Situation keinen Klassifikator geben, der die gewünschte Abbildung leistet. Es ist aber auch möglich, daß die Datenmodellierung korrekt durchgeführt wurde und das Fehlverhalten des Klassifikators in einer schlechten Parameterwahl begründet liegt. Dann ist klar, daß in der Phase der Parametrisierung weitergearbeitet werden muß.

Das Grundproblem liegt nun darin, daß man in der Regel mit den Ergebnissen eines einzigen Klassifikationsverfahrens die jeweilige Ursache für das Fehlverhalten nicht bestimmen kann. In derartigen Situationen ist der Einsatz eines weiteren Klassifikationsverfahrens anzuraten. Dabei wird eine gegebene Datenrepräsentation mittels zweier Klassifikationsverfahren untersucht. Zeigen beide Verfahren nun gleiches oder ähnliches Verhalten, so ist es sinnvoll, auf der Ebene der Datenmodellierung weitere Optimierungsmöglichkeiten zu untersuchen. Kommen diese unterschiedlichen Ansätze aber auf der gleichen Datenbasis zu unterschiedlichen Ergebnissen, so empfiehlt es sich, die Optimierungsanstrengungen auf die zweite Phase – der Parametrisierung – zu konzentrieren. Diese Eigenschaft wird Konvergenzvalidität genannt.

4.3.2   Überblick über Implementierungsmöglichkeiten

Da es in diesem Bereich sehr rasch zu Neuerungen kommt, ist es nicht sinnvoll, konkrete Produkte vorzustellen. Vielmehr wird im folgenden ein allgemeiner Überblick über die Simulation von KNN gegeben. Als Literatur für die Implementierungsmöglichkeiten wurden [KRA90], S. 137ff., [NEL91], S. 197ff. und [KÖH90], S. 168ff. herangezogen.

Softwaresimulatoren

Mit Hilfe eines Softwaresimulators ist es möglich, KNN auf fast beliebigen Rechnern (mit von-Neumann-Architektur) zu simulieren. In [KRA90], S. 137ff. sind die wesentlichen Vorteile derartiger Softwaresimulatoren genannt:

- Flexibilität
  Falls man über den Quellcode des eingesetzten Simulators verfügt, ist es leicht möglich, Anpassungen des verwendeten Netzmodells (z.B. hinsichtlich Codierung der Ein- und Ausgaben) vorzunehmen.
- Portabilität
  Liegt der Quellcode vor, so ist es möglich, den Simulator auf Maschinen gleichen Typs, bei einer Implementierung in einer höheren Programmiersprache auf Maschinen unterschiedlichen Typs zu betreiben. Dabei fallen keine zusätzlichen Investitionen an, wenn die Entwicklungsarbeiten für einen Simulator einmal abgeschlossen sind.
- Integrationsfähigkeit
  Kennt man den Quellcode des Simulators, so ist es möglich, den Code in Form einer Laufzeitroutine oder eines Pakets von Laufzeitroutinen bereitzustellen. Die Gewichtsmatrix wird dabei entweder als Konstante übergeben oder die Gewichte werden in Matrizenform als Dateien gespeichert und in den Speicher geladen.

Der wesentliche Nachteil reiner Softwaresimulatoren ist darin zu sehen, daß die massiv parallele Verarbeitung in KNN durch die seriellen Computer nicht unterstützt wird. Dies führt dazu, daß reine Softwaresimulatoren ein schlechtes Leistungsverhalten sowohl in der Trainingsphase als auch in der Produktion aufweisen [KRA90], S. 138. Softwaresimulatoren lassen sich nach [KÖH90] S. 174ff. folgendermaßen gliedern:

Herkömmliche Programmiersprachen

Mit herkömmlichen Programmiersprachen läßt sich jede berechenbare Funktion beschreiben und damit auch ein KNN simulieren.

Pakete (Interaktive Simulationssysteme)

Die meisten kommerziell vertriebenen Neuropakete verfügen über eine interaktive Umgebung, die dem Anwender die Simulation erleichtert.

Zu diesen interaktiven Simulationssystemen gehört auch der Stuttgart Neural Network Simulator, mit dem in Abschnitt 4.3.3 die Simulation einiger Beispiele gezeigt wird. Mit dem SNNS lassen sich sehr schnell Topologien für die verschiedensten Netze aufbauen und Informationen bezüglich Neuronen über diverse Dialogboxen eintragen. Die für das Trainieren benötigten Funktionen können einfach über Pull-down-Menüs ausgewählt werden und für die Musterfiles existiert ein vorgefertigtes Format.

Die Vorteile solcher Systeme liegen darin, daß diese sehr benutzerfreundlich sind und sich in kurzer Zeit funktionsfähige Netze erzeugen lassen. Derartige Pakete sind damit ausgezeichnet für Lehr- und Demonstrationszwecke geeignet. Nachteilig ist hingegen zu vermerken, daß die Entwicklung eigener Lernverfahren oder die Modifikation existierender Lernverfahren über ein gewisses Maß nicht möglich ist. Darüber hinaus ist die Darstellung großer Netze mit ihren Verbindungsstrukturen für den Anwender nicht immer übersichtlich.

Spracherweiterungen und Sprachen

Programmiersprachen für Neuronale Netze sind sehr heterogen und lassen sich nicht allgemein beschreiben. Der Hauptvorteil von Netz-Programmiersprachen ist die Flexibilität, die uneingeschränkte Erweiterungsmöglichkeiten für Lernverfahren bietet. Ein weiterer Vorteil besteht darin, daß mit derartigen Programmiersprachen entwickelte Module in umfassendere Anwendungen eingebunden werden können. Eine derartige Möglichkeit besteht bei interaktiven Simulationspaketen nicht.

Einsatz von Spezialhardware

Es wurde schon darauf hingewiesen, daß es eigentlich der massiv parallelen Natur von KNN zuwiderläuft, diese in seriellen von-Neumann-Computern ablaufen zu lassen. Es ist daher nur logisch, wenn für Neuroanwendungen Spezialhardware entwickelt wurde. Eine naheliegende Art der Implementierung wäre natürlich eine analoge Implementierung direkt in Hardware [KÖH90], S. 171. Dabei steht eine analoge Verarbeitungseinheit pro Neuron und eine Verbindung pro Synapse. Die Implementierung mit analogen Schaltkreisen ist zwar eine gut beherrschte Technologie, doch ihre Eignung zur Simulation von KNN ist trotzdem beschränkt. Da nämlich analoge Schaltkreise nach ihrer Herstellung nur mehr bedingt veränderbar sind, erfordert ein neues Simulationsmodell auch eine neue Hardware. Aus Kostengründen wird daher diese Implementierungsform in der Praxis nicht angewendet. Im folgenden werden die wichtigsten Lösungsansätze mit digitaler Spezialhardware in Anlehnung an [KRA90], S. 140ff. näher betrachtet.

Serielle Beschleunigung
Serielle Beschleunigung kann durch eigene Neuroprozessoren erzielt werden, die auf einer eigenen Einschubkarte (Board) konfiguriert sind. Derartige Neuroprozessoren verfügen über einen eigenen, schnellen Primärspeicher und Gleitkommaprozessor, der mit einem cache-Speicher und großen Registern die Möglichkeiten des Pipelining (überlappende Verarbeitung) ausnutzt. Für gewöhnlich werden auch getestete Laufzeitroutinen sowie eine Entwicklungsumgebung für die Programmierung des Spezialprozessors mitgeliefert, so daß ein direkter Bezug zum Anwendungsprogramm hergestellt werden kann. Vorteilhaft an einem derartigen Neuroprozessor ist die Tatsache, daß damit Berechnungsgeschwindigkeiten wie bei Supercomputern erzielt werden. Als Nachteil muß angeführt werden, daß derartige Systeme in der Anschaffung sehr teuer sind.

Vektorrechner und SIMD-Multiprozessoren
Die meisten Aktivierungsfunktionen basieren auf Vektoroperationen. Stellt man eine geeignete Hardwarebasis zur Verfügung (Vektorrechner mit SIMD (single instruction multiple data)-Prozessoren), so kann hier eine entsprechende Beschleunigung erzielt werden.

MIMD-Multiprozessoren
Durch die Verwendung von sog. Transputerbausteinen sind auch MIMD (multiple instruction multiple data)-Konfigurationen möglich. Bei derartigen Konfigurationen wickeln die einzelnen Komponenten autonom Prozesse ab und werden dabei nur über Kanäle synchronisiert.

Optische Implementierungen

Das größte Problem bei der Implementierung von KNN mit integrierten Schaltkreisen ist das sog. „Verbindungsproblem" [KÖH90], S. 171. Nehmen wir an, wir entwerfen ein Hopfield-Netz mit 10^3 Neuronen, dann müssen 10^6 Verbindungen realisiert werden. Dies wirft aufgrund der Wärmeabstrahlung der Bauelemente erhebliche Probleme auf. Bei einer Implementierung mit optischen Medien (vgl. [NEL91], S.212ff.) stellt sich genau das umgekehrte Problem [HER91], S. 61. Hier ist es sehr einfach, die Verbindungen zu erzeugen (= Lichtstrahlen, die sich kreuzen oder überlagern können, ohne einander zu stören), aber viel schwieriger, die Neuronen zu realisieren. Der Grund liegt darin, daß die meisten optischen Medien inhärent linear sind, womit künstliche Neuronen mit Schwellwerteigenschaften aber nicht realisiert werden können.

Ein Versuch, dieses Problem zu lösen, sind sog. optoelektronischen Systeme. Derartige Systeme sind hybrid, wobei die Nichtlinearität durch elektronische Bausteine simuliert wird. Eine weitere Variante sind holographische Systeme [KÖH90], S. 171, [NEL91], S. 214ff. In derartigen Systemen wird die Rolle der Neuronen durch holographische Platten und die der elektrischen Ladungen durch Laserlicht übernommen. Der Vorteil derartiger Systeme besteht darin, daß die Speicherdichte und die Ausbreitungsgeschwindigkeit sehr hoch sind, so daß sich für gewissen Anwendungen (z.B. associative memory) gute Einsatzmöglichkeiten ergeben.

Biocomputer

In KNN werden ja – wie einleitend zu Beginn des Kapitels erwähnt – Grundprinzipien der biologischen Informationsverarbeitung nachgeahmt. Es gibt nun Implementierungen, die mehr tun, als die Biologie zu simulieren, sondern tatsächlich biologisch (sog. „Wetware") sind. Bei derartigen Implementierungen handelt es sich um sog. Biochips [NEL91], S. 217 mit wirklichen Zellen, die auf einem Elektrodengitter aufgebracht sind. Die Zellen (z.B. Mausgewebe) entwickeln sich zu Neuronen, die sich in Netzstrukturen organisieren. Die Signale, die diese Netze aussenden, werden von Elektroden aufgezeichnet und einem Computer übermittelt. Wissenschaftler hoffen aus diesen Daten mathematische Modelle über die Verbindungsstruktur von Neuronen entwickeln zu können.

4.3.3   Simulationsbeispiele mit dem SNNS

Der Stuttgart Neural Network Simulator (SNNS) ist ein effizienter Simulator neuronaler Netze, der ursprünglich für UNIX-Workstations und Parallelrechner am Institut für Parallele und Verteilte Höchstleistungsrechner (IPVR) der Universität Stuttgart entwickelt wurde. Mittlerweile gibt es auch eine Version für die Betriebssysteme Microsoft Windows NT® und 95®. Für eine detaillierte Beschreibung der SNNS-Funktionalität sei auf das Manual verwiesen [ZEL95]. Im folgenden wird der SNNS mit seinen wichtigsten Funktionen nach [ZEL97], S. 361ff. vorgestellt.

Der SNNS besteht aus einem Simulatorkern, einer graphischen Oberfläche zur Generierung, Visualisierung und Modifikation der neuronalen Netze und einem Compiler zur Erzeugung großer Netze aus einer Netzwerk-Beschreibungssprache. Im Simulatorkern werden die interne Repräsentation der neuronalen Netze und alle Operationen für die Simulation in der Lern- und Arbeitsphase verwaltet. Der Simulatorkern realisiert eine effiziente Speicherung und Manipulation der Netze und ist auch für größere Netze geeignet. Mit der graphischen Benutzeroberfläche, die auf X-Windows basiert, werden die Topologie und der Zustand des Netzwerkes graphisch dargestellt. Über einen integrierten Netzwerk-Editor ist es auch möglich, Neuronale Netze interaktiv zu erzeugen und zu ändern. Der SNNS ist portabel und kann durch in ANSI C programmierte, benutzerdefinierte Funktionen erweitert werden. Die Komponenten sind modular aufgebaut und verwenden detailliert beschriebene Schnittstellen, so daß sie auch einzeln als Teile einer größeren Anwendung eingesetzt werden können.

Der SNNS wird von über 500 Institutionen in den Bereichen Mustererkennung, Klassifikation, Diagnose, Vorhersage und Prozeßsteuerung weltweit eingesetzt. Als konkrete Anwendungen des SNNS können u.a. genannt werden: Zeichen- und Ziffernerkennung, rotationsinvariante Erkennung von Werkstückbildern, Rauschverminderung in Systemen zur Spracherkennung, Börsenkursprognose, Lastprognose in Stromnetzen, EEG-Signalklassifikation, Texturerkennung usw. Information über den SNNS ist unter der WWW-Seite http://www-ra.informatik.uni-tuebingen.de/SNNS/ verfügbar.

Im folgenden wird gezeigt, wie ausgewählte Beispiele für die Netztypen MLP und Kohonen Feature Map mit dem SNNS simuliert werden können. Die Simulationen wurden mit der NT-Version des SNNS (version 4.1) durchgeführt.

MLP mit Backpropagation-Lernverfahren

Zur Simulation von MLP wurden folgende zwei Beispiele ausgewählt:

- XOR-Problem
- Majority Vote

Das XOR-Problem ist den Lesern dieses Buches schon aus Abschnitt 4.2.1 wohlbekannt. Damals wurde – mittels Beweis – gezeigt, daß eine Lösung mit einem zweischichtigen Perceptron (Ein- und Ausgabeschicht) deswegen nicht möglich ist, da sich die „0"- und „1"-Ausgaben nicht durch eine Gerade (nicht separierbares Problem) trennen lassen. Es ist also mindestens ein sog. verstecktes (hidden) Neuron nötig, um es mit einem Neuronalen Netz zu lösen.

Bei der Bedienung des SNNS unterscheidet man je nach Extension im wesentlichen zwischen drei verschiedenen Arten von Dateien:

- NET-Dateien: Damit können Netze abgespeichert werden.
- PAT-Dateien: Damit wird eine Musterdatei (Patternfile) gekennzeichnet. Für PAT-Dateien ist im SNNS ein genau spezifiziertes Format vorgeschrieben.
- RES-Dateien: Diese dienen zum Abspeichern der Ergebnisse.

Das Patternfile für das XOR-Problem hat im SNNS folgendes Aussehen:

```
SNNS pattern definition file V3.2
generated at Mon Apr 2 15:17:22 1999

No. of patterns : 4
No. of input units : 2
No. of output units : 1

# Input pattern 1:
0 0
# Output pattern 1:
0
# Input pattern 2:
0 1
# Output pattern 2:
1
# Input pattern 3:
1 0
# Output pattern 3:
1
```

```
# Input pattern 4:
1 1
# Output pattern 4:
0
```

In den input patterns stehen die verschiedenen Eingabewerte, in den output patterns die entsprechenden Zielwerte. In Abbildung 4.36 ist das XOR-Netz für die Simulation dargestellt. Aus Performancegründen besitzt der hidden-Layer zwei Neuronen. Vor dem Trainieren wurden die Kantengewichte mit zufälligen Werten im Bereich [+1,-1] initialisiert.

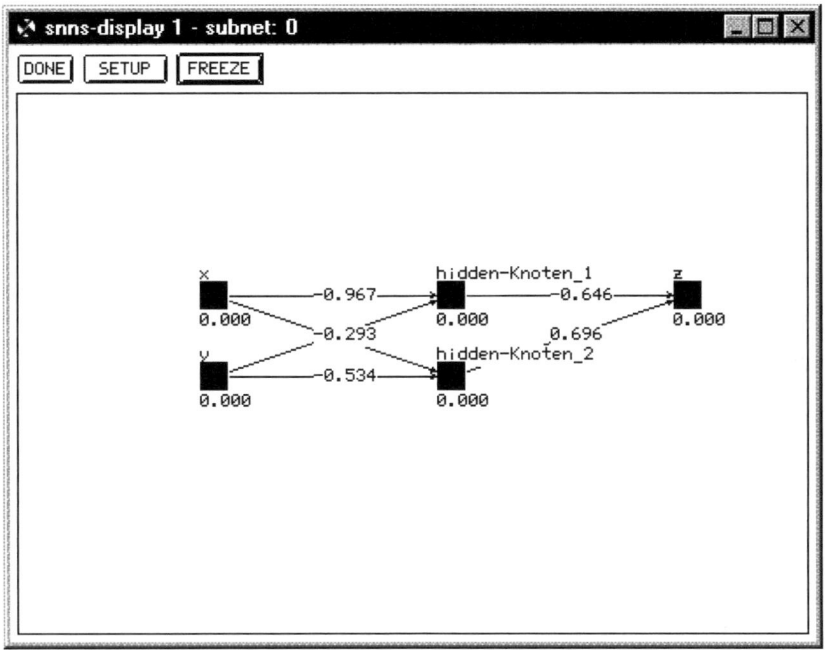

Abbildung 4.36: Lösung des XOR-Problems mit dem SNNS (1)

In der Abbildung 4.37 ist gezeigt, wie das XOR-Problem mit dem SNNS gelöst wurde. Im manager-panel (rechts oben) sind die interaktiven Funktionen des SNNS zusammengefaßt. Vom manager-panel aus kann das control-panel (links oben) aufgerufen werden, mit dem das Trainieren und Testen eines Netzes durchgeführt wird. Zur Lösung des XOR-Problems wurden folgende Trainingseinstellungen gewählt:

- Steps = 1: Für Feedforward-Netze ist ein Update-Schritt (Propagierung der Information von der Ein- zur Ausgabeschicht) erforderlich.
- Shuffle-Button on: Das Trainingsverhalten kann optimiert werden, wenn die Trainingsbeispiele in zufälliger Reihenfolge ausgewählt werden. Dies wird über das Anklicken des shuffle-buttons realisiert.

- Cycles = 3000: Jedes der vier Muster wird dem Netz 3000 mal präsentiert.
- Learn:
  - Lernrate beim Backpropagation-Lernverfahren = 0,45
  - maximal erlaubte Abweichung = 0,05: Dieser Wert – in der Box rechts neben der Lernrate dargestellt – spezifiziert, welche Differenz zwischen tatsächlichem Output und Zielwert erlaubt ist.
- Update: Die Updatefunktion gibt an, in welcher Reihenfolge die Neuronen des Netzes ihre Ausgabewerte errechnen. Für MLP ist die Funktion „Topological_Order" nötig.
- Init: Zwecks besserer Performance initialisiert man vor Beginn des Trainierens die Gewichte mit kleinen, zufälligen Werten. Beim XOR-Beispiel werden die Kantengewichte mit der Funktion „Randomize_Weights" im Intervall [+1,-1] initialisiert.
- valid = 0: Beim XOR-Problem wird nur trainiert, nicht aber getestet.

Im graph-panel ist der Verlauf des Lernfehlers über die Lernzyklen dargestellt. Wie man sehen kann, ist der Lernfehler nach dem Trainieren des Netzes vernachlässigbar. Am snns-display in Abbildung 4.37 kann man ablesen, wie das aktuell angelegte Eingabemuster (1,0) die Ausgabe 0,95 – ein Fehler von 0,05 ist ja erlaubt – erzeugt.

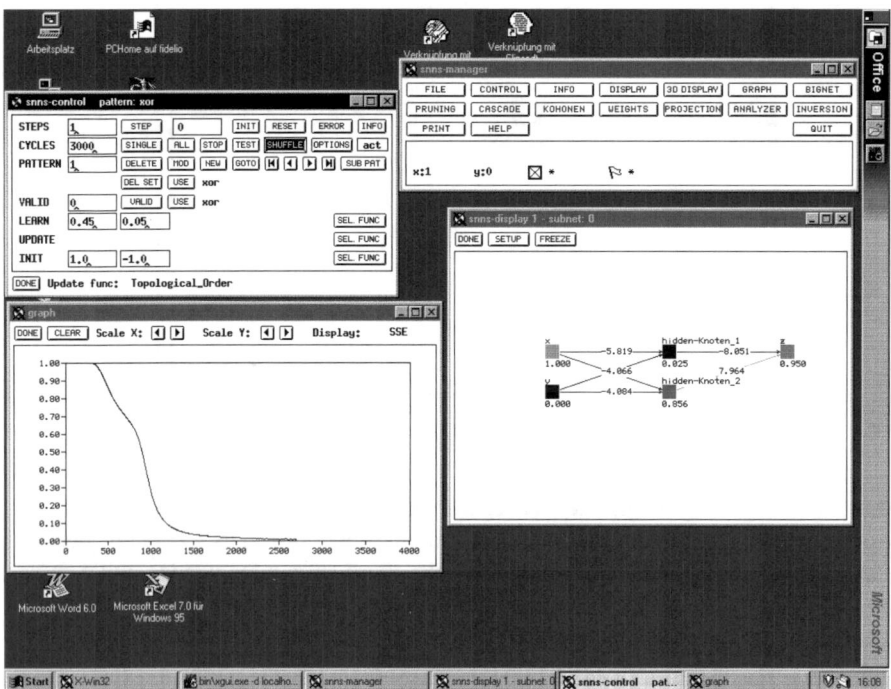

Abbildung 4.37: Lösung des XOR-Problems mit dem SNNS (2)

Das zweite Beispiel, dessen Lösung hier mit dem SNNS gezeigt wird, ist das sog. Mehrheits-
entscheidungsproblem (Majority Vote-Problem). An die Eingabeschicht wird eine ungerade
Anzahl von Neuronen angelegt (in unserem Fall fünf), die die Werte „0" oder „1" annehmen
können. Das Netz soll nun herausfinden, ob mehr Einsen oder Nullen angelegt wurden. Im
ersten Fall soll eine „1" ausgegeben werden, andernfalls eine „0". Im Gegensatz zum XOR-
Beispiel wird hier Testen, also die Verarbeitung unbekannter Eingaben, durchgeführt. Nachstehend sind die acht Muster in SNNS-Format gezeigt, mit denen das Netz zum Lernen des
Majority Vote-Problems trainiert wurde.

```
SNNS pattern definition file V3.2
generated at Mon Apr 2 16:30:21 1999


No. of patterns : 8
No. of input units : 5
No. of output units : 1

# Input pattern 1:
0 0 0 0 0
# Output pattern 1:
0
# Input pattern 2:
0 1 0 0 0
# Output pattern 2:
0
# Input pattern 3:
1 0 0 0 1
# Output pattern 3:
0
# Input pattern 4:
0 1 1 0 0
# Output pattern 4:
0
# Input pattern 5:
1 0 0 1 1
# Output pattern 5:
1
# Input pattern 6:
1 0 1 1 1
# Output pattern 6:
1
# Input pattern 7:
1 1 1 0 1
# Output pattern 7:
1
```

```
# Input pattern 8:
0 0 1 1 1
# Output pattern 8:
1
```

Der Leser kann die Einstellungen für das Training im control-panel der Abbildung 4.38 ablesen. Das Netz wurde mit dem Musterfile mv-train.pat trainiert. Als Testfile wurde mv-
test.pat definiert. Die entsprechenden Trainings- und Testfehler können wieder im graph-
panel abgelesen werden, wobei der Testfehler etwas über dem Trainingsfehler liegt. Im snns-
display ist gezeigt, wie das Netz für das Trainingsmuster (0,1,1,0,0) die korrekte Ausgabe
0,05 – maximal erlaubte Abweichung wiederum 0,05 – erzeugt.

In der Abbildung 4.39 wird eine unbekannte Eingabe, das Muster (0,1,0,1,0) aus mv-test.pat
an das Netz angelegt. Die erzeugt Ausgabe (0,146) ist sehr zufriedenstellend.

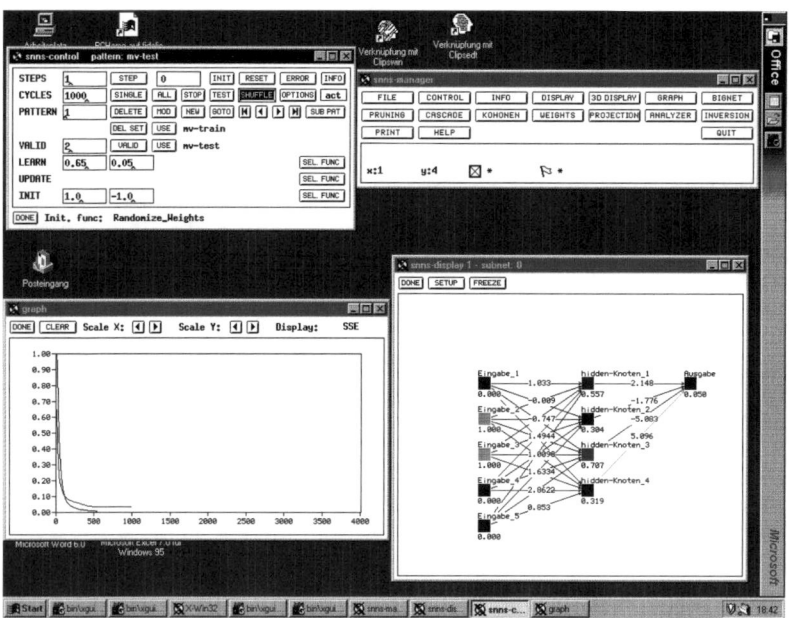

Abbildung 4.38: Lösung des Majority Vote-Problems mit dem SNNS (1)

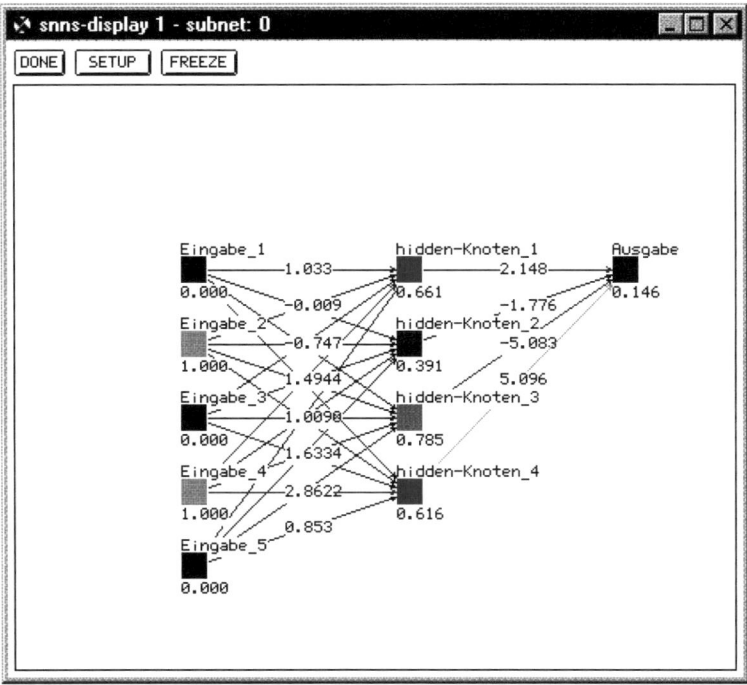

Abbildung 4.39: Lösung des Majority Vote-Problems mit dem SNNS (2)

Kohonen Feature Map (KFM)

Zur Veranschaulichung der KFM wird ein Beispiel gezeigt, das auch im Lieferumfang des SNNS mitgeliefert wird (som_cube). Der Leser möge sich einen Würfel (mit Kantenlänge 2) im dreidimensionalen Raum vorstellen. Dieser Würfel besitzt acht Ecken. Es sollen nun mit der KFM Ähnlichkeitsbeziehungen zwischen den Ecken auf der Kartenschicht visualisiert werden. Ecken, die nahe beieinander liegen (vgl. euklidische Distanz), sollen auf der Karten-schicht benachbarten Erregungszonen entsprechen.

Beim Training der KFM gibt es im Vergleich zum Training von MLP einige Unterschiede. Dies fällt sofort beim Musterfile auf, wo keine Outputmuster enthalten sind, da die KFM ja zu den unüberwachten Lernverfahren zählt. Das Musterfile für obiges Problem hat im SNNS-Format folgendes Aussehen.

```
SNNS pattern definition file V3.2
generated at Thu Apr 2 17:06:23 1999


No. of patterns : 8
No. of input units : 3
```

```
# Input pattern 1:
1 1 1
# Input pattern 2:
-1 1 1
# Input pattern 3:
1 -1 1
# Input pattern 4:
1 1 -1
# Input pattern 5:
-1 -1 1
# Input pattern 6:
-1 1 -1
# Input pattern 7:
1 -1 -1
# Input pattern 8:
-1 -1 -1
```

Im control panel (vgl. Abbildung 4.40) kann man die Einstellungen zum Trainieren der KFM für unser „Würfelproblem" ablesen:

- Steps = 2: Im ersten Updateschritt werden die Ausgabewerte für die Eingangsschicht errechnet, der zweite Updateschritt berechnet die Aktivierungen der Kartenneuronen.
- Shuffle-Button on: vgl. MLP
- Cycles = 10000
- Learn: Hier sind fünf Parameter einzutragen
    - Lernrate: 0,9
    - Adaptionsradius zu Beginn: Hier wird spezifiziert, wie viele Neuronen in der Umgebung in die Adaption einbezogen werden. Mögliche Werte bewegen sich im Intervall [1, Kartengröße].
    - Faktor für die Verringerung der Lernrate während des Lernens: 0,999
    - Faktor für die Verringerung des Adaptionsradius während des Lernens: 0,999
    - horizontale Größe der Kartenschicht: Da die Darstellung der Karte im snns-display nicht konform ist mit den SNNS-internen Datenstrukturen, muß die horizontale Größe nochmals angegeben werden.
- Update: Für die KFM stellt der SNNS speziell die Updatefunktion „Kohonen_Order" zur Verfügung.
- Init: Bei unserer Simulation werden die Kantengewichte zwischen Eingabeneuronen und Kartenneuronen mit der Funktion „Kohonen_Weights_v3.2" im Bereich [+1,-1] initialisiert.
- valid = 0: Beim „Würfelproblem" wird nur trainiert, nicht aber getestet.

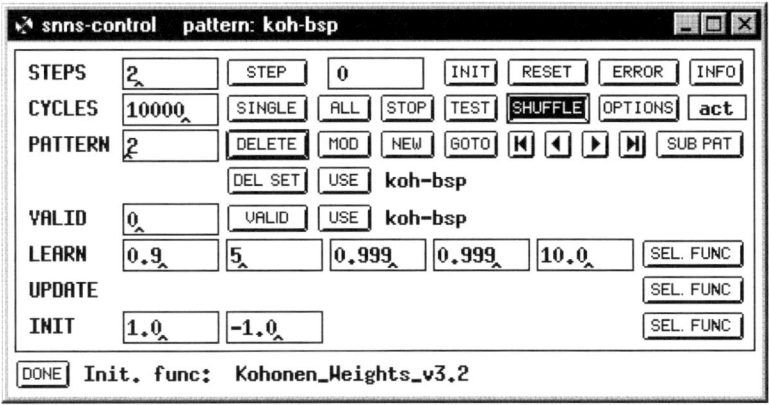

Abbildung 4.40: SNNS-Beispiel mit der KFM (1)

Die Visualisierung der Trainingsergebnisse mit der KFM ist nicht trivial. Im SNNS-Manual [ZEL95], S. 180f. werden drei Möglichkeiten vorgeschlagen. In den Abbildungen 4.41 und 4.42 wurde die Visualisierungsvariante distance map gewählt. Dabei wird die Aktivierungsfunktion für alle Kartenneuronen auf „Act_euclid" gesetzt. Der SNNS-Anwender sieht dann statt den Ausgabewerten der Kartenneuronen die Distanz zwischen Eingabemuster und Kartenneuronen. Eine topographisch korrekte Karte ist dann erzeugt, wenn ähnliche Eingabemuster zu benachbarten Erregungszonen auf der Kartenschicht führen. In den Abbildungen 4.41 und 4.42 sind für zwei Eingabemuster die Distanzen zu den Kartenneuronen visualisiert.

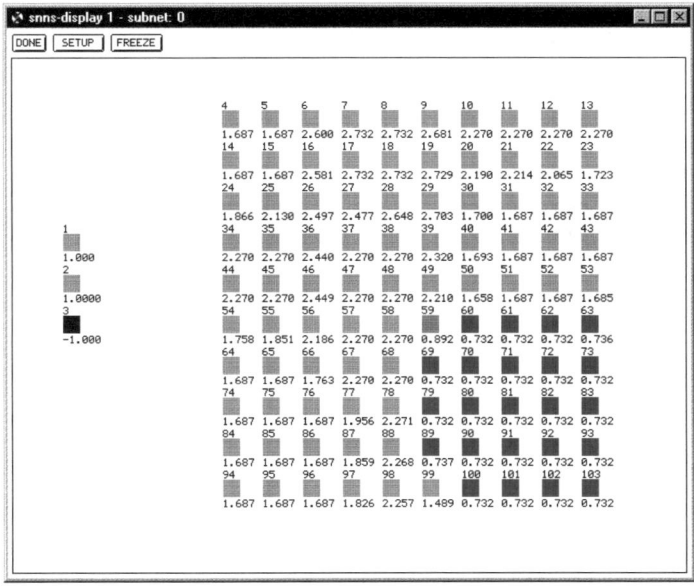

Abbildung 4.41: SNNS-Beispiel mit der KFM (2)

Die etwas dunkleren Bereiche auf der Kartenschicht stellen dabei Neuronen dar, deren Distanz zum Eingabemuster gering ist. Aus Gründen der Übersichtlichkeit wurde die Darstellung der Gewichte in den Abbildungen 4.41 und 4.42 ausgeblendet.

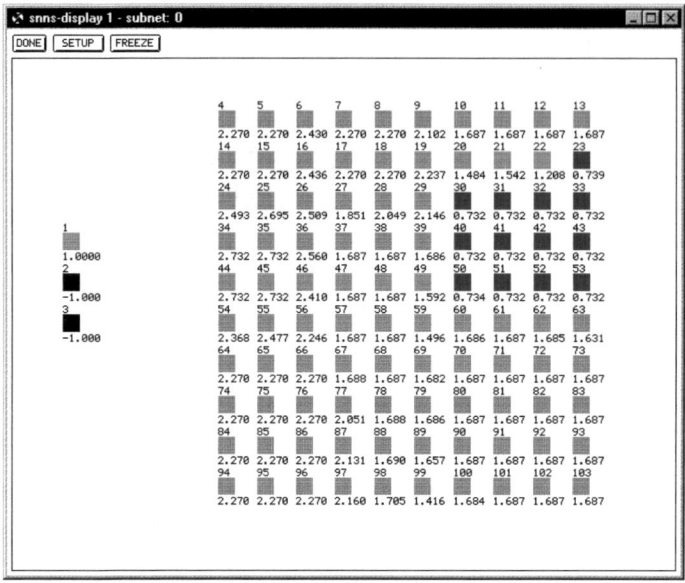

Abbildung 4.42: SNNS-Beispiel mit der KFM (3)

4.4   Einsatzaspekte Neuronaler Netze

Dieser Abschnitt ist folgendermaßen gegliedert. In Abschnitt 4.4.1 werden die KNN abschließend einer Bewertung unterzogen. Dabei werden ihre Vor- und Nachteile zusammengefaßt und allgemein Kriterien angegeben, die einen Einsatz von KNN in der Praxis nahelegen. In Abschnitt 4.4.2 wird dem Leser ein allgemeiner Überblick über wichtige Anwendungsfelder von KNN gegeben. Der Abschnitt 4.4.3 ist den betriebswirtschaftlichen Anwendungen von KNN gewidmet. Beispielhaft wird hier gezeigt, wie KNN als Hilfsmittel für Kreditprüfer eingesetzt werden können.

4.4.1   Bewertung von KNN

Worin liegen nun die wesentlichen Vorteile von KNN? Als Vorteile neuronaler Systeme können genannt werden (vgl. [MEC95], S. 69f.):

* Lernfähigkeit
  In KNN werden anwendungsunabhängige Lernregeln eingesetzt, mit denen es möglich ist, Trainingsdaten zu reproduzieren. Das Lernen findet in KNN durch Änderungen von Gewichten statt. Neues Wissen belegt – im Gegensatz etwa zu regelbasierten Systemen –

nicht zusätzlichen Speicherplatz, sondern führt zur „Überlagerung" von bestehendem Wissen. KNN müssen nicht programmiert werden, sondern können sich in Hinblick auf eine gestellte Aufgabe so organisieren, daß diese optimal gelöst wird. KNN eignen sich hervorragend für Aufgaben, wo klar ist, daß eine Beziehung zwischen Ursache und Wirkung besteht, aber der genaue funktionale Zusammenhang nicht bekannt ist. KNN lernen dann den Zusammenhang zwischen Ein- und Ausgabedaten, führen also quasi eine Funktionsapproximation durch.

- Generalisierungsfähigkeit
  Dies ist die herausragende Eigenschaft von KNN. Die von einem Netz gelernten assoziativen Beziehungen zwischen Ein- und Ausgabemustern entsprechen nicht wie bei der symbolischen Wissensverarbeitung exakten „wenn-dann"-Regeln und somit einer 1:1-Beziehung, sondern eher einer statistischen Korrelation. Das Erkennen eines bestimmten Musters erfordert daher keine exakte Übereinstimmung wie beim pattern matching, sondern nur eine hinreichende Ähnlichkeit zwischen dem angelegten Eingabemuster und den in den Gewichten des Netzes verteilt gespeichertem Muster. Unmittelbar resultieren daraus die Fähigkeiten zur Assoziation und Generalisierung, d.h. die Beziehungen zwischen den Ein- und Ausgabemustern entsprechen Erfahrungen und gelernte Zusammenhänge können bis zu einem gewissen Grade verallgemeinert werden. Neuronale Systeme können für unbekannte und untrainierte Eingabedaten eine korrekte Lösung finden, falls die Eingabedaten auch nur eine gewisse Ähnlichkeit mit dem Input der Trainingsbeispiele besitzen.

- Fehlertoleranz
  Die Fähigkeit von KNN zur Generalisierung führt auch dazu, daß diese verrauschte und verzerrte Eingabedaten sowie Ausnahmen, vages und unvollständiges Wissen bis zu einem gewissen Verrauschtheitsgrad korrekt behandeln können. Diese Eigenschaft macht KNN insbesondere für viele „real-world"-Probleme attraktiv (vgl. Abschnitt 4.4.2).

- Robustheit
  Auch das Netz selbst ist robust; der Ausfall einiger Verarbeitungseinheiten und Gewichte hat kaum Einfluß auf die Gesamtleistung des Systems. In heute verwendeter Hardware hingegen führt der Ausfall eines einzigen Chips meistens zum sofortigen Systemabsturz.

- Performance
  KNN eignen sich hervorragend für Problemstellungen, wo eine exakte Lösung entweder überhaupt nicht oder nur mit großem Aufwand gefunden werden kann und eine gute Näherungslösung ausreichend ist.

Obige Vorteile von KNN führten in einer ersten Euphorie (Mitte der achziger Jahre nach Entwicklung des Backpropagation-Lernverfahrens) zu der Annahme, daß nun jedes Problem ohne viel Arbeitsaufwand und ohne intensive Analyse leicht lösbar ist. Diese Annahme verkennt aber die Tatsache, daß es beim Einsatz von KNN in der Regel auch einige Schwierigkeiten zu bewältigen gilt. Nachteile von KNN werden im folgenden in Anlehnung an [MEC95], S. 70ff. zusammengefaßt:

- Datenakquisition
  Das Trainieren eines KNN kann man auch mit den Worten „learning by example" umschreiben, d.h. die Grundvoraussetzung für das Funktionieren eines KNN ist die Beschaf-

fung geeigneter Datenreihen. In diesem Zusammenhang sind zum einen Überlegungen anzustellen, welche Datenreihen prinzipiell Informationen enthalten, die es dem KNN ermöglichen, die gewünschte Funktionsapproximation durchzuführen und andererseits, welche Datenreihen man aus Effizienzgründen in die Trainingsmenge aufnehmen soll.

• Datencodierung

Ein weiterer wesentlicher Einflußfaktor auf die Leistungsfähigkeit von KNN besteht darin, wie die Eingabemuster und bei überwachtem Lernen auch die Zielmuster codiert werden. Dadurch wird die Anzahl der Ein- und Ausgabeneuronen und damit teilweise die Netztopologie festgelegt. Die gewählte Netztopologie beeinflußt wiederum die Anzahl der Gewichte (Freiheitsgrade) und die Konvergenzgeschwindigkeit. Die gewählte Codierung ist unter Umständen sogar ausschlaggebend dafür, ob ein KNN in der Lage ist, die Zusammenhänge zu erlernen. Es gibt Beispiele, wo bei einer bestimmten Repräsentationsform die gewünschten Zusammenhänge erlernt wurden und bei einer anderen Repräsentation das KNN gescheitert ist.

• Netztopologie, Knotendynamik und Lernverfahren

Hat man sich einmal für den Einsatz eines KNN entschieden, so gilt es, eine bestimmte neuronale Systemarchitektur, die entsprechenden Funktionen im Neuron und ein bestimmtes Lernverfahren auszuwählen. Leider gibt es nur wenige Erkenntnisse darüber, welche Systemarchitekturen für welche Problemstellungen besonders geeignet sind. Die Auswahl erfolgt daher primär nach pragmatischen Gesichtspunkten. Häufig ist entscheidend dafür, ob eine bestimmte Architektur mit dem gekauften Entwicklungstool realisiert werden kann und ob die Architektur einfach zu handhaben ist. Dies ist auch ein Grund dafür, daß MLPs mit Backpropagation-Lernverfahren so stark verbreitet sind, da diese von jedem Entwicklungstool angeboten werden und sich durch mühelosen Einsatz auszeichnen.

• Parametertuning

Der effektive Einsatz von Neuronalen Systemen erfordert eine – mitunter mühevolle – Feineinstellung von Parameterwerten, Lernschrittweiten, Bias- und Initialisierungswerten. Genauso wie bei der Festlegung der Netztopologie sind auch hier nur einige wenige heuristische Regeln, aber keine exakten Algorithmen zur Optimierung der Parameter verfügbar.

• Verifizierbarkeit

Expertensysteme besitzen eine Erklärungskomponente, die angibt, wie – z.B. unter Angabe welcher Regeln – die Lösung abgeleitet wurde. KNN hingegen mit ihrer subsymbolischen Informationsverarbeitung stellen sich als „black-box"-Systeme dar. Darüber hinaus ist bei KNN die gefundene Lösung nicht erklärbar und nachvollziehbar. Dies bedeutet aber für den Entwickler des Systems und den Anwender einen nicht unerheblichen Transparenzverlust. Prinzipiell kann man Aussagen über die Leistungsfähigkeit von KNN nur über Tests gewinnen. Nach Beendigung des Trainings kann geprüft werden, welche Antworten das System auf bestimmte Eingaben erzeugt. Der Anwender eines KNN weiß nicht, auf welchem Weg die Lösung zustande gekommen ist. Dies führt bei vielen möglichen Anwendern in der Industrie zu einer ablehnenden Haltung gegenüber dem Einsatz von KNN.

Neben diesen Nachteilen existiert noch ein weiteres, prinzipielles Problem von KNN. Bei vielen Anwendungen existiert zwar nicht vollständiges, aber zumindest partielles Wissen über die Anwendung. Zieht man nun ein KNN zur Problemlösung heran, so wird auch dieses partielle Wissen „vergessen". Ein gutes Beispiel ist die Lösung kombinatorischer Optimierungsprobleme mit KNN. Für alle kombinatorischen Optimierungsprobleme existieren ausgeklügelte Heuristiken, die einigermaßen gute Lösungen garantieren. Setzt man ein Netz für ein derartiges Problem ein, so kann keine Heuristik in das Netz eingebracht werden und man ist damit der Problemlösungsfindung des Netzes ausgeliefert. Durch den „black-box"-Charakter des Netzes werden der Entwickler und Anwender zu Zuschauern degradiert.

Nach der Diskussion der Vor- und Nachteile von KNN ist nun interessant zu sehen, welche Eigenschaften ein bestimmtes Problem besitzen muß, damit die Lösung mit einem KNN zielführend ist.

Der Einsatz von KNN ist dann anzuraten, wenn für das zu lösende Problem eine oder mehrere folgender Eigenschaften zutreffen:

- Zwischen Ein- und Ausgabedaten existiert ein unbekannter Ursache-Wirkungs-Zusammenhang.
- Das Wissen ist überwiegend in Form von Beispielen vorhanden. Aufgrund des unzureichenden Wissensstandes scheidet eine explizite Modellierung aus.
- Es treten verrauschte oder verzerrte Daten auf.
- Das Problemwissen ist vage oder unvollständig.
- Der Aufwand für explizite Modellierung ist zu hoch, da das Netz nur als Übergangslösung gedacht ist.
- Das Problem wurde bisher nicht zufriedenstellend gelöst.

4.4.2   Anwendungsgebiete von KNN

KNN können überall dort eingesetzt werden, wo eine unscharfe Problemstellung vorliegt, die als hochdimensionale Abbildung beschrieben werden kann. Die klassischen Anwendungsfelder von KNN sind sicher Problemstellungen in der Robotik, Sprach- und Bildverarbeitung. Daneben werden KNN in jüngster Zeit auch verstärkt in Bereichen eingesetzt, die bisher mit analytischen oder regelbasierten Methoden angegangen wurden (z.B. Bonitätsvorhersage im Finanzbereich, Zielgruppenbestimmung im Marketing oder Netzoptimierung in der Telekommunikation). Diesen sehr heterogenen Aufgabenstellungen ist gemein, daß sie analytisch nur schwer beschreibbar sind und wegen ihrer Komplexität mit konventionellen Methoden nur unzulänglich gelöst werden können. Im folgenden werden nicht einzelne Anwendungen isoliert behandelt, sondern allgemeine Anwendungsfelder von KNN vorgestellt. Als Grundlage hierzu dient [PAT96a], S. 26ff.

Constraint Satisfaction – die „eingeschränkte Lösung"

Bei einer Reihe von Problemstellungen ist es erforderlich, daß die Variablen, die das System definieren, eingeschränkt sind oder auf bestimmte Werte festgelegt sind. So ist es z.B. für akzeptable Lösungen für Arbeitspläne in der Regel nötig, daß Unteraufgaben in einer vordefinierten Reihenfolge ausgeführt werden (Schneiden, Schleifen, Polieren, Lackieren). Dabei kann eine Maschine jeweils nur eine Aufgabe ausführen.

Das „Problem des Handlungsreisenden" (Travelling Saleman Problem, TSP) ist sowohl ein (kombinatorisches) Optimierungsproblem, zählt aber auch zu den „Constraint Satisfaction-Problemen". Der Optimierungsteil bezieht sich auf die Minimierung der Weglänge, die Einschränkungen beziehen sich darauf, daß jeder Ort nur einmal und zwei Orte nicht zur gleichen Zeit besucht werden dürfen. Viele ähnliche Aufgaben in der Herstellung gehören ebenfalls zu den „Constraint-Satisfaction-Problemen". Für derartige Probleme wurden mit einer Reihe von unterschiedlichen KNN Näherungslösungen ermittelt. In [KRU91], S. 156ff. und S. 184ff. werden eine Lösung für das TSP mit der Kohonen Feature Map und eine Lösung des Acht-Damen-Problems mit dem Guarded-Discrete-Stochastic-Netzwerk, einem verbesserten Hopfield-Netz, dargestellt. Die Vorgangsweise bei der Lösung des TSP mit dem Hopfield-Netz ist im Abschnitt 4.2.4 skizziert.

Assoziative Speicher

Eine Reihe von KNN kann lernen, sich wie ein Speicher zu verhalten und Muster aufzunehmen, die wiedergefunden werden, wenn ein „assoziiertes" Muster präsentiert wird. Das wiedergefundene Muster kann dabei dasselbe wie das gespeicherte Muster sein (möglicherweise mit geringen Abweichungen – Rauschen oder fehlende Bits) oder aber ein völlig anderes (mit einem anderen Index). Ist das wiedergefundene und das gespeicherte Muster ident, so bezeichnet man diesen Prozeß als autoassoziatives Wiederfinden. Unterscheiden sich hingegen die beiden Muster, so spricht man von heteroassoziativem Wiederfinden. Solche Netzwerke heißen auch inhaltsadressierbare Speicher, weil sie dazu eingesetzt werden können, Muster mit Hilfe von Indizes wiederzufinden, die vom Inhalt der gespeicherten Muster abgeleitet werden. KNN, die als assoziative Speicher eingesetzt werden können, sind das Hopfield-Netz, das Brain-State-in-a-Box-Modell und der sog. bidirektionale Assoziativspeicher.

Steuerung

KNN werden erfolgreich für eine Vielzahl von Steuerungsaufgaben eingesetzt. Als Beispiele für den Einsatz von KNN in der Steuerung können u.a. genannt werden:

- Steuerung mobiler Roboter, unter anderem für fahrerlose Fahrzeuge
- Steuerung von Lastwagen mit minimalem Aufwand an eine Laderampe
- Steuerung und Optimierung von Prozessen in Chemiewerken

Vor allem die Prozeßsteuerung ist für die Industrie recht attraktiv, ist es doch mit verbesserten Steuerungstechniken dort möglich, sehr hohe Summen einzusparen.

Datenkomprimierung

Einige KNN sind in der Lage, eine Abbildung zu berechnen, die eine Reduzierung des Eingabemusters hinsichtlich Speicherplatz und damit eine Art Datenkomprimierung durchführt.

Dabei erfolgt eine Transformation der Muster vom n- in dem m-dimensionalen Raum durch die Zuweisung von „Codes" an Gruppen ähnlicher Muster mit m < n. Diese m-dimensionalen Codewörter können nun als Prototyp-Muster für Gruppen ähnlicher Muster im n-dimensionalen Raum eingesetzt werden. Der große Vorteil einer derartigen Abbildung besteht darin, daß sehr viel kürzere Muster generiert werden können, die bei der Datenübertragung die Übertragungsbandbreite reduzieren. Von großer Bedeutung ist die Datenkomprimierung bei Anwendungen, wo große Datenmengen erzeugt werden, so etwa im Telekommunikationsbereich oder bei Satellitendaten.

Diagnostik

KNN können in den verschiedensten Bereichen der Diagnostik eingesetzt werden, so etwa in der Medizin oder dem Ingenieur- oder Fertigungswesen. Bei diagnostischen Anwendungen handelt es sich im wesentlichen um ein Klassifizierungsproblem. Man benötigt z.B. im Falle der Diagnose von technischen Gebrechen eine korrekte Assoziation zwischen Eingabemustern, die ein nicht regelkonformes Verhalten beschreiben, und Ausgabemustern, die die Art der Fehlfunktion angeben. Im Bereich der Diagnostik stehen KNN in direkter Konkurrenz zu Expertensystemen. Diagnostikanwendungen mit KNN werden zumeist mit Feedforward-Netzen realisiert.

Vorhersage

Die Vorhersage von Zeitreihen tritt in vielen Bereichen auf. Einige Beispiele werden hier genannt wie die

- Vorhersage des Verkaufsaufkommens für ein neues Produkt
- Vorhersage der Kreditwürdigkeit von Firmen als Grundlage für die Kreditvergabe
- Vorhersage des zahlenmäßigen Anstieges der Landungen auf vielfrequentierten Flughäfen durch die Fluggesellschaften
- Vorhersage der künftigen Stromabnahme
- Vorhersage von Aktienkursen, Devisenkursen

KNN haben sich als recht brauchbare Techniken zur Vorhersage erwiesen. Unter Vorhersage kann Verschiedenes gemeint sein: Daß ein Ereignis eintritt oder nicht, wann ein Ereignis passiert oder mit welcher Wahrscheinlichkeit. Damit ein KNN in der Lage ist, Trends zu erkennen, ist es allerdings notwendig, daß das KNN mit einer ausreichenden Menge an Trainingsbeispielen trainiert wird. Diese Trainingsbeispiele liegen für gewöhnlich in Paaren „bekanntes Muster- Ergebnis" vor. Ein derart trainiertes Netz muß dann in der Lage sein, trainierte Muster zu verallgemeinern und zu extrapolieren.

Allgemeine Abbildungen

Mit KNN ist es möglich, beliebige Funktionen aus einer Menge von Übungsbeispielen zu erlernen („Funktionsapproximation"). Eigentlich fallen ja alle KNN-Anwendungen in die allgemeine Kategorie der funktionalen Abbildungen, wo ein KNN lernt, einen n-dimensionalen Eingabevektor anhand einiger Kriterien, die nicht unbedingt bekannt sein müssen, auf einen m-dimensionalen Ausgabevektor abzubilden. In den letzten Jahren wurde eine Reihe von Forschungsergebnissen hinsichtlich der Fähigkeit von KNN zur Funktionsapproximation veröffentlicht.

Multisensorische Datenfusion

Unter multisensorischer Datenfusion versteht man den Prozeß, Daten aus verschiedenen Quellen zu kombinieren, um damit mehr Information zu gewinnen, als aus der isolierten Betrachtung der einzelnen Quellen erkenntlich ist. Die multisensorische Datenfusion beinhaltet Tätigkeiten wie das Ermitteln, Assoziieren, Korrelieren, Schätzen und Kombinieren von Daten, um entsprechende Aussagen bezüglich ihrer Identität und zeitlichen Einordnung treffen zu können. Die Fortschritte in der Sensortechnologie haben zu einer schnellen Verbreitung von Anwendungen der multisensorischen Datenfusion geführt. Unter anderem können hier genannt werden:

- Militäranwendungen (Einschätzung von Bedrohungen)
- Prozeßsteuerung
- Überwachung
- Robotik
- Diagnostik

Die Eignung von KNN für Aufgaben der multisensorischen Datenfusion kann deswegen als sehr vielversprechend eingeschätzt werden, da jedes KNN grundsätzlich eine Art Datenfusion durchführt, wenn es Ein- auf Ausgabemuster abbildet.

Optimierung

KNN werden für eine Vielzahl von Anwendungen eingesetzt, wo entweder eine optimale oder fast optimale Lösung benötigt wird. Bei vielen Optimierungsproblemen existieren Einschränkungen („constraints"), so daß sich diese Klasse mit der Klasse der „Constraint Satisfaction" überschneidet. Im folgenden sind einige Beispiele für Optimierungsanwendungen genannt:

- Preisfindung
- Verkauf von Plätzen bei Fluglinien
- Planung von Operationen in der Herstellung
- (kombinatorische) Optimierungsprobleme wie das TSP

Die Vorgehensweise bei der approximativen Lösung des TSP mit einem rekurrenten Netz (Hopfield-Netz) und die dabei auftretenden Probleme sind in Abschnitt 4.2.4 beschrieben. Eine ausführliche Zusammenfassung der Lösung verschiedenster Arten von Optimierungsproblemen mit KNN ist in [CIC93], S. 168ff. dargestellt.

Mustererkennung

Unter Mustererkennung i.e.S. sind sog. Wahrnehmungsaufgaben zu verstehen wie etwa

- Erkennung visueller Bilder von Objekten
- Erkennung gedruckter oder handschriftlicher Zeichen
- Spracherkennung

Der große Vorteil von KNN bei der Lösung von Mustererkennungsaufgaben liegt in der verteilten Speicherung und darin, daß bei der Speicherung neuer Muster nicht zusätzlich Speicherplatz benötigt wird, sondern existierende Gewichte modifiziert werden, also die Freiheitsgrade im System optimal ausgenützt werden. Vergleichsstudien haben gezeigt, daß KNN herkömmlichen statistischen Methoden zur Mustererkennung (z.B. Bayes'sche Klassifizierung) überlegen sind.

Risikoabschätzung

Auch die Risikoabschätzung ist eine Form der Mustererkennung mit Generalisierung. Als Muster für das KNN werden hier Eigenschaften oder Profile von bekannten Situationen mit hohem oder niedrigem Risiko herangezogen (Kreditwürdigkeit, Portefeuilles, Finanzinvestment-Instrumente). Das KNN lernt nun diese Situationen zu clustern. Diese erlernte Clusterung oder Gruppierung kann nun als Grundlage für die Prognose von neuen, unbekannten Situationen dienen.

4.4.3 Betriebswirtschaftliche Anwendungen von KNN

In den 90er Jahren wurde in der Betriebswirtschaftslehre mit der Behandlung von Unsicherheit und Unschärfe und damit u.a. mit der Entwicklung neuronaler Modelle begonnen. Faßt man beispielsweise die Inhalte aus [COR96], [REH94] und [TRI93] zusammen, so ergeben sich folgende Anwendungsfelder von KNN in den betrieblichen Funktionsbereichen:

- Finanzbereich: Kursprognosen von Aktien, Devisen, Zinsen und Wechselkursen, Kreditwürdigkeitsprüfungen, Bilanzanalysen, Überprüfung des finanziellen Status durch Verbindung von KNN mit Expertensystemen, Vorhersage von Konkursen, Vorhersage von Unwirtschaftlichkeit, Vorhersage der Entwicklung der Finanzmärkte, hybrides Modell für den Rohstoffmarkt (KNN und Expertensystem), Entwicklung eines „Weltmodells" integrierter Finanzmärkte
- Marketingbereich: Absatzprognosen, Bildung von Marktsegmenten, Klassifikation von Unternehmen
- Produktionsbereich: Prognose von Lieferterminen und Produktionskosten, Qualitätskontrolle und Reihenfolgeoptimierung

Fokussiert man nicht auf die betrieblichen Funktionsbereiche, sondern auf die generellen Probleme, so existieren KNN-Lösungen für die Gebiete Prognose, Klassifikation und Optimierung mit einem deutlichen Schwergewicht im Bereich Prognose. Stellvertretend für die vielen Arbeiten in diesem Gebiet wird im folgenden gezeigt, wie ein KNN als Unterstützung für den Kreditprüfer eingesetzt werden kann [BAE96].

Einsatz eines KNN als Hilfsmittel für Kreditprüfer

Die Arbeit von J. Baetge, ein KNN als Hilfsmittel zur Kreditwürdigkeitsprüfung einzusetzen, wird unter folgenden Gesichtspunkten vorgestellt: Problemstellung, Motivation für den Einsatz eines KNN, Datenbestand und Vorgangsweise, Trainieren und Pruning, experimentelle Ergebnisse und Zusammenfassung.

Problemstellung

Unternehmensinsolvenzen stellen einen enormen Schaden für die Volkswirtschaft eines jeden Landes dar. Verlierer einer Unternehmensinsolvenz sind natürlich in erster Linie die Gläubiger eines insolventen Unternehmens. Für den Gläubiger fällt nicht nur seine Forderung aus, sondern es kann auch ein wichtiger Abnehmer der eigenen Produkte wegfallen. Während der Wertverlust der Forderung kurzfristig zu verkraften ist, kann der Wegfall eines wichtigen Abnehmers für die Produkte nur langfristig ausgeglichen werden. Gelingt es dem Gläubiger nicht, einen alternativen Abnehmer für seine Produkte zu finden, so kann er unter Umständen selbst in eine Unternehmenskrise geraten.

Der Ausfall von Forderungen kann für ein Gläubigerunternehmen, z.B. eine Bank, dann reduziert oder gänzlich vermieden werden, wenn ein systematisches Beurteilungsinstrument eingesetzt wird, eine Unternehmenskrise frühzeitig zu erkennen. Die Objektivität eines solchen systematischen Frühwarnsystems ist jedoch nur dann gegeben, wenn es an einer Vielzahl von insolventen und solventen Unternehmen mittels eines mathematisch-statistischen Verfahrens entwickelt und getestet wurde. Die Güte eines solchen Beurteilungs- oder Bonitätsprüfungssystems kann mit dem Fehler gemessen werden, mit dem es unbekannte Unternehmen falsch beurteilt.

Nach der statistischen Testtheorie gibt es zwei unterschiedliche Fehlerarten. Der sog. α-Fehler wird dann begangen, wenn ein insolventes Unternehmen fälschlicherweise als solvent bewertet wird. Beim β-Fehler wird umgekehrt ein solventes Unternehmen als insolvent eingestuft. Die Kosten beim α-Fehler sind die Forderungsausfälle beim Gläubigerunternehmen und beim β-Fehler die entgangenen Gewinne aus den abgelehnten Geschäften mit dem tatsächlich doch solventen Unternehmen. Da α- und β-Fehler in einem Austauschverhältnis zueinander stehen, ist es nicht möglich beide gleichzeitig zu minimieren. Vielmehr wird im Regelfall der α-Fehler auf ein konstantes Niveau gesetzt – in [BAE96], S. 152 auf 8,75 % – und der β-Fehler minimiert.

Motivation für den Einsatz eines KNN

Warum ist es zweckmäßig, für das Problem der Bonitätsprüfung ein KNN zu entwickeln? Dieses Problem ist unstrukturiert und es ist unvollständige Information vorhanden, so daß eine formale Lösung ausscheidet.

Mit einem KNN können die unbekannten Zusammenhänge zwischen Eingabedaten (Bilanzkennzahlen) und dem Maß für die Bonität (Bilanzbonitätsindikator, N-Wert) erlernt werden.

Das Ziel besteht also darin, ein KNN mit möglichst geringem β-Fehler aufzubauen. Zweck-mäßigerweise wurde als KNN ein Multilayer-Netz mit Backpropagation-Lernverfahren ge-wählt.

Datenbestand und Vorgangsweise

Wie schon öfters erwähnt, ist für ein gut generalisierendes KNN die richtige Datenauswahl Grundvoraussetzung.

Ausgangspunkt der Überlegungen in [BAE96] war zunächst eine exakte Definition des Beg-riffes Insolvenz. Eine Insolvenz liegt nach [BAE96] dann vor, wenn zumindest eines der folgenden Merkmale erfüllt ist:

- Anmeldung zum Konkurs oder Vergleich
- Verursachung eines Scheck- oder Wechselprotests
- Beantragung eines außergerichtlichen Moratoriums durch das Unternehmen

Wird keines dieser Merkmale erfüllt, so ist das Unternehmen als solvent zu betrachten.

Insgesamt bestand der Datenbestand aus 11.427 Jahresabschlüssen, die nach dem HGB (Handelsgesetzbuch) 1985 aufgestellt wurden. Der Datenbestand wurde auf drei Stichproben verteilt:

- Lernstichprobe
- Teststichprobe
- Validierungsstichprobe

Das Netz lernt die spezifischen Strukturen von solventen und insolventen Unternehmen anhand der Daten der Lernstichprobe. Da das Netz die besonderen Strukturen sowohl eines solventen als auch eines später insolventen Unternehmens gleichberechtigt lernen soll, wurde die Lernstichprobe in gleich viele Jahresabschlüsse aus beiden Gruppen aufgeteilt. Die Lern-stichprobe bestand aus jeweils 131 solventen und später insolventen Unternehmen mit je drei aufeinanderfolgenden Jahresabschlüssen, also 393 „solventen" und ebenso vielen „insolven-ten" Jahresabschlüssen.

Die restlichen Jahresabschlüsse wurden zufällig auf die Test- und Validierungsstichproben aufgeteilt. Während die Teststichprobe der Optimierung verschiedener netzspezifischer Pa-rameter diente (z.B. Zahl der „hidden"-Neuronen, Art der Kennzahl), hatte die Validie-rungsstichprobe allein die Aufgabe der Überprüfung der Klassifikationsleistung des fertig entwickelten Netzes. Die Test- bzw. Validierungsstichproben enthielten je 5061 nach HGB 1985 erstellte Jahresabschlüsse solventer und je 260 bzw. 259 Jahresabschlüsse später insol-venter Unternehmen.

Der nächste Schritt bestand in der Ermittlung von Kennzahlen aus den Jahresabschlußdaten. Insgesamt wurden 259 Kennzahlen ermittelt, die sowohl für die Bonitätsanalyse als auch die Krisenfrüherkennung verwendet werden. Durch eine Vorauswahl konnte dieser Kennzahlen-katalog um 50 Kennzahlen bereinigt werden. Für die verbleibenden 209 Kennzahlen wurde eine Hypothese gebildet, die aussagt, ob ein hoher Kennzahlenwert eher für ein solventes

oder ein insolventes Unternehmen gilt. In der Abbildung 4.43 ist das KNN zur Bonitätsanalyse mit 209 Eingabe-, zwei „hidden"-Neuronen und einem Ausgabeneuron dargestellt.

Das Grundproblem eines KNN mit 209 Eingabeneuronen besteht darin, daß die Generalisierungsleistung stark leidet, weil das Netz die Informationen auswendig lernt. Dies wird oft
auch als „Fluch der großen Zahl von Freiheitsgraden" bezeichnet. Es ist also notwendig, eine
Vorgangsweise zu finden, die die optimale Zahl von Eingangsneuronen und die richtige
Kombination der Kennzahlen findet, so daß das Netz eine gute Generalisierungsleistung
bietet. Ein Austesten aller Kennzahlenkombinationen scheidet wegen der übergroßen Zahl
(2^{209}-1) aus. In [BAE96] wird daher eine Heuristik vorgeschlagen, wo die „richtigen" Kennzahlen sukzessiv bestimmt werden, indem „störende" Kennzahlen abgeschnitten (pruned)
werden. Das Pruning wird dabei 2-stufig durchgeführt, einem gewichtsorientierten Pruning
folgt ein relevanzorientiertes Pruning.

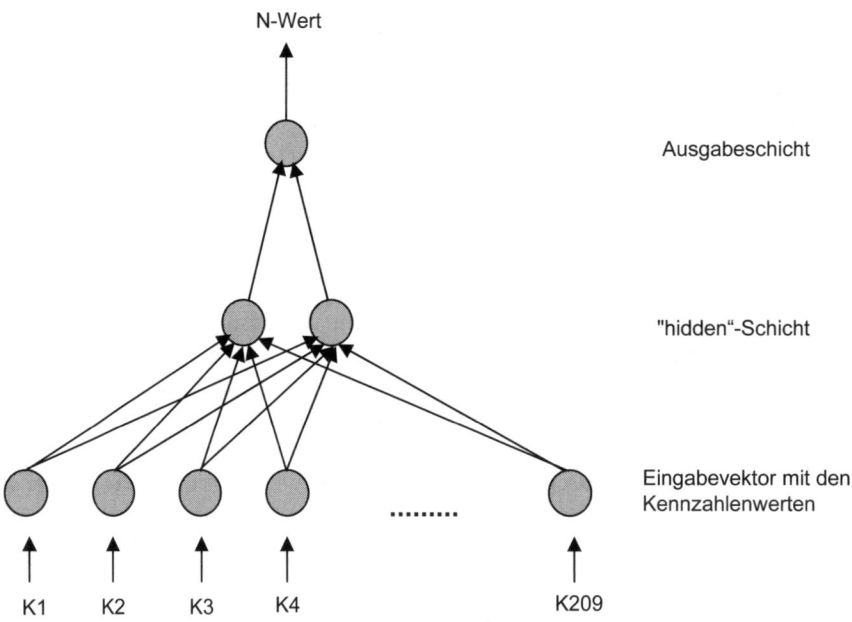

Abbildung 4.43: Anfangsaufbau eines KNN zur Bonitätsprüfung

Trainieren und Pruning

Das Trainieren des Netzes verlief analog zu der in Abschnitt 4.2.2 dargestellten Vorgangsweise. Zunächst wurden die Netzgewichte mit zufälligen Werten initialisiert. Bei [BAE96]
bestand ein Trainingszyklus aus maximal 50.000 Iterationen (Musterpräsentationen). Nach
jeder 10.000sten Iteration wurde das Training unterbrochen und die Klassifikationsleistung

anhand der Teststichprobe getestet. Dies wird auch als stopped training bezeichnet. Als bestes Netz eines Trainingszyklus wurde dann das Netz mit dem kleinsten β-Fehler bei konstantem α-Fehler von 8,75 % abgespeichert.

Nach dem Trainingszyklus wurde das gewichtsorientierte Pruning durchgeführt. Diese Art des Pruning geht davon aus, daß die betragsmäßig kleinsten Verbindungsgewichte die geringste Wirkung auf die Klassifikationsleistung haben und daher entfernt werden können. Dadurch wird die Generalisierungsfähigkeit des KNN verbessert, weil die Anzahl der Freiheitsgrade reduziert wird. In [BAE96] wurden nur die Gewichte zwischen Eingabe- und „hidden"-Schicht für das Pruning herangezogen und konkret nach jedem Trainingszyklus 10 % der betragsmäßig kleinsten Verbindungen abgeschnitten. Man beachte, daß das „Kappen" der Verbindung zwischen Eingangs- und „hidden"-Neuron implizit auch die Kennzahl, die das Eingangsneuron repräsentiert, löscht.

Vor Beginn des nächsten Trainingszyklus wird das verkleinerte Netz neu initialisiert. Das gewichtsorientierte Pruning wird dann gestoppt, falls der β-Fehler eines verkleinerten Netzes signifikant über dem der zuvor ermittelten Netze liegt. Konkret half das gewichtsorientierte Pruning, die Zahl der Eingabeneuronen von 209 auf 50 zu reduzieren und damit die Zahl der Gewichte wesentlich zu verkleinern.

Nach dem gewichtsorientierten Pruning wurde das relevanzorientierte Pruning durchgeführt. Im Gegensatz zum gewichtsorientierten Pruning werden nicht die Verbindungen entfernt, sondern das Neuron selbst gelöscht. Diese Art des Prunings kann sowohl für Eingabe- als auch „hidden"-Neuronen angewendet werden. Relevanzorientiertes Pruning geht davon aus, daß jedes Neuron eine unterschiedliche Bedeutung für die Klassifikationsleistung des Netzes besitzt. Wird ein wichtiges Neuron (Kennzahl) entfernt, so verschlechtert sich die Klassifikationsleistung und der β-Fehler steigt. Wird hingegen ein unwichtiges Neuron gelöscht, so sinkt der β-Fehler. In [BAE96] wurde das relevanzorientierte Pruning nur für Eingabeneuronen angewendet. Für jedes Neuron i kann seine Relevanz r_i folgendermaßen definiert werden:

$$r_i = \beta\text{-Fehler ohne Neuron } i - \beta\text{-Fehler gesamtes Netz}$$

Ist $r_i < 0$, so wird Neuron i entfernt. Das relevanzorientierte Pruning half, in fünf Schritten die Anzahl der Bilanzkennzahlen auf 14 zu reduzieren (BP14-Netz). Der β-Fehler betrug dann bei konstantem α-Fehler 32,96 %.

Ein Feintuning netzspezifischer Parameter (z.B. Zahl der „hidden"-Neuronen) führte zu keiner verbesserten Klassifikationsleistung von BP14.

In Tabelle 4.3 sind die für die Bonitätsprüfung relevanten 14 Kennzahlen und ihre Definition und kennzahlenmäßige Zugehörigkeit aufgelistet.

In BP14 sind Kennzahlen aus jedem Informationsbereich eines Unternehmens enthalten, soweit er durch den Jahresabschluß dargestellt wurde. Aus diesen Kennzahlen wird der Bilanzbonitätsindikator ermittelt. Bei der Betrachtung der Kennzahlen fällt auf, daß der Informationsbereich Rentabilität am stärksten vertreten ist. Betrachtet man die Kennzahlen 2 und 3, so fällt auf, daß diese sich nur in einer Position unterscheiden (Zuführung zu den Pensionsrückstellungen). Obwohl beide Kennzahlen fast den gleichen Sachverhalt abbilden, ist der Unterschied noch groß genug, damit nicht eine der beiden Kennzahlen beim relevanzorientierten Pruning ausgefiltert wird. Durch die Zusammensetzung von BP14 wird auch die wichtige Bedeutung des Eigenkapitals für die Bilanzbonität unterstrichen. Das Eigenkapital, definiert als Wirtschaftliches Eigenkapital kommt in den Kennzahlen 11, 13 und 14 vor. Auch der Cash Flow hat eine wichtige Bedeutung für die Trennschärfe, tritt er doch in den Kennzahlen 2, 3, 4 und 5 auf.

Tabelle 4.3: Kennzahlen des BP14

Nummer	Definition	Informationsbereich
1	Ordentliches Betriebsergebnis (intern)/Umsatz	Rentabilität
2	Ertragswirtschaftlicher Cash Flow (intern)/Bilanzsumme	Rentabilität
3	(Ertragswirtschaftlicher Cash Flow (intern) + Zuführung zu den Pensionsrückstellungen)/Bilanzsumme	Rentabilität
4	Ertragswirtschaftlicher Cash Flow (intern)/(Fremdkapital-Erhaltene Anzahlungen)	Finanzkraft
5	Ertragswirtschaftlicher Cash Flow (intern)/(Kfr. Fremdkapital+ Mfr. Fremdkapital)	Finanzkraft
6	((Akzeptverpflichtungen+Verbindlichkeiten aus Lieferungen und Leistungen)*360)/Gesamtleistung	Kapitalbindungsdauer
7	((Akzeptverpflichtungen+Verbindlichkeiten aus Lieferungen und Leistungen)*360)/Umsatz	Kapitalbindungsdauer
8	(Kfr. Bankverbindlichkeiten+Kfr. Verbindlichkeiten aus Lieferungen und Leistungen+Akzepte+Kfr. Sonstige Verbindlichkeiten)/Umsatz	Kapitalbindung
9	Kfr. Fremdkapital/Bilanzsumme	Verschuldung
10	(Verbindlichkeiten aus Lieferungen und Leistungen+Akzeptverpflichtungen+Bankverbindlichkeiten)/(Fremdkapital-erhaltene Anzahlungen)	Verschuldung
11	Wirtschaftliches Eigenkapital/(Sachanlagevermögen-Grundstücke und Bauten)	Liquidität
12	Personalaufwand/Gesamtleistung	Wertschöpfung
13	(Wirtschaftliches Eigenkapital-Immaterielle Vermögensgegenstände)/(Bilanzsumme-Immaterielle Vermögensgegenstände-Flüssige Mittel-Grundstücke und Bauten)	Kapitalstruktur
14	(Wirtschaftliches Eigenkapital+Rückstellungen)/(Bilanzsumme-Flüssige Mittel-Grundstücke und Bauten)	Kapitalstruktur

Experimentelle Ergebnisse und Zusammenfassung

Im vorigen Abschnitt wurde gezeigt, wie das KNN zur Bonitätsprüfung anhand der Lern- und Testdaten fertig entwickelt wurde. Der nächste Schritt besteht darin, dieses Netz mit den Validierungsdaten auf seine Leistungsfähigkeit zu überprüfen. Zu diesem Zweck wird das

BP14 mit zwei anderen Netzen verglichen, dem BP13 und BP13Neu. Diese beiden Netze –
beide haben in der Eingabeschicht die gleichen 13 Neuronen – können wie folgt charakterisiert werden:

- BP13: Dieses Netz ist noch mit Jahresabschlüssen nach dem AktG (Aktiengesetz) 1965
  trainiert worden.
- BP13Neu: Dieses Netz ist aus BP13 optimiert worden, indem ausgewählte netzspezifi-
  sche Parameter an den Lern- und Testdaten der Jahresabschlüsse nach HGB 1985 neu
  justiert wurden.

Die Bewertung der Klassifikationsleistung der drei Netze BP14, BP13 und BP13Neu wurde
anhand von HGB-Validierungsdaten, die bisher in der Analyse nicht benutzt wurden, durchgeführt, mit anderen Worten, es wurde evaluiert, welches Netz bei konstantem α-Fehler –
wieder 8,75 % – den kleinsten β-Fehler aufweist. Dabei zeigte sich, daß BP13 mit einem
β-Fehler von 41,24 % am schlechtesten abschnitt. Etwas besser war BP13Neu mit 39,42 %,
aber weit hinter BP14 (33,55 %). Dieses Ergebnis zeigt deutlich, daß zur Überprüfung von
nach neuem Jahresabschlußrecht entwickelten Bilanzen es nicht ausreicht, einfach die Netz-
parameter eines nach altem Recht entwickelten KNN anhand der neuen Daten zu optimieren.

J. Baetge u.a. haben mit dem BP14 ein leistungsfähiges, systematisches und objektives In-
strument zu Bonitätsprüfung entwickelt. Der Ausgabewert des KNN ist der sog. Bilanzbonitätsindikator, der angibt, wie widerstandsfähig ein Unternehmen gegenüber Krisen ist. Je
größer den N-Wert ist, desto höher ist die Chance eines Unternehmens, innerbetriebliche
(z.B. Streik) und außerbetriebliche (z.B. Konjunktur) Krisen zu überwinden.

Zweckmäßigerweise sollte die Berechnung des Bilanzbonitätsindikators Teil eines von der
Gläubigerbank kontinuierlich eingesetzten Beurteilungssystems sein. Schon beim Einreichen
des Kreditantrages soll das Unternehmen auf seine Bonität hin beurteilt werden. Zeigt der
Indikator ein Unternehmen als insolvenzgefährdet an oder deuten die Kennzahlen der letzten
Jahre in diese Richtung, so ist auf jeden Fall eine Zusatzprüfung durch einen qualifizierten
Kreditsachbearbeiter erforderlich. Führt diese Zusatzprüfung zu einem positiven Ergebnis
und steht sie auch nicht im Widerspruch zur Kreditpolitik der Bank, so kann der Kredit frei-
gegeben werden. Andernfalls wird der Kreditantrag endgültig abgelehnt.

4.5   Zusammenfassung

Der sub-symbolischen KI liegt die Annahme zugrunde, daß intuitiv assoziative Prozesse des Menschen einen grundlegenden Bereich der Intelligenz bilden. Derartige Prozesse können mit Künstlichen Neuronalen Netzen modelliert werden. Die sub-symbolische KI geht davon aus, daß die assoziativ unbewußten Prozesse die grundlegenden Prozesse der Kognition darstellen und symbolische Handlungen als in diese unbewußte Ebene eingebettet zu betrachten sind und aus dieser hervorgehen.

Ein Künstliches Neuronales Netz (KNN) ist ein massiv paralleles System, das aus uniformen Einheiten (units, Neuronen) besteht, die über Gewichte miteinander verbunden sind. Neuronale Netze unterscheidet man nach der Art der Informationsverarbeitung im Knoten (Knotendynamik), der Topologie und dem Lernverfahren. Mit der Knotendynamik wird festgelegt, welche Ausgabe ein Neuron aus den angelegten Eingaben errechnet. Mit der Topologie wird definiert, wie die einzelnen Neuronen angeordnet sind. Mit der Auswahl eines bestimmten Lernverfahrens schließlich wird festgelegt, wie die Gewichte schrittweise zu verändern sind, damit eine bestimmte Aufgabe erlernt werden kann. KNN ahmen Grundprinzipien der biologischen Informationsverarbeitung nach und sind adaptive Systeme, mit denen aus Beispielwissen unbekannte Zusammenhänge zwischen Ein- und Ausgabedaten erlernt werden können („learning by example"). Das Wissen über das Problem ist verteilt in den Kantengewichten gespeichert.

KNN kann man u.a. danach klassifizieren, ob sie Feedforward- oder Feedback-Netze sind. Bei Feedforward-Netzen verläuft der Informationsfluß von der Eingabe- zur Ausgabeschicht. Es gibt keine Rückkopplungen. Diese können bei Feedback-Netzen auftreten. Feedforward- und Feedback-Netze haben unterschiedliche mathematische Eigenschaften. Mehrschichtige Netze mit Backpropagation-Lernverfahren stellen das Standardmodell im Bereich der KNN dar. Weitere gebräuchliche Netze sind die Kohonen Feature Map, das Hopfield-Netz und die Boltzmann-Maschine.

Die Entwicklung eines KNN läuft in den Phasen Datenmodellierung, Klassifikatorerstellung und Testen ab. Häufig gemachte Fehler bestehen z.B. darin, daß eine ungeeignete Repräsentation gewählt wird oder die Parameter für das Trainieren schlecht bestimmt sind.

Bei der Implementierung von KNN unterscheidet man Softwaresimulatoren, Hardwarelösungen, optische Implementierungen und Biocomputer. Zu den Softwaresimulatoren gehören herkömmliche Programmiersprachen, Neuropakete und Neurosprachen bzw. -spracherweiterungen.

KNN können dort überall eingesetzt werden, wo nur Beispielwissen verfügbar ist und ein funktionaler Zusammenhang zwischen Ein- und Ausgabedaten ermittelt werden soll. Wichtige Anwendungsgebiete für KNN sind die Datenkomprimierung, Diagnostik, Vorhersage, Mustererkennung und Optimierung.

4.6   Übungsaufgaben

1.   Welche sind die grundsätzlichen Annahmen des sub-symbolischen Ansatzes?
2.   Aus welchen Elementen besteht ein biologisches Neuron?
3.   Welche Ebenen der Informationsverarbeitung kann man im menschlichen Gehirn unterscheiden?
4.   Aus welchen Elementen besteht ein KNN?
5.   Mit welcher Formel wird der Nettoinput in einem Neuron üblicherweise berechnet?
6.   Zeichnen Sie einige Ihnen bekannte Aktivierungsfunktionen auf.
7.   Wodurch unterscheiden sich Feedforward- von Feedback Netzwerken?
8.   Führen Sie einige Möglichkeiten an, wie ein KNN lernen kann.
9.   Beschreiben Sie das Grundprinzip folgender zwei Lernregeln: Hebb'sche Lernregel, Delta-Regel.
10. Beschreiben Sie, wie Wissen in einem Neuronalen Netz gespeichert wird. Gehen Sie dabei auf die Vor- und Nachteile dieser Art der Speicherung ein.
11. Welche Einsatzgebiete für Neuronale Netze gibt es? Für welche Problemstellungen würden Sie Neuronale Netze sicher nicht einsetzen?
12. Geben Sie drei Eigenschaften an, worin sich Neuronale Netze und herkömmliche KI unterscheiden.
13. Schreiben Sie den Perceptron-Lernalgorithmus in Pseudocode an.
14. Führen Sie den Beweis durch, daß das XOR-Problem mit einem Perceptron nicht gelernt werden kann.
15. Der Ausdruck „Backpropagation-Netz" ist eigentlich falsch. Wie muß es richtig heißen?
16. Zeichnen Sie die Netztopologie für ein einfaches MLP auf.
17. Erläutern Sie die zwei Phasen Vorwärtspropagierung des Inputs und Rückwärtspropagierung des Fehlers beim Backpropagation-Lernverfahren.
18. Geben Sie Gründe an, warum die Delta-Regel in der einfachen Form nicht für das Backpropagation-Lernverfahren eingesetzt werden kann.
19. Stellen Sie zwei bekannte Probleme des Backpropagation-Algorithmus graphisch dar.
20. Geben Sie eine Möglichkeit an, wie einfaches Backpropagation verbessert werden kann.
21. Beschreiben Sie den Kohonen-Lernalgorithmus in Pseudocode.
22. Geben Sie die Formel zur Berechnung des Nettoinputs eines Kartenneurons der KFM an.
23. Welche Möglichkeiten für die Verlaufskurve der Umfeldhemmung gibt es?
24. Nennen Sie einige Anwendungsgebiete der KFM.
25. Liefern Sie eine Erklärung dafür, warum es beim Kohonen-Netz in der Trainingsphase so lange bis zur Konvergenz dauert. Machen Sie einige Verbesserungsvorschläge zur Konvergenzbeschleunigung.
26. Definieren Sie das „Spinglas-Problem".
27. Was versteht man unter einem frustrierten System?
28. Formulieren Sie den Lernalgorithmus für das Hopfield-Modell in Pseudocode.

29. Erklären Sie den Unterschied zwischen synchronem und asynchronem Berechnungsschema bei Hopfield-Neuronen.

30. Was versteht man unter Autoassoziation?

31. Welche Nachteile des Hopfield-Netzes sind Ihnen bekannt?

32. Wie groß ist die Anzahl der zu speichernden Gewichte beim Hopfield-Modell (N Neuronen)?

33. Für welche Anwendungen eignen sich Hopfield-Netze?

34. Erläutern Sie den Simulated Annealing-Mechanismus.

35. Beschreiben Sie den Lernalgorithmus für die Boltzmann-Maschine in Pseudocode.

36. Was versteht man unter dem „noisy clamping"-Verfahren und warum wird es eingesetzt?

37. Welche Phasen der Entwicklung bei Neuronalen Netzen kann man unterscheiden? Beschreiben Sie jede Phase im Überblick.

38. Was versteht man unter Crossvalidation?

39. Worin liegen die Vorteile von Softwaresimulatoren?

40. Was versteht man unter der Generalisierungsfähigkeit Neuronaler Netze?

41. Erläutern Sie das Problem des Parametertunings.

42. Bei Auftreten welcher Problemeigenschaften ist der Einsatz eines KNN anzuraten?

43. Nennen Sie einige betriebswirtschaftlichen Probleme, die mit Neuronalen Netzen gelöst wurden.

44. Vergleichen Sie die Paradigmen symbolische KI, Fuzzy-Systeme und sub-symbolische KI anhand der beiden Kriterien Repräsentation und Ableitung von Wissen.

45. Sie haben Fußballergebnisse von drei Teams gesammelt und möchten ein neuronales Netz nun darauf trainieren, Vorhersagen für Resultate künftiger Spiele zu liefern. Zeichnen Sie die Topologie des Netzes Ihrer Wahl auf, wobei klar erkenntlich sein muß, welche Information in den einzelnen Knoten codiert ist. Beschreiben Sie kurz den Algorithmus für das Trainieren des Netzes. Worauf ist bei der Auswahl der Trainingsdaten besonders zu achten? Wie gehen Sie vor, wenn Sie auch noch ein viertes Team (zusammen mit den Ergebnissen gegen die anderen drei Teams) in das Netz aufnehmen wollen?

46. Lösen Sie folgendes aussagenlogische Problem mit einem Neuronalen Netz: $(p \wedge q) \vee (\neg r)$. Erstellen Sie zuerst die Wahrheitstafel. Wählen Sie eine Netztopologie aus, begründen Sie die Wahl und zeichnen Sie dann das Netz auf, wobei eindeutig hervorgehen muß, welche Information in welchem Neuron codiert ist. Formulieren Sie das Lernverfahren, das Sie einsetzten möchten, in Pseudocode.

47. Folgende Aufgabe ist mit einem Neuronalen Netz zu lösen. Die natürlichen Zahlen im Intervall [0,9] sind in die entsprechenden Binärzahlen zu konvertieren. Wählen Sie ein entsprechendes Netz aus (und geben Sie dafür die Begründung an), zeichnen Sie die Netztopologie graphisch auf (wobei für jedes Neuron klar sein muß, welche Information es beinhaltet) und formulieren Sie den Lernalgorithmus für das Netz in Pseudocode.

5 Einführung in Wissensmanagement

Die Sichtweise der Wissensverarbeitung in den Kapiteln 2 (symbolische KI), 3 (Fuzzy-Systeme) und 4 (Künstliche Neuronale Netze) war eine ganz pragmatisch technische und primär der Repräsentation von Wissen gewidmet.

Auf der Ebene des Lösungsansatzes wurde die grundsätzliche Konzeption von symbolischer KI, Fuzzy-Systemen und KNN beschrieben. Konkrete Modelle wurden auf dieser Ebene aber noch nicht vorgestellt. Dies wurde in der Modellierungsebene realisiert, wo die wichtigsten Modelle in formalisierter Darstellung erläutert wurden. Die Transformation auf den Computer wurde in der Entwicklungs- und Implementierungsebene besprochen. In der Einsatzebene schließlich wurde dargelegt, welche Lösungsansätze für welche Problemstellungen adäquat sind und welche Anwendungsgebiete für die einzelnen Paradigmen existieren.

Wissen ist heute der mit Abstand wichtigste „Produktionsfaktor". Jeder Mitarbeiter in einem Unternehmen benötigt Wissen zur Erledigung von Aufgaben, sei es in den Bereichen Einkauf, Marketing, Forschung oder Vertrieb. Folgendes Beispiel aus [DER99], S. 305f. gibt Aufschluß, was z.B. unter dem „Wissensvermögen" eines Managers (Reeders) zu verstehen ist.

Er hatte zwei sehr flache Frachtschiffe gekauft, die er gerade noch bezahlen konnte. Wenn er eine Anfrage für eine Fracht erhielt, die zu oder von einem sehr seichten Hafen zu transportieren war, stellte er zuerst fest, wo sich die flachen Schiffe der Konkurrenten gerade befanden. Wenn sie verfügbar waren, gab er ein niedriges Angebot ab. Wenn nicht, und wenn der Kunde es zudem eilig hatte, dann verlangte er dreimal so viel, weil er ja als einziger im Rennen war. Die Kunden wunderten sich zwar über die Preisschwankungen, hatten aber keine Alternative. Sie mußten sich dem Wissen beugen und voll zahlen.

Die Notwendigkeit der Einführung eines Wissensmanagementkonzeptes zeigt folgendes Beispiel. Fast jedes Unternehmen hat schon die folgenden Erfahrungen gemacht:

1. Mitarbeiter X einer Abteilung sind Erkenntnisse eines Mitarbeiters Y einer anderen Abteilung nicht bekannt, die für X in seiner Arbeit sehr wichtig sind.
2. Relevante Informationen wurden nicht berücksichtigt, weil niemand wußte, daß sie existieren oder in der Eile nicht gefunden werden konnten.
3. Richtlinien konnten nicht eingehalten werden, weil sie nicht bekannt oder nicht direkt verfügbar waren.

4. Mit der Abwesenheit eines Mitarbeiters ist auch sein Wissen für die Kollegen nicht verfügbar.
5. Mit dem Weggehen eines Mitarbeiters geht auch sein Wissen für das Unternehmen verloren.

Wir können uns die Bedeutung von Wissensmanagement (WM) veranschaulichen, indem wir uns einige dieser – negativen – Ereignisse anhand des Beispiels „Kreditwürdigkeitsprüfung" veranschaulichen. Der Einfachheit halber soll der Mitarbeiter, der die Kreditwürdigkeitsprüfung durchführt, Huber heißen:

*   Huber ist nicht bekannt, daß aggregierte Informationen über Kundenbilanzen in einer anderen Fachabteilung (für andere Zwecke) erstellt werden. Diese Informationen muß Huber selber mühsam zusammenstellen.
*   Der Mitarbeiter Huber ist für zwei Monate auf Urlaub. Da niemand weiß, daß er für die Kreditwürdigkeitsprüfung ein eigenes Programm zur Entscheidungsunterstützung erstellt hat, müssen andere Mitarbeiter die Kreditwürdigkeitsprüfung inzwischen auf herkömmliche Art durchführen (Faustregeln, Zurückgreifen auf erfahrene Mitarbeiter usw.).

Huber ist – auch ohne seine Software zur Kreditwürdigkeitsprüfung – der beste Mitarbeiter in seiner Abteilung. Er hat nun ein besseres Angebot einer anderen Bank angenommen und verläßt das Unternehmen. Mit Huber gehen wahrscheinlich diesem Unternehmen neben dem Programm auch seine Erfahrungen und sein Wissen verloren. Dieses Wissen wird er jetzt seinem neuen Arbeitgeber zur Verfügung stellen.

Erfolgreiches WM wird auch heute noch häufig mit der Beherrschung entsprechender Informationstechnologie (IT) gleichgesetzt. Folgendes Beispiel – es geht um den Aufbau eines Pilotprojektes bei der Airbus GmbH in Hamburg-Finkenwerder – [RAN00] zeigt, daß Wissen eine soziale Größe darstellt und es gilt, kulturelle und psychologische Faktoren bei der Planung und Installation eines WM-Systems miteinzubeziehen:

Doch zu Beginn eines Pilotprojektes bei der Airbus GmbH in Hamburg-Finkenwerder zeigten sich die Mitarbeiter zunächst zögerlich: „Wenn ich in das System eingebe, was für eine Niete ich bin, dann schmeißen die mich doch raus"; andere fürchteten um ihr Ansehen unter den Kollegen, weil sie unter „Softwarekenntnisse" nicht „Word" eingeben konnten. Klaus Steinfatt, damals Wirtschaftsinformatiker an der Technischen Universität Hamburg-Harburg, erinnert sich daran, daß der Aufbau von Vertrauen die schwierigste Aufgabe war, viel zeitaufwendiger und teurer als die Installation der Technik. Wichtiger als alle Computerkästen, meint Steinfatt, bleiben Bedingungen, unter denen ungezwungen kommuniziert und auch gespielt werden darf. Wichtiger ist das gelebte Prinzip, daß die Mitarbeiter nicht Ausführende, sondern die gemeinschaftlich Handelnden der Institution sind; das Vertrauen, das den Mitarbeitern geschenkt wird, und die emotionale Zuwendung der Führungsgruppe zur Mannschaft.

In den letzten Jahren hat sich mit der Fachrichtung WM eine Disziplin herausgebildet, die die Verarbeitung von Wissen grundsätzlich anders betreibt als die KI (vgl. Kapitel 2, 3, und 4). Im folgenden sind die wichtigsten Punkte genannt, die beim WM stärkere Betonung finden [GRO00], S. 1ff.:

- Personengebundenheit: Wissen kann definiert werden als die Summe der Kenntnisse und Fähigkeiten, die man zur Lösung gewisser Probleme benötigt. Daten und Informationen sind für die Verarbeitung von Wissen notwendiger Input, im Gegensatz zu diesen ist Wissen immer an Personen gebunden.
- implizites Wissen: Bei der Diskussion von Expertensystemen (vgl. Kapitel 2) wurde erwähnt, daß das vorrangige Ziel in der Explizitmachung von fachlichem Wissen besteht. Die Behandlung von implizitem Wissen war hier kein Thema.
- Identifikation und Nutzbarmachung: Im Gegensatz zu den Paradigmen der KI, wo die maschinelle Nutzung bzw. das Generieren von Wissen im Vordergrund steht – man denke hier z.B. nur an die Produktionssysteme –, so betonen heutige Ansätze des WM viel stärker die Identifikation und Nutzbarmachung bereits vorhandenen expliziten Wissens.
- Repräsentation vs. Management: In den Kapiteln 2, 3 und 4 wurde vorrangig diskutiert, wie für bestimmte Problemstellungen eine optimale Repräsentation des Wissens gefunden werden kann. Vielfach existieren aber schon Dokumente in einer bestimmten Form oder das Wissen ist überhaupt nur implizit vorhanden. Bei heutigen, modernen Ansätzen des WM überwiegen Fragen des Managements von explizitem und implizitem Wissen. Repräsentationsfragen sind nicht mehr so dominant.

Dieses Kapitel kann natürlich keinen vollständigen Überblick über das Gebiet WM geben. Der interessierte Leser sei hier verwiesen auf [LIE97], [LIE99], [PET98], [NOR99] und [LEH00]. Eine kurze Einführung in das Gebiet des WM ist auch in [REI00a] zu finden.

Dieses Kapitel über WM ist wie folgt organisiert: In Abschnitt 5.1 werden Grundkonzepte und Methoden des WM erläutert, um dem Leser das Basiswissen zu vermitteln. In Abschnitt 5.2 wird dargestellt, wie WM mit IT umgesetzt werden kann. Abschnitt 5.3 schließlich zeigt Trends in diesem Gebiet auf, die u.a. von bekannten Beratungsunternehmen vorhergesagt werden.

5.1 Grundkonzepte des WM

Wenn man in der Suchmaschine eines on-line-Buchdienstes die Suchbegriffe „Wissensmanagement", „Knowledge Management" oder „organisationales Lernen" eingibt, erhält man eine Unmenge von Suchergebnissen, die kaum überschaubar sind. Grob gesagt lassen sich die Bücher, Artikel, Konferenzbeiträge usw. in WM-Literatur einteilen, die auf einem methodischen Konzept aufbaut, in Literatur, die von Beratungsunternehmen geschrieben ist, und in sog. Management-Literatur, die Managern einfache Wege zu mehr Erfolg verspricht.

WM ist heute ein „hot topic", auf das sich Unternehmen, Berater und Forschungseinrichtungen gleichermaßen stürzen. Es ist fast unmöglich geworden, auch nur annähernd einen vollständigen Überblick über die aktuellen Entwicklungen auf diesem Gebiet zu haben. Abbildung 1 zeigt die Einstiegsseite zu einem gängigen WM-Portal (WWW Virtual Library on Knowledge Management).

Abbildung 5.1: WWW-Seite zu Wissensmanagement

5.1.1   Definition von Wissen

Weder Wissen noch WM sind einheitlich definiert. Dies mag zusammen mit dem noch jungen Alter dieser Disziplin auch ein Grund dafür sein, daß viele unterschiedliche Ansätze existieren und auch nicht klar ist, wie WM eigentlich zu betreiben ist. Manche gehen sogar soweit und behaupten, der jetzige Run auf WM werde von den Beratungsunternehmen nur genutzt, um existierende Konzepte des Informationsmanagements in neuem Gewand wiederzuverwenden.

Wie in [BEC99], S. 3 angemerkt, existieren Definitionen über Wissen vom praktischen, konzeptuellen und philosophischen Standpunkt. Im folgenden sind einige der Definitionen über Wissen aus [BEC99] angeführt (in Klammern die Urheber):

Knowledge is organized information applicable to problem solving. (Woolf)

Knowledge is information that has been organized and analyzed to make it understandable and applicable to problem solving or decision making. (Turban)

Knowledge encompasses the implicit and explicit restrictions placed upon objects (entities), operations, and relationships along with general and specific heuristics and inference procedures involved in the situation being modeled. (Sowa)

Knowledge consists of truths and beliefs, perspecitves and concepts, judgements and expectations, methodologies and know-how. (Wiig)

Knowledge is the whole set of insights, experiences, and procedures that are considered correct and true and that therefore guide the thoughts, behaviors, and communication of people. (van der Spek and Spijkervet)

Knowledge is reasoning about information and data to actively enable performance, problem-solving, decision-making, learning, and teaching. (Beckman)

5.1.2 Definition von WM

WM ist mit einem Alter von ca. 10 Jahren eine vergleichsweise junge Wissenschaftsdisziplin. Der Begriff „Wissensmanagement" wurde zum ersten Mal von K. Wiig 1986 bei einer Konferenz geprägt [BEC99], S. 6. WM ist – wie in diesem Kapitel angedeutet – nicht alleine auf IT zu reduzieren, sondern ein interdisziplinäres Fach, das sich mit organisatorischen, sozialen, psychologischen und informationstechnischen Faktoren auseinandersetzt. Findet ein Faktor nicht ausreichend Berücksichtigung – man halte sich das Beispiel bei Airbus am Beginn dieses Kapitels vor Augen –, so kann auch ein groß angelegtes WM-Projekt scheitern.

Im folgenden sind einige WM-Definitionen von bekannten Forschern angeführt [BEC99], S. 6. KM steht für Knowledge Management, also WM. Jeder Leser möge sich überlegen, wie unterschiedliche WM-Definitionen zu verschieden geplanten und durchgeführten WM-Projekten führen können.

KM is the systematic, explicit, and deliberate building, renewal, and application of knowledge to maximize an enterprises's knowledge-related effectiveness and returns from its knowledge assets. (Wiig)

KM is the process of capturing a company's collective expertise wherever it resides – in databases, on paper, or in people's heads – and distributing it to wherever it can help produce the biggest payoff. (Hibbard)

KM applies systematic approaches to find, understand, and use knowledge to create value. (O'Dell)

KM is the explicit control and management of knowledge within an organization aimed at achieving the company's objectives. (van der Spek)

KM is the formalization of and access to experience, knowledge and expertise that create new capabilities, enable superior performance, encourage innovation, and enhance customer value. (Beckman)

5.1.3   Entwicklungslinien des WM

Dieser Abschnitt ist wichtigen Ereignissen in der relativ kurzen Geschichte des WM gewidmet (adaptiert von [BEC99], S. 2).

*   1986 prägt K. Wiig den Begriff „Wissensmanagement" zum ersten Mal auf der von den Vereinten Nationen organisierten Konferenz „International Labor Organization".
*   1989 starten Beratungsunternehmen interne Versuche, Wissen formal zu fassen. Es wird eine Strategie von Beratungsunternehmungen in den kommenden Jahren sein, WM-Projekte erst intern durchzuführen und dann mit Konzepten und Erfahrungen WM bei ihren Kunden einzuführen.
*   PriceWaterhouse ist eines der ersten Beratungsunternehmen, das WM als integralen Bestandteil der Geschäftsstrategie betrachtet.
*   Nonaka und Takeuchi publizieren 1991 im Harvard Business Review einen wegweisenden Artikel über WM.
*   1993 veröffentlicht K. Wiig das erste Buch über WM mit dem Titel Knowledge Management Foundations.
*   1994 wurde mit „Knowledge Management Network" die erste WM-Konferenz abgehalten.
*   Seit 1994 bieten große Beratungsunternehmen (Andersen Consulting, PriceWaterhouse, Ernst&Young u.a.) WM ihren Kunden an.
*   Seit 1996 kommt es zur verstärkten Gründung von speziellen WM-Firmen, die entweder Beratung im Bereich WM oder die Entwicklung und Einführung von WM-Technologien (Suchmaschinen, Portale, Wissensbasen etc.) betreiben.
*   Ende der 90er Jahre kommt es auch zu verstärkter WM-Forschung in den Staaten der Europäischen Union (EU). Im Rahmen des mit 3,6 Milliarden Euro dotierten IST (Information Society Technologies)-Programmes der Europäischen Kommission [IST00] werden unterschiedliche WM-Projekte in der key action „New methods of work and electronic commerce" mit 547 Millionen Euro [MET99] gefördert.

5.1.4   Dimensionen des WM

Die Einführung von WM im Unternehmen stellt für das Management und die Mitarbeiter eine große Herausforderung dar. Allerdings gilt es zu berücksichtigen – und das wird durch eine Vielzahl von Büchern, Beiträgen in Journalen und Konferenzen dokumentiert –, daß unterschiedliche Ansätze darüber existieren, was unter WM zu verstehen und wie es am effizientesten zu realisieren ist.

Die Entwicklung eines ganzheitlichen WM im Unternehmen bezieht sich also nicht nur auf geeignete Informations- und Kommunikationsstrukturen. In [BUL98], S. 23 werden folgende Dimensionen des WM unterschieden:

- Human Resource Management (HRM): Die Aufgabe des HRM besteht darin, eine adäquate Unternehmenskultur zu schaffen, die einen kontinuierlichen Wissenstransfer zwischen den Mitarbeitern unterstützt.
- Organisation: Hier können die folgenden Aufgaben unterschieden werden:
  – Entwicklung von Methoden zur Wissensakquisition, -speicherung und -transfer
  – Integration von WM in die Unternehmensorganisation
  – Betreibermodell-Szenarien (funktionale, organisatorische und instrumentale Aspekte)
- Informations- und Kommunikationstechnologien (IKT): Die Informations- und Kommunikationstechnologien sollen ein flexibles WM ermöglichen.

Als Barrieren für die Installation und den Betrieb eines WM-Systems können genannt werden [BUL98], S. 23:

- fehlender Wissensaustausch zwischen den Abteilungen eines Unternehmens
- fehlende Mechanismen zum Wissenserwerb, zur -speicherung und zum -transfer
- fehlendes Schnittstellenmanagement zwischen den EDV-Systemen
- inkonsistente Daten, starre Wissensaufbereitung
- mangelhafte Informations- und Kommunikationsflüsse
- Wissensfluktuation durch Personalfluktuation
- Wissen als persönliches Eigentum, ungeeignete Unternehmenskultur

Die Aufgaben beim WM kann man in zahlreiche Aktivitäten zergliedern. Folgende Grundaktivitäten können genannt werden [HIN98]:

- Identifikation von Wissen: Erkennen von bereits vorhandenem Wissen
- Wissenserwerb: Aneignung von extern vorhandenem Wissen und Lernen aus Erfahrung
- Entwicklung: Entwicklung von noch nicht existierendem Wissen. Hierher fallen die Aktivitäten der Forschungs- und Entwicklungsabteilungen.
- Speicherung: Konservierung von intern vorhandenem Wissen
- Nutzung: Einsatz und Zugriff auf erworbenes und gespeichertes Wissen
- Verteilung: Zugang schaffen zu Wissen auf unterschiedlichen vertikalen und horizontalen Ebenen eines Unternehmens
- Pflege: Aktualisierung und Anpassung von bestehendem Wissen

Werden diese Aktivitäten tatsächlich in einem Unternehmen umgesetzt, so wird organisatorisches Lernen realisiert, d.h. individuelles Wissen wird in ein Wissensarchiv eingebracht, dieses Wissensarchiv wird von allen Mitarbeitern zur Wissensnutzung verwendet, vorhandenes Wissen wird optimal genutzt usw. Das im Rahmen des organisatorischen Lernens benutzte Wissen wird als organisational memory (OM) bezeichnet. Unter einem OM versteht man die Gesamtheit des Wissens in einer Unternehmung, die es gilt, auf einer WM-Plattform abzubilden. Als Beispiel sei das OM der KPMG Unternehmensberatung GmbH genannt [NOR99], S. 261, das aus folgenden Komponenten besteht:

- Gelbe Seiten (yellow pages): Hier ist gespeichert, wer sich wo auskennt (Kompetenzen und Expertisen der Mitarbeiter)
- QuickTel: Unternehmensinternes Telefonverzeichnis
- News: Hier sind Neuigkeiten in der Firma abzurufen
- Forum: Newsgroups für den Meinungsaustausch
- Suchen: Volltextrecherche über alle Datenbanken des Systems

5.1.5   Methodik des WM – Ansatz von Probst/Romhardt

Mit der Methodik wird bei einem WM-Projekt die Vorgehensweise, Abwicklung und das Management festgelegt. In diesem Zusammenhang sind u.a. folgende Fragen zu beantworten:

- Wo liegt der Fokus beim durchgeführten WM-Projekt?
- Welche Wissensflüsse werden analysiert?
- Wie wird WM technologisch umgesetzt?

Mittlerweile haben viele Forschergruppen an den Universitäten und fast alle Beratungsunternehmen ihre WM-Konzepte und WM-Modelle entwickelt. Die Konzepte sind sich zum Teil sehr ähnlich, unterschiedliche Schwerpunkte werden bei folgenden Punkten deutlich (vgl. auch [PRO00a]):

- Ist das Konzept theoretisch oder praktisch ausgerichtet?
- Wird die Substanz des WM-Prozesses thematisiert?
- Ist im Konzept eine Rückkopplung „eingebaut", d.h. wird bewertet, ob die zuvor aufgestellten WM-Ziele auch erreicht werden?
- Welche Arten von Wissen werden im Konzept hervorgehoben?

Wie schon erwähnt, ist WM noch eine sehr junge Disziplin. Im Gegensatz zu den in den Kapiteln 2, 3 und 4 vorgestellten Paradigmen der KI und des Softcomputing, aber auch Gebieten wie Business Process Reengineering oder Workflow-Systemen ist der Modellbildungsprozeß noch im Fluß und keineswegs abgeschlossen. So gibt es noch keine einheitliche „Wissenssprache", die Behandlung von organisatorischen, sozialen und psychologischen Phänomenen bei WM-Projekten ist weitgehend ungeklärt und Forschung bezüglich der Bewertung und Messung von WM steckt noch in den Kinderschuhen. Dazu kommt noch, daß die meisten WM-Konzepte noch nicht empirisch validiert sind.

Obwohl mittlerweile eine Vielzahl von Konzepten und Modellen publiziert ist und ein Referenzmodell noch in weiter Ferne ist – oder auch nie entwickelt werden wird, weil die WM-Perspektiven zu unterschiedlich sind –, gibt es mit [PRO00a] einen Ansatz, der viel Beachtung gefunden hat und in vielen Publikationen referenziert wird.

Probst/Romhardt haben ihren Ansatz am schweizerischen Forum für Organisationales Lernen und WM an der Université de Genève entwickelt. Dieses Forum dient als Treffpunkt für

Praktiker, die erkannt haben, daß der richtige Einsatz von Wissen eine strategische Bedeutung für das Unternehmen hat. Probst/Romhardt „zerlegen" WM in einzelne Bausteine (Aktivitäten), die unmittelbar wissensbezogen sind. In folgenden werden die einzelnen Bausteine in enger Anlehnung an [PRO00a] vorgestellt (vgl. auch [PET98], S. 81ff.).

Äußerer und innerer Kreislauf

Die Anordnung dieser Bausteine folgt zwei Grundprinzipien (vgl. Abbildung 5.2, nach [PRO00a]). Der äußere Kreislauf mit den Elementen Zielsetzung, Umsetzung und Messung bildet einen traditionellen Managementprozeß ab.

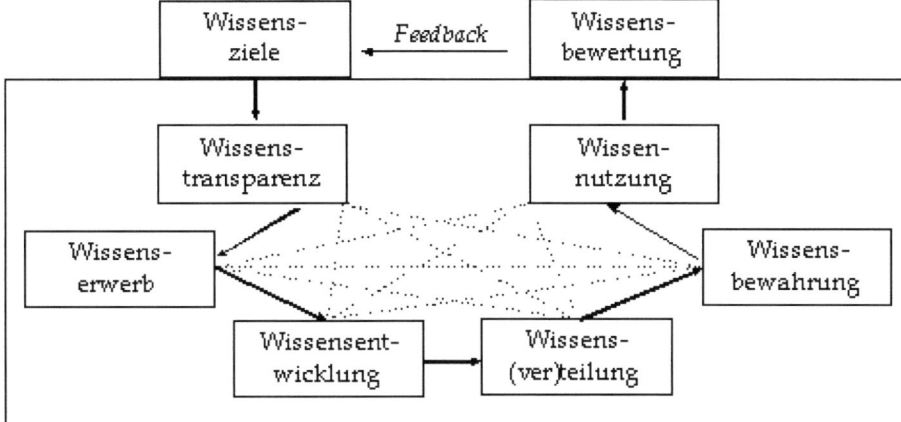

Abbildung 5.2: Bausteine des Wissensmanagements

Dieser Regelkreis erfüllt dabei folgende Aufgaben:

*   Er verdeutlicht die Wichtigkeit strategischer Aspekte im WM sowie die Bedeutung eindeutiger und konkreter Zielsetzungen.
*   Er berücksichtigt die Notwendigkeit, die Möglichkeiten der Messung auch im Bereich des WM so weit wie möglich auszuschöpfen, um so der Idee einer zielgerichteten Steuerung gerecht zu werden.

Im inneren Kreislauf sind die Bausteine Wissenstransparenz, Wissenserwerb, Wissensentstehung, Wissens(ver)teilung, Wissensbewahrung und Wissensnutzung zu finden.

Viele Wissensprobleme entstehen deswegen, weil das Unternehmen einem oder mehreren dieser Bausteine zu wenig Beachtung schenkt und somit der Wissenskreislauf gestört ist. Wenn beispielsweise keine Transparenz über intern erstellte Berichte der Marktforschung besteht, können diese Kenntnisse nicht im Produktentwicklungsprozeß genutzt werden.

Die Definition von Bausteinen des WM bietet eine Reihe von Vorteilen:

- Sie strukturiert den Managementprozeß in logische Phasen.
- Sie bietet Ansätze für Interventionen, also z.B. Verbesserungen durchzuführen.
- Sie liefert ein erprobtes Suchraster für die Suche nach den Ursachen von „Wissensproblemen".

Probst/Romhardt betonen auch, daß die einzelnen Bausteine aufeinander einwirken und Maßnahmen des WM nie isoliert betrachtet werden dürfen. Als negatives Beispiel wird angeführt, daß in vielen Organisationen beispielsweise die Prozesse der internen Wissensentwicklung sowohl vom Zielsystem des Unternehmens als auch von den Bedürfnissen der zukünftigen Nutzer des zu entwickelnden know-how abgekoppelt sind. Damit ist WM nicht sinnvoll in das Gesamtsystem „Unternehmen" integriert und wird auch nicht von Erfolg gekrönt sein.

Wissensziele

Wissensziele geben den Aktivitäten des WM eine Richtung. Sie legen fest, auf welchen Ebenen welche Fähigkeiten aufgebaut werden sollen. Grundsätzlich unterscheiden Probst/Romhardt drei Arten von Wissenszielen.

- Normative Wissensziele richten sich auf die Schaffung einer „wissensbewußten" Unternehmenskultur, in der Teilung und Weiterentwicklung der eigenen Fähigkeiten die Voraussetzungen für ein effektives WM schafft („kulturelle" Faktoren des WM). In einer Atmosphäre, wo jeder Mitarbeiter sein in der Arbeit erworbenes Wissen für sich behält, wird WM nicht gedeihen können.
- Strategische Wissensziele definieren organisationales „Kernwissen" und beschreiben somit den zukünftigen Kompetenzbedarf eines Unternehmens. Sie legen ein anzustrebendes Kompetenzportfolio für die Zukunft fest. Dabei orientieren sie sich am langfristigen Aufbau von Kompetenzen der Organisation und bilden somit eine bewußte Ergänzung zu herkömmlichen Planungsaktivitäten.
- Operative Wissensziele sorgen für die konkrete Umsetzung des WM und sichern die notwendige Konkretisierung der normativen und strategischen Zielvorgaben. Ein typisch operatives Wissensziel wäre beispielsweise das Herstellen der Verfügbarkeit aller intern erstellten Dokumente der Organisation auf einem Intranet.

Wissensidentifikation

Bevor aufwendige Anstrengungen zum Aufbau neuer Fähigkeiten unternommen werden, ist es angeraten, sich zuerst über intern oder extern bereits vorliegendes Wissen oder know-how zu informieren. Den meisten Großunternehmen fällt es heute schwer – man rufe sich den Ausspruch des Siemens-Chefs H. v. Pierer in Erinnerung „When Siemens knew what Siemens knows" –, den Überblick über interne und externe Daten, Informationen und Fähigkeiten zu behalten.

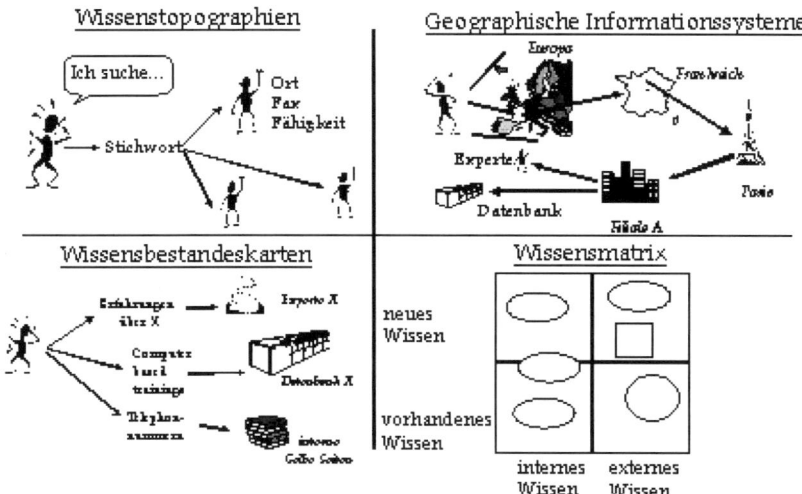

Abbildung 5.3: Arten von Wissenskarten

Diese mangelnde Transparenz führt zu Ineffizienzen, „uninformierten" Entscheidungen und Doppelgleisigkeiten. Ein effektives WM muß daher ein hinreichendes Maß an interner und externer Transparenz schaffen und den einzelnen Mitarbeiter bei seinen Suchaktivitäten unterstützen.

Eine Möglichkeit zur Schaffung interner Wissenstransparenz liegt in der Erstellung von Wissenslandkarten (vgl. Abbildung 5.3, nach [PRO00a]), welche den systematischen Zugriff auf das OM unterstützen.

Wissenserwerb

Durch die weltweite Wissensexplosion und gleichzeitige Wissensfragmentierung sind Unternehmen immer weniger in der Lage, sämtliches für den Erfolg notwendige know-how aus eigener Kraft zu entwickeln. Statt dessen müssen heute kritische Fähigkeiten auf den verschiedensten Wissensmärkten erworben werden. Grundsätzlich können folgende Beschaffungsformen unterschieden werden:

- Der Erwerb von Wissen anderer Firmen wird häufig eingesetzt, um Zukunftskompetenzen schneller aufzubauen, als dies aus eigener Kraft möglich wäre. Eine Möglichkeit liegt z.B. in der Übernahme besonders innovativer Firmen im eigenen Kompetenzfeld.
- Der Erwerb von Stakeholderwissen ist häufig ein sehr günstiger Weg, um an zentrale Ideen und Verbesserungsvorschläge zu gelangen. Als Stakeholder einer Organisation bezeichnet man diejenigen Gruppen im Umfeld einer Organisation, welche besondere Interessen und Ansprüche an die Tätigkeit eines Unternehmens richten.
- Der Erwerb von Wissen externer Wissensträger (z.B. Rekrutierung von Spezialisten) kann über klassische Rekrutierungsstrategien oder unter Einschaltung externer Helfer wie Headhunter oder Personalberater erfolgen.

- Im Gegensatz zum Import der Fähigkeiten von Wissensträgern und Experten, steht der Erwerb von Wissensprodukten wie beispielsweise Software, Patenten oder CD-Roms. Durch den Ankauf solcher Wissenskonserven gelangt die Organisation aber nicht automatisch in den Besitz von organisatorischen Fähigkeiten.

Wissensentwicklung

Viele Managementforscher konzentrieren sich bei der Erforschung von WM auf Prozesse der Wissensentwicklung. Im Mittelpunkt steht die Produktion neuer Fähigkeiten, neuer Produkte, besserer Ideen und leistungsfähigerer Prozesse. Wissensentwicklung umfaßt alle Managementanstrengungen, mit denen die Organisation sich bewußt um die Produktion bisher intern noch nicht bestehender oder gar um die Generierung intern und extern noch nicht existierender Fähigkeiten bemüht.

Man kann Wissensentwicklung entweder auf der individuellen oder auf der kollektiven Ebene durchführen:

- Prozesse der individuellen Wissensentwicklung beruhen auf Kreativität und systematischer Problemlösungsfähigkeit.
- Kollektive Prozesse der Wissensentwicklung folgen häufig einer anderen Logik als individuelle. Durch die Einrichtung interner think tanks, Lernarenen, Aufbau interner Kompetenzzentren oder Produktkliniken können diese Prozesse unterstützt werden.

In einem Prozeß der Selbstreflexion kann jedes Team nach Abschluß eines Projektes lessons learned (vgl. Abbildung 5.4, nach [PRO00a]) erstellen. Es muß herausgearbeitet werden, welche kritischen Erfahrungen im Projektverlauf gesammelt wurden und worauf zukünftige Teams bei ähnlichen Problemstellungen achten sollten.

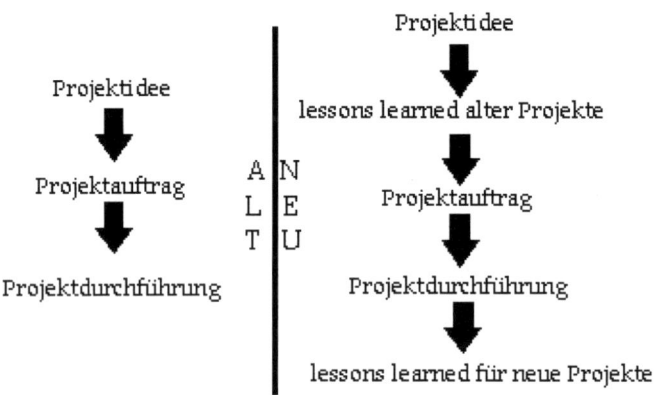

Abbildung 5.4: Integration von lessons learned in den Projektprozeß

Wissens(ver)teilung

Die (Ver)teilung von Erfahrungen in der Organisation ist die zwingende Voraussetzung, um isoliert vorhandene Informationen oder Erfahrungen für die gesamte Organisation nutzbar zu machen. Die Leitfrage lautet hier: Wer sollte was in welchem Umfang wissen oder können, und wie kann ich die Prozesse der Wissens(ver)teilung erleichtern?

Relevante Technologien betreffen hier vor allem Groupware, modernere Formen interaktiver Managementinformationssysteme sowie alle Instrumente von Computer Supported Cooperative Work (CSCW).

Wissensnutzung

Die Wissensnutzung, also der produktive Einsatz organisationalen Wissens zum Nutzen des Unternehmens, ist Ziel und Zweck des WM. Mit erfolgreicher Identifikation und (Ver)teilung zentraler Wissensbestandteile ist die Nutzung im Unternehmensalltag leider noch lange nicht sichergestellt.

Stellt man nicht sicher, daß beispielsweise neue „Wissenssysteme" konsequent genutzt werden, so kann sich das in Abbildung 5.5 (nach [PRO00a]) dargestellte Szenario einer „Todesspirale" ergeben.

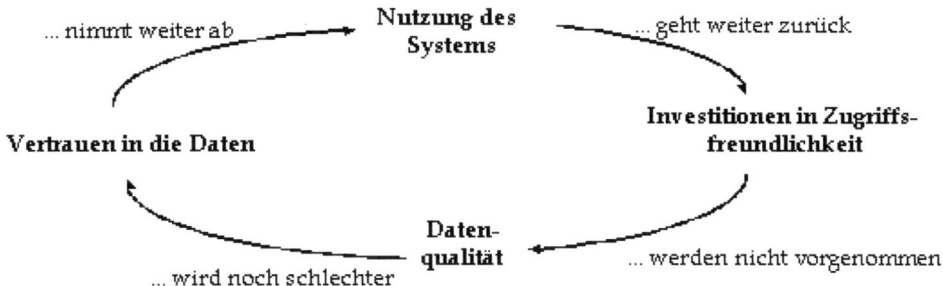

Abbildung 5.5: Todesspirale einer elektronischen Wissensbasis

Wissensbewahrung

Einmal erworbene Fähigkeiten stehen nicht automatisch für die Zukunft zur Verfügung. Die gezielte Bewahrung von Erfahrungen oder Informationen und Dokumenten setzt Managementanstrengungen voraus.

Modus \ Form	individuell	kollektiv	elektronisch

Gedächtnis-inhalt wird gelöscht	• Kündigung
	• Tod
	• Amnesie
	• Frühpensionierung
		• Auflösung einge-spielter Teams
		• Reengineering
		• Outsourcing von Funktionsbereichen
			• Irreversible Daten-verluste durch:
			  • Viren
			  • Hardwarefehler
			  • Sytemabstürze
			  • mangelnde back-ups
			  • Hacker
			  • ...

befristet Zugriff nicht möglich	• Überlastung/befristet • Versetzungen • Krankheit/Urlaub • mangelndes Training • Dienst nach Vorschrift	• Tabuisierung von alten Routinen • kollektive Sabotage	• reversible Daten-verluste • Überlastung/befristet • Schnittstellenproblem
auf Dauer	• Überlastung/permanent • kein Bewusstsein für Wichtigkeit eigenen Wissens • innere Kündigung	• Verkauf von Unter-nehmensteilen • Abwanderung von Teams • cover-up	• dauerhafte Inkompati-bilität von Systemen • Überlastung/permanent • falsche Kodifizierung

Abbildung 5.6: Formen des organisationalen Vergessens

Speicherungsprozesse können auf der individuellen, der kollektiven und der elektronischen Ebene stattfinden.

*   Auf der individuellen Ebene können Träger von Schlüssel-know-how über materielle oder immaterielle Anreizsysteme ans Unternehmen gebunden werden.
*   Auf der kollektiven Ebene kann man sich um die Explizierung von Fähigkeiten, welche im prozeduralen Gedächtnis der Organisation gespeichert sind, bemühen und ein Bewußtsein für den Inhalt des historischen Gedächtnisses der Organisation schaffen.
*   Die elektronische Bewahrung ermöglicht den zukünftigen, systematischen Zugriff auf zentrale Wissensdokumente.

Bewahrung ist ein permanenter Prozeß, der durch permanente Aktualisierungsbemühungen aufrecht erhalten werden muß. Wer seine Fähigkeiten nicht trainiert oder gewisse Prozesse nicht am Laufen hält, der „verlernt" über kurz oder lang das mühevoll Erlernte. Die Formen des organisationalen „Vergessens" sind vielfältig (vgl. Abbildung 5.6, nach [PRO00a]).

Wissensbewertung

Die Messung und Bewertung organisationalen Wissens gehört zu den größten Schwierigkeiten, die das WM heute zu bewältigen hat.

	Wissensziele	Bewertungsmethoden
normativ	• Schaffen Voraussetzungen für wissensorientierte Ziele im strategischen und operativen Bereich • Zielen auf „wissensbewußte" Unternehmenskultur • Erfordern Commitment des Top-Managements	Kulturanalysen Beobachtung des Top-Management Verhaltens (z.B. Agenda Analysen) Glaubwürdigkeitsanalysen (gap zwischen Ideal und Ist)
strategisch	• Inhaltliche Bestimmung organisationalen „Kernwissens" • Definieren des angestrebten Kompetenzportfolios • Legen Haupthebel des Kompetenzaufbaus fest	Wissensbilanz inklusive Kompetenz G+V und Wissensberechnung in Bereichen des Kernwissens erstellen Analyse des Kompetenzportfolios Controlling der bedeutendsten „Wissensprojekte"
operativ	• Übersetzen normative und strategische Wissensziele ins Konkrete • Sichern die Angemessenheit der Interventionen in bezug auf die jeweilige Interventionsebene	Ausbildungscontrolling mit klaren Lerntransferzielen Messung von Systemnutzung (z.B. Intranet) Erstellung individueller Fähigkeitsprofile

Abbildung 5.7: Ansätze zur Bewertung von Wissenszielen

Ein entscheidender Durchbruch konnte in diesem Bereich bisher noch nicht erzielt werden. Wissensmanager können im Gegensatz zu Finanzmanagern nicht auf ein erprobtes Instrumentarium von Indikatoren und Meßverfahren zurückgreifen, sondern müssen neue Wege gehen. Entsprechend den formulierten Wissenszielen werden Methoden zur Messung von normativen, strategischen und operativen Wissenszielen notwendig. Spätestens bei der Bewertung zeigt sich, welche Qualität die formulierten Zielvorstellungen hatten, denn bei der Definition von Zielen werden immer auch die Möglichkeiten der abschließenden Erfolgsbewertung festgelegt (vgl. Abb. 5.7, nach [PRO00a]). Abstrakte Zielformulierungen wie: „Wir wollen ein lernendes Unternehmen werden." rächen sich hier.

5.2   Technologien für das Wissensmanagement

In Abschnitt 5.1.5 wurden elementare WM-Aktivitäten anhand des Ansatzes von Probst/Romhardt vorgestellt. Möglichkeiten der Umsetzung dieser Aktivitäten mit IT wurden in diesem Zusammenhang noch nicht erwähnt. So ist es z.B. denkbar, Wissensbewahrung mit der Software LotusNotes® und Wissensidentifikation mit einer Suchmaschine zu realisieren. In jedem Fall ist es aber wichtig, sich vor Augen zu halten, daß nicht alle Prozesse und Aktivitäten mit IT realisierbar sind. Dieser Abschnitt gibt einen aktuellen Überblick über Technologien des WM.

5.2.1   Taxonomie von WM-Technologien

An der Abteilung Knowledge Engineering der Universität Wien wurde im Frühjahr 2000 eine Marktstudie über WM-Produkte durchgeführt. Jedes Produkt wurde anhand der Kriterien Name/Version des Produkts, Webseite des Herstellers, Datum der Webseite, Kurzbeschreibung des Herstellers, Produktbeschreibung, Kunden, Einschätzung des Produktes, unterstützte Technologien analysiert. Ein ähnliches Marktscreening wurde am Lehrstuhl für Wirtschaftsinformatik (Prof. Dr. Lehner) der Universität Regensburg durchgeführt (verfügbar unter http://rrws27.uni-regensburg.de/forschung/markt/markt.html#o. Auffällig bei dem in Wien durchgeführten Marktscreening waren folgende Punkte:

- Oft werden existierende Technologien im Zuge der WM-Welle neu „verkauft" (vgl. auch [LEH00], S. 332).
- Der überwiegende Anteil der derzeit am Markt angebotenen WM-Software unterstützt nicht nur eine einzige Technologie (z.B. Dokumentenmanagement oder Suchmaschine), sondern ist, wie auch in [FRA00], S. 24 ausgeführt, durch Einbau von Zusatzmodulen in der Lage, auch andere Funktionalitäten wahrzunehmen.

Daher ist es zweckmäßiger, nicht eine Taxonomie von WM-Systemen, sondern von WM-Technologien aufzubauen. Bei den vorgestellten WM-Produkten wird dann erläutert, welche Technologien konkret Verwendung finden. In Anlehnung an [FRA00], S. 24 werden folgende Kategorien näher betrachtet:

- Suchmaschinen/Internet
- Geschäftsprozeßmanagement-Software (GPM-Software) / Workflow Management-Systeme (WfMS)
- Dokumentenmanagement-Systeme (DMS)
- Data Warehouse (DW)
- Contentmanagement-Systeme (CMS)
- Groupware (GW)

Bezüglich der Verbreitung von WM-Technologien gibt es eine Studie von Nextera Enterprises (zitiert nach [LEH00], S. 332), die für 1999 folgendes Bild ergibt (Mehrfachnennungen waren möglich; die untersuchten Technologien sind nicht vollständig kompatibel mit der in diesem Buch verfolgten Taxonomie):

- Internetplattform (55 %)
- Data Warehouses (40 %)
- Extranets (35 %)
- Groupware (35 %)
- Decision-Support-Systeme (30 %)
- Kontaktmanagement-Software (25 %)

5.2.2   Suchmaschinen/Internet

1969 baute das amerikanische Verteidigungsministerium ein Computernetz mit dem Namen ARPANET (Advanced Research Projects Agency NET) [LAM94], S. 3 auf. Das besondere an diesem Netz war, daß Computer unterschiedlicher Bauart miteinander kommunizieren konnten. Die Netzwerksoftware wurde kontinuierlich bis 1982 – als mehrere Regierungs- netzwerke zum sog. Internet zusammengeschlossen wurden – weiterentwickelt. Das Netz- werk entwickelte sich äußerst rasch und trotz einer fehlenden zentralen Organisation herrschte kein Chaos oder Wildwuchs. Von zentraler Bedeutung für das Management des Internet ist die Vergabe von Netzwerk-Adressen. Die Adressierung [BAR91], S. 11 erfolgt mittels 35 logischen Unterteilungen (z.B. COM, EDU, GOV u.a.), die teilweise auch länder- spezifisch sind (z.B. CH, AT, DE usw.).

Der wichtigste Teil des Internet ist das sog. World Wide Web (WWW), eine riesengroße Ansammlung verlinkter Webseiten (in HTML-Format), die auf verschiedenen Rechnern quer über den Erdball liegen. Das Internet bildet heute das Rückgrat der IT-Infrastruktur. Fast alle Informationssysteme werden nur mehr für das Internet entwickelt. Das zeigt sich auch in der stark steigenden Bedeutung der Internet-Programmiersprachen und -Tools wie JAVA, Ja- vaScript, Active Server Pages usw. War es noch vor wenigen Jahren so, daß einige wenige Privatpersonen oder Firmen ihre Homepage hatten, so ist dies heute Grundbedingung, um an weiteren Technologieschüben wie dem E-Commerce teilnehmen zu können.

Um die riesigen Datenmengen im Internet bearbeiten zu können, sind Suchmaschinen (search engines) erforderlich (vgl. Abbildung 5.8), die in Millionen von Dokumenten suchen können. Keine der derzeit am Markt verfügbaren Suchmaschinen (wie altavista, lycos, yahoo usw.) ist aber auch nur annähernd in der Lage, den gesamten Dokumentenbestand des Inter- net zu erfassen. Es wird geschätzt, daß der Umfang des Internet ungefähr 500 mal so groß ist wie die Reichweite der heutigen Suchmaschinen. Suchmaschinen für das Internet oder Intra- net (Firmen-Internet) arbeiten prinzipiell nach dem gleichen Schema [LEH00], S. 333f. und weisen folgende Funktionalität auf:

- Suchfunktionalität (vielfach ergänzt um Formatfilter und Gateways für Suche in ver- schiedenen Dateiformaten und Systemtypen)
- Möglichkeit der Push-Technologie: Der Standard beim Information Retrieval ist die Pull- Technologie, d.h. der Benutzer sucht selbst aktiv nach Wissen. Bei der Push-Technologie definiert der Benutzer interessante Wissensgebiete und wird automatisch mit relevantem Wissen versorgt. Push-Technologie kann realisiert werden mit:
  - Mailinglisten
  - Kanäle (Channels): Hier kann jede WWW-Seite zum aktiven Sender werden.
  - Erweiterung um individuelle Programmfunktionen
  - Intelligente Softwareagenten: Intelligente Softwareagenten versuchen unter Einsatz von Techniken der KI die Informationswünsche des Anwenders zu „beobachten". Der Anwender kann gewisse Kriterien einstellen, die Ergebnisse werden in Form von WWW-Seiten oder E-Mail zur Verfügung gestellt.

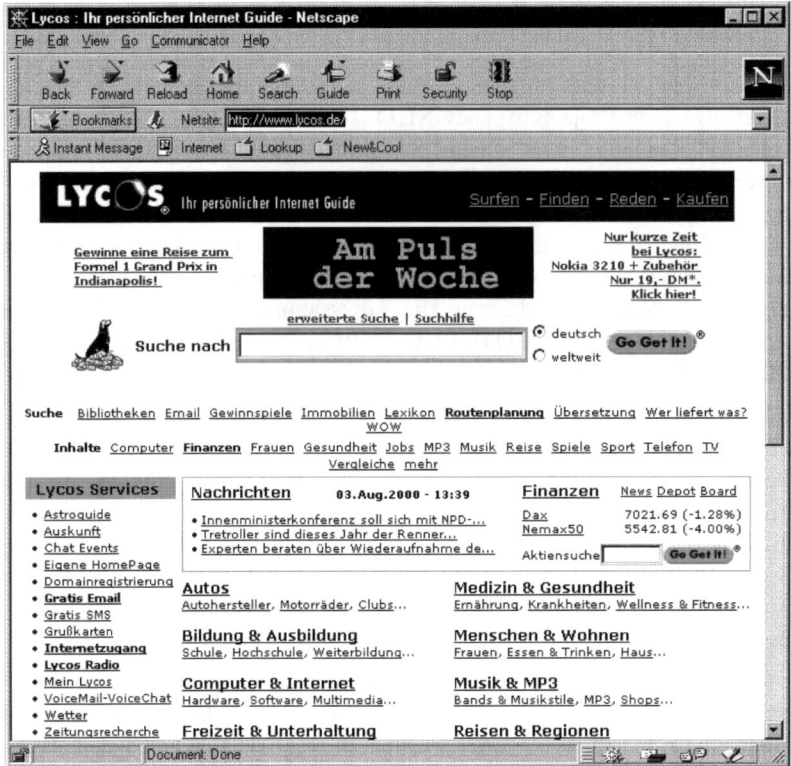

Abbildung 5.8: Suchmaschine Lycos im Internet

Eine qualitativ hochstehende Suchsoftware ist Excalibur RetrievalWare®
(http://www.excalib.com) [FRA00], S. 59f., die von Excalibur Technologies entwickelt wurde. Die Abbildung 5.9 zeigt ein Interface zur Suche. Excalibur RetrievalWare® selbst enthält
keine Datenbank, sondern wird an eine Datenbank angeschlossen.

Excalibur RetrievalWare® kann hervorragend zum Filtern und zur Suche von Informationen
aus Datenbanken und anderen Informationsquellen verwendet werden. Dabei sind der Ziel-
bereich und die Kriterien (vgl. Abbildung 5.9) frei gestalt- und definierbar. Neben Indexie-
rung und Beschlagwortung stehen dem Anwender auch persönliche Suchmasken und –anfragen, Agenten sowie Push- und Pull-Funktionalität zur Verfügung. In Excalibur ist neben
Such- auch noch Groupwarefunktionalität implementiert; ein DMS ist nicht als Komponente
integriert, jedoch können einige DMS-Funktionen direkt über das System aufgerufen werden.

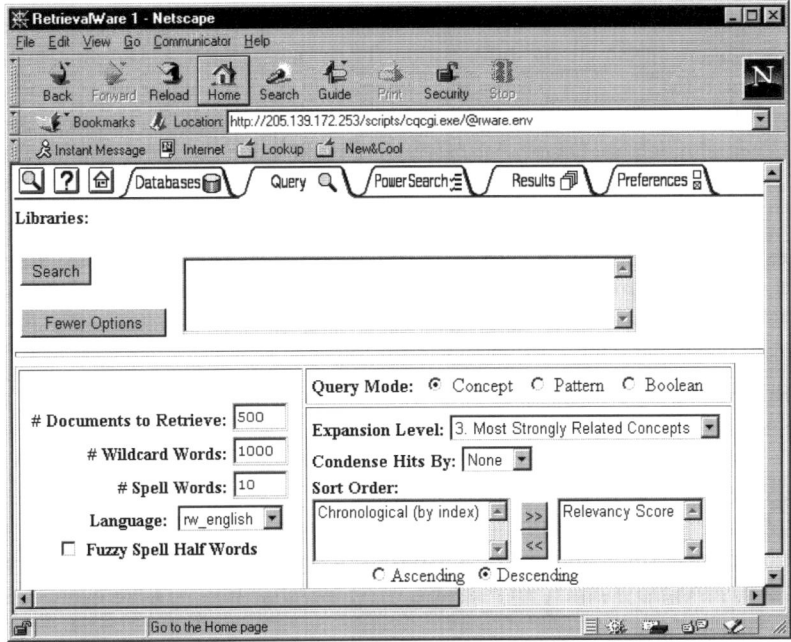

Abbildung 5.9: Interface bei der Suche mit Excalibur RetrievalWare®

5.2.3   Geschäftsprozeßmanagement-Software (GPM-Software) / Workflow Management-Systeme (WfMS)

Wissen kann auch in den Geschäftsprozessen einer Unternehmung abgebildet werden. Mit der Reengineering-Welle Mitte der 90er Jahre [HAM93] sind GPM-Software und WfMS zunehmend auch für das WM interessant.

Geschäftsprozeßmanagement-Software (vgl. ein integriertes Konzept zum Geschäftsprozeßmanagement in [KAR95], [KAR96c]) wird für die Erhebung und Modellierung von Geschäftsprozessen eingesetzt. Die modellierten Geschäftsprozesse – meistens in Form von sog. Prozeßketten (PKs) beschrieben – werden über eine Schnittstelle in WfMS überführt, wo sie ausgeführt werden können.

Workflow Management-Systeme ([LEH00], S. 338) werden zur Planung, Steuerung und Überwachung von Arbeitsabläufen eingesetzt. Üblicherweise handelt es sich dabei um gut strukturierte Tätigkeiten, die mit formalen Ablaufspezifikationen beschrieben werden. Möchte man schlecht planbare oder schwach strukturierte Tätigkeiten mit Workflow-Technologie untersützten, so spricht man von Ad-hoc-Workflows.

Kernelement jedes WfMS ist die sog. Workflow-Engine, die die Beschreibungen der Prozesse und Abläufe (und ihrer Instanzen) verwaltet. Zur Unterstützung der Planung wird meist eine Modellierungskomponente sowie die Möglichkeit der Simulation von Workflows angeboten. Die Hauptaufgabe eines WfMS besteht darin, den korrekten Ablauf aller Aktivitäten (z.B. Reihenfolgebedingungen) sowie die Informationsflüsse sicherzustellen. Die einzelnen Teilaufgaben in einem WfMS werden mit Standardsoftware (z.B. Textverarbeitung, Tabellenkalkulation, betriebswirtschaftliche Standardsoftware) realisiert. WfMS bilden das Prozeßwissen einer Unternehmung ab. Da die Ausführung von Aktivitäten in Prozessen häufig über Dokumente erfolgt, werden WfMS oft mit DMS gekoppelt und bilden damit ein großes Segment von WM-Systemen (vgl. Abschnitt 5.2.4).

Ein sehr mächtiges GPM-Toolkit ist ADONIS®, das von der Business Objectives Consulting GmbH entwickelt wurde und große Verbreitung im Banken- und Versicherungsbereich gefunden hat. ADONIS® [BOC00] wurde speziell für die Bedürfnisse von Dienstleistungsunternehmen entwickelt und bietet Funktionalitäten u.a. für folgende Einsatzbereiche:

- Geschäftsprozeßoptimierung / Business Process Reengineering
- Qualitätsmanagement / ISO 9000-Zertifizierung und -Pflege
- Controlling (Prozeßkostenrechnung)
- Personalmanagement (Personal- und Ressourcenplanung)
- Organisationsmanagement (Organisationsdokumentation, Stellenbeschreibungen, etc.)
- Informationsmanagement (Erstellung von Fachkonzepten für DV-Systeme, Schnittstellen zu Workflow- und CASE-Systemen, Einführung von Standardsoftware, Unternehmensmodellierung)
- Migrationsmanagement (Prozeßgetriebene Erfassung bestehender DV-Systeme, Entwicklung von modellbasierten Migrationsstrategien)
- Erstellung elektronischer Organisationshandbücher und deren Verfügbarkeit in einem Intranet unter Nutzung mächtiger Multimedia-Funktionalitäten
- Evaluation von Geschäftsprozessen (Benchmarking, Monitoring, Soll-Ist-Vergleich)

ADONIS® basiert auf einer standardisierten Metakonfiguration. Ausgehend davon läßt sich ADONIS® ohne Programmieraufwand optimal an Rahmenbedingungen und Ziele eines Unternehmens anpassen (sog. Customizing-Konzept). Im Rahmen dieses Customizing können Modellierungsmethoden, Sichten auf Modelle, Simulationsmechanismen, vordefinierte Analyse- und Evaluationsabfragen etc. definiert werden.

ADONIS® ist ein objektorientiertes, mehrbenutzerfähiges Client/Server-Werkzeug und für die Betriebssysteme MS-WINDOWS 95®, MS-WINDOWS NT® und OS/2® („native") verfügbar. Für die Datenhaltung kann man Oracle®, Informix®, MS-SQL®-Server und DB2® (jeweils mit „native" Zugriff) nutzen. Mittels ADL (ADONIS® Definition Language) ist es möglich, jederzeit auf alle in ADONIS® hinterlegten Informationen über eine offene Schnittstelle zuzugreifen.

Abbildung 5.10 zeigt die Modellierung eines Urlaubsantrages in ADONIS® mit Hilfe einer PK.

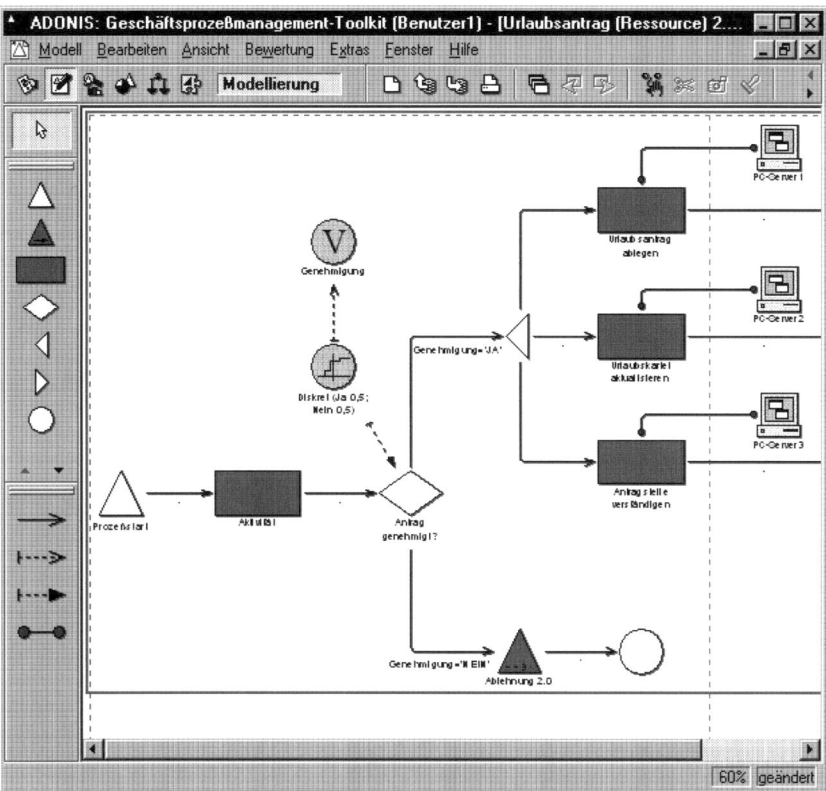

Abbildung 5.10: Modellierung eines Urlaubsantrages mit ADONIS®

ADONIS® besitzt auch eine Schnittstelle zu IBM MQSeries Workflow® (http://www-4.ibm.com/software/ts/mqseries/workflow, vgl. auch [LEY94], [LEY00]), einem gängigen Workflow-Produkt.

Ein einfacher Workflow (Ausführung eines Kreditantrages) mit IBM MQSeries Workflow® ist in Abbildung 5.11 dargestellt.

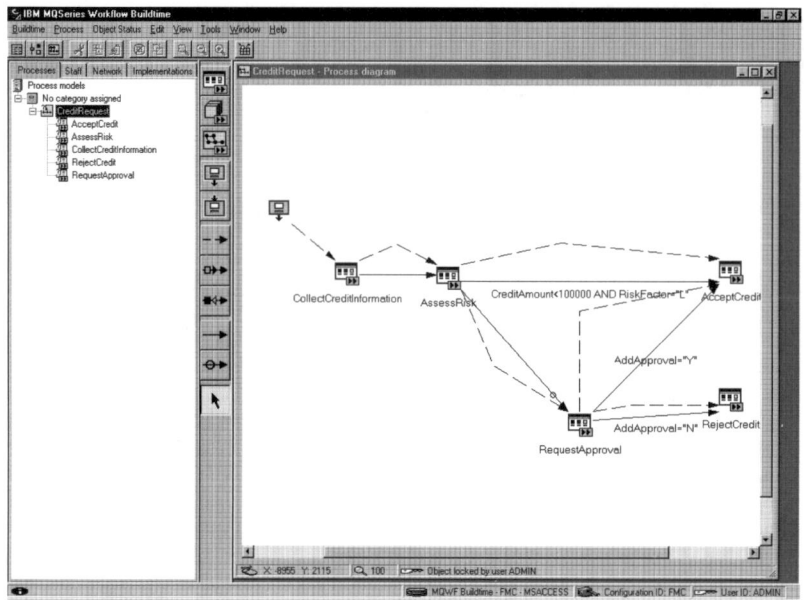

Abbildung 5.11:Beispielworkflow mit IBM MQSeries Workflow®

5.2.4   Dokumentenmanagement-Systeme (DMS)

Dokumente, das sind alle Arten strukturierter oder unstrukturierter Information [LEH00], S. 339 wie z.B. E-Mails, Kundenanfragen, Berichte usw., sind mit Abstand die wichtigsten Wissensquellen im Unternehmen. Die unüberschaubare Flut an Dokumenten in einem Unternehmen – man denke nur an die tägliche Post – erfordert die rasche und effiziente Bearbeitung mit einem Dokumentenmanagement- System (DMS). Wegen der herausragenden Bedeutung von Dokumenten als Wissensquellen werden heute noch vielfach DMS mit WM gleichgesetzt.

Heutige DMS sind äußerst leistungsfähig und weisen im allgemeinen folgende Funktionalität auf [LEH00], S. 339ff., [FRA00], S. 25f.:

- Archivieren elektronischer Dokumente (Von einem elektronischen Dokument spricht man, wenn es in einem Informationssystem gespeichert ist.)
- Finden von abgelegten Dokumenten anhand von Suchkriterien
- Verteilung zentral verwalteter Dokumente in einer verteilten, heterogenen Umgebung
- Versionsmanagement
- Vergabe von Berechtigungen
- Management des Check-in und Check-out von Dokumenten
- Mediawarehouse-Funktionen zur Massenspeicherung optischer und eingescannter Objekte

Ein bekanntes und weit verbreitetes DMS ist Panagon IDM (Integriertes Dokumentenmanagement) Desktop® der Firma FileNET [FIL00]. Die Software bietet sowohl in einer Internet- als auch in einer Client/Server-Umgebung die gleiche Funktionalität. Panagon IDM Desktop® bietet u.a. komfortable, intuitive Such- und Abfragefunktionen über den WINDOWS Explorer® oder über Web-Suchfunktionen. Dokumente können je nach Wunsch in benutzerdefinierten dynamischen oder statischen Ordnern organisiert werden. Es besteht auch die Möglichkeit, Verbunddokumente zu verwalten, dabei kann ein Dokument unterschiedliche Datentypen enthalten.

5.2.5   Data Warehouse (DW)

Was nützen die in den Datenbanken des Einkaufs, Verkaufs, Marketing, Rechnungswesens gespeicherten Einträge, wenn nicht die relevanten Daten dem Management rechtzeitig als Entscheidungsunterlage zur Verfügung stehen. Hier kann der Einsatz von Data Warehouses (DW) helfen [LEH00], S. 342f.

Ein DW soll die Bereitstellung und Verarbeitung großer Datenmengen, v.a. quantitativer Daten, unterstützen. Jeder DW ist üblicherweise so aufgebaut, wie in Abb. 5.12 dargestellt:

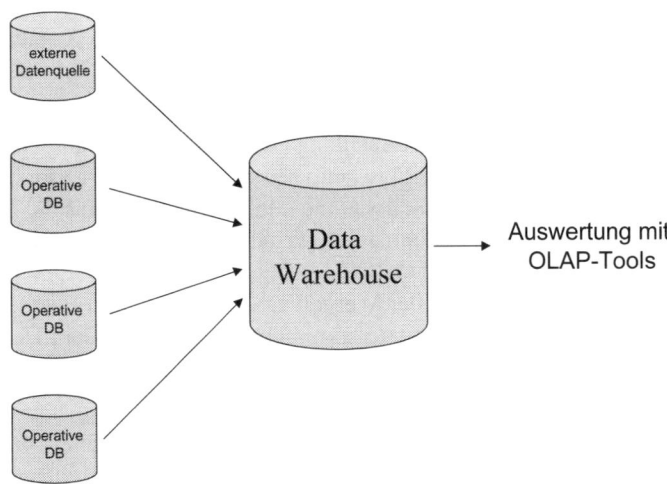

Abbildung 5.12: Konzeption eines Data Warehouse

- operative und externe Datenbanken: Den Input für den DW liefern operative (aus den einzelnen Fachbereichen) und externe Datenbanken.
- DW: Operative und externe Daten dienen als Ausgangsdaten, die je nach dem Informationsbedarf extrahiert, verdichtet und zusammengefaßt in den DW übernommen werden. Die Trennung in operative Datenbanken und den DW ist aus Performancegründen not-

wendig. Besteht der DW aus Teilmengen, die dezentral verwaltet werden, so spricht man von sog. Data Marts.

- OLAP: Zur mehrdimensionalen Auswertung der Daten stehen als Frontend-Werkzeuge sog. OLAP (on-line analytical processing)-Tools zur Verfügung. Hier können die aus Kapitel 4 bekannten KNN oder auch statistische Verfahren eingesetzt werden.

Für DW existieren folgende Einsatzgebiete [SIE00]:

- Management-Informationssystem, Berichtswesen
- Vertriebsinformationssystem, Geschäftsanalyse, Trend
- Marketing-Informationssystem, Marktanalyse
- Kundenanalyse, Portfolioanalyse, Marketing-Optimierung
- Kostenstellenanalyse und Controlling
- Analyse und Optimierung der Geschäftsprozesse
- Programmplanung, Produktionsplanung
- Einkaufssystem (Global Sourcing)
- Lageroptimierung, -verwaltung
- Serviceoptimierung, Serviceplanung, Qualitätssteuerung

5.2.6   Contentmanagement-Systeme (CMS)

Folgendes kleine Beispiel zeigt, warum Contentmanagement-Systeme (CMS) im Zeitalter des E-Business eine wichtige Rolle spielen werden.

Angenommen, ein Unternehmen – es erzeugt Flaschen aus Kunststoff – führt die Geschäfte über eine E-Commerce-Plattform durch. Die Verkaufsabteilung bestimmt in Kooperation mit dem Management die Preise für die verschiedenen Flaschentypen und übermittelt diese zusammen mit Produktinformationen an die EDV-Abteilung, die alle Informationen für die E-Commerce-Applikation aufbereitet. Wird der Verkaufspreis für ein oder mehrere Produkte auf Grund bestimmter Marktgegebenheiten geändert, z.B. erhöht, wird diese Information jedoch nicht an die EDV-Abteilung zur Änderung der Webseiten weitergegeben, so werden Verluste eingefahren und es wird dann vielleicht zu Unstimmigkeiten zwischen dem Hersteller und seinen Kunden kommen. Der Grund dafür liegt vorwiegend im Nichtvorhandensein eines CMS.

Dieses kleine Beispiel zeigt schon die Eckpfeiler eines jeden CMS, nämlich web content und Geschäftsprozesse. Für eine E-Business-Applikation ist es unabdingbar, daß die entsprechenden Web-Dokumente immer auf dem neuesten Stand gehalten werden. Der Anstoß für eine notwendige Adaption von Verkaufsinformationen wird über einen Geschäftsprozeß geliefert. Fehlt dieser Geschäftsprozeß oder wurde er selber nicht gewartet, so können innerhalb kürzester Zeit gewaltige Wettbewerbsnachteile entstehen.

In der Zukunft werden – das zeigt auch unser kleines Beispiel deutlich – DMS-, Workflow-, und CMS-Systeme immer mehr verschmelzen. Der künftige Markt wird für CMS allgemein sehr positiv eingeschätzt. So sagt die Meta Group voraus, daß bis 2003 95 % der weltweit führenden 2000 Unternehmen CMS-Infrastrukturen, in welcher Weise auch immer, verfügbar haben [MET00].

5.2.7   Groupware (GW)

E-Mail ist heutzutage einer der wichtigsten Technologien im Unternehmen. Es unterstützt die Kommunikation und kann Wissensentwicklungsprozesse fördern. E-Mail gehört zur Klasse der Groupware-Technologien, die für das WM große Bedeutung haben, weil der Mensch als Wissenssubjekt und Wissensobjekt unmittelbar eingebunden und unterstützt wird [LEH00], S. 337.

GW-Systeme unterstützen die Dimensionen Kommunikation, Koordination und Kooperation. Für GW gibt es eine Vielzahl von Klassifikationen, nachstehend sei eine von Bach (zitiert nach [LEH00], S. 337f.) angeführt:

- gemeinsame Informationsräume (z.B. verteilte Hypertext-Systeme, Mehrbenutzer-Datenbanken, Bulletin-Board-Systeme)
- Kommunikation (z.B. E-Mail-Systeme, Videokonferenzsysteme, Bulletin-Board-Systeme für geschlossene Benutzergruppen)
- Workflowmanagement (Systeme zur Modellierung, Simulation, Ausführung, Kontrolle und Steuerung von Arbeitsabläufen)
- Workgroup-Computing (z.B. Termin- und Kalenderverwaltungssysteme, Gruppeneditoren, Entscheidungs- und Sitzungsunterstützungssysteme)

GW-Anwendungen sind für das WM von zentraler Bedeutung, da dadurch die Wissensteilung vorgenommen wird, durch die Wissensentwicklung erst möglich werden kann [FRA00], S. 28. Wie aus obiger Klassifikation ersichtlich, bieten GW-Systeme auch DMS- und WfMS-Funktionalität an. Es ist zu erwarten, daß WM-Systeme in der Zukunft nicht mehr disjunkte Funktionalität aufweisen, sondern integrierte Funktionalitäten anbieten.

GW baut auf drei Hauptbestandteilen auf [FOC98], S. 227:

- Eine Datenbank, in der die Datenbasis, Nachrichten, Dokumente und Methoden organisiert gespeichert werden können.
- Ein Verteilungs- und Zugriffsmodell, das jedes Gruppenmitglied einfach und schnell auf Informationen zugreifen läßt.
- Eine Entwicklungsumgebung, um das GW-System den individuellen Gegebenheiten in verschiedenen Aufgabenstellungen anpassen zu können.

Ein GW-System im Intranet/Internet-Umfeld, das derzeitig den Markt beherrscht, ist Lotus Notes®. Mit der Erweiterung der Funktionalität wurde auch der Name geändert, aus Lotus Notes® wurde Lotus Domino® [FOC98].

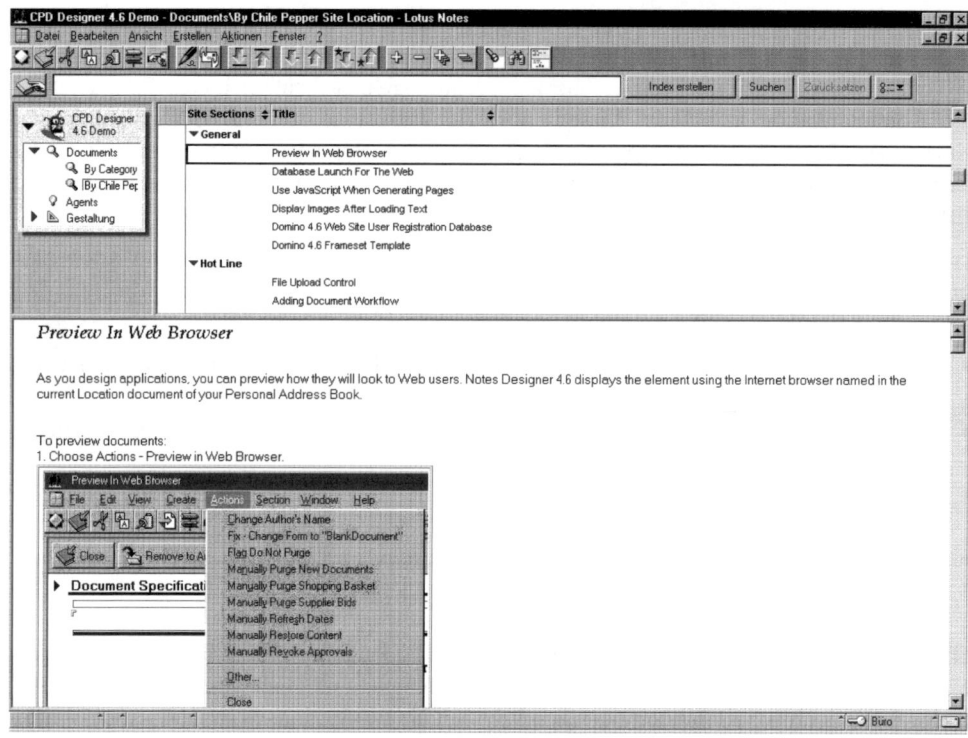

Abbildung 5.13: Lotus/Notes®-Arbeitsumgebung

Lotus Notes/Domino® [FRA00], S. 65 läuft auf allen bekannten Betriebssystemen. Die einsetzbare Datenbank ist Notes, eine Anbindung an weitere relationale Datenbanken ist problemlos. Lotus Notes stammt ursprünglich aus dem Dokumentenmanagementbereich, daher sind Funktionalitäten wie Archivierung, Versionenübersicht usw. entsprechend ausgereift. Für die Bearbeitung von Inhalten existiert ein browserbasiertes Frontend. Suchmöglichkeiten in verschiedenen Datenquellen und Dateiformaten werden unterstützt, darüber hinaus arbeitet Lotus Notes/Domino® mit Pull/Push-Mechanismen. An Kollaborationskomponenten stehen integrierte Diskussionsforen, newsgroups, E-Mail-Gruppenordner usw. zur Verfügung. Positiv ist noch zu erwähnen, daß mit der integrierten Datenbank und den Stärken im Bereich Dokumentenmanagement die technischen und sicherheitsspezifischen Anforderungen für ein GW-Tool sehr gut erfüllt sind, was es als Ausgangsplattform für WM prädestiniert. Allerdings ist der Aufwand für die individuelle Anpassung im Vergleich zu anderen Tools relativ groß. Abbildung 5.13 zeigt einen für Lotus Notes/Domino® typischen Screenshot beim Bearbeiten einer Datenbank.

5.3   Ausblick und Trends

WM ist eine sich dynamisch entwickelnde Disziplin mit verschiedenen Entwicklungsszena-rien in der Zukunft. Im folgenden sind einige Trends, untergliedert in allgemeine Trends und Zukunft der Forschung, zusammengestellt.

5.3.1   Allgemeine Trends

Studien von Unternehmensberatungen belegen, daß viele Unternehmen sich mit WM be-schäftigen und schon die Entscheidung getroffen haben, in WM zu investieren. So kommt eine Studie der KPMG Unternehmensberatung 1998 zu dem Ergebnis, daß 98 % der befrag-ten Unternehmen WM als langfristigen Trend sehen. 43 % der Unternehmen berichteten, daß in ihrem Unternehmen bereits eine entsprechende Initiative durchgeführt wird und 10 % konnten darauf verweisen, daß WM einen wesentlichen Beitrag zur organisatorischen Um-gestaltung leistet (zitiert nach [FRA00], S. 7). Ähnlich positive Einschätzungen liegen auch von anderen Unternehmungsberatungen vor.

Was den Toolsektor betrifft, so gibt es eine zunehmend unüberschaubare Anzahl von kleinen Anbietern mit spezifischen WM-Lösungen. Nur wenige dieser Firmen werden in Zukunft eigenständig lebensfähig sein. Die Mehrzahl wird zusammen mit dem know-how von be-kannten, großen IT-Firmen übernommen werden. Besondere Bedeutung wird in den nächs-ten Jahren den sog. Informationsportalen (Wissens- oder Webportale) zukommen, die Zugriff auf Unternehmenswissen ermöglichen. Die GartnerGroup schätzt, daß bis 2001 die Hälfte der führenden Unternehmen ein derartiges Informationsportal eingeführt hat. Im Jahr 2002 soll der Markt mit Portalen ein Volumen von 14 Milliarden USD besitzen und damit die betriebliche Standardsoftware überholen.

Es darf jedoch nicht übersehen werden, daß vielfach die Euphorie, mit WM viele Probleme zu lösen, abgelöst wird durch zunehmende Skepsis, wofür denn eigentlich ein Budget bereit-zustellen ist, wie WM am besten realisiert werden kann und worin eigentlich der Mehrwert von WM im Vergleich mit existierenden Methoden des Informationsmanagements besteht. WM wird nur dann erfolgreich sein, wenn folgende zwei Punkte ausreichend berücksichtigt werden:

- WM muß als Managementaufgabe mit allen Konsequenzen betrachtet werden. In diesem Zusammenhang sind konkrete Wissensziele zu definieren, deren Erfüllung später auch evaluiert werden kann. Ziele wie „stärkere Nutzung des Internet" sind dabei zu abstrakt; ein adäquater Level wäre etwa „Einrichten von yellow pages bis zum Jahresende".
- Der Einsatz von Wissen verspricht dann die größten Erfolge, wenn konkrete Aufgaben im Unternehmen damit besser gelöst werden können. Daraus folgt, daß WM in die Ge-schäftsprozesse integriert werden muß. Die Philosophie eines prozeßorientierten WM wird genauer in Abschnitt 5.3.2 erläutert. WM kann auch substantielle Unterstützung bei den in Zukunft immer wichtiger werdenden E-Business-Applikationen bieten. Dies be-trifft das wissensbasierte Management von E-Business-Prozessen (z.B. Kundenkontakt)

als auch des web content zur Sicherstellung aktueller Web-Dokumente. Die in diesem Zusammenhang wichtigen CMS wurden in Abschnitt 5.2.6 vorgestellt.

5.3.2   Zukunft der WM-Forschung

K. Wiig [WII99] sieht in der aktuellen WM-Forschung derzeit folgende Probleme:

• Das Verständnis kognitiver Aspekte beim Menschen in Bezug auf Entscheidungsprozesse und wissensintensives Arbeiten ist deutlich unterentwickelt.

• Es gibt derzeit keine anerkannte, ökonomische „Theorie des Wissens", die auf das wirtschaftliche oder tägliche Leben anwendbar wäre.

• Es gibt derzeit keinen Ansatz, wie umfassendes und systematisches WM innerhalb eines Unternehmens zu realisieren wäre.

Als notwendig für die künftige WM-Forschung sieht er die folgenden Punkte:

• Unbedingt nötig ist eine vollständig neue Theorie der Unternehmung, um Wissen effizient zu managen und es entsprechend mit der Unternehmensstrategie und den Geschäftsprozessen zu verbinden.

• WM sollte personenzentriert sein.

• Bei der WM-Forschung sollte man bestrebt sein, das „Rad" nicht neu zu erfinden. So können bestehende Praktiken und Konzepte durchaus wiederverwendet werden.

Ein vielversprechender Ansatz ist das sog. prozeßorientierte WM, das Gegenstand der Forschung einiger Arbeitsgruppen ist [KAR00], [NIS00], [REI00b], [REM00]. Im folgenden wird prozeßorientiertes WM, wie es an der Abteilung Knowledge Engineering der Universität Wien in nationalen und internationalen Projekten betrieben wird, näher vorgestellt. Im besonderen sei hier das EU-Projekt PROMOTE (Process-oriented methods and tools for knowledge management) [PRO00b] genannt, wo ein prozeßorientiertes WM-System in Kooperation mit Partnern aus dem Finanzdienstleistungssektor entwickelt wird.

Dem Ansatz von Karagiannis et al. [KAR00], [TEL00] liegen folgende Grundüberlegungen zugrunde:

• Wissen muß in die Geschäftsprozesse eingebettet sein.

• Wissensprozesse sind modellierbar.

• Konzeption eines WM-System als „Metatool".

Wie schon einmal erläutert, entsteht Wissen immer im Kontext von Geschäftsprozessen. Es liegt daher nahe, die bei den einzelnen Aktivitäten der Geschäftsprozesse auftretenden Wissenselemente und Wissensflüsse zu analysieren. Eine derartige Analyse wird etwa vom GPM-Tools ADONIS® (vgl. Abschnitt 5.2.3) entsprechend unterstützt und kann als wesentliche Hilfe für den Aufbau eines OM dienen.

Die in Abschnitt 5.1.5 bei der Präsentation des Ansatzes von Probst/Romhardt vorgestellten elementaren Bausteine des WM wie Wissensidentifikation, Wissensentwicklung, Wissensbewahrung usw. können nicht nur verbal beschrieben, sondern auch entsprechend modelliert werden. Ähnlich wie für Geschäftsprozesse kann auch für Wissensprozesse eine Modellierungssprache entwickelt werden. Eine Modellierung von Wissensprozessen bringt den Vorteil, daß wie bei den Geschäftsprozessen eine syntaktische Überprüfung, Analyse, Simulation und Automation der Modelle möglich ist. Derartige Prozesse könnten auch den Aufbau des OM steuern.

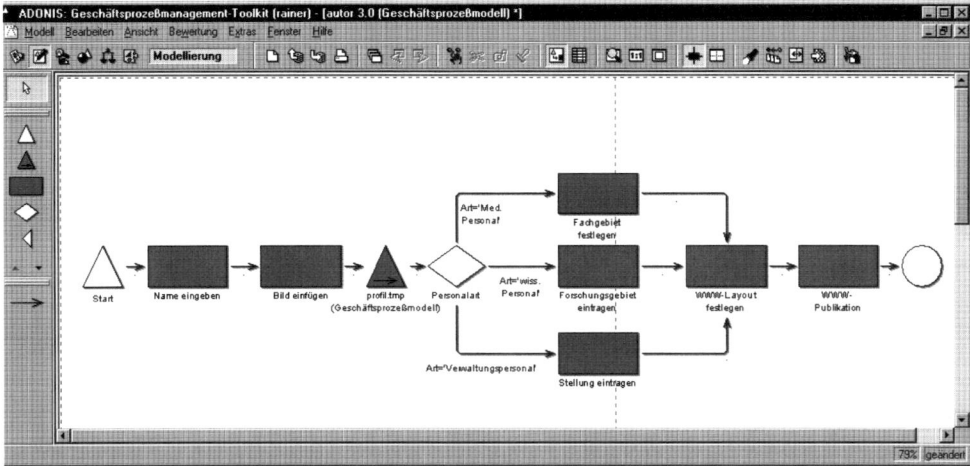

Abbildung 5.14: Wissensprozeß zur Generierung einer Webseite

In Abbildung 5.14 ist zur Veranschaulichung ein sehr einfacher Wissensprozeß dargestellt. Dieser Prozeß ist der Einfachheit halber mit ADONIS® modelliert und beschreibt elementare Schritte beim Generieren einer Webseite.

Wenn die konkreten Inhalte der Webseite einmal spezifiziert sind, so kann mit dem Dokumentationstoolkit von ADONIS® dieser Wissensprozeß automatisch in eine Webseite mit vordefiniertem Layout transformiert werden.

WM kann nicht alleine auf den Einsatz eines DMS oder GW-Tools reduziert werden. Führt man den Ansatz mit der Modellierung von Wissensprozessen weiter, so könnte bei entsprechenden Aktivitäten z.B. die Verwendung eines DMS oder einer Intranet-Suchmaschine modelliert werden. Ein derartig konzipiertes System würde quasi als „Metatool" den Einsatz existierender Technologien konfigurieren und damit neue Dimensionen im Bereich des WM eröffnen.

5.4   Zusammenfassung

Wissensmanagement ist jenes interdisziplinäre Fachgebiet, das sich damit beschäftigt, Ideen, Konzepte und Technologien zu entwickeln, um die richtigen Mitarbeiter zur richtigen Zeit mit relevantem Wissen zu „versorgen".

Wissensmanagement ist eine relativ junge Fachdisziplin. Allgemein anerkannte Definitionen, was den Mehrwert von Wissensmanagement ausmacht und wie es in einem Unternehmen erfolgreich eingeführt werden kann, gibt es nicht. Von der großen Anzahl entwickelter Konzepte und Methoden für das Wissensmanagement hat der Ansatz von Probst/Romhardt (Betrachten von Wissensmanagement als Interaktion elementarer Aktivitäten) relativ große Bedeutung erlangt.

Wichtige Technologien des Wissensmanagements sind Suchmaschinen, Dokumentenmanagement-Systeme, Geschäftsprozeßmanagement- und Workflow-Systeme, Data Warehouses, Contentmanagement-Systeme und Groupware-Technologien.

Die Zukunft der Disziplin Wissensmanagement ist schwer einschätzbar. Einerseits wird jedes Unternehmen in der Zukunft bestrebt sein, den Wettbewerbsfaktor Wissen optimal zu nutzen, andererseits stellen sich durch die notwendige Integration von Wissensmanagement in E-Business-Lösungen in einem prozeßorientierten Umfeld neue Herausforderungen.

5.5   Übungsbeispiele

1. Wiederholen Sie drei Definitionen von WM aus diesem Kapitel und machen Sie deren unterschiedliche Implikationen für WM-Projekte deutlich.

2. Nennen Sie einige Gründe, warum ein effizientes WM nicht ausschließlich mit Informations- und Kommunikationstechnologien realisiert werden kann.

3. Kenntnisse welcher Disziplinen sind für den erfolgreichen Ablauf eines WM-Projektes unabdingbar?

4. Welche Dimensionen des WM können unterschieden werden?

5. Nennen Sie einige Barrieren beim Betrieb eines WM-Systems.

6. Welche Grundaktivitäten beim WM kann man unterscheiden?

7. Nennen Sie die einzelnen WM-Bausteine beim Ansatz von Probst/Romhardt.

8. Was versteht man unter Wissensentwicklung?

9. Was versteht man unter einem organisational memory?

10. Definieren Sie den Begriff „organisationales Vergessen" und geben Sie einige Beispiele.

11. Welche Funktionalität besitzen Dokumentenmanagement-Systeme?

12. Wozu werden Workflow-Systeme eingesetzt?

13. Was versteht man unter einem Data Warehouse?

14. Geben Sie einen Überblick über verwendete Groupwaretechnologien.

15. Nennen Sie einige Trends für das Wissensmanagement.

16. Was versteht man unter prozeßorientiertem Wissensmanagement?

Literaturverzeichnis

[ACK85] Ackley, D.H.; Hinton, G.E.; Sejnowski, T.J.: A Learning Algorithm for Boltzmann Machines. In: Cognitive Science 9 (1985), No. 1. S. 147-169.

[ALT92] Altenkrüger, D.; Büttner, W.: Wissensbasierte Systeme. Braunschweig u.a.: Vieweg 1992.

[ALT95] Altrock, C. von: Fuzzy Logic. Bd. 1 (Technologie). 2., bearbeitete Auflage. München u.a.: Oldenbourg 1995.

[ANG88] Angeniol, B.; de la Croix Vaubois, G.; Le Texier, J.-Y.: Self-Organizing Feature Maps and the Travelling Salesman Problem. In: Neural Networks 1 (1988). S. 289-293.

[BAE96] Baetge, J.; Hüls, D.; Uthoff, C.: Früherkennung der Unternehmenskrise. Neuronale Netze als Hilfsmittel für Kreditprüfer. In: Neuronale Netze in der Betriebswirtschaft. Anwendung in Prognose, Klassifikation und Optimierung. Hrsg. v. H. Corsten; C. May. Wiesbaden 1996. S. 151-168.

[BAR82] Barr, A.; Feigenbaum, E. (Hrsg.): Handbook of Artificial Intelligence. Vol. I. Reading: Addison-Wesley 1982.

[BAR91] Barz, H.-W.: Kommunikation und Computernetze. Konzepte, Protokolle und Standards. München u.a.: Hanser 1991.

[BEC99] Beckman, T.: The Current State of Knowledge Management. In: Knowledge Management Handbook. Hrsg. v. J. Liebowitz. Boca Raton 1999. S. 1.1 –1.22.

[BLE96] Bleymüller, J. u.a.: Statistik für Wirtschaftswissenschaftler. 10., überarbeitete Auflage. München: Vahlen 1996.

[BOC00] Business Objectives Consulting GmbH. http://www.boc-eu.com.

[BÖH93] Böhme, G.: Fuzzy-Logik. Einführung in die algebraischen und logischen Grundlagen. Berlin u.a.: Springer 1993.

[BON96] Bonfig, K.-W.: Fuzzy Logik in der industriellen Automatisierung. 2., neubearbeitete Auflage. Renningen-Malmsheim: expert 1992.

[BOT95] Bothe, H.-H.: Fuzzy Logic. Einführung in Theorie und Anwendungen. 2. Auflage. Berlin u.a.: Springer 1995.

[BRA95] Brause, R.: Neuronale Netze. 2., überarbeitete und erweiterte Auflage. Stuttgart: Teubner 1995.

[BRE95] Breuer, H.: dtv-Atlas zur Informatik. München: dtv 1995.

[BUL98] Bullinger, H.-J.; Wörner, K.; Prieto, J.: Wissensmanagement. Modelle und Strategien für die Praxis. In: Wissensmanagement. Schritte zum intelligenten Unternehmen. Hrsg. v. H.-D. Bürgel. Berlin u.a. 1998. S. 21-39.

[CAR87] Carpenter, G.; Grossberg, S.: A Massively Parallel Architecture for a Self-organizing Neural Pattern Recognition Machine. In: Computer Vision, Graphics, and Image Processing 37 (1987). S. 54-115.

[CIC93] Cichocki, A.; Unbehauen, R.: Neural Networks for Optimization and Signal Processing. Chichester u.a.: Wiley 1993.

[CLO94] Clocksin, W.F.; Mellish, C.F.: Programming in PROLOG. 4. Auflage. Berlin u.a.: Springer 1994.

[COR96] Corsten, H.; May, C.: Neuronale Netze in der Betriebswirtschaft. Anwendung in Prognose, Klassifikation und Optimierung. Wiesbaden: Gabler 1996.

[DEM93] Demant, B.: Fuzzy-Theorie oder die Faszination des Vagen. Braunschweig u.a.: Vieweg 1993.

[DEN94] Dengel, A.: Künstliche Intelligenz. Allgemeine Prinzipien und Modelle. Mannheim: BI-Taschenbuchverlag 1994.

[DER99] Dertouzos, M.: What will be. Die Zukunft des Informationszeitalters. Wien: Springer 1999.

[DOR91] Dorffner, G.: Konnektionismus. Stuttgart: Teubner 1991.

[DRÖ94] Drösser, C.: Fuzzy Logic. Methodische Einführung in krauses Denken. Reinbek bei Hamburg: Rowohlt 1994.

[FIL00] Panagon IDM Desktop. Produktpräsentation der Firma FileNET. http://www.filenet.de/pdf/produkte/panagon_idm_desktop.pdf.

[FOC98] Fochler, K.; Perc, P.; Ungermann, J.: Lotus Domino 4.6. Internet- und Intranetlösungen mit dem Lotus Domino-Server. Bonn: Addison-Wesley 1998.

[FRA00] Fraunhofer-Institut für Arbeitswirtschaft und Organisation: Wissensbasierte Informationssysteme. Enabler für Wissensmanagement. Marktstudie. 2. Auflage. 2000.

[GAB97] Gabler Wirtschaftslexikon. 14. Auflage. Wiesbaden: Gabler 1997.

[GIA94] Giarratano, J.; Riley, G.: Expert Systems. Principles and Programming. Boston: PWS 1994.

[GIN93] Ginsberg, M.: Essentials of Artificial Intelligence. San Mateo: Morgan Kaufmann Publishers 1993.

[GÖR95] Görz, G. (Hrsg.): Einführung in die Künstliche Intelligenz. 2. Auflage. Bonn u.a.: Addison-Wesley 1995.

[GON93] Gonzalez, A.J.; Dankel, D.D.: The engineering of knowledge-based systems. Englewood Cliffs: Prentice-Hall 1993.

[GRO00] Gronau, N.: Trends im Wissensmanagement. In: Technologien des Wissensmanagements. Veranstaltungsdokumentation, Universität Oldenburg, 29. Juni 2000. Hrsg. v. N. Gronau. Oldenburg 2000.

[HAM93] Hammer, M.; Champy, J.: Reengineering the Corporation. New York: Harper Business 1993.

[HAY83] Hayes-Roth, F.; Lenat, D.I.; Waterman, D.A.: Building Expert Systems. Reading: Addison-Wesley 1983.

[HEB49] Hebb, D.O.: The Organization of Behaviour. New York: Wiley 1949.

[HEL91] Helbig, H.: Künstliche Intelligenz und automatische Wissensverarbeitung. Berlin: Verlag Technik GmbH 1991.

[HER91] Hertz, J.A.; Palmer, R.G.; Krogh, A.S.: Introduction to the theory of neural computation. Redwood City: Addison-Wesley 1991.

[HIN86] Hinton, G.E.; Sejnowski, T.J: Learning and Relearning in Boltzmann Machines. In: Parallel Distributed Processing: Explorations in the Microstructure of Cognition. Vol. I: Foundations. Hrsg. v. D.E. Rumelhart; J.L. McClelland. Cambridge 1986. S. 282-317.

[HIN98] Hinkelmann, K.: Optimaler Einsatz geistiger Ressourcen: Vom Geschäftsprozeßmanagement zum Wissensmanagement - Grundaktivitäten des Ablaufs, Hilfe durch ein Organizational Memory. In: Wissenschaftsmanagement - Zeitschrift für Innovation. 4 (1998) Heft 3. S. 30-36.

[HOL82] Holmblad, P., Østergaard, J-J.: Control of a Cement Kiln by Fuzzy Logic. In: Fuzzy Information and Decision Processes. Hrsg. v. M.M. Gupta; E. Sanchez. Amsterdam 1982. S. 338f.

[HOP82] Hopfield J.J.: Neural networks and physical systems with emergent collective computational abilities. In: Proceedings of the National Academy of Sciences 79 (1982). S. 2554-2558.

[HOP85] Hopfield, J.J.; Tank, D.W.: Neural Computation of Decisions in Optimization Problems. In: Biological Cybernetics 52 (1985). S. 141-152.

[IST00] Information Society Technologies. Informationen über das Forschungsprogramm. http://www.cordis.lu/ist.

[KAR91a] Karagiannis, D.: Wissensbasierte Systeme und Knowledge Engineering. Forschungsbericht des FAW Ulm, Nr. FAW-B-91016 (September 1991).

[KAR91b] Karagiannis, D.; Kurfeß, F.J.; Schmidt, H.-W.: Knowledge Selection in Large Knowledge Bases. In: The Next Generation of Information Systems: From Data to Knowledge. Hrsg. v. M.P. Papazoglou; J. Zeleznikov. Berlin 1991. S. 291-310.

[KAR94a] Karagiannis, D.: Wissensbasierte Datenbanken. München u.a.: Oldenbourg 1994.

[KAR94b] Karagiannis, D.; Hinkelmann, K.: Sharing of Very Large-Scale Knowledge Bases: A Rule-Selection Approach. In: Knowledge Building and Knowledge Sharing. Hrsg. v. K. Fuchi; T. Yokoi. Tokyo 1994. S. 182-191.

[KAR95] Karagiannis, D.: BPMS: Business Process Management Systems. In: ACM SIGOIS Bulletin 16 (1995). S. 10-13.

[KAR96a] Karagiannis, D.; Mayr, C.; Telesko, R.: Knowledge Selection in large PROLOG-applications: The (V)-SECURENET-project. In: Proceedings of the 4th International Conference on the Practical Application of PROLOG (PAP '96), London, April 23-25, 1996. Blackpool 1996. S. 159-171.

[KAR96b] Karagiannis, D.; Telesko, R.; Mayr, C.; Kaghofer, W.: Intelligente Virenerkennung und -klassifikation: Das (V)-SECURENET-Projekt. In: Sicherheit in Informationssystemen (SIS '96), Post-Workshop Proceedings der Fachtagung SIS '96, Wien, 21./22. März 1996. Hrsg. v. K. Bauknecht; D. Karagiannis; S. Teufel. Zürich 1996. S. 309-326.

[KAR96c] Karagiannis, D.; Junginger, S.; Strobl, R.: Introduction to Business Process Management System Concepts. In: Business Process Modelling. Hrsg. v. B. Scholz-Reiter; E. Stickel. Berlin 1996. S. 81-106.

[KAR00] Karagiannis, D.; Telesko, R.: The PROMOTE project: Process-oriented knowledge management. In: Proceedings of the 3rd European Conference on Product and Process Modelling, Lisbon, Portugal, September 25-27, 2000.

[KIN94] Kinnebrock, W.: Neuronale Netze. Grundlagen, Anwendungen, Beispiele. 2., verbesserte Auflage. München u.a.: Oldenbourg 1992.

[KIR83], Kirkpatrick, S.; Gelatt, C.; Vecchi, M.: Optimization by simulated annealing. In: Science 220 (1983). S. 671-680.

[KLE96] Klement, E.: Unterlagen zum Vortrag Fuzzy Logic „Einführung und industrielle Anwendung" im Rahmen des Workshops im Softwarepark Hagenberg (Oberösterreich) „Fuzzy, Neuro, Genetic - Schlüsseltechnologien für die industrielle Anwendung", 1. Februar 1996, Schloß Hagenberg.

[KÖH90] Köhle, M.: Neurale Netze. Wien u.a.: Springer 1990.

[KOH84] Kohonen, T.: Self-Organization and Associative Memory. Berlin: Springer 1984.

[KOH89] Kohonen, T.: Self-Organization and Associative Memory. 3. Auflage. Berlin u.a.: Springer 1989.

[KOH97] Kohonen, T.: Self-organizing maps. 2. Auflage. Berlin u.a: Springer 1997.

[KOW74] Kowalski, R: Predicate logic as a programming language. In: Proceedings of the IFIP-74 Congress. S. 569-574.

[KRA90] Kratzer, K.-P.: Neuronale Netze. Grundlagen und Anwendungen. München u.a.: Hanser 1990.

[KRÜ90] Krückeberg, F.; Spaniol, O. (Hrsg.): Lexikon Informatik und Kommunikationstechnik. Düsseldorf: VDI-Verlag 1990.

[KRU91] Kruse, H.; Mangold, R.; Mechler, B. Penger, O.: Programmierung Neuronaler Netze. Eine Turbo Pascal Toolbox. Bonn: Addison-Wesley 1991.

[KUR92] Kurbel, K.: Entwicklung und Einsatz von Expertensystemen. 2. Auflage. Berlin u.a.: Springer 1992.

[LAM94] Lammarsch, J.; Steenweg, H.: Internet & Co. Fachkommunikation auf akademischen Netzen. Bonn u.a.: Addison-Wesley 1994.

[LEH00] Lehner, F.: Organisational Memory. Konzepte und Systeme für das organisatorische Lernen und das Wissensmanagement. München u.a.: Hanser 2000.

[LEY94] Leymann, F.; Altenhuber, W.: Managing Business Processes as an Information Resource. In: IBM Systems Journal 33 (1994). S. 326-348.

[LEY00] Leymann, F.; Roller, D.: Production Workflow. Concepts and Techniques. Upper Saddle River: Prentice Hall 2000.

[LIE97] Liebowitz, J.; Wilcox, L.C. (Hrsg.): Knowledge management and its integrative elements. Boca Raton u.a.: CRC Press 1997.

[LIE99] Liebowitz, J. (Hrsg.): Knowledge Management Handbook. Boca Raton u.a.: CRC Press 1999.

[LUF94] Luft, A.; Kötter, R.: Informatik - eine moderne Wissenstechnik. Mannheim: BI-Wissenschaftsverlag 1994.

[LUG93] Luger, G.F.; Stubblefield, W.A.: Artificial Intelligence. Structures and Strategies for Complex Problem Solving. 2. Auflage. Redwood City(CA) u.a: Benjamin/Cummings 1993.

[MAM75] Mamdani, E., Assilian, S.: An Experiment in Linguistic Synthesis with a Fuzzy Logic Controller. In: International Journal of Man-Machine Studies 7 (1975). S. 1-13.

[MAY93] Mayer, A.; Mechler, B.; Schlindwein, A.; Wolke, R.: Fuzzy Logic. Einführung und Leitfaden zur praktischen Anwendung mit Fuzzy-Shell in C++. Bonn u.a.: Addison-Wesley 1993.

[MEC95] Mechler, B.: Intelligente Informationssysteme. Bonn: Addison-Wesley 1995.

[MET53] Metropolis, N.A.; Rosenbluth, A.; Rosenbluth, M.; Teller, A.; Teller, E.: Equation of State Calculations for Fast Computing Machines. In: Journal of Chemical Physics 21 (1953). S. 1087-1092.

[MET96] Metakides, G.; Nerode, A.: Principles of Logic and Logic Programming. Studies in Computer Science and Artificial Intelligence, No 13. Amsterdam: North-Holland 1996.

[MET99] Metakides, G.: Presentation "Information Society Technologies (IST) Programme" from the launch conference for the Fifth RTD Framework Programme, Essen, February 25-26, 1999.

[MET00] EBS Delta 927, Carl Lehmann, March 10, 2000, zitiert nach FileNET: White Paper E-Business Success: Using Content Management to Realize a Competitive Advantage, June 1, 2000.

[MIN69] Minsky, M.; Papert, S.: Perceptrons. Cambridge (MA): MIT Press 1969.

[NEI94] McNeill, D.; Freiberger, P.: Fuzzy Logic. München: Droemer Knaur 1994.

[NEL91] McCord Nelson, M.; Illingworth, W.T.: A practical guide to Neural Nets. Reading u.a.: Addison-Wesley 1991.

[NEW76] Newell, A.; Simon, H.A.: Computer Science as Empirical Inquiry: Symbols and Search. In: Communications of the ACM 19 (1976). S. 113-126.

[NGR98] NeuroGraph-Soft-Computing-Entwicklungswerkzeug v3.6. Manual. Erlangen 1998.

[NIS00] Nissen, M.E.; Kamel, M.N.; Sengupta, C.: Toward Integrating Knowledge Management, Processes and Systems: A Position Paper. In: Proceedings of the AAAI Spring Symposium Series 2000 Bringing knowledge to business processes. Hrsg. v. S. Staab et al. Stanford (CA) 2000.

[NOR99] North, K.: Wissensorientierte Unternehmensführung. Wertschöpfung durch Wissen. 2., aktualisierte und erweiterte Auflage. Wiesbaden: Gabler 1999.

[PAT96a] Patterson, D.: Künstliche neuronale Netze: Das Lehrbuch. Haar bei München u.a.: Prentice-Hall 1996.

[PAT96b] Patyra, M.J.; Mlynek, D.M. (Hrsg.): Fuzzy Logic Implementation and Applications. Chichester u.a.: Wiley-Teubner 1996.

[PEN91] Penrose, R.: Computerdenken: Die Debatte um künstliche Intelligenz, Bewußtsein und die Gesetze der Physik. Heidelberg: Spektrum-der-Wissenschaft-Verlagsgesellschaft 1991.

[PET98] Petkoff, B.: Wissensmanagement - von der computerzentrierten zur anwenderorientierten Kommunikationstechnologie. Bonn u.a.: Addison-Wesley 1998.

[POP97] Popp, H.: Einsatz der Fuzzy-Technik in Industrie und Dienstleistungsbereich - ein Überblick. In: Fuzzy Set-Theorie in betriebswirtschaftlichen Anwendungen. Hrsg. v. J. Biethahn; A. Hönerloh; J. Kuhl; V. Nissen. München 1997. S. 23-38.

[PRO00a] Probst, G.; Romhardt, K.: Bausteine des Wissensmanagements - ein praxisorientierter Ansatz. http://www.cck.uni-kl.de/wmk/papers/public/Bausteine/.

[PRO00b] PROMOTE. IST-Projekt Process-oriented methods and tools for knowledge management. http://www.boc-eu.com/promote.

[PUP91] Puppe, F.: Einführung in Expertensysteme. 2. Auflage. Berlin u.a.: Springer 1991.

[QUI68] Quillian, M.R: Semantic Memory. In: Semantic Information Processing. Hrsg. v. M. Minsky. Cambridge (MA) 1968. S. 216-270.

[RAN00] Randow, G. von: Know-how für alle. In: Die Zeit. 2000, Nr. 24. S. 34.

[REH94] Rehkugler, H.; Zimmermann, H.-G. (Hrsg.): Neuronale Netze in der Ökonomie. Grundlagen und finanzwirtschaftliche Anwendungen. München: Vahlen 1994.

[REI00a] Reimann, P.; Müller, K.; Starkloff, P.: Kognitiv kompatibel? Wissensmanagement: Brückenschlag zwischen Technik und Psyche. In: c't Zeitschrift für Computertechnik (2000), No. 4. S. 274-281.

[REI00b] Reimer, U.; Margelisch, A.; Staudt, M.: A Knowledge-Based Approach to Support Business Processes. In: Proceedings of the AAAI Spring Symposium Series 2000 Bringing knowledge to business processes. Hrsg. v. S. Staab et al. Stanford (CA) 2000.

[REM00] Remus, U.; Lehner, F.: The Role of Process-oriented Enterprise Modeling in Designing Process-oriented Knowledge Management Systems. In: Proceedings of the AAAI Spring Symposium Series 2000 Bringing knowledge to business processes. Hrsg. v. S. Staab et al. Stanford (CA) 2000.

[RIC92] Richter, M.: Prinzipien der Künstlichen Intelligenz. 2., überarbeitete und erweiterte Auflage. Stuttgart : Teubner 1992.

[ROB65] Robinson, J.A: A machine-oriented logic based on the resolution principle. In: Journal of the Association for Computing Machinery 12 (1965). S. 23-41.

[ROJ93] Rojas, R.: Theorie der neuronalen Netze. Berlin u.a.: Springer 1993.

[ROS58] Rosenblatt, F.: The perceptron: a probabilistic model for information storage and organization in the brain. In: Psychological Review 65 (1958). S. 386-408.

[ROU75] Roussel, P: Manual de reference et d'utilization. Technical report, Groupe d'Intelligence Artificielle, Université d'Aix-Marseille.

[RUM86] Rumelhart, D.E.; Hinton, G.E.; Williams, R.J.: Learning Representations by Back-Propagating Errors. In: Nature 323 (1986). S. 533-536.

[RUS95] Russell, S.; Norvig, P.: Artificial Intelligence. Englewood Cliffs: Prentice-Hall 1995.

[SCH77] Schank, R.C., Abelson, R.P.: Scripts, Plans, Goals, and Understanding. Hillsdale: Lawrence Erlbaum 1977.

[SCH90] Schöneburg, E.; Hansen, N.; Gawelczyk, A.: Neuronale Netzwerke. Einführung, Überblick und Anwendungsmöglichkeiten. Haar bei München: Markt&Technik 1990.

[SCH92] Schöning, U.: Logik für Informatiker. 3., überarbeitete Auflage. Mannheim u.a.: BI-Wissenschaftsverlag 1992.

[SCH97a] Scherer, A.: Neuronale Netze. Grundlagen und Anwendungen. Braunschweig u.a.: Vieweg 1997.

[SCH97b] Schmidt, L.: Verbesserte Bewertung von PPS-Entscheidungen durch Integration von SAP R/3 mit Fuzzy Tools. In: Fuzzy Set-Theorie in betriebswirtschaftlichen Anwendungen. Hrsg. v. J. Biethahn; A. Hönerloh; J. Kuhl; V. Nissen. München 1997. S. 55-69.

[SEA90] Searle, J.R.: Is the Brain's Mind a Computer Program? No. A program merely manipulates symbols, whereas a brain attaches meaning to them. In: Scientific American 262 (1990), No. 1. S. 20-25.

[SHI92] Shingal, R.: Formal Concepts in Artificial Intelligence. London u.a.: Chapman & Hall Computing 1992.

[SIE00] Siemens Business Services. Data Warehouse - eine strategische Unternehmensentscheidung. Erfahrungen aus erfolgreichen Data Warehouse-Projekten. http://www.data-mart.de/argumente/dwent98/sld001.htm.

[STE95] Stefik, M.: Introduction to Knowledge Systems. San Fransisco: Morgan Kaufmann 1995.

[SUN91] Sundermeyer, K.: Knowledge-Based Systems. Terminology and References. Mannheim u.a.: BI-Wissenschaftsverlag 1991.

[TEL96] Telesko, R.: Knowledge Selection with Artificial Neural Nets - the (V)-SECURENET-project. In: Solving Engineering Problems with Neural Networks. Proceedings of the International Conference on Engineering Applications of Neural Networks (EANN '96), London, June 17-19, 1996. Hrsg. v. A.B. Bulsari; S. Kallio; D. Tsaptsinos. Turku 1996. S. 475-478.

[TEL98] Telesko, R.: Experimental results with a neural network implementation of knowledge selection. In: Engineering Benefits from Neural Networks. Proceedings of the International Conference on Engineering Applications of Neural Networks (EANN '98), Gibraltar, June 10-12, 1998. Hrsg. v. A.B. Bulsari; J. Fernandez de Cañete; S. Kallio. Turku 1998. S. 362-365.

[TEL99] Telesko, R.; Karagiannis, D.: Knowledge selection with neural networks. In: Procee-dings of the 1999 International Joint Conference on Neural Networks (IJCNN '99), Washington D.C., July 10-16, 1999. IJCNN-CD, Paper 508.

[TEL00] Telesko, R.; Karagiannis, D.: InfoAtlas: Process-oriented knowledge management in an Intranet environment. to appear in: Proceedings of the International Symposium on Interactive and Collaborative Computing (ICC'2000), Wollongong, Australia, December, 11-15, 2000.

[TRI93] Trippi, R.R; Turban, E. (Hrsg.): Neural Networks in Finance and Investing. Bur Ridge u.a.: Irwin Professional 1993.

[TUR50] Turing, A.: Computing machinery and intelligence. In: Mind 59 (1950). S. 433-460.

[WEI78] Weizenbaum, J.: Die Macht der Computer und die Ohnmacht der Vernunft. Frankfurt am Main: Suhrkamp 1978.

[WII99] Wiig, K.: An Emerging Discipline Rooted in a Long History, Knowledge Research In-stitute Inc., Draft of Chapter 1. In: Knowledge Management, Hrsg. v. D. Chauvel; C. Despres. scheduled for publication Fall 1999.

[WIL96] Wilke, P.: Soft-Computing. Prinzip, Simulation und Anwendung. Habilitationsschrift. Universität Erlangen-Nürnberg 1996.

[ZAD65] Zadeh, L.: Fuzzy Sets. In: Information and Control 8 (1965). S. 338-353.

[ZAD78] Zadeh, L.: Fuzzy Sets as a Basis for a Theory of Possibility. In: Fuzzy Sets and Systems 1 (1978). S. 3-28.

[ZAD79] Zadeh, L.: A theory of approximate reasoning. In: Machine Intelligence 9. Hrsg. v. J.E. Hayes; D. Michie; L.I. Mikulich. New York 1979. S. 149-194.

[ZAD95] Zadeh, L.: Foreword by the Honorary Chairman. In: Proceedings of the Third European Congress on Intelligent Techniques and Soft Computing. Aachen, Germany, August 28-31, 1995.

[ZEL95] Zell, A. u.a.: SNNS - Stuttgart Neural Network Simulator. User Manual, Version 4.0, Report No. 6/95.

[ZEL97] Zell, A.: Simulation Neuronaler Netze. 2., unveränderter Nachdruck. München: Olden-bourg 1997.

[ZIM93] Zimmermann, H.-J. (Hrsg.): Fuzzy Technologien. Prinzipien, Werkzeuge, Potentiale. Düsseldorf: VDI-Verlag 1993.

[ZIM95] Zimmermann, H.-J.: Klassische Methoden zur Datenanalyse. In: Datenanalyse. Anwen-dung von DataEngine mit Fuzzy Technologien und Neuronalen Netzen. Hrsg. v. H.-J. Zimmer-mann. Düsseldorf 1995. S. 16-44.

Index